Hans-Herbert Henningsen

# Rungholt

## *Der Weg in die Katastrophe*

***Aufstieg, Blütezeit und Untergang eines bedeutenden mittelalterlichen Ortes in Nordfriesland***

**Band I**

**Die Entstehungsgeschichte Rungholts, seine Ortslage, heutige Kulturspuren im Wattenmeer und die Geschichte und Bedeutung der Hallig Südfall**

**Husum**

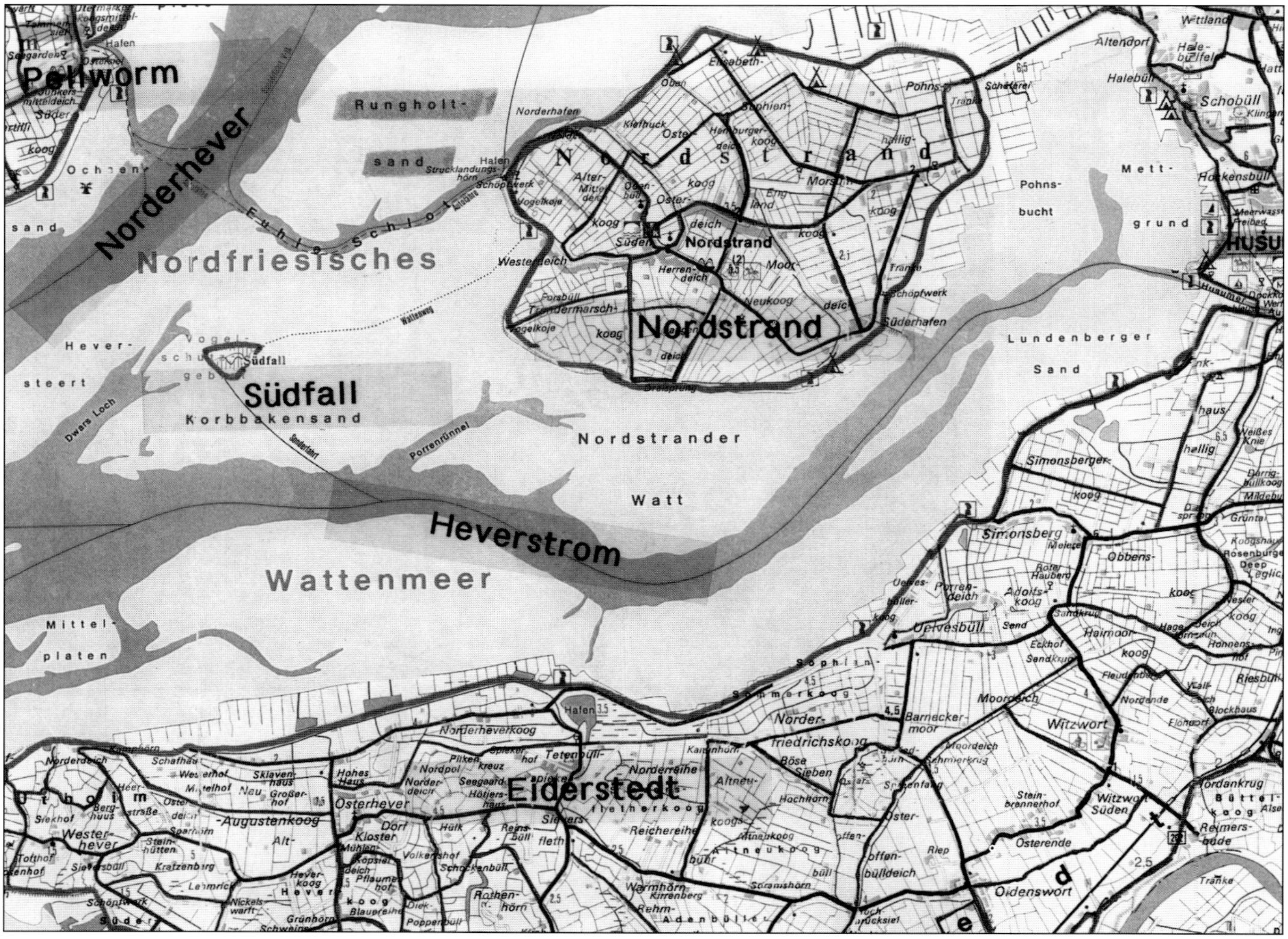


Abb. 1: Der südliche Teil des Nordfriesischen Wattenmeeres

Umschlagbild: Dalben der Rungholtschleuse ragen aus der Wasseroberfläche; Rungholt im Model (kleine Abb.)

Die Deutsche Bibliothek – CIP-Einheitsaufnahme

**Henningsen, Hans-Herbert:**
Rungholt : der Weg in die Katastrophe ; Aufstieg, Blütezeit und Untergang eines bedeutenden mittelalterlichen Ortes in Nordfriesland / Hans-Herbert Henningsen. – Husum : Husum

Bd. 1 Die Entstehungsgeschichte Rungholts, seine Ortslage, heutige Kulturspuren im Wattenmeer und die Geschichte und Bedeutung der Hallig Südfall. – 2. Aufl. – 2002
ISBN 3-88042-853-0

2. Auflage 2002

© 1998 by Husum Druck- und Verlagsgesellschaft mbH u. Co. KG, Husum
Satz und Lithos: Fotosatz Husum GmbH
Druck und Verarbeitung: Husum Druck- und Verlagsgesellschaft
Postfach 1480, D-25804 Husum – www.verlagsgruppe.de

ISBN 3-88042-853-0

# Inhaltsverzeichnis

## Die Besiedlung der Marschlandschaft



## Die Lage von Rungholt

## Im folgenden Band wird behandelt:

Mit einer Beschreibung der „Blütezeit" von Rungholt wird versucht, das Leben der Bewohner darzustellen. Dazu zählt die Beschreibung der Warften mit Häusern und Sodenbrunnen, des Viehs und der Entwässerung. Eine Beschreibung der Bewohner, ihrer Ernährung, sowie Handel und Wirtschaft schließen sich an. Die politischen Verhältnisse und die Verwaltung in Nordfriesland sollen das Bild abrunden.
Der Untergang von Rungholt wird anhand von Kirchensteuerlisten verifiziert. Beschreibungen vergleichbarer meteorologischer Verhältnisse und Augenzeugenberichte ähnlicher Sturmfluten sollen einen Eindruck von dem katastrophalen Geschehen vermitteln.
Der heutige Zustand von Kulturspuren und die Möglichkeit, sie zu finden und zu sichern, werden Hobby-Archäologen und solche, die es werden wollen, anregen – oder vielleicht auch abschrecken.

# Einleitung

## Eine reizvolle Aufgabe und ihre Grenzen

Eine reizvolle Aufgabe ist es, die Geschichte der untergegangenen Ortschaften im nordfriesischen Wattenmeer aufzuspüren und in einer umfassenden Darstellung zu beschreiben. Eine reizvolle Aufgabe ist es auch, den Versuch zu wagen, eine Chronik des untergegangenen, sagenumwobenen Rungholt zu schreiben.

Die Geschichte von Rungholt? Versuch einer Chronik? Ist das nicht ein aussichtsloses Unterfangen angesichts der wenigen und so dürftigen Spuren im Watt, der selten aufgefundenen Exponate, der geringen Zeugnisse und fast keiner Urkunden?

Kürzlich stand ich im St. Petersdom in Rom und betrachtete ein beeindruckendes Mosaikbild auf einem der gewaltigen Pfeiler. Es stellt die originalgetreue Abbildung eines Ölgemäldes von Michelangelo dar und besteht aus mehr als 40 000 steinernen Mosaikstückchen der verschiedensten Farbnuancen.

Man stelle sich die Aufgabe vor, aus nur einem Bruchteil dieser Mosaiksteinchen das gesamte Bild rekonstruieren zu wollen, eine schier unlösbare Aufgabe. Wenn dann nur wenige Steinchen an falscher Stelle sitzen, entsteht ein völlig anderes Werk. Jeder, der sich an eine solche Aufgabe machen würde, wird wohl zu einem anderen Bildnis kommen, es würden die unterschiedlichsten Kunstwerke entstehen. Genauso schwierig und vieldeutig ist die Aufgabe, aus den wenigen zur Verfügung stehenden Erkenntnissen und Funden ein Bild von dem untergegangenen Rungholt geben zu wollen.

Eine reizvolle Aufgabe ist es ferner, als es noch erlaubt war, vor Ort im nordfriesischen Wattenmeer Kulturspuren von untergegangenen Ortschaften zu suchen und aufzufinden, Fundstücke davon aufzusammeln und zu ordnen sowie die Lebensbedingungen der Bewohner anhand dieser Spuren zu ermitteln.

Ein Ziegelstein im Klosterformat liegt im Watt, leicht eingeschwemmt, daneben noch einer, schließlich noch ein weiterer Torso eines solchen Steines, alle sind sie vom Meer angenagt, abgeschliffen, in Teile zerschlagen von Wind und Wellen. Könnten diese Steine sprechen! Könnten die von meiner Frau und mir gefundenen Wandteile eines Hauses aus Lehm und Ton, das Holzpaneel oder die Reste eines Lederschuhes mehr Kunde geben als nur ihr nacktes Aussehen, wenn man diese Funde in der Hand hält, frisch aus dem Schlickwatt geborgen!

Ist dieser Ziegelstein der Rest eines Hauses oder einer Kirche oder von welcher Art Gebäude? Wie hat der Mensch ausgesehen, wie hat er gelebt, der in diesem Haus gewohnt, der dies Paneel hergestellt oder diese Schuhe getragen hat?

Es erscheint wirklich vermessen, eine Chronik von Rungholt schreiben, ein Bild herstellen zu wollen von dem Ort, den Menschen und der Umgebung.

Eine reizvolle Aufgabe ist es schließlich, in der Literatur des 17. Jahrhunderts Berichte über diese untergegangenen Ortschaften und ihre Umgebung aufzuspüren, die Geschichte ihrer Bewohner zu ermitteln und zu einer Chronik zusammenzustellen.

Es gibt so viele Monographien, Aufsätze und Einzeldarstellungen von Wissenschaftlern und Laien über dieses Thema, dass es auf der Hand liegt, eine möglichst geschlossene Darstellung unter Verwendung der älteren Literatur und unter Auswertung der selbst gefundenen Exponate zu geben. Mit Akribie soll deshalb jeder einzelne Fund und jede Kulturspur auf die wissenschaftliche Aussagekraft geprüft und deutlich zwischen den unumstößlichen Tatsachen einerseits und den Vermutungen, Phantasievorstellungen und Spekulationen andererseits unterschieden werden.

Die vielen Exponate, die meine Frau und ich, gelegentlich auch unser Sohn und eine uns begleitende Freundin, gefunden haben, berechtigen uns, die gewonnenen Erkenntnisse innerhalb einer umfassenden Abhandlung darzustellen. Wir waren dabei häufig auf die Mithilfe der Wissenschaftler des Archäologischen Landesamtes Schleswig-Holstein in Schleswig angewiesen, von denen wir eine tatkräftige Unterstützung bei der Auswertung der Funde erhalten haben. Doch nicht immer konnte unser Wissensdurst gestillt werden. Unsere Holzfunde wurden zeichnerisch dargestellt, ohne dass ermittelt werden konnte, welchem Zweck sie dienten und wie sie in das Gesamtbild einzuordnen sind. Das Geheimnis der mit Torf gefüllten Gräben, die letzten Genauigkeiten bei der Bauart und Raumaufteilung der Häuser und offene Fragen bei handwerklichen Geräten, um nur einige Beispiele zu nennen, bleiben immer noch nicht völlig gelöst.

Und dennoch:
Wir waren immer zuversichtlich, dass wir als interessierte Laien bei den Rätseln, die uns manche Funde aufgaben, eine Lösung „in Schleswig" erhalten konnten, und wurden häufig nicht enttäuscht. Fruchtbar waren die Gespräche, der Informationsaustausch sowie die Teilnahme an den kulturanthropologischen Seminaren über „Die untergegangenen Kirchspiele der Edomsharde" und über „Die Kulturgeschichte Nordfrieslands im Mittelalter" an der Universität Bremen. Wertvoll waren die Vorträge und Veranstaltungen im Nordfriisk Instituut Bredstedt über die Geschichte Nordfrieslands, speziell Rungholts.

Wie sonst hätten wir uns in dem geschilderten Mosaikbild, von dem wir nur wenige Steinchen aufgefunden haben, zurechtfinden können ?

Es ist wohl kaum ein Zufall, dass sich meine juristische Dissertation mit einem verwandten Stoff befasst hat, der höheren Gewalt im Seerecht. Behandelt wurde der Grenzbereich zwischen vorwerfbarer leichter Fahrlässigkeit menschlichen Handelns und der nicht mehr zu verantwortenden von außen kommenden unvorhersehbaren Gewalt. Behandelt wurde dieses Thema anhand von Schiffsunfällen auf hoher See. In dieser jetzt vorliegenden Abhandlung über Rungholt geht es zu einem erheblichen Teil ebenfalls um die Abgrenzung zwischen vorwerfbarer Gleichgültigkeit der Bewohner gegenüber todbringenden Sturmfluten und ihrer Ohnmacht gegenüber den als höhere Gewalt einzustufenden Ereignissen, die mit menschlicher Einsicht weder vorhersehbar noch zu verhindern waren.

Rungholt spielt bei der Geschichtsdarstellung der untergegangenen Ortschaften im nordfriesischen Wattenmeer eine ganz besondere Rolle, eine Schlüsselrolle, hervorgerufen durch die Verbreitung in der Poesie. So lassen sich dieser Abhandlung folgende Thesen voranstellen:

**Rungholt –**
Ausdruck des Kampfes der Menschen gegen die Naturgewalten, gegen die alles vernichtende, zerstörerische Gewalt der Sturmfluten an der Nordseeküste.

**Rungholt –**
ein Synonym für die Ohnmacht der Menschen gegenüber der Allmacht Gottes.

**Rungholt –**
ein Ort, stellvertretend für die Kirchspiele, Ortschaften und Dörfer, die durch die Gewalt des Meeres vernichtet wurden.

Gab es wirklich Rungholt, oder ist der Name nur ein Synonym für untergegangene Ortschaften schlechthin? Wenn es Rungholt gab: Wie sah es aus, wo lag es, wie entstand es und wie ging es unter?

Wenn man diesen Fragen nachgehen will, fragt man zunächst nach den Quellen in der Literatur und sucht nach Spuren in der Natur – der Jurist sagt: nach schlüssigen Beweisen.

Folgende Quellen sollen angeführt und auf ihre Stichhaltigkeit geprüft werden:

- ein sehr bekanntes Gedicht mit dem Versbeginn *„Heut bin ich über Rungholt gefahren“* von Detlev von Liliencron,
- die friesische Sage über die stolzen Rungholter und das strafende Gottesgericht,
- kartographische historisierende Darstellungen aus dem 17. Jahrhundert,
- Berichte über Funde im Watt in der Literatur des 17. Jahrhunderts,
- Urkunden, insbesondere von der Edomsharde,
- noch heute sichtbare Spuren einer Kulturlandschaft,
- Funde aller Art im Wattenmeer.

Es bedarf jedoch der Zuhilfenahme verwandter Disziplinen außer der Archäologie, nämlich der Geologie, Topographie, Geomorphologie, Hydrologie, Meteorologie, Historie, Genealogie, Kartographie, der geographischen Literatur, Zoologie, Nahrungswissenschaft, Agrarwissenschaft, Archäo-Botanik, Architektur und anderer.

Nur durch eine interdisziplinäre Forschung wird man ein sich den tatsächlichen Gegebenheiten annäherndes Bild vom Leben und Treiben der Menschen von Rungholt, von der Entstehung und dem Niedergang dieses Ortes sowie dem ewigen Kampf des Menschen mit den Naturgewalten an der schleswig-holsteinischen Nordseeküste einst und jetzt erhalten können.

*Hans-Herbert Henningsen*


***Dank an:***

*Wolfgang Bauch, M.A.,*
Archäologisches Landesamt
Schleswig

*Helge Bothfeld,*
Wewelsfleth/Stör,
früher Seestermühe

*Robert und Edith Brauer,*
Hallig Südfall u. Nordstrand

*Dr. Götz Dreismann,*
Rellingen

*Prof. Dr. Hans Peter Duerr,*
Universität Bremen

*Sigrid Frese geb. Cornils,*
Uetersen

*Waltraut und*
*Joachim Henningsen,*
Moorrege

*Dr. Hans Joachim Kühn,*
Archäologisches Landesamt
Schleswig

*Christa Nohtse,*
Uetersen

*Eleonore Onken,*
Uetersen

*Albert A. Panten,*
Niebüll

*Fiete Pingel, M.A.,*
Nordfriisk Instituut Bredstedt

*Prof. Dr. Joachim Reichstein,*
Archäologisches Landesamt
Schleswig

*Else Schultze-Hasselmann*
*geb. Busch,*
Schobüll

# Ein Gedicht und eine Sage

Rungholt ging am 16. Januar 1362 unter. Alle seine Bewohner ertranken in den mörderischen Fluten der *„Groten Mandränke“* – fast alle. Die Häuser wurden restlos zerstört. Was hält die Erinnerung an Rungholt bis heute wach? – Ein Gedicht und eine Sage.

## Liliencrons Gedicht „Trutz, Blanke Hans“ und die dichterische Freiheit

Zwei Namen sind mit dem untergegangenen Rungholt eng verknüpft:

Abb. 2: Detlev von Liliencron

– Detlev von Liliencron [Abb. 2] durch sein einprägsames Gedicht über Rungholt und
– Andreas Busch [ Abb. 3 ] als Initiator und Mentor der Hobbyforschung bei der Suche nach Rungholt.

1882 schrieb Detlev von Liliencron das heute so bekannte Gedicht, das mit den Worten beginnt:
*„Heut bin ich über Rungholt gefahren, / Die Stadt ging unter vor fünfhundert Jahren . . .“*

Er schrieb dieses Gedicht während seiner Amtszeit als Hardesvogt auf Pellworm, ins Moderne übersetzt: als leitender Verwaltungsbeamter eines kleinen Landkreises.

Man sollte dieses Gedicht nicht überfliegen, sondern Zeile für Zeile, sogar laut vorlesen. Die Kraft der Sprache wird dann deutlich, die Macht der Worte, mit denen das dramatische Schicksal des Ortes Rungholt – wohl ein Flecken – geschildert wird. Ist es nicht eine farbige Lautmalerei, wenn Liliencron die unheimliche Stille, die Stille vor dem Sturm, mit den Worten beschreibt, dass die
*„friesischen Inseln im Frieden liegen“?*
Ist es nicht packend, wenn die Lautmalerei fortgesetzt wird bei dem
*„entlassen gewaltige Wassermassen“?*
Hinzu kommt der aus der nordischen Poesie entlehnte Stabreim, wenn gesprochen wird vom
*„schlafenden Stahl, der geschliffen“,*
wenn
*„der Krake die Krallen“*
aus dem Schlamm zieht, wenn die
*„Wogen kommen wie rasende Rosse geflogen“.*
Und dann:
*„ein einziger Schrei“* – – –

Abb. 3: Andreas Busch

der dreifache Aufschrei – dreimal die Vokale *„ei“* – gellt gegen den Himmel.

Wegen der Lautmalerei, wegen des Stabreimes, vor allem aber wegen der gewaltigen Kraft dieser Sprache hat sich dieses Gedicht in der Poesie des 19. Jahrhunderts schnell einen Platz erobert, ist berühmt geworden und im norddeutschen Raum gerade wegen seines Inhalts beliebt und bekannt.

Allerdings: Die dichterische Freiheit ist mit dem Autor „durchgegangen“. Als geschichtliche Quelle für die Existenz Rungholts ist dieses Gedicht deshalb ungeeignet.

Rungholt war keinesfalls mit dem alten Rom zu vergleichen, so reizvoll ein solcher Vergleich auch sein mag. Die Zeilen über den Menschenstrom, in dem sich Syrer und Mohren bewe-

# Trutz, Blanke Hans

*Heut bin ich über Rungholt gefahren,*
*Die Stadt ging unter vor fünfhundert[1] Jahren,*
*Noch schlagen die Wellen da wild und empört,*
*Wie damals, als sie die Marschen zerstört.*
*Die Maschine des Dampfers schütterte, stöhnte,*
*Aus den Wassern rief es unheimlich und höhnte:*
*Trutz, Blanke Hans.*

*Von der Nordsee, der Mordsee, vom Festland geschieden,*
*Liegen die friesischen Inseln im Frieden.*
*Und Zeugen Welten vernichtender Wut,*
*Taucht Hallig um Hallig aus fliehender Flut.*
*Die Möwe zankt schon auf wachsenden Watten,*
*Der Seehund sonnt sich auf sandigen Platten.*
*Trutz, Blanke Hans.*

*Mitten im Ozean schläft bis zur Stunde*
*Ein Ungeheuer tief auf dem Grunde.*
*Sein Haupt ruht dicht bei Englands Strand,*
*Die Schwanzflosse spielt bei Brasiliens Sand.*
*Es zieht, sechs Stunden, den Atem nach innen,*
*Und treibt ihn, sechs Stunden, wieder von hinnen.*
*Trutz, Blanke Hans.*

*Doch einmal in jedem Jahrhundert entlassen*
*die Kiemen gewaltige Wassermassen.*
*Dann holt das Untier tiefer Atem ein,*
*Und peitscht die Wellen und schläft wieder ein.*
*Viel tausend Menschen im Nordland ertrinken.*
*Viel reiche Länder und Städte versinken.*
*Trutz, Blanke Hans.*

*Rungholt ist reich und wird immer reicher,*
*Kein Korn mehr fasst selbst der größeste Speicher.*
*Wie zur Blütezeit im alten Rom,*
*Staut hier täglich der Menschenstrom.*
*Die Sänften tragen Syrer und Mohren,*
*Mit Goldblech und Flitter in Nasen und Ohren.*
*Trutz, Blanke Hans.*

*Auf allen Märkten, auf allen Gassen*
*Lärmende Leute, betrunkene Massen.*
*Sie ziehn am Abend hinaus auf den Deich:*
*Wir trotzen dir, Blanker Hans, Nordseeteich!*
*Und wie sie drohend die Fäuste ballen,*
*Zieht leis aus dem Schlamm der Krake die Krallen.*
*Trutz, Blanke Hans.*

*Die Wasser ebben, die Vögel ruhen.*
*Der liebe Gott geht auf leisesten Schuhen.*
*Der Mond zieht am Himmel gelassen die Bahn,*
*Belächelt der protzigen Rungholter Wahn.*
*Von Brasilien glänzt bis zu Norwegs Riffen*
*Das Meer wie schlafender Stahl, der geschliffen.*
*Trutz, Blanke Hans.*

*Und überall Friede, im Meer, in den Landen.*
*Plötzlich wie Ruf eines Raubtiers in Banden:*
*Das Scheusal wälzte sich, atmete tief.*
*Und schloss die Augen wieder und schlief.*
*Und rauschende, schwarze, langmähnige Wogen*
*Kommen wie rasende Rosse geflogen.*
*Trutz, Blanke Hans.*

*Ein einziger Schrei – die Stadt ist versunken.*
*Und Hunderttausende sind ertrunken.*
*Wo gestern noch Lärm und lustiger Tisch,*
*Schwamm andern Tags der stumme Fisch.*
*Heut bin ich über Rungholt gefahren.*
*Die Stadt ging unter vor fünfhundert Jahren.*
*Trutz, Blanke Hans ?*

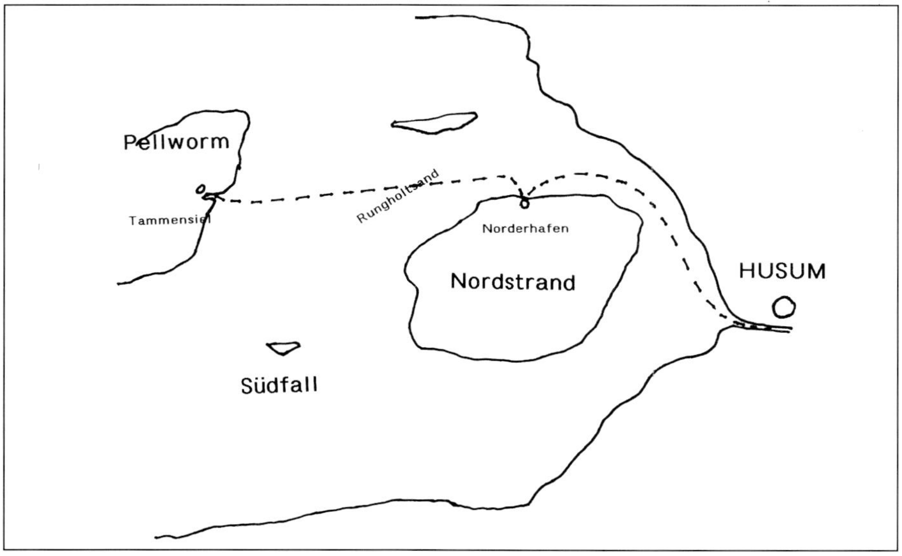


Abb. 4: Die Fährroute von Husum nach Pellworm zu Liliencrons Lebzeiten

gen, die Sänften tragen, mit Goldblech und Flitter in Nasen und Ohren geschmückt, sind dichterische Phantasie – mit dem tatsächlichen Bild von Rungholt hat diese Schilderung nichts gemein. Hier handelt es sich um – verzeihliche – dichterische Freiheit.

Wichtiger für diese Untersuchung aber ist folgende Frage: Ist Detlev von Liliencron tatsächlich über Rungholt gefahren? Gibt das Gedicht einen Anhaltspunkt für die Lage des Ortes Rungholt? Leider nicht!

Die Fährlinie zwischen Pellworm und dem Festland verlief vom Pellwormer Hafen Tammensiel zum Festland nach Husum etwa dort, wo heute der Straßendamm nach Nordstrand verläuft, der erst in den Jahren 1906/07 als einfacher Damm und im Jahre 1935 als Straßendamm gebaut wurde. Die Raddampfer, mit denen Liliencron gefahren ist, fuhren nicht westlich und südlich um die Insel Nordstrand herum, durch den heutigen Heverstrom, sondern nördlich und östlich um diese Insel, also durch den Ostteil der Norderhever, die Holmer Fähre und das Modersloch nach Husum.

Im Nordwesten von Nordstrand liegt ein Wattrücken, der auch heute noch auf den Seekarten als **„Rungholtsand“** [vgl. Abb. 1] bezeichnet wird. Über diese Wattengebiete ist Liliencron gefahren oder genauer: an ihm entlang. Die übliche Schifffahrtsroute von Husum nach Pellworm und zu den Halligen wie auch nach Föhr und Amrum verlief damals durch die Stromrinne östlich der Pohnshallig – heute im Ostteil von Nordstrand – und weiter in dem Tief, der Wattrinne Arlauschleuse – Holmer Fähre. Im Süden von diesem Tief lag der Rungholtsand [vgl. Abb. 4] zu Lebzeiten von Liliencron.

Möglicherweise hat das Fährschiff auf dem Wege zwischen Pellworm und Husum auch an dem damaligen Hafen Norderhafen auf Nordstrand, der jetzt versandet ist, angelegt und ist dabei an dem Rungholtsand vorbeigefahren. Heute verläuft die Fährlinie zwischen Nordstrand und Pellworm von Strucklahnungshörn/Nordstrand zum Tiefwasser-Anleger bei Tammensiel/Pellworm durch das Fahrwasser Fuhle Schlot und damit wiederum am Rungholtsand entlang. Er liegt westlich des Fahrwassers Fuhle Schlot und hat bei mittlerem Springniedrigwasser – Niedrigwasser zur Springzeit, wenn das Wasser tiefer abläuft als zur Nippzeit – eine Ausdehnung von etwa 20 qkm, fast halb so groß wie Nordstrand.

Zu Liliencrons Zeiten war der Rungholtsand ein Anwachs, der zum Teil mit Gras bewachsen war[3]. Er wurde – so im Jahre 1633 – „Anwaß Rongholt“ genannt.

Die Anregung zu dem Gedicht über Rungholt hat Liliencron bei seinem Aufenthalt auf Pellworm erhalten. Die alte friesische Sage über die stolzen Rungholter und den tragischen Untergang des Ortes hat auf ihn einen so großen Eindruck gemacht, dass er, mit viel eigener Phantasie ausgeschmückt, das beliebte Gedicht schrieb. Die Wirkung auf seine Zeitgenossen war enorm, sie dauert bis in die Gegenwart an.

Das Gedicht von Liliencron hat natürlich die Inselbewohner und die Menschen des angrenzenden Festlandes veranlasst, nach Spuren des untergegangenen Ortes im Watt zu suchen. Es setzte geradezu eine Invasion von Spaziergängern und interessierten Wattwanderern ein, von verhinderten Schatzsuchern, wobei vor allem die

Der **„blanke Hans“** ist die norddeutsche Ausdrucksweise für das Meer. Hier wird das Unheil, das vom Meer ausgeht, mit dem Vornamen „Hans“ bezeichnet, ähnlich wie der Tod mit „Freund Hein“ personifiziert wird. Der Ausruf „Trutz“ soll die Aufforderung, Kraft zu zeigen, symbolisieren. Es ist die drohende Aufforderung zum Kampf. Wie kam es zu einer solchen „Kraftmeierei“? Es war ein Akt der Verhöhnung. Der Risumer Deichgraf stand vor der spiegelblanken See bei absolut ruhigem Wetter und forderte den „blanken Hans“, den Allerweltskerl, höhnisch auf, den Deich herauszufordern, dem Deich zu trotzen!

Am 11. Oktober 1634 ereignete sich im nordfriesischen Wattenmeer eine verheerende Sturmflut, die immensen Schaden angerichtet hat. Zuvor waren die Deiche ganz erheblich verbessert worden, so sehr, dass die Erbauer übermütig wurden[2]. Ocke Levensen aus Nordstrand bezeichnete die neue Deichanlage als einen „eisernen Deich“, Iven Agßen aus Rödemis verlautete, nun könne man hinter dem Deich ruhig schlafen und der Deichgraf der Geestinsel Risum steckte den Spaten in den neu errichteten Deich und rief „Trutze nun, Blanke Hans“!

Es soll kurz auf das Leben und die Werke von **Detlev von Liliencron** eingegangen werden:

Sein richtiger Name war Friedrich Axel Freiherr von Liliencron. Er stammte aus einer verarmten Adelsfamilie. Sein Großvater hatte eine Bürgerliche geheiratet, und deshalb verblieb der Familie außer dem Wappen mit drei Lilien und dem Namen nichts mehr von den erblichen Ansprüchen auf Besitz und Renten[4].

Detlev von Liliencron, geboren am 3. Juni 1844 in Kiel, befand sich ständig in ärmlichen Verhältnissen – bis ins hohe Alter, als eine unerwartete Wendung eintrat.

Nach dem Besuch der Gelehrtenschule in Kiel wurde er preußischer Offizier und nahm in dieser Stellung an den Feldzügen 1866 gegen Österreich und 1870/71 gegen Frankreich teil. Wegen hoher Schulden trat er 1875 aus den Diensten der preußischen Armee aus und bemühte sich in einem dreijährigen Amerika-Aufenthalt, eine Existenz aufzubauen – vergeblich.

Schließlich wurde er Hardesvogt auf Pellworm, wo er von März 1882 bis Oktober 1883 lebte und wirkte. Seine finanziellen Verhältnisse blieben jedoch bescheiden. An seine Tätigkeit auf Pellworm erinnert der Bauernhof neben dem heutigen Arzthaus im Großen Koog, der noch heute „Liliencron-Hof" genannt wird.

Bis Ende 1885 war Liliencron Kirchspielvogt in Kellinghusen. Nachdem seine erste Ehe mit Helena von Bodenhausen im Jahr 1885 geschieden wurde, heiratete er Auguste Brandt, mit der er zur Miete in einer seiner Schwiegermutter gehörenden Matrosenkneipe in Hamburg-St. Pauli lebte. Hier schrieb er Gedichte, Erzählungen und Theaterstücke, doch nichts verhalf ihm zu einem finanziellen Erfolg, vielmehr unterstützte er sogar noch begabte Autoren, wodurch sich seine Schulden weiter vergrößerten. Als er 1890 von Freunden eine ansehnliche Unterstützung erhielt, begab er sich in das Dichtermilieu von München, kehrte jedoch schon nach einem Jahr wieder zurück nach Hamburg. Von Auguste Brandt ließ er sich wegen einer Unvereinbarkeit ihrer Lebensauffassungen scheiden und zog nach Altona, wo er seiner dichterischen Tätigkeit freien Lauf lassen konnte. Er pflegte Kontakt zu den bekannten Literaten seiner Zeit und fand Hilfe bei dem „Dichterprinzen" Emil Prinz von Schoenaich-Carolath-Schilden.

Als Elisabeth Förster-Nietzsche, eine Verehrerin seiner Kunst, ihn in Kenntnis seiner großen Begabung finanziell unterstützte, verbesserten sich seine wirtschaftlichen Verhältnisse. Er konnte ein Haus in Alt-Rahlstedt erwerben, wo er mit seiner dritten Ehefrau Anna Micheel und seinen beiden Kindern aus erster Ehe bis zu seinem Tode am 22. Juli 1909 lebte.

Suche nach der Glocke der untergegangenen Kirche die Gemüter bewegte. Gefunden wurden aber nur vereinzelte Keramikscherben und Knochen, so wie man heute ähnliche Funde an vielen, vielen Stellen im Watt machen kann. Diese Exponate sind durch den Gezeitenstrom, Eisgang oder Erosion überallhin verstreut worden und geben deshalb keinen Anhaltspunkt für die Lage des Ortes. So kann man heute zwischen Pellworm und Süderoog, zwischen Hooge und Norderoog, südwestlich und nördlich von Pellworm[5] und an vielen anderen Stellen immer wieder Funde machen, die jedoch für die Wissenschaft und für die Bestimmung eines Ortes allenfalls eine untergeordnete Bedeutung haben, sie sind nur so genannte „Lesefunde".

Die interessierten Menschen haben durch die Anregung des Gedichtes von Liliencron natürlich auf dem Rungholtsand gesucht, über den man seinerzeit fuhr, bzw. an ihm entlang. Was diese Menschen nicht wussten: sie suchten an einer falschen Stelle.

Wie alle Inseln, Halligen und Wattrücken wandert auch der Rungholtsand ständig nach Osten. Das Meer greift von Westen an, nagt an der Wetterseite, an der Uferkante, und trägt Sand, Schlick und Dünen ab, während im Osten dieser Gebiete, im Lee, ein Anwachs erfolgt. Der Rungholtsand hat sich im Laufe von 600 Jahren erheblich nach Osten verlagert. Die Kulturspuren sind aber nicht mitgewandert.

Detlev von Liliencron hat ein eindrucksvolles und einprägsames Gedicht geschrieben – als Quelle für die Existenz von Rungholt, als Beschreibung für das Aussehen dieser Ortschaft und als Schilderung des Unterganges ist dieses Werk nicht geeignet.

Ergänzend soll erwähnt werden, dass Liliencron mit seinem Gedicht auch andere Schriftsteller und Maler inspiriert hat, historische Romane oder Novellen zu schreiben oder auch Bilder zu malen.

Wilhelm Jensen (1837– 1911) und Johannes Dose (1860 in Hadersleben geb.) haben den **Rungholt-Stoff** in Romanen aufgegriffen. Novellen und Erzählungen lassen Rungholt auch bei Theodor Storm und Ernst Willkomm wieder aufleben. Die Hallig-Malerin Amalie Ruths hat beispielsweise – mindestens – fünf Linolschnitte angefertigt, die ein imposantes Stadtbild von Rungholt darstellen[6]. Georg Lesser hat fünf Bilder „frei nach Liliencron" geschaffen, auf der eine befestigte Stadt mit Tor, Kunstbauten und Kirchtürmen zu sehen ist[7]. Neueren Datums ist die Hallig-Erzählung von Kurt Haller, „Und die Fluten folgten wie immer dem Mond", in der ein Großvater seinem Enkelsohn seine dramatischen Erlebnisse beim Untergang von Rungholt schildert – beide leben auf einer Hallig, die sie „Tuul"[8] nennen, die mit der Ostwarft vom früheren Südfall identisch ist. 1997 ist der Roman „Die letzten Tage von Rungholt" von Kari Köster erschienen. Die plattdeutsche Sängergruppe „Liekedeeler" aus Uetersen hat ein Gedicht auf den Mythos von Rungholt geschrieben[9], und schließlich hat der Sänger Achim Reichel das Liliencron-Gedicht vertont.

Doch zurück zum Gedicht von Liliencron: Der Dichter war während seines Pellworm-Aufenthaltes sicher beeindruckt von dem harten Leben der Insulaner und Halligbewohner, vom ständigen Kampf gegen die Gewalt des Meeres, den „Blanken Hans", und er kannte mit Sicherheit die alte friesische Rungholt-Sage, wird hierin doch der Stolz der Rungholter, ihr ausschweifendes Leben und ihre Gottlosigkeit eindringlich geschildert.

# Eine friesische Sage, das Gottesgericht und die Stammbäume der Überlebenden

Unter vielen Sagen im norddeutschen Raum befasst sich eine mit dem Untergang von Rungholt. Es gibt verschiedene voneinander abweichende Versionen dieser Sage. Eine Fassung ist von dem Oldesloer Rektor **Matz Paysen**[10], geboren 1622 in Hattstedt, in lateinischer Sprache niedergeschrieben worden. Die Übersetzung – in einer möglichst wörtlichen Übersetzung eines Freundes von Andreas Busch – lautet:

***„Ein kleines Geschichtchen aus einer Nordstrander Handschrift friesischer Zunge“***

*„Rungholt war ein kleines Städtchen auf dem Strand bei Pellworm, dort, wo jetzt Südfall sich befindet. In diesem verlangten einige betrunkene Bauern, daß der Prediger nach einer öffentlichen Schankstätte herbeigeholt würde, damit er einem Kranken den letzten Hilfs- und Liebesdienst leiste. Der Wirt erinnerte jene daran, daß er eine gewaltige Sau habe; man könne diese durch ein Quantum Bier bis zur Trunkenheit wie einen Menschen voll machen, und sie werde durch ihr Grunzen die Stimme eines Kranken zum Ausdruck bringen, wenn sie auf ein Lager gebettet wäre. Da lachten die Bösewichter dazu und bildeten sich frevelnden Sinnes ein, daß, wenn sie die Frömmigkeit des Priesters und Gott in dieser Weise verspotten könnten, sie den Ruhm einer großen Tat sich bei ihren Mitbürgern erworben haben würden. Der Priester, der da meinte, daß nichts weiter geschehen würde, wenn er auch den Mutwillen sowie die Rohheit und den äußersten Frevelsinn seiner Pfarrkinder wohl kannte, eilte mit dem heiligen Kelch am späten Abend herbei. Die Bauern mahnten ihn, daß er die heilige Handlung begänne und führten den Priester zu dem Lager, auf dem die Sau, von Bier eingeschläfert, grunzte, und suchten ihm zu bedeuten, dort seien die Obliegenheiten seines Amtes bei dem Kranken zu erledigen. Da der Mann das Tier erblickte, schauderte er zurück; aber als er nach den heftigsten Scheltworten gegenüber den Zechbrüdern fortgehen wollte, rissen ihn die Teuflischen zur Ofenbank und hießen ihn, er mochte nun wollen oder nicht, mit ihnen zechen. Als er sich weigerte und alle Heiligen zur Hilfe rief, versetzten sie ihm Ohrfeigen, entrissen dem Priester den heiligen Kelch, warfen ihn auf den Boden und richteten, nachdem sie ihn wieder aufgesammelt hatten, ein frevelndes Saufgelage mit ihm an. Endlich entließen sie den Priester mitten in der Nacht, nachdem sie ihn mit Fäusten zerbläut hatten, der nun über den Frevel seiner Pfarrkinder empört und eingedenk des ihm zugefügten Unrechts, da er an menschlicher Hilfe verzweifelte, unverzüglich die göttliche anrief. Und nicht blieb auf sein Bitten in dem hinter ihm wieder verschlossenen Gotteshause die rasche Strafe Gottes aus. Da ihn nämlich auf sein Flehen mit drei Jungfrauen in tiefer Nacht die Stimme anrief: ‚Weichet sofort mit den Eurigen auf die Hügel, denn bald wird Rungholt untergehen‘. Daher wanderten jene mit den Ihrigen von dort fort, wo jetzt Südfall liegt. Rungholt ging nun in dieser stürmischen Nacht mitsamt den umliegenden Kirchspielen durch eine Überschwemmung zugrunde. Keineswegs wurde es, wie die Menge bei uns erzählt, weil nämlich bisweilen Türme gesehen würden, ja sogar auch Glocken von den Vorübersegelnden gehört wurden, infolge von Aufreißens des Meeresbodens verschlungen, sondern daß Rungholt vielmehr durch eine Überschwemmung verschüttet wurde, bezeugen die vielen Spuren alter, wenn auch zumeist durch Schlamm überdeckter Gräben bei zurücktretender Meeresflut, die ich selbst, weil diese Geschichte bei uns sehr verbreitet ist, mit meinen eigenen Augen habe wahrnehmen wollen, und zwar im Jahre 1635.“*

Paysen gibt in seinem von ihm selbst verfassten Nachsatz zu erkennen, dass er die Schrift des Matthias Boetius[11] *„De cataclysmo Nordstrandico“* gekannt habe, spricht er doch von dem künftigen Wiederauferstehen von Rungholt, davon, dass man zeitweilig die Kirche von Rungholt sehen und das Glockengeläut hören könne. Diese Version, dass Rungholt unversehrt am Meeresgrund steht, wird bei Boetius[12] beschrieben. Sie entspricht den Vorstellungen der damaligen Bewohner, als könne das menschliche Gewissen den grauenhaften Ausgang der Rungholt-Sage nicht ertragen. So wurde hier in freier Phantasie die Mär von dem zwar versunkenen, aber nicht zerstörten Rungholt verbreitet. Der Sage nach soll die auf dem Meeresgrund unversehrt stehende Ortschaft Rungholt mit Kirche und Mühlen und allen Häusern wieder auferstehen in einer Johannisnacht, wenn ein Sonntagskind genau diese Stelle betrete, wo Rungholt liegt[13]. Es gibt deutliche Parallelen zur ostdeutschen Vineta-Sage: Alle sieben Jahre in der Johannisnacht steige der Ort aus dem Meer empor und könne aus Fluch und Bann erlöst werden, wenn sich ein Mutiger fände, der mit kühnem Sprung den verschwundenen Boden betrete.

Wir können den Zeitpunkt hinreichend bestimmen, wann Paysen die Sage aufgezeichnet, d. h. die Vorlage benutzt und mit eigenen Anmerkungen und Feststellungen versehen hat. Paysen schreibt nämlich statt von einer Oblatenbüchse – wie in anderen Fassungen der Sage – von einem Kelch[14]. Der Verfasser hat, wie man hieraus ersehen kann, seine Darstellung nach der Reformation in eine angepasste, der modernen Theologie entsprechende Form gebracht. Paysen ist am 13. 4. 1622 geboren, also etwa 100 Jahre nach der Reformation. Auch passen Kelch und Trinken besser zusammen als das Trinken aus einer Oblatenbüchse. Schließlich wurde der Ausdruck „Prediger“ benutzt, nicht etwa „Priester“. Prediger gab es erst nach der Reformation.

Zum Schluss dieser Darstellung soll kurz auf den Autor Matz Paysen eingegangen werden[15]:

Abb. 5: Ein Versuch, Rungholt im Modell darzustellen; hier: Ein Schwein wird zur Gastwirtschaft getrieben

Geboren am 13. 4. 1622 in Hattstedt, entstammte **Matz Paysen** einer alten und angesehenen Friesenfamilie, die als Wappen den mit dem Kreuz verzierten Reichsapfel tragen durfte. Schon 1623 starb sein Vater, und unter seinem Stiefvater hatte er so zu leiden, dass er bei Verwandten aufwuchs. Er besuchte die Lateinschule in Husum und ging später als Erzieher nach Mecklenburg und Königsberg. Durch die Marcellusflut von 1634 – die zweite *Grote Mandränke* – wurden sämtliche Marschländereien der Familie vernichtet, was seinen Stiefvater veranlasste, das väterliche Haus seines Stiefsohnes für dessen Unterhalt in Anspruch zu nehmen. Matz Paysen wurde Erzieher in Schoubulgaard und Schwesing. Nach längerer Irrfahrt und mannigfachen Wechselfällen – so berichtet er selbst – wurde er 1649 Rektor und Kantor in Oldesloe. Er heiratete 1654 Hanna Langemaken. Die Ehe blieb kinderlos. Matz Paysen verstarb 1660 in Oldesloe.

Die gleiche Rungholt-Sage wird von **Anton Heimreich** in der „Nordfresischen Chronik“[16] wiedergegeben, allerdings mit einigen Abweichungen[17] [vgl. Anhang 1] von der Darstellung Paysens. Bereits 1654 gab es einen „Vorläufer“ zu der Aufzeichnung durch Anton Heimreich aus einer anonymen Chronik, die sog. Kopenhagener Handschrift[18]. Sie wurde, wie die Forschung inzwischen nachgewiesen hat, von dem Bruder des Anton Heimreich, nämlich dem Magister Henricus Heimreich, geschrieben. Heimreich berichtet von untergegangenen Ortschaften und beginnt deshalb die Erzählung:

*„Unter allen diesen ertrunkenen Örtern ist insonderheit benahmet der Flecken Rungholt, von dessen Verwüstung und Untergang, wie auch künfftigem Wohlstande der gemeine Mann beydes in vorrigen und auch noch in jetzigen Zeiten viel Wunderdinges erzehlet“.*

Heimreich spricht von dem Heiligen Sakrament und der Büchse, mit der der Prediger das Abendmahl reichen sollte. Die *„muthwilligen Gäste“* hätten verabredet, ihn in den Graben zu stoßen, wenn er nicht ihren Willen erfüllen würde. Der Prediger bemerkte, dass man nichts Gutes mit ihm im Sinn habe und machte sich stillschweigend davon. Zwei gottlose Buben aus dem Krug sahen ihn und forderten ihn auf, wieder zurückzukehren, andernfalls sie ihm *„die Haut vollschlagen“* wollten. Sie zerrten ihn mit Gewalt zurück in das Haus, verlangten von ihm, das Heilige Sakrament zu zeigen, nahmen es und gossen es voll Bier. Sie sprachen gotteslästerlich, dass Gott darinnen sei und er müsse jetzt mit ihnen saufen. Als der Prediger die Büchse auf seine Bitte zurückerhalten hatte, sei er zur Kirche gegangen und habe Gott angerufen und gebeten, diese gottlosen Leute zu strafen. In der folgenden Nacht sei er gewarnt worden, dass er aus dem Land gehen möge, das Gott verderben wolle. Und es

*„habe sich alsobald ein ungestümer wind und hohes wasser erhoben, durch das ganze land Rungholt (oder wie andere melden, gantze sieben kirchspiele, worunter Rungholt das vornehmste gewesen) sey untergegangen, und niemand sey davon gekommen, als gemeldeter Prediger und zwo (oder, wie andere setzen, seine magd und drey) jungfrawen, so den abend zuvor von Rungholt aus auff Bobschlut zur kirchmeß seyn gegangen . . .“*

In dieser Fassung der Rungholt-Sage von Heimreich befindet sich eine weitere, andere Ortsangabe: Nach Bopschlut zur Kirchmesse seien der Prediger und die Jungfrauen gegangen. Gibt es oder gab es eine solche Ortschaft?

Die Nordost-Spitze von Pellworm wird gebildet durch den Buphever-Koog. Wir finden immerhin die Silbe „Bup“ in der heutigen Topographie wieder, und zwar in Verbindung mit der Hever. Die Deiche des Buphever-Kooges, die diesen Teil der Insel gegen die Fluten schützen, wurden 1445 errichtet[19] und erhielten erst 1938 ihre heutige Form[20]. Die Ortsbezeichnung Buphever gibt – vermutlich – die Richtung an, in der sich das gesuchte Bopschlut befunden haben mag. Aber damit nicht genug:

Auf der Karte von Geerz[21] von Alt-Nordstrand vor 1634, einer Rekonstruktion aus vielfältigem alten Kartenmaterial [Abb. 6 ], finden wir etwa 5 km nordöstlich des heutigen Buphever-Kooges die Orte Bupsee und Bupslut, ferner auch Buphever, letzterer Ort etwa 2 km nördlich des Buphever-Kooges. Bei dem Ort Bupslut ist – wie bei allen Orten dieser Karte – die Jahreszahl des Unterganges vermerkt, und zwar 1612–1629, woraus – allerdings nicht unbestritten – zu schließen ist, dass jener Ort die Sturmflut von 1362 überstanden hat, dann aber noch vor derjenigen von 1634 untergegangen ist. Der zuvor erwähnte Ort Bupsee trägt auf der Karte von Geerz die Jahreszahlen 1634–1637, der Ort Buphever 1634 und der – noch nicht erwähnte, weiter nördlich gelegene – Ort Bupte schließlich die Jahreszahlen 1634 –1637.

Bupslut lag – nach der Karte von Geerz – von der vermuteten Ortslage von Rungholt, wenn wir uns die Angabe von Paysen – „bei Südfall“ – zu eigen machen, etwa 18 km entfernt. Aber es gab auf dem Weg dorthin weitere Kirchspiele, so z. B. Brunock, Ilgrov u. a. Lag Bupslut vielleicht höher über dem Meeresspiegel? Nach Paysen hat die Stimme dem Priester zugerufen, „auf die Hügel“ zu gehen. Auf der Karte von Geerz sind Höhenangaben nicht vorhanden. Aus dem Verlauf der Bäche und Priele ist jedoch zu schließen, dass Bupslut auf einer – bescheidenen – Wasserscheide lag. Nahe Bupslut entspringt die Quelle eines Baches, der nach Norden abfließt, ein anderer Bach, dessen Quelle im Südwesten des Ortes Bupslut liegt, fließt nach Süden ab. Im Osten von Bupslut verläuft ein Priel über die ganze Insel Alt-Nordstrand von Nord nach Süd. Bupslut lag außerdem an einem langen Weg, der die ganze Insel von Nordwest nach Südost durchquerte. Man kann aus diesen Angaben schließen, dass Bupslut ein wichtiger, wohl größerer Ort an einer Handelsstraße und höher gelegen war als das übrige Land. Unbeantwortet bleibt allerdings die Frage, wie authentisch diese Karte ist, ob die Rekonstruktion der historischen Topographie derart exakte Rückschlüsse überhaupt zulässt. Feststellen lässt sich aber eine historische Realität: Während Rungholt 1362 unterging, blieb Bupslut – bei dieser *Mandränke* – erhalten.

Ein Argument dafür, dass Bupslut ein Kirchspiel war, finden wir in dem Cod. ms. hist.102 = *Codex manuscriptus historiae 102*[22]. In einem Verzeichnis der „Kirchen des Nordstrandes, Lundeburg und der Halligen“ wird dort der Ort Bubslut aufgeführt mit dem Zusatz: *„nunc sine templo“*, was da heißt: „jetzt ohne Kirche“. Daraus ist zu schließen, dass hier früher einmal eine Kirche war. Aber das ist so nicht richtig.

Die Kirche, die gewöhnlich „Bupsee“ genannt wurde, stand eigentlich auf Bupschluter Gebiet. Gegen 1500 n. Chr. wird sie „tho Bupschlut“ genannt[23]. Die sagenhafte Erzählung von den geretteten Jungfrauen hat sich in der Realität anders abgespielt als in den Berichten über den Untergang Rungholts dargestellt – so nach den Ermittlungen von Albert A. Panten –: Sie entkamen einer ganz anderen schweren Sturmflut, nämlich erst 1532 beim Untergang von Fedderingman Capell vel Rip – auch „Fedderingerip“ genannt –, sodass dann dieser Ort als Ausgangspunkt anzusehen ist, und der lag nahe Bupschlut und Bupsee. Diese Frage nach der Lokalisierung dieses sagenhaften Berichtes von der wundersamen Rettung mag letztlich unbeantwortet bleiben, an dem Ereignis selbst ist nicht zu zweifeln.

Ob von Rungholt oder von Fedderingman-Capell: Wie kam es dazu, dass (der Priester und) die Jungfrauen gerade nach Bupslut gingen und nicht zu einem anderen Kirchspiel ? Wurde gerade zu diesem Zeitpunkt in Bupslut eine Heilige Messe gelesen, zu der Gläubige auch aus anderen Orten kamen? Oder wollten Bewohner des von Sturmfluten besonders gefährdeten Ortes Rungholt oder auch Fedderingman-Capell wegen einer drohenden Sturmflut auf eine Anhöhe gehen?

Im 1. Buch Mose 19,17 heißt es:
*„Gott sagt zu Lot: ‚Auf den Berg rette dich, dass du nicht umkommst‘.“*

Man darf mit Recht annehmen, dass manche Rungholter sich auf das höher gelegene Außendeichsgelände, aus dem später Alt-Südfall wurde, retteten, ferner auf das Gebiet der heutigen Insel Pellworm. Dorthin floh vor der drohenden Flut möglicherweise auch der Priester, der schon lange gegen die Unchristlichkeit der friesischen „Heiden“ gepredigt hatte, zumal das Christentum in der Mitte des 14. Jhdts. nur ein dünner „Firnis“ war.

Und wie wurde die Geschichte verbreitet? Die des Schreibens kundigen Priester zeichneten sie auf, selbstverständlich in einer religiösen Version mit Gottesgericht, einer den Priester warnenden Stimme Gottes und der Begleitung des Priesters zur Heiligen Messe durch Jungfrauen. Und für eine christliche Version dieser Sage bietet sich eine örtliche und zeitliche Verlagerung dieses Ereignisses geradezu an.

Abb. 6: Alt-Nordstrand vor 1634, eine Rekonstruktion von Franz Geerz

So hat z. B. Samuel Mejer, ein Bruder des Kartographen Johannes Mejer, Priester auf Pellworm, diese Sage in der Mitte des 16. Jhdts.[24] erzählt und dabei auch den christlichen Aspekt betont.

Weiter hat Laurentius Adsen bei einer Hochzeitsfeier im ausgehenden 16. Jhdt. diese Geschichte vorgetragen, natürlich auch in der religiösen Fassung. Und so geriet diese Geschichte schließlich in die Nordstrander Chronik.

Eine befriedigende Antwort auf die Frage, wie authentisch der Inhalt der Sage ist, wird es wohl nicht geben, vielmehr bleibt jede Erklärung ein Stückchen Spekulation.

Eine abschließende Feststellung zum Alter der beiden Fassungen von Paysen und Heimreich:

Wenn man den Text von Heimreich, in dem von einer Oblatenbüchse die Rede ist, mit der Abschrift von Paysen vergleicht, so lässt sich der Schluss ziehen, dass die ältere Darstellung der Sage die von Heimreich ist. Als die ältere Fassung gewinnt sie damit auch mehr an Glaubwürdigkeit. Zu demselben Ergebnis kommt man, wenn man die Paysensche Niederschrift der Rungholt-Sage aus einer Kopenhagener Handschrift eines anonymen Verfassers[25] mit der Fassung Heimreichs vergleicht: Letzterer hat von dem Unbekannten abgeschrieben, hat aber die *„Nordstrander Handschrift friesischer Zunge"* nicht gekannt, nach der Paysen seine Niederschrift angefertigt hat. Paysen wiederum kannte die Schrift des Boetius *„De cataclysmo Nordstrandico"*: Er beanstandet, dass der vollständige Inhalt der Sage dort nicht mitgeteilt wurde.

Eine weitere Fassung der Rungholt-Sage ist für die Feststellung, welche der Darstellungen die älteste und damit „echteste" ist, von besonderer Bedeutung. Sie steht in den ***„Annales Strandenses"***[26] [vgl. Anhang 2].

Auch diese Fassung beginnt mit einem Hinweis auf die versunkenen Kirchspiele, nämlich

*„Anno 1300*[27] *Sint im Strande undergegangen 28 Carspeln und ist domahls ock Rungholt versuncken, dar sint die Lude* – Leute – *so Gottloß gewesen, dat se groth Auerthat* – Übertat, besser: Untat – *und Mothwillen gedreuen* – getrieben –, . . .“

Auch in dieser Fassung aus den *Annales* wird von Sakrament und Oblaten gesprochen, auch hier die Verabredung, die Leute wollten den Prediger *„in de Schlöthe stothen“*, wenn er sich weigere zu kommen und das Sakrament der Sau zu geben. Sie baten ihn freundlich, das Sakrament sie sehen zu lassen, fragten ihn, als er den Schrein öffnete und die Oblaten zeigte, ob Gott darin wäre, so solle er mit ihnen trinken. Sie gossen schließlich Bier in den Schrein, und mit großem Geschick gelang es dem Prediger, stillschweigend davonzugehen. Auf sein Gebet sagte ihm eine Stimme:
*„Pape stehe up und gehe uth dißem Lande, wente Gott will dith Landt verderuen.“*

Der Prediger ging nach Bubschluth, wohin
*„euen darnah tho derßeluen tidt 4 Ricke Jungfruwen upgemacket und nach Bubschluthe tho Kerckmeße gegahn“.*

Und dann hat sich
*„darup alsoforth ein solch unwedder und Storm erhauen, dat al suluigen orde 7 Carspelln, darunter Rungholt dat Vernemste gewesen, sint verdrunken und im solten water undergegangen, und sint ehrer nicht mehr mit dem Levede daruon gekahmen als de gemelte prediger, und de 4 Ricke Jungfruwen . . .“*

Als Ortsangabe finden wir in dieser Fassung der *Annales Strandenses* wiederum das Kirchspiel Bubschluthe. Diese Darstellung deckt sich also mit der von Heimreich.

Während aus der Darstellung von Paysen hervorgeht, dass der Priester nach seinem Gebet im Gotteshause den drei Jungfrauen die Veranlassung gegeben hat, mit ihm von Rungholt zu weichen, ist in den zitierten *Annales* dagegen erwähnt, dass zu derselben Zeit, als Rungholt unterging, die Jungfrauen sich aufgemacht hatten, nach Bubschlut zur Kirchmesse zu gehen – also zufällig zu diesem Zeitpunkt. Diese Darstellung klingt wahrheitsgetreuer als die von Paysen. Man kann wohl davon ausgehen, dass diese Fassung der Rungholt-Sage aus den *Annales* die älteste von diesen drei Darstellungen ist.

Nun ist diese friesische Sage keinesfalls am Beispiel des grauenhaften Unterganges von Rungholt entstanden. Die Entstehung der Rungholt-Sage kann als recht facettenreich bezeichnet werden.

Von der Aufzeichnung in den *Annales Strandenses* gibt es eine Urfassung und eine weitere, eine Eiderstedtische. Sie stammt von Cornelius von der Loo, einem Chronisten aus Koldenbüttel in Eiderstedt, die allerdings nur wenig bietet und auch nicht als Original erhalten ist[28], sondern nur als späte Abschrift aus dem 18. Jahrhundert. Durch die Abschrift sind Lücken, Missverständnisse und besonders gegen den Schluss Kürzungen entstanden, die den Wert der Darstellung sehr beeinträchtigen.

Die *Annales Strandenses* sind eine Weiterverarbeitung der Notizen des Evensbüller Pastors Knut Lorenzen[29] unter Hinzufügung einiger Passagen aus Schriften des Johannes Petreus[30] und der Eiderstedter Chronik[31]. Diese Quellen hat der Chronist Peter Sax – über den noch später in verschiedenen Kapiteln dieses Buches berichtet werden wird – für die Geschichtsdarstellung in seiner *„Beschreibung der landen Eyderstett, Everschop und Utholm“*, 1637,[32] genutzt wie auch die *„Denkwürdige Geschichte“* des Knut Laurenzen. Dabei erwähnt er die Sage vom Untergang Rungholts mit keinem Wort, obwohl an einer Stelle der *„Panurgia Lamiarum“* des Samuel Meier [vgl. Anhang 3] die Urfassung eines Teils der Rungholtsage[33] enthalten ist.

Aber das dort geschilderte Ereignis ist etwa auf das Jahr 1532 zu datieren, wie aus Heimreichs „Nordfresischer Chronik“ zu entnehmen ist:

*„Wobei gleichwol zumercken, das M. Samuel Meierus schreibe“* – in der Parnurgia Lamiarum – *„das dergleichen sich umb den anfanck der geleuterten Evangelischen Warheit hie im lande an der Seekante solle begeben haben, womit er ohne Zweifel auf der Anno 1532 auf Allerseelen ergangenen Fluth wirt deuten, da sein Vater M. Joh. Mejer von Pelwurm zum Pastorn und Probste in Rendsburg ist gefordert, und ist zu verwundern, das, da es so newlich geschegen, niemand solches schriftlich bei solcher Fluth habe angemercket“.*

Tatsächlich ist in jener Flut von 1532 ein „kleiner Ort Landes“ bei Pellworm überflutet worden, nämlich Vedderingerip. Diese Ortsbezeichnung dürfte identisch sein mit dem nordöstlich von Rungholt gelegenen Fedderingman-Capell vel Rip, der nach Kirchensteuer-Aufzeichnungen ebenfalls 1362 zusammen mit Rungholt von der *1. Groten Mandränke* überflutet worden war, aber offenbar dabei nicht endgültig vernichtet wurde wie Rungholt. Fedderingman-Capell sollte 1577 eingedeicht werden, fiel dann aber doch der See wieder anheim. Hier ist vermutlich der Ort zu suchen, an dem jener Trunkenbold dem Pastor den Streich mit der betrunkenen Sau gespielt hat[34].

Die Quelle für die Gotteslästerung dieser Sage dürfte in einem Buch von 1587 über Hexen, Zauberer und sonstige Vertreter der schwarzen Magie ihren Ursprung haben. Es handelt sich um eine exemplarische in Nortorf gesammelte Zusammenstellung von Spukgeschichten, deren Tendenz darin lag, die Menschen zu bessern und Gottes Zorn darzustellen. Die Prediger benutzten seinerzeit gern derartige Exempelbücher, um den Satan und demgegenüber Gottes Einfluss darzustellen.

Es gibt aber weitere Hinweise auf die gotteslästerliche Benutzung einer Oblatenbüchse als Trinkgefäß. Caesarius von Heisterbach (1170 bis 1240), der in einem Kloster in der Gegend von Köln gelebt hat, beschrieb 1216 den Untergang von 7 Kirchspielen in Butjadingen, dessen Ursache auf das blasphemische Verhalten der Einwohner zurückzuführen sei, die nämlich eine Oblatenbüchse als Trinkgefäß missbraucht hätten. Die Episode mit dem alkoholisierten Schwein schließlich wird auch erzählt bei einem Untergang von Kirchspielen aus Butjadingen in Oldenburg aus dem Jahre 1532[35].

So hat die im 17. Jahrhundert aufgeschriebene Rungholt-Sage offensichtlich verschiedene Ursprünge in alten Vorlagen aus unterschiedlichsten Zeiten und Gegenden. Es fügte sich eine Quelle an die andere – bis die Rungholt-Sage in den Fassungen der *Annales Strandenses*, bei Heimreich und Paysen ihre heute bekannte Fassung gefunden hatte. Aus diesem Grund kann der Sage auch keinerlei historischer Quellenwert beigemessen werden.

Die Bestrafung blasphemischen Handelns durch ein Gottesgericht findet sich in vielen alten Sagen und Erzählungen. Die wohl älteste dürfte die biblische Geschichte von der Sintflut sein.

Den in allen jenen Sagen und Erzählungen gemeinsamen positiven Aspekt eines Neubeginns finden wir auch in der Rungholt-Sage wieder, und zwar in der wundersamen Rettung von mehreren Jungfrauen. Mit dieser sagenhaften Rettung erfährt die Erzählung eine interessante Wendung:

In allen drei zitierten Versionen der Rungholt-Sage wird übereinstimmend – und das fällt auf – von den zwei, drei oder vier Rungholter Jungfrauen berichtet, die wegen ihres Kirchganges nach Bupslut – oder Bopschlut, Bupschluet oder in ähnlicher Schreibweise – vom Untergang Rungholts verschont blieben.

Zu diesem Bericht gibt es eine Überraschung:

Am 19. Februar 1655 schrieb Peter Sax[36] einen **Stammbaum**, der unter der Bezeichnung „Stammbaum des Backe Boysen“ in die Literatur einging und auf den sich später viele Familien zurückführen lassen konnten, so u. a. die Familie Cornils [Abb. 7a, stark verkleinert, nur zur Übersicht]. Unter diesem Stammbaum gibt ein Nachsatz [Teilausschnitt, Abb. 7b] nähere Auskunft über die Vorahnen mit folgendem Wortlaut:

*„Dieser Backe Boysen ist wegen seiner trefflichen Diensten so Ehre dem Könige Dänemark ERICO, Königin Margreten Schwester Frau Ao 1436 im Kriege wider Holstein umb die Lehnreichung, geadelt und sein Altes wappen mit einer Krone vermehret, deßen Eltern und Voreltern sein von einer* (ein Wort gestrichen) *der beyden Jungfrauen auß Rungholt, so Ao 1300 den 16. January bey deßen Untergank in Bubschluett auf die Messe zu ihrem Glücke gewesen, gebohren, allermaß solche die gemeine Nordstrand Chronica außtrücklich wißen zu referieren“.*

Hier finden wir in einem ausführlichen Stammbaum einen Hinweis darauf, dass mehrere Jungfrauen aus Rungholt am Tage des Untergangs „zu ihrem Glücke“ in Bupslut gewesen sind, wobei das Datum des 16. Januar 1300 erwähnt ist, obwohl das – nach besten Erkenntnissen – richtige Datum der großen Sturmflut zwar am gleichen genannten Tag – 16. Januar –, jedoch im Jahr 1362 gewesen ist.

Der auf Backe Boysen zurückgehende Stammbaum ist am 18. Juli 1664 von einem Volquardt Boysen aus *„Peter Sax' Stammbook“* abgeschrieben und, wie der Abschreiber behauptet, fortgeführt worden[37], obgleich er nichts Neues hineingebracht hat. Dieses Blatt behandelt die Familie Baxen zu „Kleen Alversum“ im Kirchspiel Tönning und stammt aus dem Besitz der Nachkommen des Deichgrafen Johan Jacob Cornils in Tating, der Deichgraf von 1833 bis 1860 war. Sie wurde in verschiedenen Handschriften bis auf den heutigen Tag fortgeführt[38].

Ausführlich wurde über dieses Stammregister des Peter Sax in der Beilage „Für den Feierabend“ in den „Eiderstedter Nachrichten“ 1924 Nr. 16/17 berichtet.

Es gibt mehrere dieser Stammtafeln[39]. Sie sind das Werk verschiedener Autoren[40]. Peter Sax gebührt das Verdienst, die verschiedenen Aufzeichnungen und Überlieferungen gesammelt und zusammengeführt zu haben.

Die Urschrift von *Peter Sax' Stammbock* ist bisher nicht aufgefunden wor-

Der Name **„Sintflut“** leitet sich von dem althochdeutschen „siunvluot“ ab und bedeutet „große Flut“. Der Name wurde volkstümlich umgedeutet in „Sündflut“ (seit dem 16. Jahrhundert), in Sagen vieler Völker eine durch göttlichen Zorn verursachte Flutkatastrophe, durch die das Leben auf der Erde vernichtet werden sollte. Nach der babylonischen Sintflutsage kann sich der fromme König Xisuthros, durch Ea gewarnt, mit seiner Frau und einigen Tieren in einer Arche retten. Fast gleichen Inhalts ist die griechische Sage vom Stammvater der Hellenen namens Deukalion, Sohn des Prometheus und Gemahl der Pyrrha, der sich mit ihr in einem hölzernen Kasten aus der Sintflut retten konnte, durch die Zeus das Menschengeschlecht zu vernichten beschlossen hatte.

Und dann soll noch irgendwo zwischen Rügen und der Odermündung auf dem Meeresgrund die versunkene Stadt Vineta gelegen haben. Nach alten Sagen ist die Stadt plötzlich vom Meer verschlungen worden, und manchmal könne man vom Schiff aus die Stadt tief unten im Wasser liegen sehen und die Glocken läuten hören.

Auch das sagenumwobene versunkene Atlantis gehört in diesen Zusammenhang, doch sind von Vineta und Atlantis die hier angesprochenen Gottesgerichte, die zum Untergang geführt haben sollen, nicht Gegenstand dieser Sagen.

Am bekanntesten ist die biblische Flutsage ( 1. Mos. 6 – 8 ), in der Noah, der nach Jahwes Angaben eine Arche zimmerte, mit seiner Familie und vielen Tierpaaren gerettet wurde. Er war der Vater der neuen Menschheit – seine Söhne waren Sem, Ham und Japhet (1. Mos. 5, 32). Nach einer anderen Bibelstelle war er der Vater der neuen Bevölkerung Palästinas – seine Söhne waren wiederum Sem, Ham und Japhet, hinzu kam sein Enkelsohn Kanaan, ein Sohn von Ham (1. Mos. 9, 22 und 9, 18).

den. Auf der hier zitierten Abschrift vom 18. Juli 1664 des Volquardt Boysen ist der Randvermerk zu finden, dass Peter Sax am 19. Februar 1655 diesen Stammbaum für Friedrich Backens, einem „Raths(mann) des Eiderst(edter) Ger(ichts) und Landman(n) im Tönning Karspel (= Kirchspiel) wie denn auch Fenningsmeister[41]" aufgezeichnet hat Gleichzeitig hat er den Stammbaum von dessen Ehefrau *„vom Vatter und vorfahren aufgeführet"*.

Der oben zitierte Nachsatz mit dem Hinweis auf die Jungfrauen von Rungholt ist auch in dem bei Peter Sax abgedruckten Stammbaum enthalten, wenn auch in einer verkürzten Fassung[42] – es fehlt der Grund für die Belehnung mit Adel und Wappen, es fehlt die Wendung, dass die Jungfrauen „zu ihrem Glücke" bei der Messe gewesen seien, und es fehlt der Hinweis auf die Nordstrander Chronik. Jener Stammbaum ist von Peter Sax für Johann Sieverts am 25. März 1664 angefertigt worden, also nur ein Vierteljahr vor dem Stammbaum für Volquardt Boysen.

Ob dieser Nachsatz in den Chroniken überhaupt authentisch ist, könnte bezweifelt werden. Panten kommentiert[43], dass jener Backe Boysen nicht zur Zeit seiner angeblichen Erhebung in den Adelsstand 1436 gelebt habe, sondern dass sich aus verschiedenen Quellen auf seine Lebenszeit um 1500 schließen lasse. 1504 hat er einen Privilegienbrief von Herzog Friedrich erhalten[44]. Panten[45] sieht sogar die ganze Rungholtsage als künstliche Konstruktion an, da sie aus zwei Episoden zusammengesetzt sei, deren eine 1532 von dem Pellwormer Pastor Meier und die andere schon im 13. Jhdt. von dem Mönch Cäsarius von Heisterbach aus dem Rheinland aufgeschrieben wurde.

Die Authentizität dieses Nachsatzes durch Peter Sax, dass nämlich Rungholter Jungfrauen dem Untergang entgingen, dürfte dennoch zu bejahen sein, bringen doch alle Abschriften diesen Nachsatz, wenn auch in leicht unterschiedlichen Versionen. Die durch Generationen überlieferte Mitteilung, dass jener Backe Boysen ein

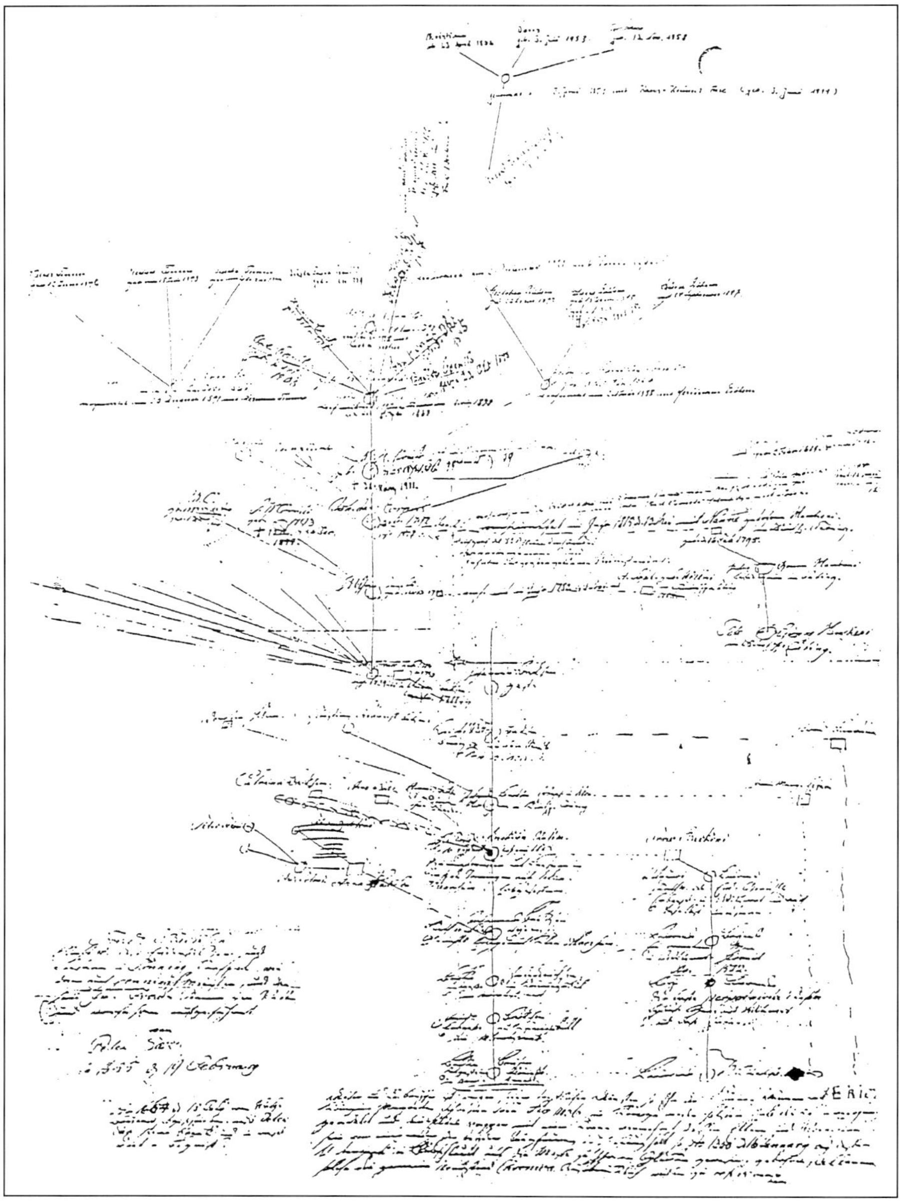

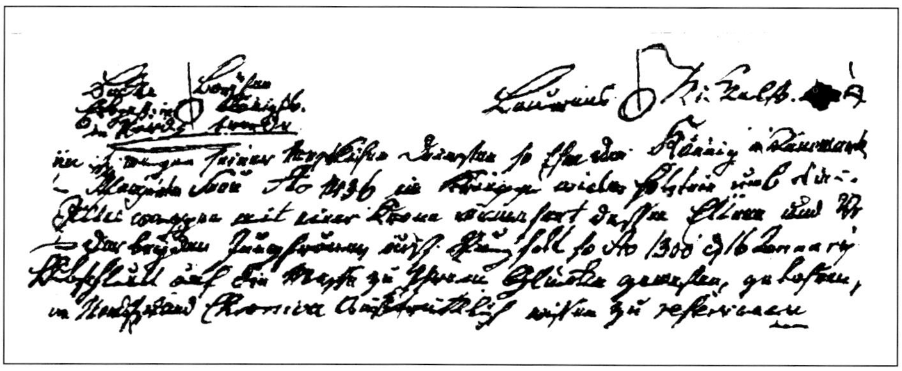

Abb.7a: Der Stammbaum der Familie Cornils in einer aus Privatbesitz stammenden Fassung (stark verkleinert, Original 50 x 70 cm)

Abb. 7b: Ausschnitt daraus (nachgebessert)

direkter Nachkomme einer der geretteten Jungfrauen aus Rungholt sei, dürfte wohl kaum frei erfunden worden sein.

Dies wird umso deutlicher, als ein weiterer Stammbaum vorhanden ist, der auf **Broder Mumsen** zurückgeht, der ebenfalls ein Nachkomme einer der geretteten Jungfrauen aus Rungholt sein soll. Heimreich gibt eine eingehende Stammfolge von Broder Mumsen durch fünf Generationen an. Ausgehend von der von Heimreich aufgeführten Genealogie ist es dem 1928 in Detroit (Michigan/USA) verstorbenen Lehrer Knud Melf Hansen von Nordstrand in jahrelanger Tätigkeit gelungen, eine lückenlose Familiengeschichte bis auf die neueste Zeit auszuarbeiten, die er bis zu seinem Tode als *„Chronikblätter der Nachkommen im Mannesstamm des Broder Mumsen zu Bopslut im Nordstrande"* herausgab.

Wenden wir uns deshalb der Stammtafel von Anton Heimreich von 1668 zu. Wir lesen hier, dass *„Broder Mumsen, der gleichfalls von diesen Rungholter Jungfrawen herstammet"*, drei Kinder hatte, Wunke, Mummius und Boje. Sie führten alle den Nachnamen Brodersen gemäß der seinerzeit in Dänemark, Süd-Schleswig und Dithmarschen üblichen patronymischen Namensgebung: der Sohn übernimmt den Vornamen des Vaters in den Nachnamen mit der Endung „-sen" (= Sohn des)[46]. Nach Heimreichs Stammbaum gibt es eine Verschwägerung zwischen den Nachfahren von Backe Boysen und Broder Mumsen: Jener Sohn Boje Brodersen des Broder Mumsen heiratete eine Tochter des Backe Boysen[47].

Bei dieser Gelegenheit gibt Hansen[48] einige zusätzliche interessante Informationen über Backe Boysen: Dieser sei anstelle eines Leve Tedsen zum Staller „verordnet", d. i. bestellt worden. Er führte im Wappen *„ein gekröntes hertz mit 2 pfeilen durchschossen"* und weiter *„Bey seiner Heimkunfft bey den Saltzbuden"* wurde er im Jahre 1521 erschlagen.

Der Ahnvater Broder Mumsen ist um die Mitte des 15. Jahrhunderts geboren, etwa um 1440 bis 1450, hat in Bupslut – in der Beltringharde von Alt-Nordstrand – gelebt, wo er wahrscheinlich auch geboren wurde und gestorben ist[49]. Er soll ein Domherr gewesen sei, aber einen Domherrn Mummius (latinisiert) Brodersen hat es nicht gegeben, erst um 1550 einen solchen namens Jens Brodersen.

Aus dem Nachnamen Mumsen lässt sich herauslesen, dass dessen Vater mit Vornamen Mumme oder Mume geheißen hat, der bald nach 1400 gelebt haben muss. Dieser Urahn Mumme – Nachname unbekannt – muss somit ein Enkel oder allenfalls Urenkel eines der geretteten Mädchen von Rungholt gewesen sein, es lagen ja nur etwa 50 bis 60 Jahre dazwischen.

Eine interessante zusätzliche Information über den Chronisten **Anton Heimreich**, der die Rungholt-Sage aufgeschrieben hat, erfahren wir von ihm selbst: Seine Schwester Engel Heimreich heiratete 1634, im Jahre der 2. *Groten Mandränke*, den Bauern Fedder Jensen, der als Nachfahre des Broder Mumsen und damit einer der geretteten Rungholt-Mädchen galt. Aus Steuerregistern von 1436 und 1456 lässt sich der Name Fedder Backsen nachweisen. Der Stammbaum jedoch, wonach Broder Mumsen ein Urenkel einer der geretteten Jungfrauen[50] gewesen sein soll, dürfte jedoch erst nach 1666 zusammengestellt worden sein. Dennoch ist der Bauer Fedder Jensen ein direkter Nachfahre des Broder Mumsen und damit Stammvater der noch heute besonders auf Nordstrand und Umgebung ansässigen Familien Hansen, Boysen und Reinhold.

Einen weiteren Hinweis auf die geretteten „Rungholt-Mädchen" gibt uns der Evensbüller Pastor Knut Lorenzen (gest. 1634) in seiner *„Denkwerdigen Geschichte"*[51], wenn er vom Untergang Rungholts – entsprechend der Urfassung mit der Jahreszahl 1200 angegeben – und den vier Jungfrauen berichtet, die an eben jenem Tage zur Kirchmess „im Strande" gewesen und deshalb „übrig geblieben" sind.

Doch zurück zu dem Stammvater des zitierten Stammbaumes Backe Boysen. Da dieser Stammbaum bis auf den heutigen Tag fortgeschrieben worden ist, können viele Familien sich auf jenen Backe Boysen als ihren direkten Vorfahren berufen, so z. B. die weit verzweigte Familie Cornils, weshalb dieser Stammbaum heute als der der Familie Cornils in der Literatur bezeichnet wird.

Die friesische Sage vom Untergang Rungholts hat also einen realen historischen Hintergrund, wie aus diesen Dokumenten hervorgeht. Und damit ist die Gegenwart erreicht bei Familien, die ihre Ahnen bis auf die Bewohner von Rungholt zurückführen können.

Bevor über die gegenwärtige Situation, z. B. über die uns vorliegenden Funde und über die heutige Oberflächenstruktur des Rungholtgebietes im Wattenmeer berichtet wird, soll sehr weit zurück in die Entstehung der Marsch und damit in die Erdgeschichte geblickt werden, um die Zusammenhänge der Entstehung und des Unterganges von Rungholt zu verstehen.

Im Mittelalter sind im Nordfriesischen Wattenmeer außer Rungholt viele andere Orte untergegangen, wie z. B. Gackenbull – Stintebull – Odenboll – Halgeness – Niendam – Akenboll – Heresbull – Ulvesboll – Emtsboll – Fedderingsmans Capell – Ilgroff – Brunock – Heverdam – Buphever – Bupte – Bupslut, um nur einige zu nennen. Weshalb blieb der Name Rungholt bis heute erhalten, sowohl in dem Gedicht von Liliencron als auch in der besprochenen Sage? Liliencron bedichtete diesen Ort, weil er mit dem Schiff am Rungholtsand entlang- bzw. über ihn hinwegfuhr. Aber dieser Sand ist der einzige, der einen Namen von untergegangenen Orten bis heute fortgeführt hat. Die Sage stammt aus den unterschiedlichsten Teil-Geschichten, aus den verschiedensten Zeiten. Auf den Ort Rungholt wurden schließlich diese Erzählungen bezogen, gleichsam konzentriert.

Diese Fokussierung auf Rungholt lässt nur einen Schluss zu:
**Rungholt war bedeutender als andere untergegangenen Orte.**
Weshalb? Das soll in diesem Buch ausführlich untersucht werden.

# Die Entstehung der Marschlandschaft und der Dünen

## Der geologische Untergrund

Schleswig-Holstein besteht aus dem „Schutt und Dreck" Skandinaviens. Seine Erdoberfläche – genauso wie die von Dänemark und weiten Teilen der norddeutschen Tiefebene – besteht aus den Ablagerungen der letzten Eiszeiten, deren Kern in Nord-Skandinavien lag. Das Eis hatte dort – etwa in der Gegend des heutigen Lappland – eine Stärke von ca. 3000 m. Man bedenke: 3 km Gletschereis entsprechen einer Schneemenge von etwa 240 km Höhe, das wäre die Entfernung Flensburg – Uelzen. Eine 3000 m hohe Eissäule wiegt über der Grundfläche von einem Quadratmeter etwa 2,7 Millionen kg, oder anders ausgedrückt: sie entspricht einem Gewicht von 871 Elefanten. Der ungeheure Druck dieses Eises wirkte sich nicht nur auf den Untergrund aus, nämlich die Fläche des heutigen Lappland, die dadurch – nach den bisher genauesten Berechnungen – rund 100 m in die Erdkruste eingedrückt wurde, sondern drängte auch nach den Seiten, schob Gletscher über Süd-Skandinavien hinweg, nahm Erde, Schutt, Felsbrocken und auch lockeres Material, das von der Unterlage abgerissen wurde, mit auf den Weg nach Süden, kam nach einem Weg von etwa 1500 km und mehr nach Dänemark und Norddeutschland und bildete beim Abschmelzen 99 % der Landoberfläche Schleswig-Holsteins. Die tonnenschweren von Skandinavien nach Norddeutschland verschleppten Findlinge geben einen Eindruck davon, mit welcher Macht das Eis nach außen gedrückt wurde.

| Zeitalter | Formation | Stufe | Alter in Jahren v. d. Gegenwart | Vorkommen in Schlesw.-Holst. |
|---|---|---|---|---|
| Quartär | Holozän | Nacheiszeit | ab 10.000 | |
| | Pleistozän | Eiszeiten | 10.000 – 2,4 Mio | |
| Tertiär | Jungtertiär | Pliozän | | |
| | | Miozän | 11 Mio | |
| | Alttertiär | Oligozän | 39 Mio | Sylt |
| | | Eozän | | |
| | | Paläozän | 65 Mio | Katharinenhof a. Fehmarn, Heiligenhafen |
| Kreide | | Obere Kreide | 144 Mio | Lägerdorf |
| | | Untere Kreide | | |
| Jura | Malm | | | |
| | Dogger | | | |
| | Lias | | 213 Mio | |
| Trias | Keuper | Rät | 230 Mio | |
| | | Mittlerer | | |
| | | Unterer | | |
| | Muschelkalk | Oberer | | |
| | | Mittlerer | | |
| | | Unterer | | |
| | Buntsandstein | Oberer | | |
| | | Mittlerer | | |
| | | Unterer | 248 Mio | Helgoland |
| Perm | Zechstein | | 286 Mio | B. Segeberg |
| | Rotliegendes | | | Lieth b. Elmshorn |
| Karbon | | Oberer | 360 Mio | |
| | | Unterer | | |
| Devon | | | 408 Mio | |
| Silur | | | 438 Mio | |
| Ordovizium | | | 505 Mio | |
| Kambrium | | | 550 – 670 Mio | |

Abb. 8: Übersicht über geologische Formationen

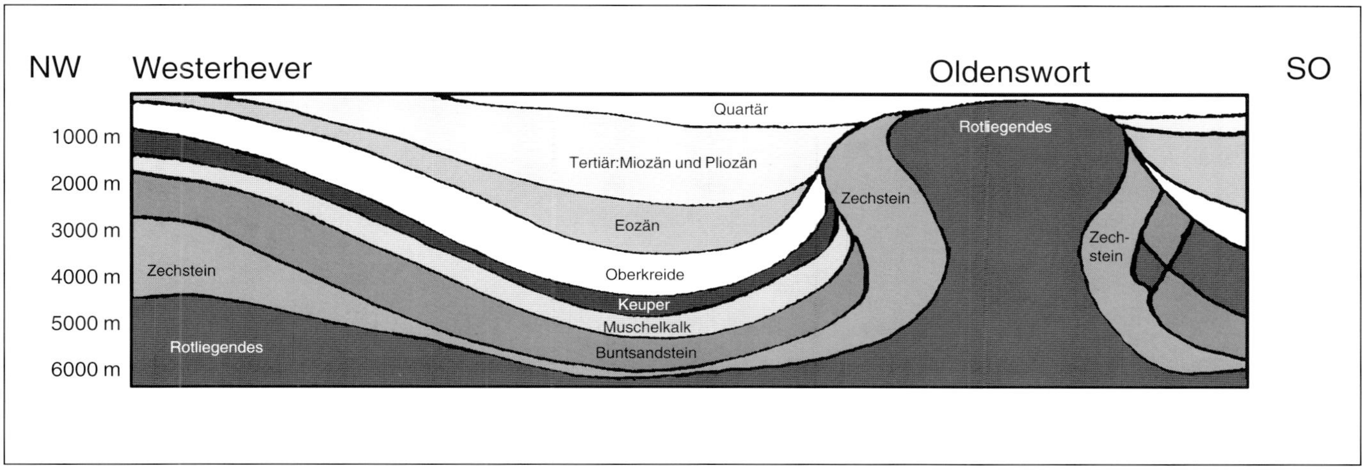


Abb. 9: Geologischer Querschnitt durch Eiderstedt

Mitgeschleppt wurden feines und grobes Material, nämlich Granite und Gneise, Sand, Steine und Schiefer, Lehme und Tone und viele Erdschichten, die sich beim Abschmelzen des Eises ablagerten und bei denen die Herkunft aus dem Norden Skandinaviens eindeutig nachgewiesen werden konnte.

Hätte es die Eiszeiten nicht gegeben, würde an der Stelle des heutigen Schleswig-Holstein der Meeresgrund des vereinigten Nord- und Ostsee-Gebietes liegen. Er würde auf 10 bis 20 m unter Normalnull (NN) liegen, zum Teil noch tiefer. Aus diesem Meer würden einige Inseln herausragen, nämlich die Gebiete, in denen die Gesteine des Mesozoikums (Erdmittelalter) und des Paläozoikums (Erdaltertum) bis an die heutige Erdoberfläche, besser gesagt: bis zur damaligen Meereshöhe, also NN bei mittlerem Tidehochwasser, hochgeschoben wurden. Diese aus dem Meer herausragenden Inseln Schleswig-Holsteins können wir ermitteln:

- die tertiären Sande und Tone in den Kliffs von Morsum/Sylt aus dem Oligozän (etwa 39 Mill. Jahre alt), die durch die Eiszeit-Schollen zerbrochen und steilgestellt worden sind,
- der Tarraston von Katharinenhof/Fehmarn und das Heiligenhafener Gestein am Hang des Hohen Ufers aus der Zeit des Paläozäns, der ältesten Gruppe des Tertiär (Beginn vor etwa 65 Mill. Jahren).
- das Kreidevorkommen der heute weitgehend abgebauten Kreidegruben von Lägerdorf bei Itzehoe aus der Formation Obere Kreide des Mesozoikums (Beginn etwa vor 144 Mill. Jahren),
- der Felsen von Helgoland, so wie er heute aus dem Meer herausragt, bestehend aus Buntsandstein und Muschelkalk aus dem Trias, der ältesten Gruppe des Mesozoikums (etwa 230 Mill. Jahre),
- der Kalkberg von Bad Segeberg, der übrigens nicht aus Kalk ($CaCO_3$) besteht, sondern aus schwefelsaurem Gips ($CaSO_4 + 2 H_2O$) aus der Formation Zechstein des Perm aus dem Paläozoikum (etwa 270 Mill. Jahre),
- das Rotliegende und der Zechstein aus Lieth bei Elmshorn, heute eine ausgebeutete Grube, ebenfalls aus der Zeit des Perm (etwa 286 Mill. Jahre),

sowie einige ähnliche kleine Inseln, z. B. bei dem heutigen Flensburg und auf dem Mittelrücken von Schleswig-Holstein, um nur einige zu nennen. Aber alle sind nur wenige Hektar groß. Diese **„geologischen Fenster“** [vgl. Übersicht Abb. 8] sind aus großen Tiefen bis zu 6000 m durch die darunter liegenden bis zu 1000 m starken Salzschichten nach oben gedrückt worden, nachdem das Salz – Meeressalz aus vielen Jahrmillionen – durch äußere Einflüsse in einen kristallinen Aggregatzustand übergegangen und wegen des leichteren spezifischen Gewichts nach oben aufgequollen ist. Dabei hat es die tief liegenden Gesteinsmassen nach oben gedrückt. Halokinese (Salzaufstieg) nennt man diesen Vorgang.

Das hier interessierende Gebiet des nordfriesischen Wattenmeeres liegt weit entfernt von „geologischen Fenstern“, von Helgoland, Bad Segeberg, Lägerdorf und Lieth, aber auch von der Alttertiär-Formation aus dem Oligozän von Sylt.

Aber ganz so weit nun doch auch wieder nicht: Wenige Meter unter der Erdoberfläche finden sich ausgeprägte Schichten aus dem Tertiär (Miozän und Pliozän), der Kreidezeit (Oberkreide) und dem Trias ( Keuper). Diese Schichtungen verlaufen in Südwest-Nordost-Richtung und haben ihre größte Nähe zur Erdoberfläche bei Westerhever [Abb. 9].

Und ganz nahe unter der Erdoberfläche liegt Rotliegendes aus dem Perm – bei Oldenswort, mitten in Eiderstedt[52]. Auch hier haben wir ein geologisches Fenster, auch wenn es nicht ganz bis an die heutige Erdoberfläche reicht. Aber eine besondere Wirkung haben diese Schichtungen gezeigt: Da der Marschboden nicht tief hinabreicht, sondern nahe unter der Erdoberfläche festes erdgeschichtliches Material liegt, konnten die schweren Sturmfluten diesem

Landstrich nicht so großen Schaden zufügen wie den anderen friesischen Marschgebieten. Eiderstedt ist deshalb als Halbinsel stehen geblieben, während nördlich und südlich davon – von Blaavand in Dänemark bis zur Elbmündung – das Marschland vom Meer abgerungen und zu einer Wattlandschaft verändert wurde. Hätten die Tertiär- und Perm-Schichten nur wenige Kilometer weiter nach Norden gereicht, wäre Rungholt, wäre es überhaupt gegründet worden, erhalten geblieben!

Wir kennen in Schleswig-Holstein sieben Eiszeiten, von denen zwei das Land besonders geprägt haben: Die Weichsel-Eiszeit und die Saale-Eiszeit [vgl. Übersicht Abb. 10]. Die Weichsel-Eiszeit (etwa 50000 bis 15000 v. Chr.) hat den Moränengürtel von Jütland über Angeln, Schwansen, die Hüttener Berge, Dänisch Wohld, die Probstei, die Lauenburger Seenplatte, schließlich die Grundmoränen der Mecklenburger Seenplatte und über Pommern bis nach Ostpreußen und Masuren gebildet. Der Moränengürtel der Saale-Eiszeit, die etwa 100000 Jahre älter ist als die Weichsel-Eiszeit, liegt etwa auf der Linie Ruhrgebiet – Hannover – Leipzig. Zeugnisse dieser Saale-Eiszeit sind auch die Grundmoränen der Wingst bei Cuxhaven, der Lüneburger Heide, der Göhrde, des Hohen und Niederen Fläming und schließlich die sächsische Niederlausitz. In Schleswig-Holstein finden sich markante Flächen dieser Altmoränenhorste auf der Insel Sylt im Gebiet Westerland – Wenningstedt – Kampen – Keitum, ferner auf Amrum und auf Föhr. Es sind Geestinseln mit nehrungsähnlichen dünenbedeckten Haken[53]. Der Stollberg bei Bredstedt, die Dithmarscher Schweiz bei Albersdorf und Hanerau-Hademarschen, der Kisdorfer Wohld, das Lauenburgische Elbufer, die Münsterdorfer Geestinsel bei Itzehoe, um nur einige zu nennen, gehören dazu. Uns interessiert besonders die Altmoränenlandschaft an der jetzigen Westküste, insbesondere die Hohe Geest im Gebiet Hattstedt – Schobüll – Husum, die sich dort unmittelbar bis an die heutige Nordseeküste erstreckt, sodass hier die einzige Stelle an der schleswig-holsteinischen Nordseeküste unbedeicht ist. Von Norden wie von Süden sind die Schutzdeiche bis an diese Geestinsel herangeführt und gehen nahtlos in dieses Altmoränengebiet über.

| **Das Quartär-Zeitalter** | |
|---|---|
| **Holozän** | 0 |
| Subatlantikum | |
| | 2 800 |
| Subboreal | |
| | 5 000 |
| Atlantikum | |
| | 7 500 |
| Boreal | |
| | 8 800 |
| Präboreal | |
| **Pleistozän** | 10300 |
| Weichsel-Eiszeit | |
| | 70 000 |
| Eem-Interglazialzeit | |
| | 80 000(?) |
| Saale-Eiszeit | |
| | 200 000(?) |
| Weitere 5 Eiszeiten | |
| | 2,4 Mio |

Abb. 10 : Übersicht über das Quartär-Zeitalter

Die Grundmoränenlandschaft der Hohen Geest ist aber nicht nur durch die – ältere – Saale-Eiszeit geprägt, sondern auch durch die – jüngere – Weichsel-Eiszeit. Auch wenn der Endmoränengürtel die hiesige Region nicht erreichte, so war doch der Boden auch hier infolge der niedrigen Dauertemperaturen hart gefroren. Es herrschte kaltes Tundraklima mit Dauerfrost, wie wir es heute in Nordsibirien und Alaska kennen. Mit Beginn der wärmeren Zeiten taute der Boden auf – und zwar von oben. Das Schmelzwasser aber konnte nicht abfließen, und der Untergrund war nach wie vor hart gefroren. Die abgetauten Erdmassen der Grundmoränen, durchtränkt von Schmelzwasser, glitten als Erdbrei wie auf einer Rutschbahn von den noch gefrorenen Hügelketten herab. Diese Fließbewegung, Solifluktion genannt, bewirkte eine Einebnung. Auf diese Weise sind die flachwelligen, sanften Hügelformen und Kuppen entstanden[54], so wie wir sie heute sehen. Übrigens aus diesem Grunde finden wir im Bereich der Hohen Geest und allen Grundmoränengebieten der früheren Saale-Eiszeit keine Seen und Teiche wie in den Endmoränenlandschaften der Weichsel-Eiszeit.

Weshalb diese Ausführungen über die Grundmoränenlandschaft an der Westküste? Weil wir genau die gleiche Struktur im Wattenmeer haben, nur um einige Meter tiefer gelegen. Unter dem Marschboden liegt dieselbe Grundmoränenlandschaft der Saale-Eiszeit mit flachen, sanften Hügelformen und Kuppen. Wissenschaftler der verschiedensten Disziplinen, u. a. von der Christian-Albrechts-Universität Kiel und dem Archäologischen Landesamt Schleswig, haben in einem als „Norderhever-Projekt“[55] veröffentlichten Arbeitsprogramm eine Vielzahl von Bohrungen im Wattenmeer durchgeführt und dabei eine solche Struktur ermittelt.

# Die Entstehung der Marsch

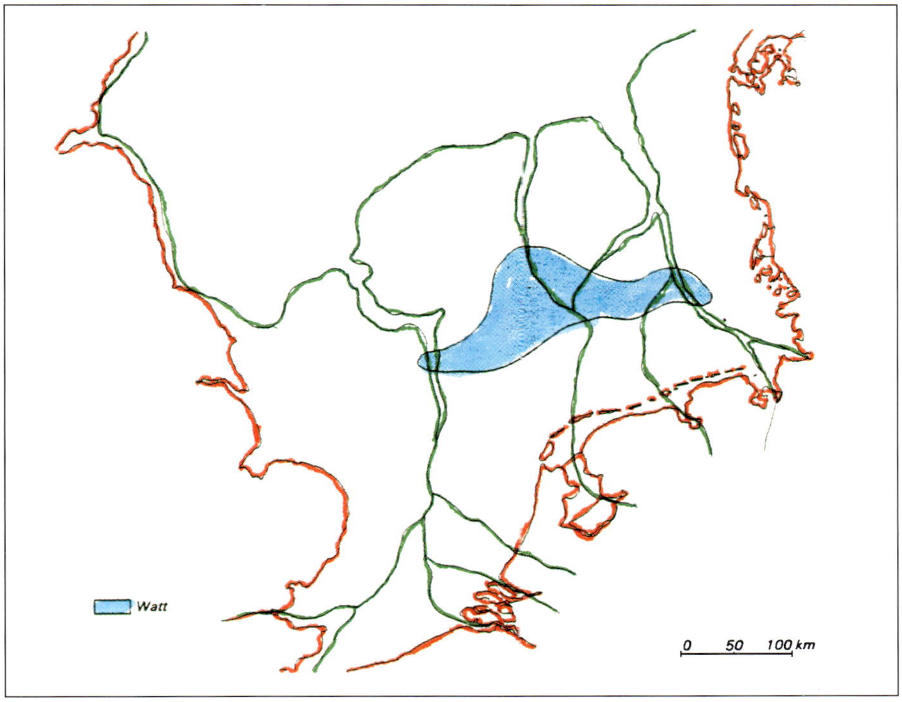


Abb. 11: Das durch Berechnungen rekonstruierte Ufer der Westküste des heutigen Schleswig-Holstein vor 12 000 Jahren

Für das Verständnis um die Enstehung des Ortes Rungholt, auch um seinen späteren Untergang, ist Weiteres sehr wichtig:

Die Entstehung und Zusammensetzung von Grund und Boden in dieser Region, nämlich
- die Ablagerung von Schlickwatt und Sandwatt,
- die Bildung von Marschboden und Dünen darauf,
- und schließlich die Entstehung von Moor und Torf.

Wie kam es zur Entstehung der Marschlandschaft auf diesem eiszeitlichen Moränengebiet?

Die heutigen Marschen Nordfrieslands, Dithmarschens und der Elbmarschen sind nur noch ein bescheidener Rest einer Marschlandschaft, die etwa vor 4000 Jahren ihre westliche Begrenzung auf der Linie Sylt–Amrumbänke – Japsand – Norderoogsand – Süderoogsand – Eiderstedt hatte und nach Norden hin weiter über die Inseln Röm und Fanö bis an die Südwestecke Jütlands zur Halbinsel Blaavand verlief.

Bis es zum Entstehen der Marschlandschaft kam, hat dieses Gebiet eine sehr wechselvolle Geschichte von Transgressionen (Meeresüberflutungen) und Regressionen (Meeresrückzügen) durchlaufen. Durch das Abschmelzen des Inlandeises früherer Eiszeiten – die älteste nachgewiesene Eiszeit beherrschte unser Gebiet vor etwa 600 000 Jahren – wurden gewaltige Wassermassen frei. Folglich stieg der Meeresspiegel an. In das zuvor trocken liegende Nordseebecken drang das Meerwasser ein. Man nennt diesen Nordseevorläufer während der älteren Interglazialzeit (Warmzeit) das Störmeer, benannt nach dem Fluss Stör bei Itzehoe, in dessen Flussgebiet altinterglaziale Meeresablagerungen nachgewiesen wurden. Die Küste des Störmeeres lag weit landeinwärts. Stormarn, Steinburg und Dithmarschen waren vom Meer bedeckt. Im Elbegebiet reichten fördeartige Einbuchtungen bis Boizenburg. Nördlich des Nord-Ostsee-Kanals, bei Sylt und bis nördlich von Esbjerg sind feine Sände des Störmeeres und bei Bredstedt ein Haffsee bekannt.

Während der letzten Interglazialzeit zwischen der Saale- und der Weichsel-Eiszeit wiederholte sich der **Meeresspiegelanstieg** infolge des Abtauens der Eismassen. Nach dem Flüsschen Eem in Holland, wo man entsprechende Meeresablagerungen zuerst gefunden hat, nennt man das Meer der letzten Interglazialzeit das Eem-Meer. In Schleswig-Holstein drang es fjordartig ins Treene- und Eidertal bis in die Gegend von Rendsburg ein. In der Eiderniederung und in Nordfriesland lagen zwei tiefe Rinnen, die im Gebiet der heutigen nordfriesischen Inseln durch eine Halbinsel voneinander getrennt waren.

Mit dem Beginn der Weichsel-Eiszeit sank der Meeresspiegel erneut stark ab. Das Nordseegebiet im Bereich der inneren Deutschen Bucht wurde Festland.

Auf dem Höhepunkt der Weichsel-Eiszeit vor ca. 25 000 Jahren lag der Meeresspiegel etwa 100 m unter NN[56], weil gewaltige Wassermassen in Form von Eis gebunden waren[57]. Die Themse war ein Nebenfluss des Rheins, die Zuflüsse des Ijsselmeeres, von Ems und Weser flossen, zusammen mit der Elbe, nördlich der Doggerbank in einer gemeinsamen Flussmündung in den Atlantik, wie aus den Tiefenlotungen und der Struktur des Meeresbodens ermittelt werden konnte. Noch vor 9000 Jahren bestand eine Landbrücke zwischen Schleswig-Holstein, der Norddeutschen Tiefebene und Holland einerseits und dem heutigen Mittel- und Südengland andererseits, allerdings von Flüssen und Prielen durchzogen. Die Küstenlinie verlief vor etwa 12 000 Jahren nördlich der Linie Doggerbank – Jütland [Abb. 11].

Die eigentliche Nordsee beginnt mit dem Erdzeitalter *Atlantikum*, etwa 5000 Jahre v. Chr. [Abb. 12]. Das Meer überflutete die bis dahin trocken liegenden Becken eines Sumpf- und Moorgebietes. Diese Periode, die etwa

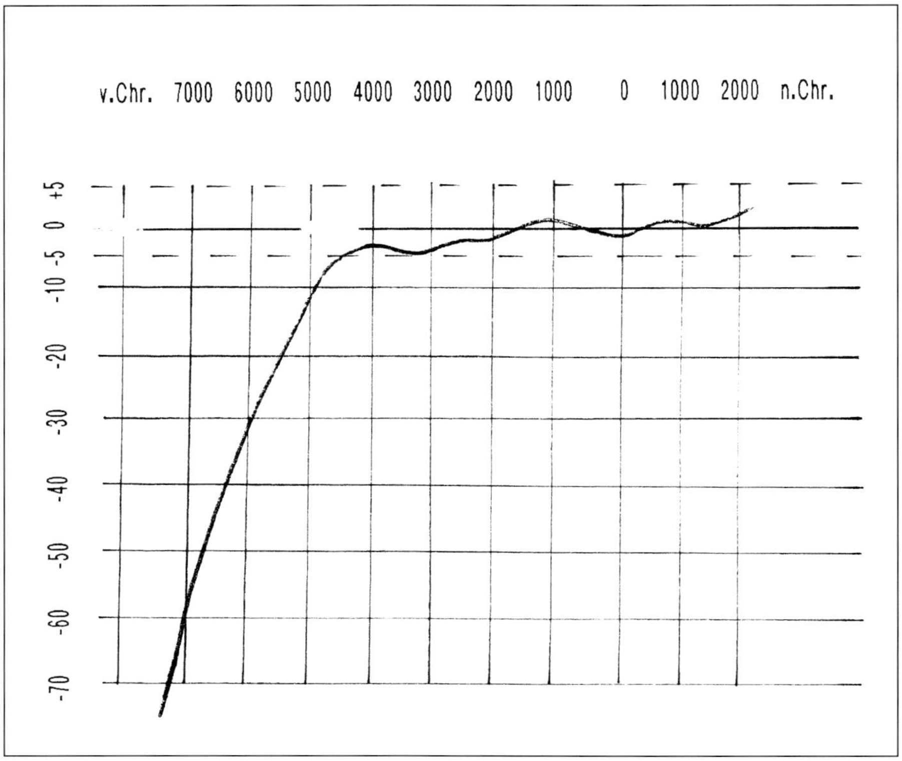


Abb. 12: Der Meeresspiegelanstieg, eine stark vereinfachte Darstellung

bis 4000 v. Chr. reichte, war das Zeitalter des Litora-Meeres, nach der Strandschnecke *litorina litorea* genannt. Diese Bezeichnung, die ursprünglich für die Geschichte der Ostsee von Bedeutung war, wurde auf die zeitlich entsprechende Meeresphase der Nordsee übertragen, besser wird jedoch von *Corbula-Meer* gesprochen, nach der in den altholozänen (früher altalluvial genannten) Ablagerungen häufig vorkommenden Körbchenmuschel *corbula gibba*.

Es ist die Zeit der **„Flandrischen Transgression“**. Pollenanalytische Altersbestimmungen untermeerischer Torfe aus der Nordsee haben gezeigt, dass die Meerestransgression nicht als sintflutartige Überschwemmung in Erscheinung trat, sondern dass das Gebiet allmählich im Verlaufe von Jahrtausenden überflutet wurde. Allerdings verlief das Vordringen des Meeres in der ersten Hälfte des Atlantikums rascher als in der Folgezeit. Am Anfang betrug der Wasseranstieg in der südlichen Nordseeregion 1,25 bis 1,30 m pro Jahrhundert.

Da der **Meeresspiegel** in der Nacheiszeit, dem Holozän (5500 bis 4000 v. Chr.), über 25 m anstieg, wurde das „Westland“ – Sandinseln weit draußen in der Nordsee – bis auf die Geestkerne von Sylt, Amrum und Föhr zerstört. Die ursprünglich noch als Inseln herausragenden Sandbänke versanken im Meer. Im Küstengebiet bewirkte das Ansteigen des Meeresspiegels einen Wasserstau, der einen Grundwasseranstieg und damit eine großräumige Versumpfung zur Folge hatte. Eine weitgehende Überschlickung von neu gebildeten Torfschichten zeigt an, dass diese Moore später ebenfalls vom Meer überspült wurden. Im Mittel-Pleistozän (4000 bis 2000 v. Chr. ) erreichte das *Corbula-Meer* in Schleswig-Holstein etwa den heutigen Rand der Geest und drang in die Niederungen mit einzelnen Meeresarmen weit landeinwärts vor, ähnlich wie zur Zeit des Eem-Meeres. Große Teile der Geest, die noch nicht durch einen Watten- und Marschengürtel geschützt waren, fielen der Brandung zum Opfer. So wurde die Küstenlinie viele Kilometer nach Osten verschoben. An exponierten Stellen entstanden steile Abbruchkanten, z. B. „Klev“ in Dithmarschen, an anderer Stelle gab es lang gestreckte Nehrungen, z. B. bei Lunden, oder mit Dünen besetzte Strandwälle, Donns am Fuße eines Kliffs, z. B. bei St. Michaelisdonn. Zu dieser Zeit wurde auch das höher gelegene Nordfriesland von der Meerestransgression erreicht. Über Land und Moor bildete sich ein Watt, und zwar Schlick in Landnähe, Sand weiter draußen. Die heutige **Marschlandschaft** entstand.

Im ständigen Wechsel der Gezeiten, von Ebbe und Flut, sanken viele organische und anorganische Sinkstoffe – Sedimente – ab. Das Material hierzu lieferten die Geestkerne aus der Saale-Eiszeit, die noch westlich der Geestinseln Sylt, Amrum und Föhr lagen und von denen heute noch spärliche Reste als Sandbänke seewärts von Amrum vorhanden sind, so z. B. die Wattrücken Jungnamensand, Holtknobs, Hörnumknobs und Theeknobs. Je breiter und höher ein Sandrücken wurde, umso schwieriger war das Abfließen der Süßwasserflüsse. In den durch Strandwälle abgeriegelten Flussmündungen breiteten sich daher Schilfmoore aus, begünstigt durch die Wattbildung wegen des um 2000 v. Chr. allmählich zum Stillstand gekommenen Meeresanstiegs. Es herrschte ein ausgeglichenes ozeanisches Klima mit 3 bis 4 Grad höheren Durchschnittstemperaturen als heute. Begünstigt wurde dadurch die Ausbreitung von Eichenmischwäldern, nämlich Eichen, Ulmen, Linden und Eschen mit Haselbüschen und Efeu. Hoher Grundwasserstand führte zu weitgehender Vermoorung der Niederungen. Es entstanden Erlenbruchwälder, während die hohe Luftfeuchtigkeit die Ausbreitung des Torfmoores und damit die Entstehung von Hochmooren förderte.

Nach dem Stillstand des Meeresspiegelanstiegs am Ende der flandrischen Transgression etwa 2000 v. Chr. setzte im Nordseegebiet um ca. 1000 v. Chr. ein erneuter Anstieg des Meeres um 1 bis 2 m, bei etwa 10 cm im Jahrhundert, ein. Die **„Dünkirchen-Transgression“** hat die Küstenlandschaft in historischer Zeit kaum verändert. Örtlich wurden Moore und ältere

Marsch abermals überflutet und mit jüngerem Marschklei überschichtet.

Dann aber kam das für unsere Landschaft entscheidende Stadium: Ab etwa 1000 v. Chr. sank der Meeresspiegel erneut, stieg dann aber ab etwa 500 – deutlicher ab 800 – n. Chr. wiederum. Diese Phase des Anstiegs des Meeresspiegel dauert noch heute an. Waren die Wattlandschaften bis Chr. Geb. ständig von den Gezeiten überflutet, also täglich zweimal, so verringerte sich die Zahl der Überflutungen mit dem Absinken des Meeresspiegels auf ein Stadium, wie wir es heute von den Halligen kennen. Dort heißt es dann „Landunter", und das sind einige Male im Jahr. Der Meeresspiegel sank in dieser Periode einer Regression um bis zu 2 m maximal ab, um dann um das Jahr 1000 n. Chr. wieder auf ein Niveau anzusteigen, wie es um 1000 v. Chr. Geb. bestanden hatte. In dieser Zeit entstand die Marschlandschaft in Nordfriesland.

Doch zurück zu unseren Untersuchungen über den eustatischen[58] Anstieg des Meeresspiegels im nordfriesischen Wattenmeer in den letzten Jahrhunderten:

Durch Bodenuntersuchungen lässt sich für die Entstehung der Marsch folgende Schichtenfolge ermitteln:

- Bruchwaldtorf, eine süßwasserbedingte Ablagerung, als unterste Lage,
- Brackwasserton darüber,
- muschelhaltiger Wattsand sodann,
- Schilftorf schließlich, im Brackwasser, mit Tendenz zu Landfestigkeit[64].

Aus diesen Schichtungen lässt sich die exakte Reihenfolge von Überflutungen und Rückzügen des Meeres ablesen, auf Süßwasser-Bestandteile folgen solche mit Meerwasser.

Das hier interessierende Gebiet war bis etwa Chr. Geb. eine weite, z.T. mit kleinen Bäumen und Strauchwerk bestandene Niederung, von zahlreichen großen und kleinen Gewässern durchzogen, durch die das Niederschlagswasser und das der Flüsse und Bäche abfloss[65]. Die Tide drang nicht weit in das Land vor, erreichte nicht einmal den Geestrand. Süßwasser-Moore, z. T. durch Klei überdeckt, breiteten sich in den Niederungen aus. Mit dem Anstieg des Meeresspiegels drangen Priele immer weiter in das Land ein, die das Land durchschnitten und aushöhlten, sodass Inseln und inselartige Strukturen entstanden. Das Niederungsgebiet war schwer zugänglich und deshalb siedlungsfeindlich. Die ersten Siedlungen entstanden um Chr. Geb. an der Eider. Erst im 8. und 9. Jhdt. siedelten die einwandernden Friesen auf den Inseln und inselartig gegliederten Marschflächen, und zwar auf höher gelegenen, am wenigsten von Moorsetzungen betroffenen, aber von junger Marsch bedeckten Plätzen.

Außer dem Anstieg des Meerwasserspiegels ist eine andere Erscheinung in unsere Überlegungen einzubeziehen: **Die Landsenkung**.

Die Alpen wachsen bis zu 1,7 mm pro Jahr. Die Ursache liegt in dem Zusammenprall zweier Platten der Erdkruste, der afrikanischen und der eurasischen – so die bisherige Lehrmeinung. Nunmehr ist durch Messungen und Berechnungen von Physikern der Eidgenössischen Technischen Hochschule Zürich ermittelt worden, dass das heutige Wachstum der Alpen eine Spätfolge der Eiszeit ist. Wie schon dargestellt, hat der ca. drei Kilometer dicke Eispanzer die Erde vor ca. 15 000 Jahren in Nordeuropa um etwa 100 m eingedrückt[66]. Nach dem Abschmelzen des Eises hebt sich der Boden nunmehr langsam wieder und strebt seinem isostatischen Gleichgewicht zu. Die Erde verhält sich wie eine elastische Haut, die auf einem zähplastischen Erdkern schwimmt, und so kommen die Gesteinsmassen in einem Vorgang, der viele Jahrtausende andauert, wieder ins Lot. In Skandinavien hat sich die Küste teilweise um rund 30 m gehoben, die Küste des Bottnischen Meerbusens steigt um rund 1 cm pro Jahr. Wie soll da die am Rande dieses Eispanzers seinerzeit aufgewölbte Erdkruste nicht ebenso wieder in ihr altes isostatisches Gleichgewicht zurückdrängen? – Und das bedeutet eine Landsenkung für

Ein **Wechsel von Transgressionen und Regressionen** ist nicht neu. Bereits ab etwa 8000 v. Chr. wechselten ein Anstieg und ein Absinken des Meeresspiegels laufend ab. Allein im Boreal, also vor etwa 8000 Jahren, sind in unserer Region 9 derartige Aufeinanderfolgen von eustatischem Anstieg und Absinken des Meeresspiegels ermittelt worden[59]. Sie liefen in den einzelnen Gebieten des Wattenmeeres sehr unterschiedlich ab.

An dieser Stelle sei ein Exkurs gestattet: Seit etwa 1000 n. Chr. befinden wir uns in einer Transgressions-Phase. Der mittlere eustatische Meeresspiegelanstieg beträgt 25 bis 30 cm im Jahrhundert[60]. Ob sich die Geschwindigkeit des Anstiegs sogar noch erhöht, ist ungewiss[61]. Der Anstieg ist weltweit[62]. Die Ursache ist in dem Abschmelzen der Polkappen zu sehen. Aber weshalb schmelzen sie ab?

Die Theorien hierüber sind vielschichtig, fast unübersehbar. Es vergeht kaum ein Tag, an dem nicht erneut über die Auswirkungen und die ständige Vergrößerung des Ozonlochs, über den Treibhauseffekt, über Luftverschmutzung und Treibgase und andere Möglichkeiten der Erderwärmung in den Medien berichtet wird. Wir müssen aber feststellen, dass das Abschmelzen der Polkappen bereits mit dem Ende der letzten Eiszeit begonnen hat und seit dieser Zeit andauert. Die pausenlose Abgasproduktion durch Kraftfahrzeuge, die Verschmutzung von Wasser, Boden und Luft durch hochtoxische Abfallprodukte seit Beginn des Industrie-Zeitalters haben den Erwärmungsprozess ständig in einem nicht verantwortbaren Maße gesteigert, begonnen hat dieser aber vor mehr als 10 000 Jahren. Die Ursache für das Ende der Eiszeit ist in der Wissenschaft umstritten. Nach der herrschenden Theorie sind die Klimaschwankungen in einem „Schlingern" der Erdachse zu sehen, der Praezession, die aus drei bisher bekannten unterschiedlichen Perioden besteht, einem Zyklus von 23 000, einem anderen von 41 000 und einem dritten von 100 000 Jahren, die alle verschiedene Ursachen haben[63].

unser Gebiet. Ihre Bedeutung ist für unsere Untersuchungen aber gering[67], sie kann gegenüber dem Anstieg des Meeresspiegels vernachlässigt werden.

Der Meeresspiegelanstieg in den letzten Jahrtausenden ist in Grafiken mehrfach dargestellt worden[68]. Die Darstellung eines Kurvenverlaufes der Wasserstandslinie ist mit erheblichen Unsicherheitsfaktoren belastet, wenigstens bis zum Jahre 1500 v. Chr. Auf die Meeresspiegelhöhen früherer Jahrhunderte kann man nur aus Funden schließen, erst in jüngerer Zeit auch aus den Angaben über Sturmflutscheitelhöhen Berechnungen anstellen. Ab 1800 n. Chr. liegen exakte Messungen durch Pegelablesungen vor. Die Kurven über den Meeresspiegelanstieg ähneln sich – verständlicherweise – sehr. Danach liegt der Meeresspiegel [vgl. Abb. 12]

- etwa um 7000 v. Chr. bei etwa 50 m unter NN,
- steigt bis 4000 v. Chr. steil an auf etwa 4 m unter NN,
- zeigt dann die sich abwechselnden Transgressionen und Regressionen um etwa 1000 v. Chr. mit bis zu 1 m über NN,
- sinkt anschließend um Chr. Geb. auf etwa 1 m unter NN ab,
- erreicht die Nullmarke erneut um 500 n. Chr.,
- steigt um 1000 n. Chr. wiederum auf 1 m über NN an,
- und liegt heute bei mehr als 2 m über NN.

Zu den Meeresspiegelveränderungen haben nicht nur das Abschmelzen der gewaltigen Eismassen beigetragen, sondern auch klimatische Veränderungen, Windstärken, Windrichtungen und unterschiedliche Luftdrucke, möglicherweise sogar Veränderungen im Salzgehalt des Meerwassers[69].

Wie kommt es zu einer Stillstandsperiode oder gar Regression in einer langfristigen Phase des Meeresspiegelanstiegs ?

Zu erklären ist ein derartiger Vorgang mit dem ständigen Hin und Her, dem Auf und Ab solcher Phasen. So wie der Rückgang der Eisgrenze am Ende der Eiszeiten auch keinesfalls konstant verlief, sondern das Eis sich im Stadium des „Rückganges“ – dieser Ausdruck ist nicht exakt, weil das Eis immer in alle Richtungen vordringt, nämlich vom Zentrum nach außen – zwischendurch immer wieder vorschiebt und neue Endmoränenwälle aufstaucht, so verläuft auch das Ansteigen des Meeresspiegels unter ständigen periodischen Schwankungen. Auslöser dafür sind klimatische Veränderungen durch meteorologische oder kosmische Einflüsse.

Beim Betrachten der Grafik und beim Lesen über den immer noch andauernden **Meeresspiegelanstieg** drängt sich natürlich die Frage auf, was die Zukunft den Menschen in den vier Nordseeküstenländern Schleswig-Holstein, Niedersachsen, Hamburg und Bremen, aber auch in Dänemark und Holland, wo weite Landstriche z. T. erheblich unter NN liegen, bringen wird. Besonders intensiv werden die Fragen nach der Zukunft der Marschen von den Politikern der Küstenländer an die Wissenschaftler gestellt, liegt es doch im Verantwortungsbereich und in der Gesetzgebungskompetenz der Länder – nicht des Bundes –, für die Sicherung der Landesschutzdeiche zu sorgen und die erforderlichen Haushaltsmittel zur Verfügung zu stellen. Aus dieser Sorge heraus wurden in den letzten Jahrzehnten viele Millionen DM für Programme der Verbesserung und Erhöhung der Landesschutzdeiche bewilligt und ausgegeben. 1996 gaben die Hansestadt Hamburg 25 Mill. und Schleswig-Holstein knapp 70 Mill. DM aus. Für die folgenden Jahre sollen in Hamburg etwa 930 Mill. und in Schleswig-Holstein etwa 2,3 Mrd. DM in den Deich- und Küstenschutz investiert werden. Die Deiche an der Nordseeküste und den angrenzenden Flüssen wurden von durchschnittlich 7 m über NN durchweg auf 8 m über NN erhöht. Viele Sperrwerke riegeln die Flüsse im Mündungsbereich ab.

Die Fragen an die Wissenschaftler, nämlich die Meteorologen, Hydrologen und naturwissenschaftlichen Zukunftsforscher, reißen nicht ab. Reichen die getroffenen Sicherungsmaßnahmen aus? Hält der weiche Untergrund einer weiteren Erhöhung der Deiche stand?

Bei einem konstanten Anstieg um 30 cm/Jahrhundert würde die Küstenlinie in 3300 Jahren bei Rendsburg – Bad Bramstedt – Quickborn liegen[70]. Wissenschaftler der verschiedensten Disziplinen haben in vielen Gutachten die Auswirkungen von Sturmfluten größter Wasserstandshöhen dargestellt und in Modellversuchen simuliert[71]. Das Ergebnis sind die eingeleiteten und zum großen Teil durchgeführten Maßnahmen. Allerdings ist die norddeutsche Tiefebene gegen völlig unerwartete, außergewöhnliche Katastrophen mit Flutwellen bis zu 10 m Höhe, wie sie aus dem Pazifik bekannt sind, nicht geschützt. Solche Ereignisse sind so unwahrscheinlich wie ein Meteoreinschlag in die Nordsee oder der Ausbruch eines Vulkans in dieser Gegend.

Die Wissenschaftler gehen von der Hypothese aus, dass der Meeresspiegelanstieg etwa konstant bleibt, und rechnen einen denkbaren Sicherheitsfaktor hinzu. Für diese und die nächsten Generationen reichen die getroffenen und noch beabsichtigten Maßnahmen zur Landschaftsverteidigung durch Verstärkung und Erhöhung der Deiche aus. Spätere Generationen werden hierüber hinausgehende Maßnahmen mit heute noch unbekannten Mitteln – wie veränderte Deichprofile, die Errichtung einer zweiten Deichlinie, die Benutzung anderen Materials als Marschboden – ergreifen müssen.

Etwas beruhigend klingen da schon die neuesten Messungen des weltweiten Meeresspiegelanstiegs durch die amerikanische Weltraumbehörde NASA[72]: Statt um 5 mm klettert das Wasser der Ozeane jährlich um 1 bis höchstens 3 mm. Diese Werte basieren auf Messungen des Satelliten Topex/Poseidon. Für eine „Entwarnung“ reicht diese Nachricht allerdings nicht: Noch immer steigt der Meeresspiegel durch die Klimaerwärmung schneller als je zuvor beobachtet. Wir haben nur ein wenig mehr Zeit gewonnen. Der Hochwasserexperte Winfried Seifert von der TH Harburg erklärt sogar beruhigend: „Ein Ansteigen des Meeresspiegels findet entgegen allgemeiner Behauptung nicht statt“[73].

Wenn wir davon ausgehen, dass die Eiszeiten durch ein Schlingern der Erdachse verursacht werden, so können wir nach neuesten Erkenntnissen vorausberechnen, dass unser heutiges Klima ein Spiegelbild des Klimas vor 400 000 Jahren sein dürfte[74]. Danach lässt sich der weitere Verlauf unseres Klimas ermitteln, wobei nur die durch Treibhausgase und den vermehrten Kohlendioxid-Ausstoß hervorgerufenen Veränderungen unbekannte Faktoren bleiben. Überall in der Natur beobachten wir das Schwanken eines grundsätzlich linearen Ablaufes, so auch hier bei dem Anstieg des Meeresspiegels.

Was ist eigentlich **Marschboden**? Woraus setzt er sich zusammen ?

Wenn Wattflächen bei jeder Flut überspült werden, sinken zur Zeit des Wasserstillstandes bei Hochwasser Sedimente ab, also feinste Bodenbestandteile, die aus dem Binnenland oder den Sumpfgebieten stammen, die vor der Hohen Geest liegen. Diese Sedimente sind mit Kleinstlebewesen stark angereichert und dementsprechend nährstoffreich. Schon bald siedeln sich Pflanzen an, zunächst die salzbeständigen, wie z. B. der Queller. Aber je höher diese Wattlandschaften anwachsen, umso seltener werden sie von Salzwasser überflutet. Natürlich stammen die Sedimente auch aus Abbrüchen von Uferkanten, durch Ausräumung der Priele und von flächenhaften Erosionen. Die Marschbildung vollzog und vollzieht sich noch heute deshalb sehr unterschiedlich sowohl im zeitlichen Ablauf als auch in der Zusammensetzung der Bodenbestandteile.

Einen großen Einfluss auf die Zusammensetzung des Marschbodens haben die schon erwähnten Kleinstlebewesen, die Fauna des Bodens. Milliarden von Infusorien, besonders Diatomeen[75], wurden durch die Veränderung des Salzgehaltes abgetötet. Ihre Kieselpanzer gaben einen wertvollen Bestandteil der Erde ab. An einzelnen Stellen bildeten sich ganze Muschelbänke, bisweilen von mächtiger Ausdehnung[76].

# Die Vegetation

Bedeutungsvoll war der Einfluss, den die **Pflanzenwelt** auf das Entstehen der Marsch ausübte. Mit dem Abnehmen des Salzgehaltes wegen seltener werdender Überflutungen und einem Anstieg des Süßwassergehaltes durch Brackwasser und Regen veränderte sich die Flora zu einer blühenden Landschaft mit den vielfältigsten Pflanzenarten. Schilf und Reet, aber auch Bäume und Sträucher wuchsen und starben ab, bildeten eine Schicht verwesender Pflanzenreste, bald bläulich harter Darg, eine unterste Torfschicht, bald eine lockere erdige Masse, in der zuweilen noch erkennbare Reste von Schilf erhalten sind. Auch wuchsen Sumpfpflanzen auf diesem Untergrund, die wieder absterbend allmählich eine dicke Schicht stark humushaltigen Bodens bildeten, aus der das **Moor** entstand, denn Seewasser hindert eine Moorbildung. Besonders am Rande der Hohen Geest finden wir solche Moorstriche, oft von großer Ausdehnung. Es bildete sich so eine Urwaldlandschaft auf dem Anwachs, auf der üppige Vegetation emporwuchs.

Diese Abläufe in der Natur spielen sich heute noch genauso ab wie im Lauf vergangener Zeiten.

Wie mag die **Vegetation** bei Entstehung der Marschlandschaft ausgesehen haben? Aus den Ablagerungen des Moores und den Torfschichten können wir die Reste der Pflanzenwelt bestimmen und dabei feststellen, dass es sich um die gleiche Flora handelte wie wir sie heute aus den Marschgebieten kennen.

In den Schlammregionen bildeten sich zuerst Grün- und Blaualgen sowie Diatomeen und andere kleine einzellige Kieselalgen, die eine hervorragende Bodenqualität bewirken. Als erste Pflanzen in diesem Bereich, der bis zu 700 Mal im Jahr überflutet wurde, entwickelten sich Salzpflanzen *(Halophyten)*. Wegen des Schlickgehaltes konnte der Boden das Wasser besser festhalten. Dadurch blieben Temperatur und Salzgehalt – etwa 26 ‰ – gleichmäßiger als in der Uferzone des Sandstrandes. Außerdem geriet dadurch die Oberfläche nicht so stark in Bewegung wie am Strand. Zu den Salzpflanzen zählen der Queller (*salicornia stricta*) [Abb. 13] und die Strandsode (*sueda maritima*). Beide sind Pflanzen, die wegen besonders fleischiger Blätter wenig Wasser im Verhältnis zur Oberfläche verdunsten lassen[77].

Der Queller ist eine Pionierpflanze in dieser Region. Er ist anspruchslos und fast dauernd wassergesättigt. Selbst die sauerstofflose Zone unter der bräunlich-grünlichen Algenschicht, eine durch Fäulnis von Pflanzenresten grau bis schwarz gefärbte, schweflige und übel riechende Lage, hindert das Wachstum nicht.

Queller bindet Schlick und Sand. Erreicht die Anlandung eine solche Höhe, dass die Überflutungen sich auf etwa 250 Mal im Jahr verringern, bildet sich eine frühe Flora aus. Schon bald gibt es blühende Andelwiesen.

Diese bestehen aus Andelgras *(puccinellia maritima)*, das gern zusammen mit anderen Salzpflanzen steht, wie z. B. der Salzmelde *(halimione pedunculata)*, der Meerstrandaster *(aster tripolium)*, der Strandnelke *(armeriam maritima)* und vielen anderen, z. T. sehr hübsch blühenden Pflanzenarten. Dazu gehört auch das weiß blühende, flächig auftretende Englische Löffelkraut *(cochlearia anglica)*[78]. Bei dem Schlickgras *(salicornia townsendii)* und der schon erwähnten Strandnelke wird überschüssiges Salz – der Salzgehalt beträgt immerhin noch etwa 20 ‰ – durch Salzdrüsen an der Unterseite der Blätter ausgeschieden. Das Gemeine Seegras *(zostera marina)* wächst auf höherem Watt und dient den Ringelgänsen als Nahrung.

Die einjährigen Arten, so z. B. die oben erwähnte Strandsode und die Strandmelde (*atriplex littoralis*), finden im Treibsel eine brauchbare Düngung.

Der wunderhübsch blau-violett blühende Strandwiderstoß (*limonium vulgare*), [Abb. 14] auch als Halligflieder, Strandflieder oder Bondestave bezeichnet, prägt wegen des über weite Flächen verbreiteten lila Gesamtbildes und des würzigen Duftes das typische Hallig-Bild, heute zu finden u. a. auf der Hallig Gröde, aber auch in den letzten Jahren verstärkt auf der Hallig Südfall.

Die Andelwiesen sind eine hervorragende Nahrungsquelle für Tiere aller Art, zumal die Andel süß schmeckt, einen hohen Futterwert besitzt und trittfest ist. So mögen sich früher nach und nach die ersten Tiere in dieser frühen unwegsamen Marsch-Schlick-Landschaft angesiedelt haben.

Die Andelwiesen gehen jedoch bei laufend zunehmender Aufschlickung in Wiesen aus Rotschwingel (*festuca rubra*) über, eine aromatische Pflanze, die jedoch wegen ihrer holzigen Stängel vom Vieh nicht gefressen wird. Gegessen von den Halligbewohnern wurde früher aber der Strandwegerich (*plantago maritima*), ein schmackhaftes, spinatähnliches Gemüse.

Durch diese Pflanzen gewinnt der Boden mehr und mehr an Struktur, er wird stärker durchwurzelt und gut belüftet.

Es folgen bei weiteren höheren Anlandungen das Land-Reitgras (*calamagrostis epigeios*), der Hornklee (*lotus corniculatus*) und schließlich Moos- und Flechtenarten sowie Gräser aller Art. Wenn Überflutungen durch Salzwasser immer seltener werden, das Süßwasser aus Flüssen und der Regen immer mehr an Einfluss gewinnen, siedeln sich zunehmend Binsen (*juncus*), Seggen (*carex*), Schilf (*phragmites*) und viele Arten des Gänsefingerkrautes (*potentilla*) an[79], vor allem aber die verschiedensten Grasarten, sodass eine weitflächige Wiesen- und Weidelandschaft entsteht.

Aus dieser Vegetation ist aber auch der **Torf** entstanden, der in dieser Ge-

Abb. 13: Queller als erste Pflanze im Wattgebiet

Abb. 14: Halligflieder auf Südfall 1996

gend eine bedeutende Rolle gespielt hat. Torf entsteht durch die Zersetzung der Reste von Gräsern, Sumpfpflanzen und Moosen unter Luftabschluss. Und dieser Luftabschluss ist gerade in dieser Gegend festzustellen, lag doch der Grundwasserspiegel relativ hoch, wie in jeder Marschgegend. Die Verhältnisse für die Bildung von Torf waren geradezu ideal.

Im Bereich der südlichen Halligen bestehen diese oberen organischen Ablagerungen aus Niedermoortorf und haben subboreales bis subatlantisches Alter – vgl. Tabelle Abb. 10. Häufig sind es nur 30 cm dicke Schichtungen. Während der Vermoorung sind keine Meereseinbrüche erfolgt, wie aus pollenanalytischen Untersuchungen ermittelt werden konnte[80]. Zum offenen Meer hin erstreckte sich ein System von Nehrungen und Dünenketten, die den Zustrom von Meereswasser verhinderten. Niedermoor bildete sich in der Höhe des Grundwasserspiegels oder dicht darunter[81], sodass während der Vermoorung die Oberfläche des Torfes überall auf gleicher Höhe gelegen hat. Entstanden ist sie in der Mitte des letzten vorchristlichen Jahrtausends, also etwa um 300 bis 500 v. Chr.

Torf spielte für die Bewirtschaftung des Rungholt-Gebietes eine besondere Rolle: zunächst als Brennmaterial – Holz war außergewöhnlich knapp –, sodann auch bei der Salzgewinnung. Und an Torf mangelte es den Bewohnern von Rungholt nicht.

## Die Entstehung der Dünen

Es kam ein entscheidender Faktor hinzu, der das Entstehen einer Flora in der Marschenlandschaft begünstigte: Am Westrand dieses Gebietes bildete sich eine **Dünenkette**. Bei etwa gleichbleibendem Wasserstand über Jahrhunderte hinweg bildete sich in der Uferregion infolge des vorherrschenden Westwindes ein Strandsaum mit einer Ablagerung von feinstem Meeressand. Es entstanden Dünen unmittelbar im Anschluss an die Brandungsküste. Die Entstehung einer derartigen Dünenkette ist näher zu erläutern.

Immer und ewig laufen die Wellen an der Uferregion aus, mit einem immer gleich bleibenden Wellengeräusch, Tag und Nacht, Jahr für Jahr, über Jahrzehnte, Jahrhunderte, Jahrtausende. Jedem Besucher der Küste klingt dieses Brandungsgeräusch und dasjenige vom Auslaufen der Wellen im Ohr. Wie kommt es zu einer Brandung? Die Wellen bestehen aus Wassermolekülen, die im Kreis verlaufen, nicht etwa – wie man beim Anblick der heranlaufenden Wellen vermuten möchte – wird Wasser in Wellen zum Ufer bewegt, vielmehr bewegen sich die einzelnen Wasserpartikelchen in einem Kreislauf: küstenwärts, – abwärts, – seewärts im unteren Bereich, – wieder aufwärts, – wieder küstenwärts im oberen Bereich, – unentwegt in gleicher Bewegung, und zwar in tiefem Wasser kreisförmig, in flachem ellipsenförmig. Die Richtung des Kreises wird durch die Windrichtung bestimmt, verläuft also meist quer oder schräg zur Uferlinie. Die Windstärke beeinflusst die Höhe der Wellen. Je stärker der Wind über die Wasseroberfläche bläst, umso größer wird der Kreis der Wassermoleküle, umso gewaltiger die Drehbewegung und damit die Wucht des Wassers. Wenn die Geschwindigkeit im unteren Bereich am Meeresboden durch Hemmung geringer wird als die Geschwindigkeit im oberen Bereich, kommt es hier wegen der Unregelmäßigkeit der Kreisbewegung zu einer Schaumkrone. Die oberen Partikel der Wellen laufen schneller als die unteren, die Welle überschlägt sich, sie „bricht“.

Natürlich wird bei der Strömung der Kreisbewegung im unteren Bereich am Meeresgrund Sand aufgewirbelt. Man kann dies deutlich an den „Rippeln“ sehen, die wie Ondulationen des Meeresbodens aussehen. Dieser aufgewirbelte Sand wird vom Wasser mit den auslaufenden Wellen an das Ufer gespült. Der Sand sackt dort in geringen Mengen ab, es entsteht ein Strandsaum.

Der nächste Vorgang ist ebenfalls auf den Wind zurückzuführen, allerdings auch auf die Sonneneinstrahlung: Der Sand trocknet, vor allem bei Niedrigwasser [Abb. 15], er wird leichter und schließlich vom Wind fortgeblasen. Es entstehen die Dünen, oft viele Meter hoch.

Die Dünenbildung erfolgt in mehreren Stadien. Im Anfangsstadium bilden sich kleine, schwache, durch Wind am Ufersaum oberhalb des mittleren Tidehochwassers entstandene Sandwälle [Abb. 16], auf denen sich stark salzbeeinflusster erster Bewuchs einstellt[82], z. B. die Strandquecke (*Agropyrum junceum*). Dieses Strandgras hält mit Wurzeln und Ausläufern den aufgewehten, lockeren Sand fest. Es folgt das Hauptstadium der Dünenbildung: die Sekundärdüne. Der Salzeinfluss des Meeres nimmt ab, das Salz wird durch Regen herausgewaschen. Es breitet sich der Strandhafer (*Elymus armaria*) aus. Durch sein enges Wurzelgeflecht wird der feine Sand gebunden. Strandhafer wächst auch dann, wenn die über ihm liegende Sandschicht bis zu 100 cm beträgt. Als Tertiärdüne schließlich erreicht die Düne eine beträchtliche Höhe. Sie wird durch weiteren Bewuchs stabil, z. B. durch Silbergras (*Corynephorus canescens*), Kriechweide (*Salix repens*), Dünenkreuzblume (*Polygala vulgaris*) und Schafschwingel (*Festuca ovina*).

Diese Dünenkette in der Uferregion der Nordseeküste verlief etwa auf der

Abb. 15:
Weite Sandflächen
bei Niedrigwasser

Abb. 16:
Erste Sandwälle mit
Strandhaferbewuchs

Abb. 17:
Dünenabbruchkante
mit Schichtungsaufbau

Abb. 18:
Abbruchkante
direkt am Wasser

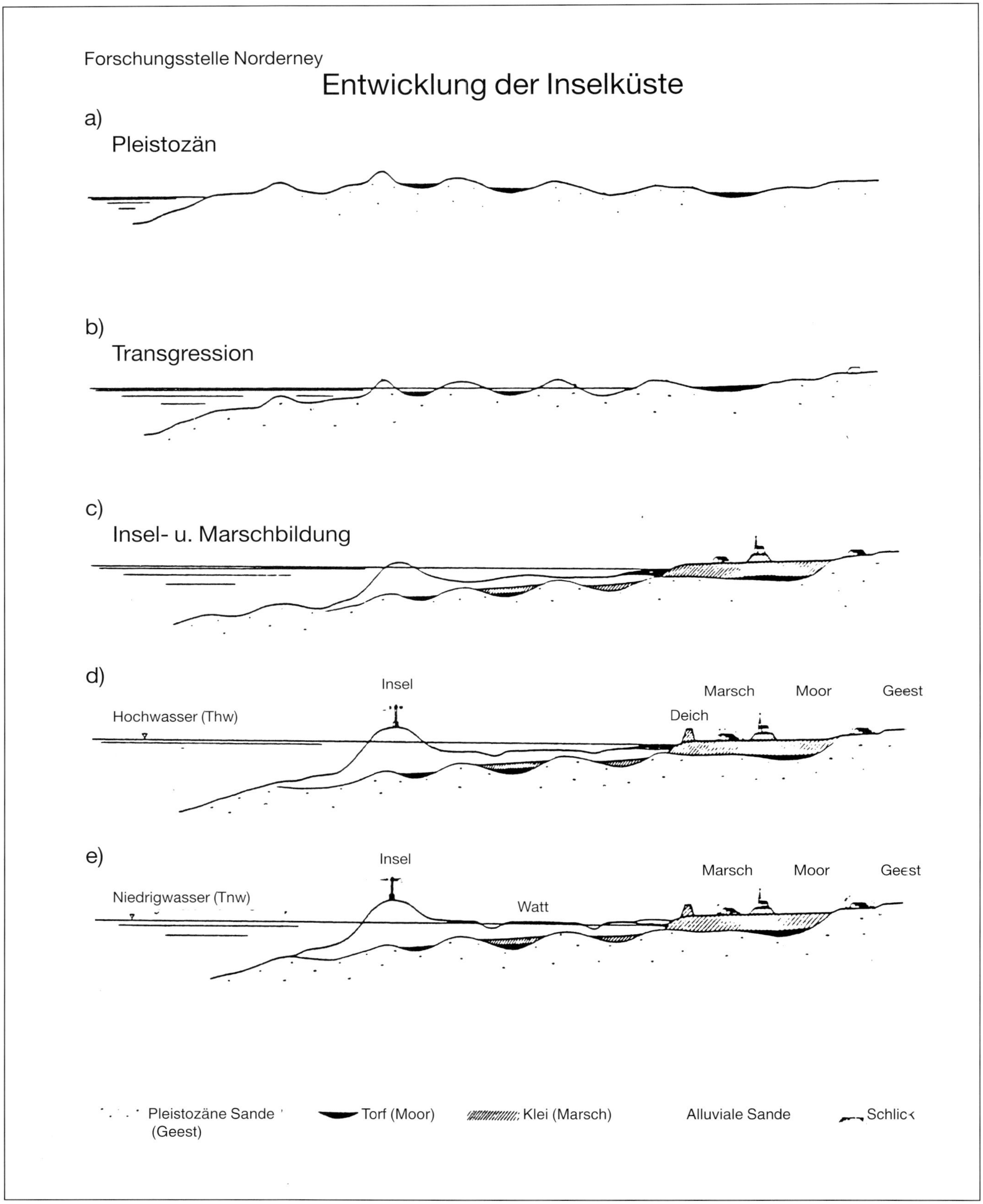


Abb. 19: Schematische Darstellung der Entwicklung von Inseln, Watt und Marsch seit etwa 10000 v. Chr.

Linie Blaavand (Westküste Dänemarks) – Fanö – Röm – Sylt – Amrumbänke – St. Peter-Ording, wobei die heute auf Sylt, Amrum und bei St. Peter-Ording sichtbaren Dünen jüngeren Datums sind[83]. Diese alte Dünenkette sperrte das Hinterland, die Marsch, von weiteren Überflutungen ab. Sie wurde „Strand" genannt.

Die Bezeichnung **„Strand"** hat sich bis heute erhalten. Die Insel „Alt-Nordstrand" heißt eigentlich schlicht „Strand", die Inselbewohner „die Strander" oder „Strandenser". Noch heute heißt die durch Pricken gekennzeichnete schmale Rinne zwischen der Norderhever und der Süderau in der Nähe der Hamburger Hallig und Gröde „Strand". Sie kann nur durch Schiffe mit geringem Tiefgang und nur zur Hochwasserzeit befahren werden.

Die Dünenkette erreichte eine derartige Höhe, dass auch die Süßwasserflüsse aus dem Binnenland nicht geradewegs ins Meer abfließen konnten, vielmehr entlang der Barriere einen Weg nach draußen suchen mussten. So war der frühere Verlauf der Hever ein ganz anderer als heute, nämlich – wie noch genauer beschrieben werden wird – in Nord-Süd-Richtung. Die sich entwickelnde Vegetationsfläche wurde entwässert durch einzelne Priele und Süßwasserflüsse.

Entgegengesetzt zur Aufschichtung der Dünen durch das Meer und den Wind nagte das Meer an dieser Dünenkante [Abb. 17] und brach die Aufspülungen wieder ab [ Abb. 18 ]. Der Aufbau dieser Dünenkette war einem ständigen Wandel ausgesetzt, ein ewiges Hin und Her, ein Aufbau und Abbau.

**Wir können zusammenfassen :**
Nachdem der Meeresspiegel gesunken war, bildete sich eine fruchtbare Marschlandschaft mit einer blühenden Vegetation, durch eine Dünenkette vom offenen Meer abgesperrt. Ein üppiger Landstrich breitete sich vor den Bewohnern der Hohen Geest aus. Das war geradezu eine Einladung, hier zu siedeln.

Die Entwicklung von Inseln, Watt und Marsch seit dem Ende der letzten Eiszeit ist in der Abb. 19 dargestellt. Wie sahen aber die Vegetation, die Flora und die Fauna speziell von Rungholt aus? Wir müssen offen bekennen, nur mosaikartig durch die spärlichen Funde ein Bild rekonstruieren zu können.

Über das Aussehen der Umgebung, der Bodenoberfläche und der landwirtschaftlichen Nutzung haben wir brauchbare Ergebnisse gewinnen können. Da sind es die Äcker mit vorhandenen Pflugfurchen, der Boden von Wiesenoberflächen, die Gräben, Deiche und Wege, vor allem aber die Warften mit den Häusern der Bewohner, aus denen wir uns ein Bild hierüber machen können. Aus Essensresten in

Abb. 20: Friesische Landschaft mit Krüppelwald („runget holt")

Abb. 21: Modell einer friesischen Warftlandschaft um etwa 1300 n. Chr.

den gebrauchten Schüsseln und Töpfen lassen sich Schlüsse ziehen auf die Feldbestellung.

Über das landwirtschaftliche Nutzvieh, die Haustiere, sind ebenfalls erfreulich viele Erkenntnisse gewonnen worden. Durch Knochenfunde, die wegen des guten Erhaltungszustandes zuverlässig ausgewertet werden konnten, lässt sich ein Bild von dem vorhandenen Vieh, nämlich den Tierarten und ihrer Anzahl, gewinnen.

Wie es aber mit Wildtieren bestellt war, mit der Vogelwelt, mit allem, was da kreucht und fleucht, können wir nicht sagen. Hiervon sind nenneswerte Funde nicht bekannt.

Dasselbe gilt von der Pflanzenwelt, wenn wir davon absehen, dass aus dem Namen „holt“ in Rungholt auf einen Wald geschlossen werden kann. Aber aus welchen Bäumen der Wald bestand, welche Büsche vorhanden waren, wissen wir nicht. Es wird „runges“, also niederes Holz, Krüppelholz, gewesen sein, dem rauen Klima angepaßt [vgl. Abb. 20].

Auch kennen wir das für den Hausbau verwendete Nutzholz. Das untersuchte Holz stammt von Eichen aus dem 13. Jahrhundert.

Ob es gelingen wird, bei künftigen Exkursionen aus Pollenanalysen Erkenntnisse zu gewinnen, bleibt abzuwarten.

Einzelheiten über alle diese erwähnten bisherigen Erkenntnisse werden ausführlich in dem Bericht über die „Blütezeit“ Rungholts im Band II dargestellt werden. An dieser Stelle mag diese vereinfachte Schilderung der Umgebung Rungholts vorerst genügen, wobei ein Modell von Warften mit Häusern und ihrer Umgebung [Abb. 21] die Phantasie anregen möchte.

# Die Besiedlung der Marschlandschaft

## Früheste Besiedlung bis zur „Römerzeit"

Schon vor der Entstehung einer blühenden Landschaft einige Jahrhunderte nach Christi Geburt haben Menschen in diesem Gebiet gelebt.

Als der Wasserspiegel des Eem-Meeres sich senkte, weil eine neue Vergletscherung begann – die Weichsel-Eiszeit –, verschob sich die Küstenlinie der Nordsee, wie schon dargelegt wurde, bis an den äußeren Rand der Doggerbank. Das nunmehr trocken gefallene Gebiet war eine Tundra. Auch in diesem unwirtlichen Gebiet waren Menschen anwesend, wie aus vielen Funden zu sehen ist[84]. Sicher hat es hier Rentiere, Mammuts und Moschusochsen in Herden gegeben, und die Menschen zogen diesen Herden nach. Im Gebiet der Doggerbank hat man ungefähr 2000 Mammutbackenzähne gefischt[85], durch Fanggeschirr aus dem Sandboden herausgeholt. Auch wurde eine Knochenharpune aus dieser Zeit gefunden, die im Torf eingebettet war. Hirschgeweihe fanden sich in Fischernetzen. Durch diese Funde war eine Altersbestimmung auf die Zeit des Boreal, d. i. der Beginn der wärmeren Zeit am Ende der Weichsel-Eiszeit, möglich – vgl. Übersicht Abb. 10.

Auf Föhr wurde eine gleiche Harpune gefunden, auch in einer Torfschicht, die etwa einen Meter unter der Marsch liegt[86]. Solche Harpunen sind auf den Ausgang des Mesolithikums – der mittleren Steinzeit – zu datieren, also etwa auf 7000 bis 6000 v. Chr. Reste von menschlichen Besiedlungen sind auf sandigen Zungen von Flussschleifen und auf Sandboden am Rande von Niederungen gefunden worden[87]. Auf Amrum sind mitten in den Dünen in nur wenigen Metern Entfernung von etwa 2000 Jahre alten Hausumrandungen drei etwa 2–3 qm große vom Dünensand freigewehte Flächen festen braunen Marschbodens mit vielen Hunderten von Flintabschlägen aus der mittleren Steinzeit[88] zu finden. Hier waren also Werkstätten für die Herstellung von Werkzeugen steinzeitlicher Prägung verschiedenster Art. Auch die Urdolmen auf Föhr und Sylt, z. B. der Sanjberg bei Utersum[89] und der Denghoog bei Wenningstedt[90], sind Zeugen dieser frühen Besiedlung. Auf Nordstrandischmoor fand man ein gut erhaltenes Hirschgeweih aus dieser Zeit, man fand Geweihstücke von Hirschen bei Dunsum auf Föhr und auf Sylt. Außer dem Damwild gab es in diesen Regionen Waldelefanten, Steppenbisons und Mercksche Nashörner, alles ausgestorbene Tierarten. Ihren Spuren folgten die Menschen, die Jagd auf das Wild machten, insbesondere auf das Ren, aber auch auf dessen Feinde wie Wölfe und Vielfraße[91]. Große Wälder gab es bei Gröde, nördlich – aus der Zeit etwa 2000 v. Chr. – und südlich von Langeness, bei Föhr, vor dem Hattstedter Deich und im Norden von Nordstrandischmoor. Stubben und Baumreste sind in diesen Gegenden gelegentlich noch heute bei Niedrigwasser zu sehen.

Als die Flandrische Transgression etwa um 2000 v. Chr. abklang, der Wasserspiegel sich sogar bis zu 2 m senkte und sich Inseln bildeten, begannen Flora und Fauna sich dieses Gebietes zu bemächtigen.

Aus der Fundverteilung kann man entnehmen, dass diese Gebiete etwa um 1800 v. Chr. besiedelt waren. Die Zahl der Funde ist gering, da diese Gebiete später vom Meer wieder überflutet wurden. Das Klima begünstigte aber die Entwicklung menschlichen Lebens. Es war eine Zeit ständig wachsender Kultur und steigenden Wohlstandes[92]. Es gab Handelsverbindungen nach dem Süden, wo vor allem der Bernstein aus dem Nordseegebiet begehrt war. Aus manchen Schriften, vor allem römischen Ursprungs, lässt sich, wenn auch recht unvollständig, ein einigermaßen annäherndes Bild von der Nordseeküstenlandschaft rekonstruieren.

Caesars Plan war, das römische Reich auch auf Germanien auszudehnen, um mit Erreichen des Ozeans die Grenzen des römischen Reiches mit denen der Erde zusammenfallen zu lassen. Sein Nachfolger Kaiser Augustus entsandte im Jahre 5 n. Chr. eine Flottenexpedition zur Erkundung des *„Mare Germanicum"* nach Norden. Aus schriftlichen Überlieferungen weiß man, dass die Völker im Norden – Kimbern, Haruden, Semnonen und andere – den Kaiser durch Gesandte um Freundschaft mit dem römischen Volk gebeten hatten. Ziel der römischen Expeditionen waren die Bemühungen, das Land nördlich der Rheingrenze zu erobern. Dieses Traumziel wurde in der Schlacht am Teutoburger Wald – genauer: am Wiehengebirge – im Jahre 9 n. Chr. endgültig vereitelt.

Gajus Plinius Secundus[93], 23 bis 79 n. Chr., ein römischer Gelehrter, erlebte bei seinen Erkundungen Germaniens mehrere Sturmfluten im Lande der

Chauken westlich der Elbe und berichtete darüber:

*„Von der Flut unterspült reißen im Sturm ganze Inseln los, in denen riesige Eichen wurzeln. Sie treiben aufrecht im Meer, und ihre Äste gleichen Tauwerk und Segeln".*

Plinius, er wird der Ältere[94] genannt, war auch Naturforscher. Von 47 bis 57 n. Chr. war er als Reiteroffizier in Germanien stationiert. Er beschrieb Ebbe und Flut aus eigener Anschauung wie folgt:

*„In gewaltiger Strömung überflutet der Ozean zweimal am Tag und bei Nacht in bestimmter Wiederkehr ein unabsehbar weites Gebiet. Er verhüllt so ein Stück Erde, um das die Elemente einen gewaltigen Kampf führen, und es bleibt unentschieden, ob es zum Festland oder zum Meer gehört. Dort wohnt das armselige Volk, die Chauken, auf hohen Hügeln, die wie große Rednerbühnen von Menschenhand errichtet sind, so hoch wie man die höchste Flut erfahren hat. Sie gleichen so, wenn rings die Fluten alles bedecken, Seefahrenden, aber Schiffbrüchigen, wenn das Wasser sich wieder verlaufen hat. Sie machen in der Nähe ihrer Hütten auf die Fische Jagd, die sich zum Meere zurückziehen. Vieh können sie nicht halten und sich auch nicht von Milch nähren wie ihre Nachbarn; ja, kein Strauch wächst. Aus Seegras und Binsen drehen sie Stricke und knüpfen daraus Netze zum Fischfang. Mit ihren Händen sammeln sie Schlamm und trocknen ihn mehr im Wind als in der Sonne. Mit diesem Torf kochen sie dann ihre Speisen und wärmen die vom Nordwind steifen Glieder. Als Getränk dient ihnen nur Regenwasser, das sie in Gruben im Vorraum ihres Hauses sammeln. Und diese Menschen behaupten, wenn etwa heute das römische Volk sie besiegte, dann würden sie Sklaven!"*

Plinius hat das karge Leben dieser Menschen bewundert, aber ihn schauderte auch bei der Beschreibung dieses armseligen Lebens. Als Naturforscher war er sicher nicht verwöhnt, aber eine derart entbehrungsreiche Lebensweise hat ihn ersichtlich abgestoßen. Vermutlich hat er die kärgliche Siedlung von Überlebenden einer Sturmflut gesehen. Die Feddersen Wierde im Oldenburgischen, die zur gleichen Zeit existierte, war keinesfalls so armselig wie die von Plinius beschriebenen Siedlungen.

Die Beschreibungen von Plinius waren sicher tendenziös. Er wollte vermeiden, dass römische Truppen auch noch dieses wirtschaftlich unergiebige Gebiet erobern sollten, und deshalb schrieb er so negativ über diese Landschaft nach Rom.

Es fällt auf, dass Plinius bereits von Erdhügeln, also Warften, berichtet, die er westlich der Elbmündung, im heutigen ostfriesischen Raum, gesehen hat, während um jene Zeit – wenigstens in Nordfriesland – die Gebäude auf ebener Erde standen, nämlich so genannte Flachsiedlungen waren. Diese Ungereimtheit lässt sich mit unterschiedlichen Wasserständen erklären, aber auch damit, dass der Meeresspiegelanstieg sich in Nordfriesland nicht entfernt so drastisch auswirkte wie in Ostfriesland. Vor Nordfriesland lagen nämlich Barren – Sandbänke –, die die Macht des anstürmenden Wassers beträchtlich abmilderten. So konnte man in Nordfriesland noch auf Flachsiedlungen wohnen, während in Ostfriesland Warften errichtet werden mussten.

# Die Friesen

Etwa im 8. bis 9. Jahrhundert begann eine deutlich feststellbare Besiedelung der Marschgebiete in Nordfriesland. Aus dieser Zeit stammen die frühesten Funde, insbesondere Keramik. Welche Menschen, welche Völkerstämme waren das, die den ersten Vorstoß wagten in bisher unberührte, feuchte, moorige, wild bewachsene Landschaft? Zur Beantwortung müssen wir weit in die Geschichte zurückgreifen.

Auf der dänischen Insel Alsen wurde im Moor ein Boot gefunden, das aus dem 4. Jahrhundert v. Chr. stammt. Durch die natürliche Säure des Moores war es gut konserviert. Es bestand aus zwei Bodenplanken und zwei Seitenplanken, die überlappend angeordnet waren und durch Bastseile miteinander verbunden waren. Die Bastseile wurden durch Bohrlöcher geführt, die durch Harzleim abgedichtet waren. Das Boot war 13,28 m lang und konnte vom Bug oder Heck aus gesteuert werden. Die Besatzung bestand aus 20 Ruderern. Es ist das älteste Plankenschiff Europas.

Dort im Norden lebten die Germanen. In Mitteleuropa bildeten die Kelten eine herrschende Völkergruppe. Sie besiedelten einen Raum, der von Irland, England, Frankreich über Westspanien und Norditalien bis in den Balkan und Kleinasien reichte. Er schnitt die im Norden lebenden Germanen von den im Süden lebenden Römern ab. Aber zwischen diesen Völkergruppen gab es einen regen Handel.

Etwa um 1200 bis 1000 v. Chr. setzte eine Wanderbewegung der Bevölkerung nach Süden ein, deren Ursache unbekannt ist, aber im Anstieg des Meeresspiegels vermutet werden kann. Vielleicht haben Klimaschwankungen diese Veränderung bewirkt. Mit der Dünkirchen-Transgression strömten große Wassermassen in das

Nordseegebiet. Die Menschen zogen sich auf die höher gelegene Geest zurück. Das war aber nur der Anfang der Wanderbewegung. Kelten, Germanen, Römer in Germanien – die Völker befanden sich in einem Umbruch.

Ziel der Römer war es, bis ans Ende der Welt im Norden vorzustoßen, und das war für sie das offene Meer. Doch die Macht des römischen Reiches zerbröckelte, seine militärische Macht geriet ins Wanken. Die Römer zogen sich aus den nördlichen Gebieten, die sie durchstreiften und für eine Eroberung vorbereiteten, nach und nach zurück und versuchten schließlich eine Grenze im Rückzugsgebiet zu halten. Auch wirtschaftlich zerfiel das römische Reich. Mit dem Machtverfall Roms setzte eine weitere Bewegung der germanischen Völker nach Süden ein. Schon vorher waren die Germanenstämme Cimbern und Teutonen weit in das römische Gebiet eingedrungen. Die Teutonen blieben in Gallien, die Cimbern zogen weiter nach Spanien. Um die Jahrtausendwende, dem Beginn unserer Zeitrechnung, drängten aber auch andere germanische Völker nach Süden vor. Der Grund hierfür mag einerseits in einer Verschlechterung des Klimas im Nordseeraum gelegen haben. Durch zunehmende Stürme und Absinken der Durchschnittstemperaturen wurden die Ernten dürftiger, die Böden unfruchtbarer. Andererseits waren die Menschen begeistert von der römischen Kultur, die sie aus dem Handel bereits kannten. Sie waren auf der Suche nach Luxusartikeln, die im Süden vorhanden waren. So besetzten sie das Mündungsgebiet des Rheines.

Von den Kelten wissen wir, dass sie ähnliche Boote gezimmert haben, wie das auf Alsen gefundene germanische Boot. Als Caesar Gallien eroberte, die Kelten unterwarf und das heutige Frankreich zur römischen Provinz machte, hat er die keltischen Schiffe beschrieben. Sie hatten ein Rahsegel am Mast, das aus Häuten genäht war. Ein solches Schiff war etwa 35 m lang, 9 m breit und hatte einen Tiefgang von 2 Metern. Diese Schiffe konnte man nicht an Land ziehen, man brauchte also Häfen, wo sie vor Anker liegen konnten[95].

Der aus dem Norden kommende Volksstamm wurde Friesen genannt. Drusus hat ihren Namen erstmals erwähnt, als er um 15 v. Chr. Kastelle an der Rheingrenze erbauen ließ[96]. Die Friesen breiteten sich bald von der Rheinmündung entlang der Küste aus, besonders auch nach Norden und Osten, in die Gegend des heutigen Ostfriesland.

Die Friesen trieben einen regen Handel mit den Römern. Zu dieser Zeit sind die Angeln und Sachsen, die sich längs der Küste des Kanals zwischen England und Frankreich ausbreiteten, auch in dieses von den Friesen besiedelte Gebiet um die Rheinmündung eingesickert. Sie vermischten sich mit den Friesen. Einher ging damit eine Änderung der Kultur, zu erkennen an den Warften der Friesen, besonders in Ostfriesland. Aus der Vermischung und Überformung der Sprache dieser Völkerstämme entstand eine eigene Sprache, die friesische. So verschmolzen das Angelsächsische und das Friesische zu einer Sprachfamilie. Das Kernland der Friesen in der heutigen niederländischen Provinz Friesland konnte anhand groß angelegter Siedlungsgrabungen bis ins 3. Jahrhundert v. Chr. zurückverfolgt werden[97]. Als Drusus im Jahre 12 n. Chr. einen Feldzug gegen die östlich der Ems wohnenden Chauken führte, wobei er den Wasserweg wählte, wurden die Friesen unterworfen, durch deren Gebiet die Fahrt führte. Ihnen wurden Tributzahlungen auferlegt, die zu einem Aufstand führten, den die Römer nicht niederschlagen konnten. Seit dieser Zeit war der Name der Friesen unter den Germanen berühmt geworden[98]. Es begann dann eine ruhige Entwicklung, die durch Handel zwischen dem Römischen Reich und den benachbarten germanischen Stämmen geprägt war. Wie aus den Funden auf den Warftsiedlungen Frieslands zu ermitteln ist, gab es Keramik aus römischen Manufakturen – *terra sigillata* – in großen Mengen. Das Vieh aus Friesland war im Römischen Reich ein begehrter Artikel. Dabei wurde der Wasserweg genutzt, der ja durch das Stammesgebiet der Friesen verlief.

Die Friesen breiteten sich aus, eroberten Utrecht und Dorestad und dehnten ihren Einflussbereich in der Mitte des 7. Jahrhunderts unter dem Friesenkönig Radbod von der Weser- bis zur Scheldemündung aus. Der Wohlstand der Friesen führte aber auch zu kriegerischen Auseinandersetzungen mit den Franken im Süden[99], die nach dem Abzug der Römer weite Gebiete im heutigen Deutschland und Frankreich bewohnten und auch selbst verwalteten. Die Franken erstrebten über den Handel hinaus auch eine politische Vormacht.

In das geschäftige Leben dieser mit Landwirtschaft und Handel beschäftigten Menschen drang dann plötzlich der Schreckensruf: „Himmel hilf – die Wikinger kommen!“ Und sie kamen: große, rotbärtige, kräftige Männer mit wendigen Schiffen, sie sprangen ans Ufer bei einem wohlhabenden Ort, schlugen mit ihren kurzen Schwertern die Männer nieder, vergewaltigten die Frauen, plünderten alles, was nicht niet- und nagelfest war, steckten die Häuser in Brand, schleppten die jungen Frauen und Mädchen an Bord und verschwanden so schnell wieder, wie sie gekommen waren[100]. So etwa lautet die Klischeevorstellung von dem Eindringen der Wikinger in küstennahe Landstriche. Dieses negative Bild stammt wohl von den damaligen Klerikern, die sicher unter den Wikingern zu leiden hatten. Tatsächlich waren die Wikinger ebenso sehr Händler wie Krieger.

Eine ernst zu nehmende Beschreibung der Wikinger-Einfälle in das unwegsame Marschland der friesischen Küste liest man in der Skalla-Grimms-Saga aus der 2. Hälfte des 10. Jhdts., als zwei Wikinger – Egyl und Harim Björn – mit drei Langschiffen auf eine Raubfahrt gingen:

*„Sie steuerten südwärts nach Sachsen. Da der Herbst nahte, hielten sie nordwärts an und lagen vor der friesischen Küste. Einst in einer Nacht, als es stilles Wetter war, fuhren sie den Fluß aufwärts, wo das Landen gefährlich war*

*und der flache Sand sich weithin erstreckte. Auf dem Lande waren große flache Strecken und nahe dabei Wälder. Das Land war durchweicht, weil es viel geregnet hatte. Da gingen sie nun an Land und ließen ein Drittel der Bemannung zurück, um das Schiff zu bewachen. Sie zogen den Fluß aufwärts und kamen bald zu einem Dorf, wo viele Bauern wohnten. Diese flüchteten aus dem Dorf weiter in das Landesinnere, sobald sie den Trupp erkannten, aber die Wikinger folgten ihnen nach. Darauf kamen sie zu einem anderen Dorf und dann zu einem dritten. Alles Volk, dem sie begegneten, flüchtete weg. Das Land war eben, und es hatte große breite Weiden. Über eine große Fläche waren Schlöte gegraben, in denen das Wasser stand. Sie hatten ihre Äcker und Weiden mit Schlöten umgeben. An verschiedenen Stellen waren große Balken über die Schlöte gelegt. Wo ein Weg war, befanden sich Brücken, die mit Reisig bedeckt waren"*[101].

Hier werden Wikinger-Überfälle aus dem 8. bis 10. Jhdt. geschildert, die weithin Schrecken verbreiteten, sodass die Bewohner flüchteten. Die Bewohner hielten dennoch auf ihren Warften aus, weil der immer wieder mit frischem Schlick überzogene und damit nachgedüngte Boden außergewöhnlich fruchtbar war und deshalb die Menschen von der Geest in die Marsch zog[102], aber auch Einwanderer, die über das Meer kamen und hier siedelten.

Spuren von wikingerzeitlichen Siedlungen wurden im nordfriesischen Wattenmeer genauso gefunden wie auch wikingerzeitliche Exponate. Am Nordwest-Ufer der Hallig Hooge wurden Keramikscherben aus dem 8. und 9. Jahrhundert auf kleinstem Raum geborgen[103]. Gefunden wurden sog. Ei-Töpfe und unglasierte Kugeltöpfe, identifiziert als friesisches Material. Eitöpfe von schlichter Machart wurden als Grabgefäße vom 8. bis 10. Jhdt. genutzt[104].

Im engeren Rungholt-Gebiet gibt es solche Hinweise auf Besiedlung im 8. oder 9. Jahrhundert bisher nicht, schon gar nicht auf Wikinger.

Die Friesen waren Großbauern, die sowohl Landwirtschaft als auch Handel betrieben, besonders entlang der Küste mit ihren wendigen Schiffen. Die Handelsplätze haben sie selbst geschaffen. An den Kulturgütern des Südens wollten alle Völkerstämme teilhaben.

Hervorragende Absatzmärkte bildeten aber auch die Gebiete um die Ostsee. Haithabu an der Schlei lag auf halbem Wege zwischen neu entdeckten Absatzmärkten im Osten und den neu ausgebauten Rohstoffmärkten im Süden. Nordfriesland lag dazwischen. Ankerplätze fanden sich, wie aus den Seekarten des 16. Jahrhunderts für das Mittelalter zu entnehmen ist, bei List auf Sylt, zwischen Föhr und Amrum und bei Pellworm[105].

Die Friesen besiedelten dieses Gebiet, aus dem sie ursprünglich einmal gekommen waren, nach und nach ab dem 7. Jhdt. in zunehmendem Maße, und zwar in zwei Schüben[106]. Die erste Einwanderungswelle führte nach Sylt, Föhr und Amrum, vermutlich auch Helgoland[107]. Der zweite Schub in der Zeit des 9. bis 11. Jhdts. richtete sich auf das Festland und die Inselwelt zwischen Eiderstedt und Wiedau[108].

Über die Ursachen der Auswanderung ist wenig bekannt. Möglicherweise spielte die Überbevölkerung eine genauso bedeutende Rolle wie die Sturmfluten. Das Kerngebiet im niederländischen Küstenbereich war im 9. Jhdt. dicht besiedelt und der Landverlust durch Sturmfluten nahm ständig zu. Aber auch der fränkische Druck auf die Friesen sowie die starke wirtschaftliche Expansion seit der Mitte des 7. Jhdts. dürften zur Auswanderung beigetragen haben. Ein wichtiger Handelsweg der Friesen verlief entlang der Nordseeküste nach Osten und ab der Elbmündung nach Norden. Dabei wurden vereinzelt Stützpunkte für den Handel errichtet. Siedler sind den Kaufleuten gefolgt[109].

Ob die friesischen Einwanderer auf Bewohner dieser Marschlandschaft getroffen sind, die trotz Bevölkerungsschwunds der Völkerwanderungszeit im Land geblieben sind, ist eine der ungelösten Fragen der Besiedlungsgeschichte[110].

Die friesischen Siedlungen des frühen Mittelalters im heutigen Marschinsel- und Halliggebiet waren Neugründungen, während diejenigen der Geestinseln und der Festlandsmarsch im Siedelgebiet der eisenzeitlichen Küstenbewohner liegen[111].

Durch die Anwendung wasserbautechnischer Kenntnisse – ein Grabensystem, Sielzüge und Sielschleusen – weiteten sich die Siedel- und Wirtschaftsflächen aus, wodurch der Wohlstand der Marschbauern zunahm.

Die Wanderbewegung der Friesen zurück in das Gebiet, aus dem sie einst gekommen waren, verlief sehr zögerlich. In der karolingischen Zeit war die Bezeichnung *Frisia (minor)* noch nicht üblich[112]. Die Westküste von Jütland bis zur Eider gehörte zum dänischen Herrschaftsbereich. In der von Adam von Bremen im 11. Jhdt. geschriebenen Kirchengeschichte, teilweise gestützt auf mündliche Überlieferungen aus dem dänischen Königshaus, wurden die Friesen mit keinem Wort erwähnt[113]. Zumindest müssen damals die Friesen ohne jede Bedeutung gewesen sein, sodass sie nicht die Aufmerksamkeit der Chronisten erregten[114]. Erst Saxo Grammaticus (1150 bis 1220) widmete den Friesen in der zweiten Hälfte des 12. Jhdts. in seiner dänischen Geschichte ein längeres Kapitel. Er bezeichnete sie als Einwanderer und dänische Untertanen. Sie seien auf der Suche nach neuen Wohnsitzen in die niedrige und moorige Gegend Nordfrieslands gekommen und hätten diese mit ungeheurer Anstrengung urbar gemacht[115]. Ihre friesische Sprache sei Zeugin ihrer Abkunft[116]. Saxo Grammaticus schreibt:

*„An Jütland grenzt Kleinfriesland (Frisia minor), das vom jütischen Höhenzug abfällt, daher also viel tiefer liegt. Die Überschwemmungen des Meeres geben Anlaß zu übermäßig reichem Wachstum, doch ist zweifelhaft, ob diese Überflutungen nur Vorteile bieten, denn wenn es stark stürmt, brechen die Wellen durch Dämme, mit denen sich die Bewohner gegen das*

*Meer schützen. Es wälzen sich manchmal solche Wassermassen über die Felder, daß zuweilen nicht nur die fruchtbare Erde, sondern auch Häuser und Menschen weggespült werden."*

*„Kleinfriesland hat fruchtbares Ackerland. Aus getrockneter Erde"* – gemeint ist wohl Torf – *„wird Salz gewonnen. Oft reißt das Meer Moorflächen vom Grund ab und führt sie an einen anderen Ort; so bleibt dort ein See, wo sie lagen, und der, auf dessen Grund sich das Moor absetzt, wird Eigentümer."*

*„Die Einwohner sind unbändig, flink und verachten schwere hinderliche Rüstungen. Sie benützen im Kampf daher nur Schild und Wurfspeer. Sie umgeben ihre Felder mit breiten Gräben, über die sie mit Springstöcken setzen. Ihre Häuser wurden auf Warften, aufgeworfenen Erdhügeln, erbaut."*

Der Deichbau setzt nach archäologischen Erkenntnissen erst im 12. Jhdt. ein, kaum vor dem späten 11. Jhdt. Die Friesen schützten, wie aus dem Bericht des Saxo Grammaticus zu entnehmen, erst im 12. Jhdt. ihr Land durch Deiche. Sie hatten eine Höhe von etwa 1 m, die Böschungen waren flach, die Steigungswinkel glichen denen der heutigen Deiche[117].

Zunächst haben die Friesen in Flachsiedlungen gewohnt, wie sie auf Pellworm und Hooge und an anderen Stellen nachgewiesen sind. Auf dem Japsand, einer langen Sandbank westlich der Hallig Hooge, sind Keramikscherben aus dem 8. und 9. Jahrhundert geborgen worden, die sich heute im Archäologischen Landesamt in Schleswig befinden.

Auf Pellworm ist eine Siedlung mit Funden aus dem 9. und 10. Jahrhundert auf einem etwa 0,30 m über NN erhöhten Prieluferwall entdeckt worden[118]. Auch wurden die Reste eines Sodenwandhauses mit gepflastertem Fußboden sowie zwei Brunnen auf einem Wohnhorizont von 0,60 m über NN gefunden. Vor über 1000 Jahren haben die Bewohner, wie sich aus solchen Funden ergibt, zu ebener Erde auf trockenen Plätzen in unbedeichter Marsch gesiedelt. Die Flachsiedlungen mussten aber schließlich wegen des steigenden Meeresspiegels und damit verbundener mehrfacher Überschwemmungen verlassen werden, wie aus Sedimentstreifen über der Kulturschicht dieser Flachsiedlungen hervorgeht. Im Rungholtgebiet werden die ersten Besiedelungen auf flach liegendem Gebiet mit einer direkten Verbindung zum Meer entstanden sein, vorzugsweise auf einem Flussuferwall.

Dass aus dieser Zeit – ab dem 8. bis zum 13. Jhdt. – nur selten Funde vorliegen, liegt vor allem daran, dass die Gegend sehr spärlich besiedelt war. Die Besiedelung des heutigen nordfriesischen Wattgebietes durch die Friesen ist als eine große Moor- und Marschenkolonisation zu sehen. Die Einwanderung und die Urbarmachung fand in größerem Umfang erst im 12. Jhdt. statt. Wattfunde sind leider durch die meeresbedingte Zerstörung der westlichen Randgebiete spärlich. Bemerkenswert sind die gerade hier gefundenen ältesten Kugeltöpfe, die der Postbote Liermann aufsammelte[119].

Viele Funde an Schmuck, Keramik und Gebrauchsgegenständen belegen diese Wanderbewegung der Friesen[120]. Aus den Ortsnamen, die aus dem – jetzt niederländischen – Friesland bekannt sind und die jene wandernden Friesen auf ihre neue Heimat übertragen haben[121], lässt sich diese Wanderbewegung ebenfalls treffend nachweisen. Sie mag vielerlei Gründe gehabt haben: Die Marschen Nordfrieslands hatten sich zu einer blühenden, üppigen, fruchtbaren Wiesen- und Weidelandschaft entwickelt. Die offenen Handelsverbindungen über die See waren vorteilhaft. Zum Hinterland hin waren die Marschen wegen ihres weichen Untergrundes schwer passierbar, sodass militärische Expeditionen zu einem riskanten und kostspieligen Unternehmen werden mussten. Auch die kriegerischen Auseinandersetzungen mit den Franken und den Wikingern mögen diese Entwicklung zur Abwanderung von den niederländischen in die nordfriesischen Gebiete gefördert haben. So wurde die Macht des Friesenkönigs Radbod Ende des 7. Jahrhunderts gebrochen und er selbst floh nach Dänemark[122]. Im Jahre 734 n. Chr. wurden die Friesen an der Boerdena (Bordaa, Bordena, Middelzee)[123] geschlagen, das Gebiet fiel an die Franken und die Friesen flohen entlang der Küste nach Norden[124].

Die Einwanderung wurde von den Dänen geduldet. Mit dem dänischen König einigten sie sich leicht, da durch sie die neu besiedelten Gebiete der Uthlande urbar gemacht wurden[125]. Es kam zu einem Übereinkommen darüber, welche Steuern und Freundesgaben (Vingift) sie entrichten sollten. Die früher hier schon ansässigen Dänen, klein an Anzahl, wurden in die neuen Gemeinschaften aufgenommen Sie waren „Königsfriesen" *(Kongens Friser)* und unterstanden unmittelbar dem dänischen König, nicht dem Herzog von Gottorp. Sie regelten ihre inneren Verhältnisse mit einer gewissen Selbstverwaltung. Dazu wurden sog. Harden gebildet. Die Friesen auf der höher gelegenen Geest dagegen mussten sich nach dänischen Gesetzen und dänischem Recht richten. Sie waren „Friesen in der dänischen Gemeinschaft" *(Friser i Danelagen)* und wohnten in „Sysseln" *(Sysselfriesen)*, während die Strandbewohner *„Friser i Friselagen"*, „Hardesfriesen" *(Friser i Herrederne)*, „Strandfriesen" und „Königsfriesen" hießen.

Eine Umwandlung von den ausgedehnten Sumpf- und Moorländereien durch Kulturmaßnahmen ist während der vor- und frühgeschichtlichen Zeit in diesem Raum offenbar nicht vorgenommen worden[126]. Die Besiedler wählten sorgfältig die günstigsten Stellen des Landes für ihre Besiedelung aus, nämlich einen besonders hoch liegenden Teil der küstennahen Marsch oder eines Uferwalles an einem der vielen Priele oder Flüsse. Charakteristikum der alten Siedlungsplätze war die Nutzung der hoch gelegenen Flächen in der Umgebung der Häuser, denn hier war eine gute natürliche Entwässerung gewährleistet[127]. Das weniger von der Natur begünstigte Land der Umgebung scheint weitgehend im Urzustand verblieben zu sein, soweit es nicht extensiv als Viehweide oder für die Gewinnung von Winterfutter genutzt wurde. Die Wasserläufe und Wasserflächen, an deren Rand die Siedlungen lagen, sind die Hauptverkehrswege der Bewohner gewesen, auf die sie schon wegen der Unwegsamkeit des Hinterlandes angewiesen waren.

Erst seit der zweiten Hälfte des 11. Jhdts. setzte sich eine Neuerung in der Bearbeitung der fruchtbaren Marschländer durch: Mit einer groß angelegten Planung wurde das tiefer liegende Sumpf- und Moorland in die Nutzung einbezogen. Durch ein sorgfältig geplantes dichtes Netz von künstlich gezogenen geradlinigen Gräben, deren Verlauf und Dichte den natürlichen Verhältnissen angepasst waren, wurde jetzt das vorher nur ungenügend entwässerte, weniger wertvolle Land urbar gemacht und landwirtschaftlich genutzt. Durch Abdämmung der Ausflüsse und den Einbau von sinnreich konstruierten Durchlässen wie Klappsielen und Schleusen konnte das lästige Meerwasser fern gehalten werden und bei guter Vorflut der Binnenwasserspiegel bis fast auf das Niveau des örtlichen Tideniedrigwassers herabgedrückt werden. Durch diese Neuerungen konnten somit auch Bezirke mit tief liegenden Oberflächen in landwirtschaftliche Flächen für Ackerbau und Viehzucht einbezogen werden. Um diese neu erschlossenen Ländereien vor unerwünschten stärkeren Überflutungen zumindest während der Vegetationszeit zu schützen, wurden sie erstmalig mit Deichen umgeben, recht niedrigen, die nur bestimmte Flächen einkreisten. Beides, der Beginn erster Bedeichungsmaßnahmen und die Entwässerung niedriger Landflächen, gehört untrennbar zusammen[128]. Von planmäßigen, großflächigen Bedeichungsmaßnahmen kann man dabei aber noch nicht sprechen.

Keinesfalls waren die Verhältnisse trotz des Fleißes der Siedler günstig, wie aus einem Zitat des Chronisten Saxo Grammaticus hervorgeht:

*„Im Winter liegt das Land unter beständiger Flut verdeckt; die Felder sehen aus wie ein stehendes Gewässer[129].“*

Diese Schilderung ist durchaus glaubhaft, hatten doch die Siele und Schleusen recht bescheidene Abmessungen und waren nicht in der Lage, große Wassermassen schnell wieder abfließen zu lassen.

Im Gegensatz zu dem nördlicher liegenden Teil des Siedlungsgebietes – im Bereich der heutigen Halligen Hooge, Langeness, Oland und Habel – war das Gebiet zwischen Pellworm, Südfall und Nordstrand, wenn auch von Mooren, Bruchwäldern und Sümpfen bedeckt, so doch höher gelegen und nur mit einer geringmächtigen Torfdecke versehen. Diese begünstigten Verhältnisse leiteten allerdings einen folgenschweren Vorgang ein: Durch die systematisch betriebene Entwässerung trat eine verstärkte Setzung der Landoberfläche ein, wodurch die ursprüngliche Höhenlage beträchtlich gesenkt wurde. Das Land sackte ab.

Mit der Besiedelung der Marschen durch die Friesen begann eine Blütezeit für die Bevölkerung. Sie war geprägt durch den Handel, insbesondere mit Vieh, das auf eigenen blühenden Wiesen und Weiden großgezogen wurde. Ein begehrtes Handelsobjekt bildete ferner das Salz, das man in einem komplizierten Verfahren aus dem Torf gewann. Begehrt war ferner der Bernstein, den man an den Ufern fand.

Es begann jetzt auch die Zeit des Kirchenbaues, ein Ausdruck des Reichtums dieser Menschen. So soll bereits im Jahre 1095 das Fundament für den Pellwormer Kirchturm gelegt worden sein, allerdings steht der eindeutige Nachweis dafür noch aus. Das Fundament dürfte nach bau-historischen Erkenntnissen nicht älter als Ende des 12. Jahrhunderts sein, es besteht nämlich aus Tuffstein, der erstmals um diese Zeit in Nordfriesland nachgewiesen ist. Der immer noch als Ruine stehende Turm – ein Wahrzeichen auch für die Schifffahrt – ist jünger. Das Kirchenschiff wurde kurz vor 1300 n. Chr. erbaut.

Über das Aussehen der Menschen des Uthlandes, der heutigen Insel- und Halligwelt Nordfrieslands, vor der *1. Groten Mandränke* von 1362 weiß der Chronist Iven Knudsen[130] fast nichts zu berichten. Im Volksmund – schreibt er – hatte sich die Erinnerung an ehemalige reiche Marschbewohner erhalten, die durch die Pracht ihrer Kleidung und ihrer Hoffart – Dünkel und Hochmut – auf dem Kirchgang Aufsehen erregt haben sollen. Die vormaligen Ansiedlungen in der Südermarsch Haykebüll, Edenham, Hunneham, Kockham und Adebüll sollen nach ihnen benannt worden sein, was dadurch dokumentiert ist, dass diese Orte die Vornamen ihrer Besitzer tragen.

Der Chronist Peter Sax beschreibt ausführlich die Dreilande Eiderstedt, Utholm und Everschop. Über die Rungholt-Gegend berichtet er bei seiner Darstellung der Naturkatastrophen[131]. Dort geht er ausführlich auf den Namen „Friesen“ und „Friesland“ ein, erwägt, ob der Name von einem Stifter Frisone stammen könne, oder gar – was er ablehnt – von Fressen, *„obwohl Ihrer viel, das Freßen, Ihr proprium ist“*, *„nicht unbillich wird eß Freßland genennet, dan Meißner und Thüringer Land ist uns bald aufgefreßen“*, fasst dann aber zusammen, dass von inländischen wie ausländischen Schriftstellern („ausheimbschen Scribenten“) die Bewohner dieser Gegend als „Frießländer“ – und ihr Gebiet als Friesisches Königreich – bezeichnet werden, einem Volksstamm, der in den Marschländern und an der See gesiedelt hat.

Die von den Friesen besiedelten Gebiete wurden in Verwaltungsbezirke, in Harden eingeteilt. Hauptort der Edomsharde war Rungholt. Wo aber lag dieses Rungholt ?

# Die Lage von Rungholt

Manche Spaziergänger und Wanderer über das Gebiet des nordfriesischen Wattenmeeres, so auch in dem hier interessierenden Gebiet zwischen Pellworm, Nordstrand und Eiderstedt mit der Hallig Südfall im Zentrum[132], erleben eine Sternstunde, wenn sie eine oder sogar mehrere Keramikscherben finden, denen man schon auf den ersten Blick ein hohes Alter ansehen kann. Aus dem Schlick sorgfältig geborgen und mitgenommen, werden solche Kostbarkeiten bestaunt und – wie es sich für gesetzestreue Bürger gehört – dem dafür zuständigen Archäologischen Landesamt Schleswig-Holstein[133] angezeigt. Und dann kommt die große Ernüchterung. Derartige Exponate sind in der Regel[134] für die Wissenschaft fast wertlos. In den Magazinen liegen Tausende solcher Funde. Es handelt sich um so genannte „Lesefunde", die ohne Bezug und Auswertung der Fundstelle – genaue Angaben über die Ortslage, die Tiefe, die Bodenzusammensetzung, das Umfeld usw. – keine bedeutenden Aussagen zulassen. Nach neuester Gesetzgebung ist das Mitnehmen derartiger Exponate sogar untersagt.

Nicht anders ergeht es den Wattwanderern, die bei ihrer Exkursion im Watt weitere Spuren der Vergangenheit entdecken, wie z. B. Grabenreste oder Sodenbrunnen, Warftreste und andere Zeugnisse menschlicher Besiedlung aus grauer Vorzeit. Auch diese Erkundungen sind dem genannten Landesamt anzuzeigen, und auch dabei wird man wohl die Erfahrung machen, dass „alles längst bekannt" sei. Schließlich sind Mitarbeiter des Landesamtes ohnehin zu besonderen Einsätzen immer wieder im nordfriesischen Wattenmeer. Sie erhalten von den Mitarbeitern anderer Behörden – z. B. dem Amt für ländliche Räume, dem Wasser- und Schifffahrtsamt und dem Nationalparkamt Wattenmeer – laufend Anzeigen über Veränderungen und Neuentdeckungen in dieser Region. Und selbst wenn z. B. ein bisher unbekannter Brunnenring freigespült und jetzt entdeckt wird: eine Sensation, wie von manchen Laien vermutet, ist das in den seltensten Fällen.

Anders ist es, wenn eine Vielzahl von derartigen Spuren der Vergangenheit auf eng begrenztem Raum aufgefunden werden. Aus solchen archäologischen Funden lässt sich mit Sicherheit nur eines schließen: An diesem Fundort lag eine menschliche Siedlung aus frühgeschichtlicher Zeit – mehr nicht.

Wie will man solche Fundorte mit einer untergegangenen Ortschaft identifizieren? Wie will man diese gar mit dem Namen „Rungholt" belegen können?

Die Zuordnung eines Fundortes zu einer bestimmten untergegangenen Ortschaft kann nur mit Hilfe einer Reihe anderer Disziplinen gelingen – ob zu voller Zufriedenheit sei dahingestellt. Die hier einsetzende wissenschaftliche Arbeit bedeutet geradezu detektivische Kleinarbeit.

Keine Ortschaft liegt durch einen reinen Zufall an einer bestimmten Stelle. Dass Menschen in grauer Vorzeit gerade an dieser Stelle gesiedelt haben, wird bestimmte Gründe gehabt haben, und diese Gründe aufzuspüren ist nunmehr Aufgabe der wissenschaftlichen Tätigkeit. Man versetze sich in die Lage der Menschen, die hier siedeln wollten. Für einen geeigneten Siedlungsplatz sind die geologischen – genauer die morphologischen – Verhältnisse genauso wichtig wie die topographischen Gegebenheiten, ferner die Bodenverhältnisse, der Untergrund und die Verkehrsanbindung – heute sprechen wir von Infrastruktur. Nun stehen uns für derartige Untersuchungen nicht allzu viele Fakten zur Verfügung, aber aus einigen Tatsachen lassen sich Rückschlüsse auf eine denkbar günstige Ortslage und manchmal sogar die Identifizierung mit einer bestimmten Ortschaft herleiten.

Als dafür geeignete Disziplinen sollen alle diejenigen herangezogen werden, aus denen Anhaltspunkte für die Zuordnung archäologischer Funde zu einer bestimmten Siedlung zu gewinnen sind, sodass dieses Problem gleichsam aus verschiedenen Ebenen eingekreist wird.

Wir wollen deshalb
geologische,
geomorphologische,
topographische,
kartographische,
geographisch-literarische
und archäologische Aspekte
für die Lage von Rungholt nacheinander untersuchen.

# Geologische Aspekte

Das unter dem heutigen Watt liegende Gelände ist geprägt von den Grundmoränen der Saale-Eiszeit (ca. 200 000 bis 100 000 v. Chr.). Hier lag eine Hügellandschaft, die derjenigen bei Bredstedt, Schobüll oder zwischen Albersdorf und Itzehoe durchaus vergleichbar ist, eben nur in der Tiefe.

Die morphologische Struktur des Untergrundes ist für unser Auge unsichtbar, weil sie von der Marschen- und später der Wattlandschaft überdeckt ist. Im Laufe der Jahrhunderte sind die Sedimentablagerungen mehr und mehr gesackt, haben sich komprimiert. Dieser Vorgang wurde besonders gefördert durch den Entzug des Wassers infolge von Kultivierungsmaßnahmen. Um dieses Gebiet landwirtschaftlich nutzen zu können, wurden Entwässerungsgräben, Sielzüge und Schleusen angelegt. Dass dabei der Sackungsprozess auf dem Kamm eines Moränenhügels, wo sich eine nacheiszeitliche Sedimentschicht von nur wenigen Metern, z. B. 2 bis 3 m, befindet, erheblich geringer war als über der Tiefe eines Moränentales mit Sedimentschichtungen bis zu 20 m, ist nur zu verständlich. Und so wäre es durchaus logisch, wenn die heutigen Inseln und Halligen exakt auf den Hügelkuppen der Grundmoränen lägen, während die tiefer zusammengesackten Gegenden vom Meer überspült, überflutet und heute zu einer ständigen Wasserfläche des Tidengewässers verändert wurden. Aber so einfach ist es leider nicht.

Wir kennen die Struktur des Untergrundes, also des gewachsenen, festen Bodens unter dem Wattengebiet aus einer wissenschaftlichen Untersuchung sehr genau. Es handelt sich um das so genannte

**„Norderhever-Projekt“,**

das in den Jahren 1975 bis 1981 von Wissenschaftlern mehrerer Institutionen und verschiedener Disziplinen – u. a. von der Christian-Albrechts-Universität Kiel und vom Archäologischen Landesamt Schleswig – durchgeführt wurde[135]. Aufgabe dieses Norderhever-Projektes war es u. a., das Unterwasserrelief – genauer die Morphologie der Holozänbasis[136] – durch Bohrkerne zu erkunden, die Schichtenfolgen dieses Küstenholozäns zu ermitteln und die Sedimente zu untersuchen. Die Karte Beilage 8 der Veröffentlichung „Nordfriesisches Watten- und Marschengebiet, Morphologie der Holozänbasis“ [Abb. 22] zeigt die Struktur des Untergrundes sehr anschaulich.

Wenden wir uns zunächst den morphologischen Verhältnissen der eiszeitlichen Ablagerungen zu.

Die Holozänbasis ist die untere Begrenzung der nacheiszeitlichen Sedimentablagerungen. Diese Begrenzung ist – umgekehrt gesehen – die Oberfläche der pleistozänen[137], also eiszeitlichen Ablagerung. Im Gegensatz zu der nacheiszeitlichen Holozänschichtung, einer lockeren Aufschüttung und Aufspülung, sind die pleistozänen Ablagerungen, fester, „gewachsener“ Boden.

Wir wollen versuchen, uns die Hügel und Täler dieser Moränenlandschaft vorzustellen, die **unter** den heutigen Inseln, Halligen und Sänden des Wattenmeeres liegen. Der Wasserspiegel war zur Saale-Eiszeit sehr tief, etwa bei 100 m[138] unter der heutigen Normalnull-Linie (NN)[139]. Die hügelige Moränenlandschaft war geprägt einerseits durch breite Wasserablaufrinnen, Moränentäler, vergleichbar den Urstromtälern, und andererseits durch die Schuttkegel der eiszeitlichen Ablagerungen. Wie sah ein solches Relief dieses festen Untergrundes, der holozänen Basisschicht, in der Region des nordfriesischen Wattenmeeres aus?

Dieser feste Boden lag
- unterhalb von Pellworm bei etwa 12 m unter heutigem NN,
- unterhalb von Nordstrand bei etwas weniger als 10 m unter NN,
- unter Nordstrandischmoor bei etwa 11 m unter NN,
- unterhalb der Hamburger Hallig bei weniger als 10 m unter NN

und diese Stellen sind die höher gelegenen Gebiete!

Die tiefen Taleinschnitte liegen im Gebiet
- der heutigen Norderhever mit mehr als 15 m unter NN,
- bei den Endspitzen der Süderaue beim Schlütt nahe dem heutigen Schlüttsiel mehr als 16 m
- und beim Rocheley nahe dem heutigen Ockholm sogar mehr als 20 m unter NN.

Mit anderen Worten: Pellworm, Nordstrand, Nordstrandischmoor und die Hamburger Hallig lagen höher als die Täler der Moränenlandschaft. Die Morphologie der Holozänbasis entspricht also bei grober Betrachtung der heutigen Struktur der Insel- und Halliglandschaft. Die Inseln und Halligen liegen über den pleistozänen Hochlagen, während die großen Seegaten[140] Norderhever und Süderaue über den holozänen Moräneneinschnitten entstanden sind. Wir haben hier eine Mächtigkeit der Sedimentschichten über dem eiszeitlichen Moränental bis zu 20 m.

Damit ist aber der Zusammenhang zwischen eiszeitlicher fester Bodenstruktur in der Tiefe und der Lage der heutigen Inseln und Halligen nicht genau dargestellt. Es kommt ein weiterer Umstand hinzu, der die heutige Insel- und Halliglandschaft prägte.

Das Meer griff stets aus westlichen Richtungen an. Die heftigen Orkanböen kamen – und kommen auch heute noch – aus westlicher oder nordwestlicher Himmelsrichtung. Dementsprechend haben die Inseln und Halligen eine in dieser Richtung ausgeprägte Struktur erhalten. Die lang gestreckten Uferlinien
- der Halligen Langeness und – in Verlängerung – Oland zeigen dies sehr deutlich. Aber auch die Lagen
- von Amrum zu Föhr,
- von Japsand zu Hooge,
- von Norder- und Süderoogsand zu Norderoog und Süderoog, weiter zu Pellworm,
- von Südfall zu Nordstrand
- dazu noch die Lage der dazwischen liegenden Sände

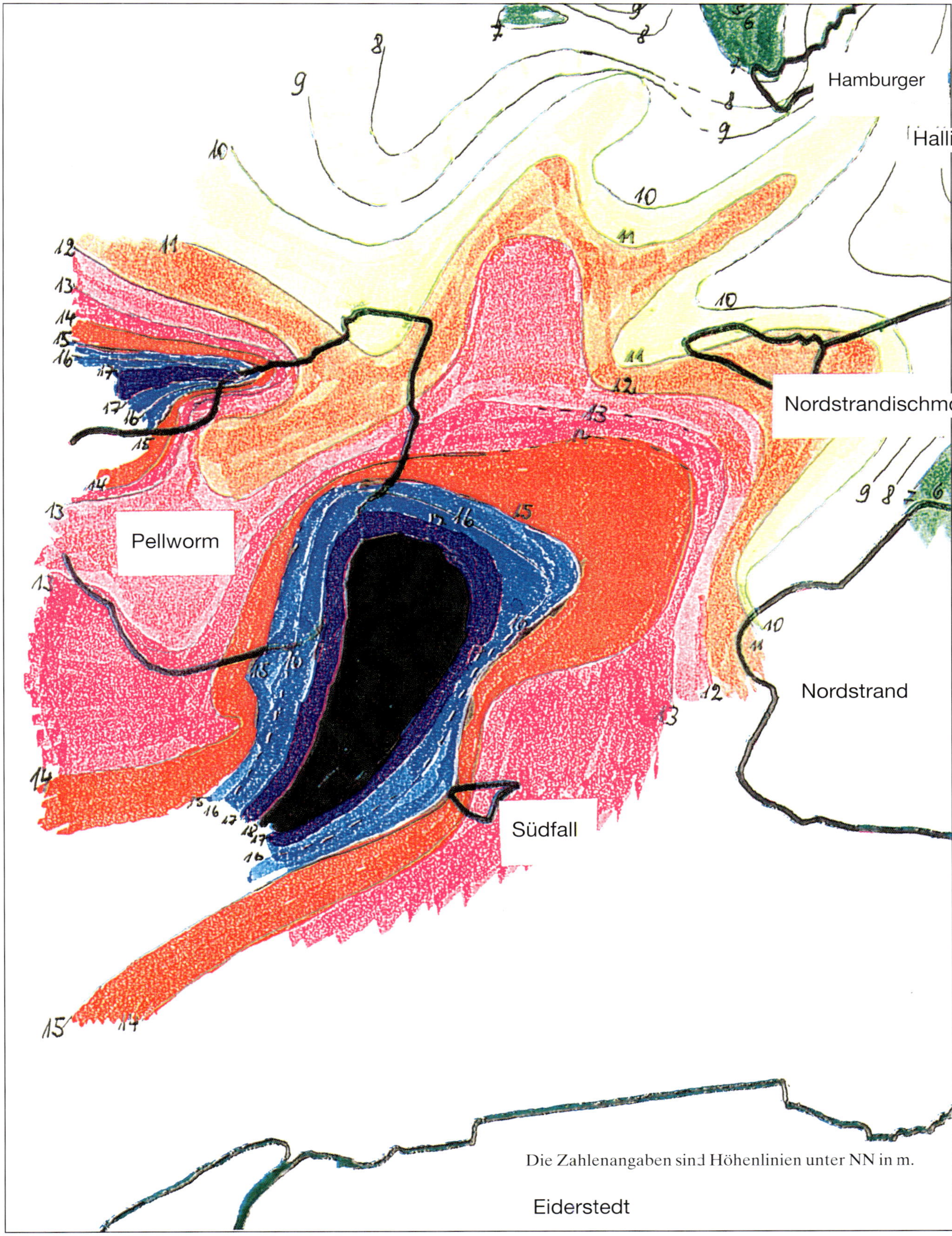


Abb. 22: Ausschnitt aus der Kartenskizze zum Norderhever-Projekt

zeigen diese West-Ost-Richtung. Die heutige Oberflächenstruktur wurde durch dieses Merkmal der Angriffsrichtung der Stürme geprägt. Dementsprechend verlaufen die Seegaten Hörnum-Tief, Norderaue, Süderaue, Norderhever und die Hever in der Himmelsrichtung West-Ost.

Wie sah nun die eiszeitliche Struktur unter der heutigen Hallig Südfall aus? Südfall liegt auf einer stark tonhaltigen Sedimentschichtung hoch über dem Westrand eines Moränentales, das etwa 14 bis 15 m unter NN liegt.

Man fragt sich, weshalb die Hallig Südfall und die um sie herumliegenden Sände – der Korbbakensand, der Heversteert und der Rungholtsand – die vielen starken Sturmfluten, sämtliche *„Groten Mandränken“*[141], überstanden haben. Sie existieren heute immer noch.

Dazu sollten wir folgende Beobachtungen einfließen lassen: Auf Sylt, Amrum und bei St. Peter-Ording waren Dünenketten entstanden, in deren Schutz sich Bodenflächen entwickelten, die, weil sie über einen längeren Zeitraum mit Humus vermischt wurden, fest und fruchtbar wurden, sodass hierauf ein dauerhafter Bewuchs entstehen konnte. So entstanden geeignete Flächen für günstige Siedlungsplätze.

Dasselbe gilt von Sandflächen, die nicht einen ausgesprochenen Dünencharakter haben, z. B. Flussuferwällen.

Nun kommt es natürlich auf den Untergrund an, ob wir im Bereich der Hallig Südfall eine solche Struktur eines festen, höher aufgeworfenen Untergrundes erwarten können. Die Untersuchungen des Norderhever-Projekts, basierend auf den vorangegangenen Untersuchungen – z. T. auch Bohrungen – von Dittmer[142], Simon[143] und Ernst[144], haben eine Sequenz von tonigen Schichten[145] mit einer Mächtigkeit bis zu 10, stellenweise sogar 15 m ergeben.

Um 1000 n. Chr. dürfte die Oberfläche des tonigen Gebietes bereits eine relativ niedrige Position gehabt haben[147], für die Bewohner nicht merkbar, weil das mittlere Tidehochwasser niedrig gelegen hat. Die holozänen – nacheiszeitlichen – Sedimentablagerungen haben im Südfallgebiet, wie wir schon gelesen haben, eine Schichttiefe von 14 bis 15 m bis zur Holozänbasis. Wenn in den Untersuchungen von Dittmer, Simon und Ernst großflächig zwischen Pellworm, Nordstrand und Südfall ein toniger Untergrund von 15 – 20 m ermittelt wurde, so können wir von einem harten Untergrund fruchtbaren Bodens ausgehen.

Die Wahrscheinlichkeit, dass menschliche Besiedlungen hier möglich waren, sogar gute Bedingungen für eine landwirtschaftliche Struktur vorfanden, ist daher groß.

**Ton** wird als ein sehr wasserhaltiger Schlick abgelagert. Er ist ein Verwitterungsrückstand aus tonerdehaltigen Silikaten und besteht hauptsächlich aus wasserhaltigen Aluminiumsilikaten wie Kaolin und verschiedenen Aluminiumhydrogenen mit zahlreichen Beimengungen. Ton ist ein Sedimentgestein mit einer Teilchengröße von unter 20 my. Vermischt mit Humus ergibt er einen sehr fruchtbaren Boden.

Tonige Sedimente bilden sich bei ruhigem Wasser. Im Gegensatz zu sandigen Flächen, die nach der anfänglichen Setzung stabil bleiben, setzen sich tonige Flächen immer weiter ab, insbesondere bei tiefer einschneidenden Prielen. Der Untergrund sackt ab, mehr als die sandige Umgebung[146]. Wegen der tonigen, zähen Schichtungen wird das Gebiet langsamer drainiert als sandiger Untergrund, es sei denn, dass ein Priel die unteren wasserhaltigen Schichten anschneidet und damit entwässert. Die Verdichtung des tonigen Untergrundes ist ein langsamer, ständig fortschreitender Prozess.

Übrigens ist der Verdichtungsprozess und damit die Absackung bei Torf noch größer als bei tonigem Untergrund, und so erklärt sich das Bild unterschiedlicher Setzungen der Bodenschichtungen.

Aber: Für die Lokalisierung einer idealen Besiedlungsstelle geben diese Untersuchungen nichts her. Der tonige Untergrund ist weitläufig im Gebiet Pellworm – Südfall – Nordstrand ermittelt worden, aber das ist für unsere Suche nach einer möglichst genauen Lage eines Ortes unzureichend.

Greifen wir die zuvor gestellte Frage wieder auf: Das Gelände um die heutige Hallig Südfall hat trotz mancher Deformierungen selbst den schwersten Sturmfluten, den *Groten Mandränken*, besser standgehalten als das Umfeld. Es war der Untergrund für einen späteren Anwachs. Nach der *1. Groten Mandränke* am 15. Januar 1362 blieben Landgebiete um Südfall und daneben Nübel erhalten. Natürlich haben die Gebiete auch hier ganz erhebliche Landverluste hinnehmen müssen [vgl. Abb. 23]. Aus der Karte von Jan Berentz Westerdijk von 1637 [vgl. Abb. 33] und der Karte *„Littus Rungholtinum“* von Peter Sax von 1633 [vgl. Abb. 37] kennen wir die Umrisse von Südfall im Jahre 1633. Die Fläche dieses alten Südfalls war mehr als 10-mal so groß wie die heutige Hallig Südfall, sie dehnte sich von dem heutigen Südfall weit nach Nordwesten, Westen und Süden aus. Wir wollen deshalb, wenn wir den Komplex Südfall vor der *2. Groten Mandränke* von 1634 meinen, von **„Alt-Südfall“** sprechen und legen dabei die Karten von 1633 und 1637 zugrunde.

Südfall hat heute eine maximale Ausdehnung von ca. 1,5 km in Ost-West-Richtung und eine solche von ca. 700 m in Nord-Süd-Richtung. Die Fläche beträgt 56 ha. Alt-Südfall hatte eine maximale Ausdehnung von ca. 4 km in NW-SO-Richtung und eine solche von etwa 1,5 km in NO-SW-Richtung. Die Fläche betrug fast 600 ha. Der Landmesser Jan Berentz hat für seine Berechnung des geplanten Deiches von Pellworm über Südfall nach Nordstrand genaue Maße in seine Karte eingetragen, in Ruten, aber das lässt sich leicht umrechnen. Von der Größe und der Lage der Insel Alt-Südfall haben wir deshalb eine recht genaue Vorstellung, von dem Aussehen des Landschaftsbildes leider nicht

Abb. 23: Die Umgrenzung von Südfall 1633, 1807, 1878, 1936 und 1963 – nach Andreas Busch

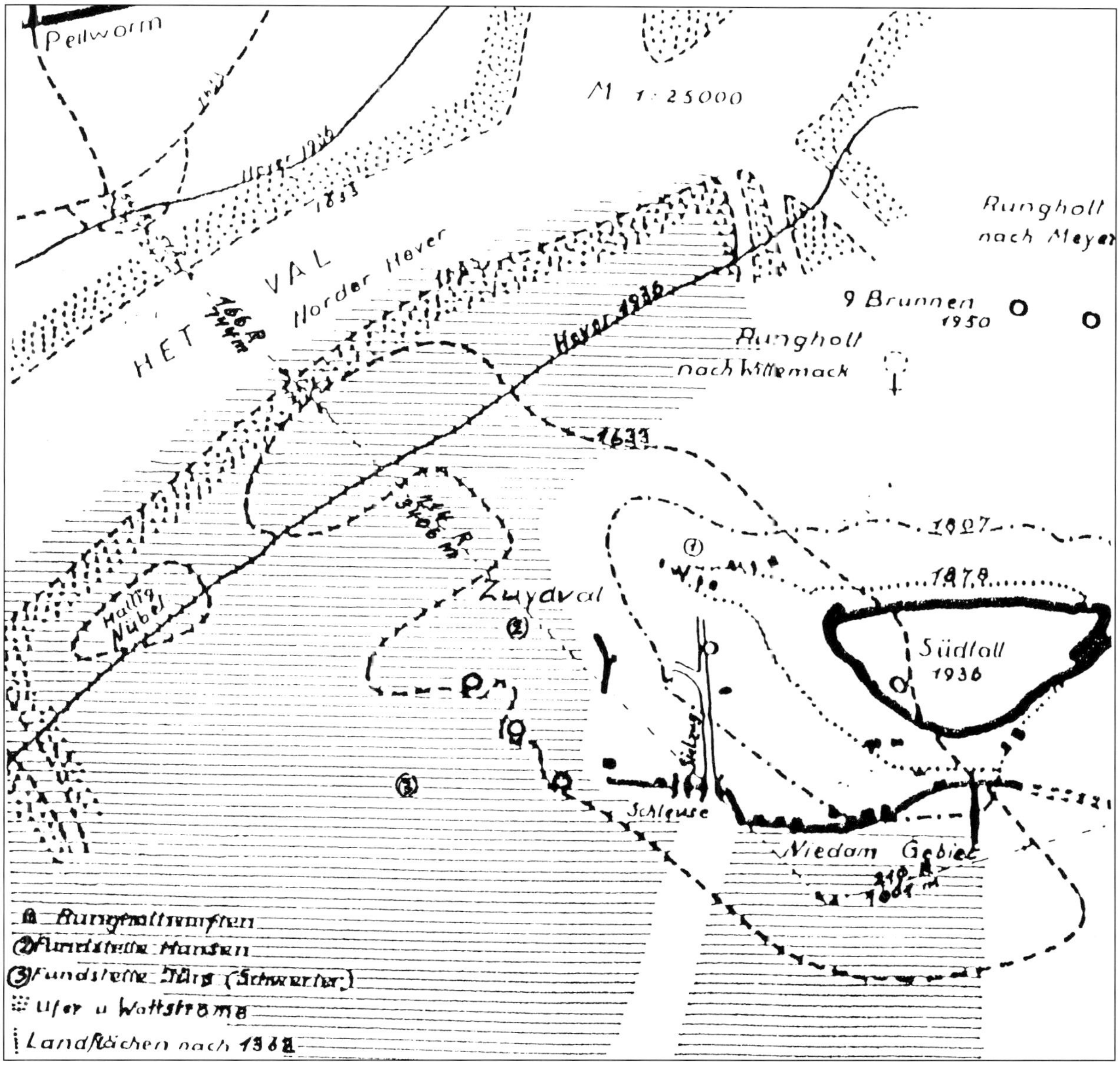


Es muss einen Grund gegeben haben, der einer Zerstörung des Marschlandes an dieser Stelle Einhalt gebot. Es dürfte der Untergrund gewesen sein, die tonige Schichtung und der Flussuferwall mit Sandflächen, die die entscheidende Voraussetzung für die Erhaltung von festem Land war. Und als die *2. Grote Mandränke* am 11. Oktober 1634 abermals über diese Landschaft hereinbrach, hat diese Region von Südfall erneut den drohenden totalen Untergang überstanden. Wieder blieb die Hallig Südfall erhalten, arg zerzaust, aber sie blieb im Ergebnis landfest.

Die Erklärung, dass der tonige Untergrund die Ursache für den erfolgreichen Existenzkampf darstellt, lässt sich auch heute noch an Ort und Stelle erkennen: Rund um Südfall finden wir an der Wattoberfläche festen kleiigen[148] Untergrund, von der Norderhever im Norden von Südfall bis an den Halligpriel „Großer Rümmel" als Verlängerung des Dwarslochs im Süden, von der Prickenreihe westlich von Südfall – etwa der Grenze zur Zone I des Naturschutzgebietes Nationalpark Wattenmeer – bis an den Halligrand im Osten. Westlich der beschriebenen Prickenreihe finden wir sandige Gebiete, den Heversteert, die Lorenzensplate, den Robbensand, die Mittelplaten und andere im Mündungsgebiet von Norderhever und Heverstrom liegende Sände. Der im Süden und Südosten von Südfall liegende Korbbakensand ist ebenfalls sandiger als die kleiige Schlickoberfläche im Norden und im Westen von Südfall. Es bedarf noch weitergehender Untersuchungen und Bohrungen in dieser Gegend, um die These, dass der tonige Untergrund, der hier großflächig bis an die Wattoberfläche reicht, die Ursache für den erfolgreichen Überlebenskampf der Hallig Südfall war und ist.

Als Ergebnis dieser Überlegungen können wir festhalten:
Eine Ortschaft wie Rungholt wäre vorstellbar über dem Westabhang ei-

nes eiszeitlichen Grundmoränenhügels, der pleistozänen Ablagerungen, auf der dortigen tonigen Holozänschichtung. An dieser Stelle liegt heute die Hallig Südfall. Eine genauere Ortsbestimmung lässt sich aus geologisch-morphologischen Merkmalen nicht herleiten. Weitere eingehende Bohrungen zur Erforschung des Untergrundes sind dazu erforderlich.

Zwingend ist diese Argumentation zur Ortslage von Rungholt nicht. Derartige beschriebene strukturelle Gegebenheiten müssen im Bereich der Südfall-Gegend nicht vorhanden gewesen sein, aber denkbar ist ein solches Landschaftsbild in dieser Gegend durchaus. Die hier praktizierte theoretische Erörterung sollte jedoch eher als Denkmodell denn als Faktum angesehen werden.

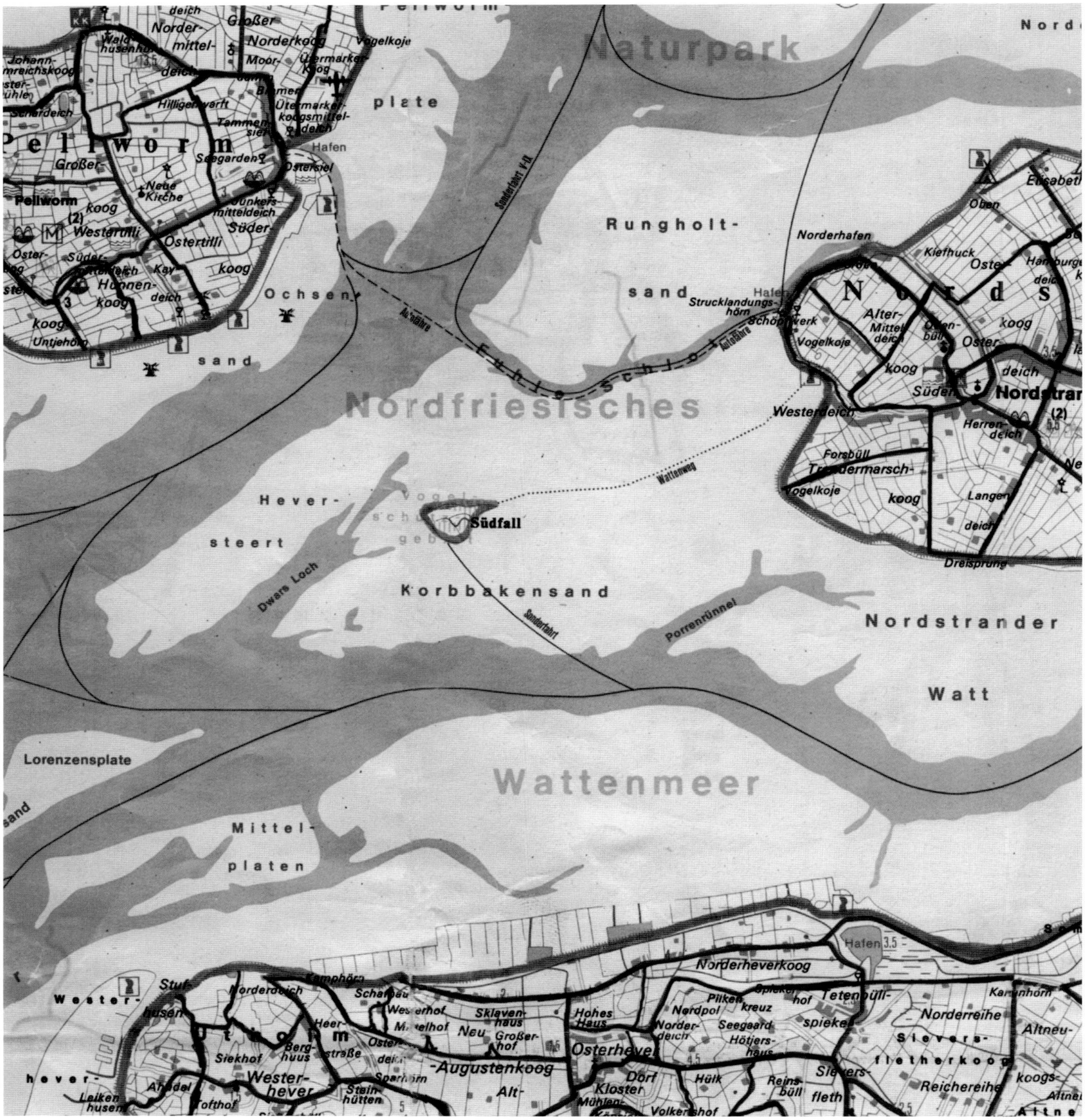


Abb. 24: Die Lage vom heutigen Rungholtsand

## Geomorphologische Aspekte

Auf der Seekarte des nordfriesischen Wattenmeeres, herausgegeben vom Deutschen Hydrographischen Institut[149], ist zwischen den Breitengraden 08° 43' 70" E und 08° 50' 60" E sowie den Längengraden 54° 29' 70" N und 54° 31' 50" N die Bezeichnung **„Rungholtsand"** [Abb. 24] zu lesen.

Begrenzt wird er
- im Süden durch das Fahrwasser „Fuhle Schlot",
- im Westen durch das Seegat „Norderhever",
- im Norden durch das Fahrwasser „Holmer Fähre"
- und im Osten durch eine Prickenreihe zur Insel Nordstrand.

Die maximale Ausdehnung beträgt in Nord-Süd-Richtung ca. 3 km, in Ost-West-Richtung ca. 7 km. Die Fläche ergibt fast 20 qkm. Aber das gilt nur für die Niedrigwasserzeit.

Wo sind die Grenzen dieses Sandes exakt? Diese Frage lässt sich nicht so einfach beantworten wie bei einer Insel, – die eingedeicht ist, – oder auch einer Hallig, – die nicht eingedeicht ist, aber eine feste Uferkante hat und aus festem Boden besteht. Bei Hochwasser ist der Sand völlig vom Wasser überspült, also nicht sichtbar. Bei Niedrigwasser, also am Ende einer Ebbe[150], ragt er maximal 2,50 m über die NN-Linie heraus[151] [Luftaufnahme Abb. 25].

Und gerade diese NN-Linie des mittleren Spring-Niedrigwassers gibt die äußere Begrenzung des Rungholtsandes an[152].

Doch wenden wir uns dem Namen des Sandes zu. Wie kommt ein Wattgebiet, das im Nordwesten von Nordstrand liegt, also weit von dem bisher angesprochenen Gebiet um Südfall entfernt, zu dem Namensteil Rungholt?

Die gesamte Außenküste Nordfrieslands von Sylt bis zu der St.-Peter-Sandbank in Eiderstedt wird mit abschnittsweise unterschiedlicher Geschwindigkeit nach Osten landeinwärts zurückverlagert[154]. Die Außensände Japsand, Norderoogsand und Süderoogsand bewegten sich zwischen 1947 und 1980 im Mittel mit 19 m/Jahr nach Osten[155]. Die Rückverlagerung der Uferlinie der deutschen

Der **Rungholtsand** besteht – wie alle Sände im nordfriesischen Wattenmeer – aus sandigem Schlickwatt. Watt ist in Küstennähe meist sehr weich und schlammig, weiter zum offenen Meer hin besteht das Watt meist aus feinkörnigem Sand. Der Rungholtsand ist relativ fest und sandig, kann betreten werden und leuchtet in der Sonne hellfarbig gelb. Tausende von Vögeln, meist Silber-, Sturm- und Lachmöwen, Austernfischer, gelegentlich auch Rotschenkel, Säbelschnäbler und andere seltene Watvögel[153], bevölkern ihn zur Niedrigwasserzeit. Millionen von Kleinstlebewesen befinden sich im Wattboden selbst, nicht nur viele Arten von Muscheln, meist Sandklaff-, Herz-, Mies- und Tellmuscheln, auch Sand- und Ringelwürmer, vor allem aber eine unvorstellbar hohe Zahl von Kleinstlebewesen, etwa 40000 pro Kubikdezimeter.

Abb. 25: Luftaufnahme vom Rungholtsand. Rechts: Nordstrand. Im Vordergrund: das Wattfahrwasser Fuhle Schlot. Links oben: das Fahrwasser Norderhever. Dazwischen – mit einem Wolkenschatten –: der Rungholtsand.

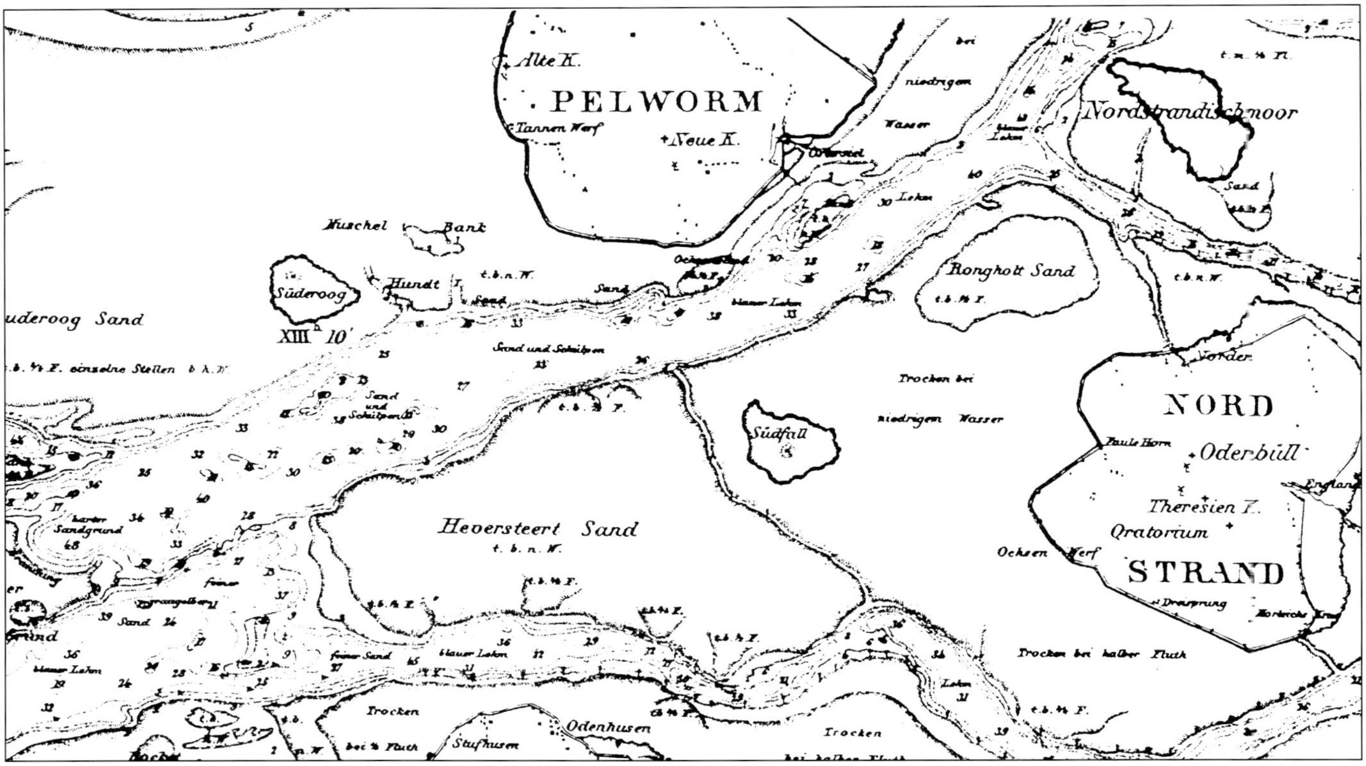


Abb. 26: Seekarte von 1841 aus Kopenhagen

Nordseeküste in den letzten 100 Jahren ist immens. Dies ist in einer schematischen Karte[156] dargestellt. Andererseits erfolgt im Osten dieser Gebiete ein Anwachs. Sand und Sedimente sinken während der Hochwasserzeit bei Wasserstillstand ab. Alle Inseln, Halligen und Wattrücken wachsen dadurch auf der Ostseite an. Weil der Flutstrom östlich einer Insel später eindringt als im Westen der Insel, liegen die Wattwasserscheiden nicht genau zwischen den Wattinseln, sondern östlich davon. Dort ist die Ruhezone am stärksten ausgeprägt[157].

Die Oogsände – Japsand, Norderoogsand und Süderoogsand – überlagern das Seewatt und schieben sich immer näher an die im Leeschutz liegenden Halligen und Inseln heran. Der Japsand verlagert sich mit einer Geschwindigkeit von 40 m/Jahr[158], also weit schneller als die anderen Oogsände, die mit einer Verlagerungsgeschwindigkeit von 19 m/Jahr[159] nach Osten wandern.

Der Rungholtsand liegt weiter landeinwärts als die Oogsände, ist aber ohne vorgelagerte Inseln nach Westen, also zum Meer hin, offen. Auch der Rungholtsand ist somit in der Vergangenheit nach Osten gewandert, und er wandert noch heute in diese Richtung.

Am Norderhafen auf Nordstrand erkennen wir noch heute deutlich die Wanderung des Rungholtsandes. Er ist heute als ein Hafen nicht mehr zu benutzen, nämlich völlig versandet – eben durch den Rungholtsand. Heute kann er mit Schiffen auch bei Hochwasser nicht mehr erreicht werden, abgesehen von Ruderbooten und sehr flach gehenden Plattbodenschiffen. Er hat einen maximalen Wasserstand von wenigen Zentimetern bei Hochwasser. Das war vor etwa 100 Jahren anders. Das Fahrwasser „Holmer Fähre" führte von der Norderhever auf Nordstrand zu und hatte einen Abzweiger zum Norderhafen. Eine Seekarte aus Kopenhagen von 1841 verdeutlichte die Lage des Rungholtsandes und den noch vorhandenen Abzweiger zum Norderhafen [Abb. 26]. Das Fahrwasser Fuhle Schlot war noch nicht vorhanden. Aber dann kam der Sand, der Rungholtsand. Er kam von See her, von Westen, und schob sich immer weiter nach Osten vor, langsam und unaufhaltsam. Das Fahrwasser „Holmer Fähre" „drückte" er immer weiter nach Osten, verlagerte es, sodass es heute etwa von der Linie der Nordspitze der Insel Pellworm in Richtung auf die Nordspitze von Nordstrand verläuft. Und dort, wo einst die Schiffe einen Hafen anliefen, im Norderhafen, liegt heute der Rungholtsand mit einer Höhe von hier exakt 2,7 m über dem mittleren Niedrigwasser.

Der Rungholtsand hat im Mittelalter also nicht dort gelegen, wo wir ihn heute sehen. Wo aber mag er im Zeitpunkt des Unterganges von Rungholt im Jahre 1362 gelegen haben? Ist der heutige Rungholtsand überhaupt identisch mit dem Sand- oder Landgebiet, auf dem Rungholt im Mittelalter lag? Wurde dem Sand vielleicht der Name „Rungholtsand" nachträglich „verliehen", z. B. in Erinnerung an den Untergang von Rungholt? Eine solche Annahme ist wohl eher unwahrscheinlich. Als die ersten einigermaßen genauen Karten in der Mitte des 17. Jahrhunderts gezeichnet wurden, war Rungholt etwa 2 sm – ca. 3,6 km – westlicher als der heutige Standort des Rungholtsandes eingezeichnet. Alle uns bekannten Sände geben mit ihren Namen eine direkte Beziehung zu einem Festpunkt wie Insel oder Hallig an, so z. B. Norderoogsand, Süderoogsand, Lundenbergsand und Westerheversand. Es gibt keinen Anhaltspunkt dafür, dass die Namensgebung bei dem Rungholtsand anders verlaufen sein könnte. Im Gegenteil: Als Rungholt untergegangen war, blieb ein verwüstetes, vom Meer immer wieder überflutetes Marschland übrig, das allmählich zu einer Wattregion herabsank. Mit Sicherheit werden die Menschen des Mittelalters nach dem Untergang alle noch einigermaßen brauchbaren Gegenstände aus dieser Wüstenei geholt haben, mit Sicherheit werden sie dann diese Region nach wie vor „Rungholt" genannt haben. Und wenn dann diese verwüstete Gegend im Wattgebiet langsam, unmerklich für eine Generation, wandert, wird der Name nicht irgendwann „verloren gehen", „aberkannt" werden, nur weil sich die Ortslage – in 100 Jahren um ca. 1 km – verlagert.

Sind Verlagerungsrichtung und Wandergeschwindigkeit aber bekannt, lässt sich die Ortslage von Rungholt für die Mitte des 14. Jahrhunderts mit einer angenäherten Hochrechnung rekonstruieren. Bekannt sind vom Rungholtsand sowohl die Wanderrichtung als auch die Wandergeschwindigkeit. Man braucht nur in die alten Seekarten des vergangenen 19. Jahrhunderts zu sehen, die mit ziemlicher Genauigkeit erstellt wurden. Die Richtung der Verlagerung des Sandes ist Nord-Ost, etwa 40 °, die Geschwindigkeit beträgt etwa 10 m pro Jahr, wobei die Wandergeschwindigkeit in der Nähe der offenen See größer war und abnahm, je weiter diese Sandbank landeinwärts driftete. Dennoch lässt sich ermitteln: In der Mitte des 14. Jahrhunderts lag der Rungholtsand etwa auf der Position von Südfall.

## Topographische Aspekte

Versuchen wir, der Frage nach der geographischen Ortslage Rungholts von einer anderen Seite näher zu kommen.

Betrachtet man die Karte vom südlichen Teil des nordfriesischen Wattenmeers, also die Gegend von Eiderstedt im Süden, Pellworm im Norden, Nordstrand im Osten und das offene Meer im Westen etwas genauer, so fällt auf, dass der Name Hever häufig in den verschiedensten Zusammenhängen auftaucht,

- als Ortsbezeichnung bei den Namen Westerhever und Osterhever,
- als Flurbezeichnung bei den Kögen und Landschaftsbereichen mit den Namen Heverkoog, Norderheverkoog, Süderheverkoog, Bupheverkoog und Heverdamm,
- als Wattrückenbezeichnung mit dem Namen Heversteert,
- als Seegat- oder Wasserrinnenbezeichnung mit den Namen Hever, Norderhever, Mittelhever und Süderhever.

Der Name „Hever" kommt aus der friesischen Sprache: „hef" (= im deutschen „Haff") wurde durch ein r-Suffix (Nachsilbe) zu Hever(e)[160] und heißt „Meer", „Wattenmeer". Die sprachliche Verbindung des Flusses Hever zum Meer und Wattenmeer mag daher stammen, dass die Hever ein Tidegewässer war, sodass das Wattenmeer-Seewasser einen Meeresarm darstellte. Täglich floss hier das Wasser durch diesen Meeresarm landeinwärts. Der Mündungsbereich der Hever war sozusagen ein Teil des Meeres, der in diese Landschaft hineinragte.

Die Wasserlauf-Bezeichnungen geben für die Ortsbestimmung einer landfesten Besiedlung Anhaltspunkte her. Befassen wir uns deshalb mit den Orts- und Flurbezeichnungen.

Der **Norderheverkoog** liegt im Norden von Eiderstedt, nördlich von Osterhever. Der **Heverkoog** liegt südsüdwestlich davon, der **Süderheverkoog** wiederum davon südwestlich. Sehen wir uns jetzt noch die Deichlinien in dieser Gegend auf der Karte an, so entdecken wir, dass diese in jener Gegend kurvig, schlängelnd verlaufen. Was liegt näher, als hier eine Fluss- oder Priellandschaft zu vermuten?

Wenn man daraufhin diese Landschaft zu Fuß abmarschiert oder mit dem Fahrrad – sehr lohnend! – abfährt, kann man sehr bald die **Deichlinien eines früheren Flusses** verfolgen. Man radle, die Straße Eidersperrwerk – St. Peter bei Süderdeich/Buerkoog verlassend, in nördliche Richtung – und sieht schon linker Hand den Buerkoogdeich in schlängelnder Linie –, fahre über Mittelkoog und Alterkoog nach Kleinmedehop – hier windet sich die gesuchte Deichlinie auf der rechten Seite – und weiter über Borkshörn nach Poppenbüll –, hier liegt rechter Hand der St. Johanneskoog, der seinerzeit am Rande dieses Flusses lag –, biege bei Schweinsgaard nach links in nördliche Richtung ab zur Ortschaft Heverkoog und schließlich nach Osterhever. Immer wieder sieht man die kurvenreiche, schlängelnde Deichlinie eines sehr alten, historischen Deiches.

Noch besser kann man diesen Flussverlauf natürlich aus einem Flugzeug sehen. Wer also einmal die Gelegenheit haben sollte, mit einem Sportflugzeug oder einem Motorsegler von Büsum, St. Peter oder Pellworm aus über das nordfriesische Wattenmeer zu fliegen, sollte nicht versäumen, entlang der Route Ehstensiel, Poppenbüll und Osterhever von Süd nach Nord – oder umgekehrt – quer über Eiderstedt hinwegzufliegen [Abb. 27 und 28].

Ganz beiläufig haben wir schon von einer Flusslandschaft gesprochen. Sicher könnte hier auch ein Priel sein Flussbett gehabt haben, aber spricht nicht schon die immer wiederkehrende Bezeichnung „Hever" Bände? Bleiben wir also getrost bei dem Namen „Hever" für diesen Flussverlauf – zunächst als Arbeitstitel. Geben wir ihm den Zusatz „alt", damit wir ihn

Abb. 27: Luftaufnahme vom Flussverlauf der „Alten Hever" im heutigen Eiderstedt

von der heutigen Hever unterscheiden können, also: „Alte Hever". Und die heutige Hever nennen wir „Heverstrom" – zur besseren Unterscheidung.

Anhand der sich schlängelnden, windenden Linienführung dieser historischen Deiche können wir den mäandrierenden Verlauf des Flussbettes schon ganz gut verfolgen. Wenn wir jetzt noch die Ortsnamen **Westerhever** und **Osterhever** in diese Überlegungen einführen, wonach Westerhever natürlich im Westen dieses Flusslaufes und Osterhever im Osten davon gelegen haben muss, so vervollständigt sich das Bild des Flussverlaufes. Er verlief mitten durch das heutige Eiderstedt, von Norden kommend zwischen Westerhever und Osterhever hindurch, floss westlich von Poppenbüll, sodann etwa in der Mitte zwischen Tating und Garding hindurch und mündete schließlich bei dem heutigen Ehstensiel in die Eider.

Peter Sax hat in einer Karte von Eiderstedt den Verlauf der Alten Hever zeichnerisch und mit Ortsbezeichnungen dargestellt, so auch die Mündung in die Eider *„ostium Hevera Hulchianum"* = Hevermündung bei Hülck[161].

Auch Anton Heimreich beschreibt in seiner Chronik[162], dass vor 500 Jahren – also um ca. 1166 – Utholm von Everschop getrennt war.

Auf einer Karte von Johannes Mejer[163] über die Dreilande von 1648 kann man im nördlichen Eiderstedt den Verlauf der Alten Hever ermitteln, wo es nämlich heißt *„Hever od. Norderkoog"* und südlich davon anschließend *„Falskoog"*.

Wir erkennen: Eiderstedt bestand im Mittelalter aus drei Inseln: Utholm, Everschop und Eyderstett.

Bei dem Namen **„Everschop"** halten wir ein: Wieder finden wir den Namen Hever hierin versteckt. Everschop hatte bei dem kgl. Kartographen Johannes Mejer aus Husum die Schreibweise „Heverschorp"[164].

Utholm lag im Westen, Everschop in der Mitte und Eyderstett im Osten der heutigen Halbinsel Eiderstedt. Und genau zwischen den Inseln Utholm und Everschop verlief jene Linie, mit der wir uns eben befasst haben. Der Flussverlauf der Alten Hever entsprach also den Uferlinien der genannten Inseln: im Westen dieses Flusses lag Utholm, im Osten Everschop.

Wie aber war der Verlauf der Alten Hever nördlich von Eiderstedt? Hier finden wir drei Ortsnamen, die uns vielleicht weiterhelfen können: Heversteert, Buphever und Heverdamm.

**Heversteert** ist ein Wattrücken, der westlich von Südfall zwischen dem Priel Dwarsloch und der Norderhever liegt. Er verändert sich laufend stark. Für eine Ortsbezeichnung der Alten Hever ist dieser Anhaltspunkt deshalb

Abb. 28: Luftaufnahmen vom Flussverlauf der „Alten Hever“, hier: das spätere Fallstief

nicht sicher genug, ganz abgesehen davon, dass ein Wattrücken in dieser Gegend ohnehin seinen Namen wohl eher von den vorbeifließenden Wattrinnen, also der Norderhever und der – heutigen – Hever bekommen haben dürfte.

Befassen wir uns näher mit den beiden Ortsbezeichnungen Buphever und Heverdamm nordöstlich von Pellworm. Beide Orte tragen den Namensteil „hever“ von dem hier vorbeifließenden Fluss, Heverdamm als Deichort an der Hever, Buphever lag über die Hever hinüber, jenseits, oberhalb. Bei diesen beiden Orten muss der Fluss eine solche Breite gehabt haben, dass man die Ortsnamen nach dem Fluss wählte. Sie lagen etwa 5 – 7 km voneinander entfernt. Beide lagen im Grenzbereich von Edomsharde und Pellwormharde. 1551 wurde durch die Eindeichung des Neuen Koogs die 1362 verloren gegangene Verbindung zwischen der Edomsharde und der Pellwormharde wiederhergestellt. Im Jahr 1591 gehörte ein Teil von Buphever zur Edomsharde, ein anderer zur Pellwormharde[165].

**Buphever** wurde erst nach 1362 ein Kirchspiel[166]. Die Kirche wie auch der ganze Ort wurden 1634 durch die *2. Große Mandränke* stark zerstört. 1640 wurde die Kirche noch einmal in ihrem desolaten Zustand besichtigt. Die verbliebenen Reste wurden taxiert und schließlich unter Gläubiger verteilt[167]. Buphever lag auf der Insel Alt-Strand, die durch jene Sturmflut zu den Inseln und Halligen Pellworm, Nordstrand, Nordstrandischmoor und der Hamburger Hallig auseinander gerissen wurde. Es lag im Nordosten der heutigen Insel Pellworm. Dort im Nordosten liegt heute noch der nach diesem Ort benannte Bupheverkoog. In der Nähe von dem untergegangenen Ort Buphever finden wir auf der Kartenskizze[168] von Peter Sax den *chorium novum septentrionale* – Norder Neuer Koog – genau an der Stelle, wo früher die Hever hindurchfloss [Abb. 29].

**Heverdamm**[169] lag im Norden von Pellworm, fast auf der Höhe der heutigen Hallig Hooge, und nordwestlich von Buphever. Die Alte Hever floss von Nordwesten kommend auf Buphever zu. Sie bildete die Tiefe zwischen Pellworm und (Nord)-Strand.

Heverdamm war nach Jan Berentz nur ein Querdeich zur Wegeführung[170]. Auf seinen Karten finden wir einen eingezeichneten Deich. Auf vielen Karten des Mittelalters ist zwar Buphever verzeichnet, Heverdamm aber nicht. Bei den späteren Konstruktionen[171] ist Heverdamm als Kirchspiel eingezeichnet. Ursache dafür ist die sog. „Brun'sche Liste“[172]. In dieser sind die im Jahre 1362 untergegangenen Kirchspiele aufgeführt, darunter auch Heverdamm. Der Name Heverdamm bezeichnete offenbar sowohl ein Kirchspiel als auch einen Deich.

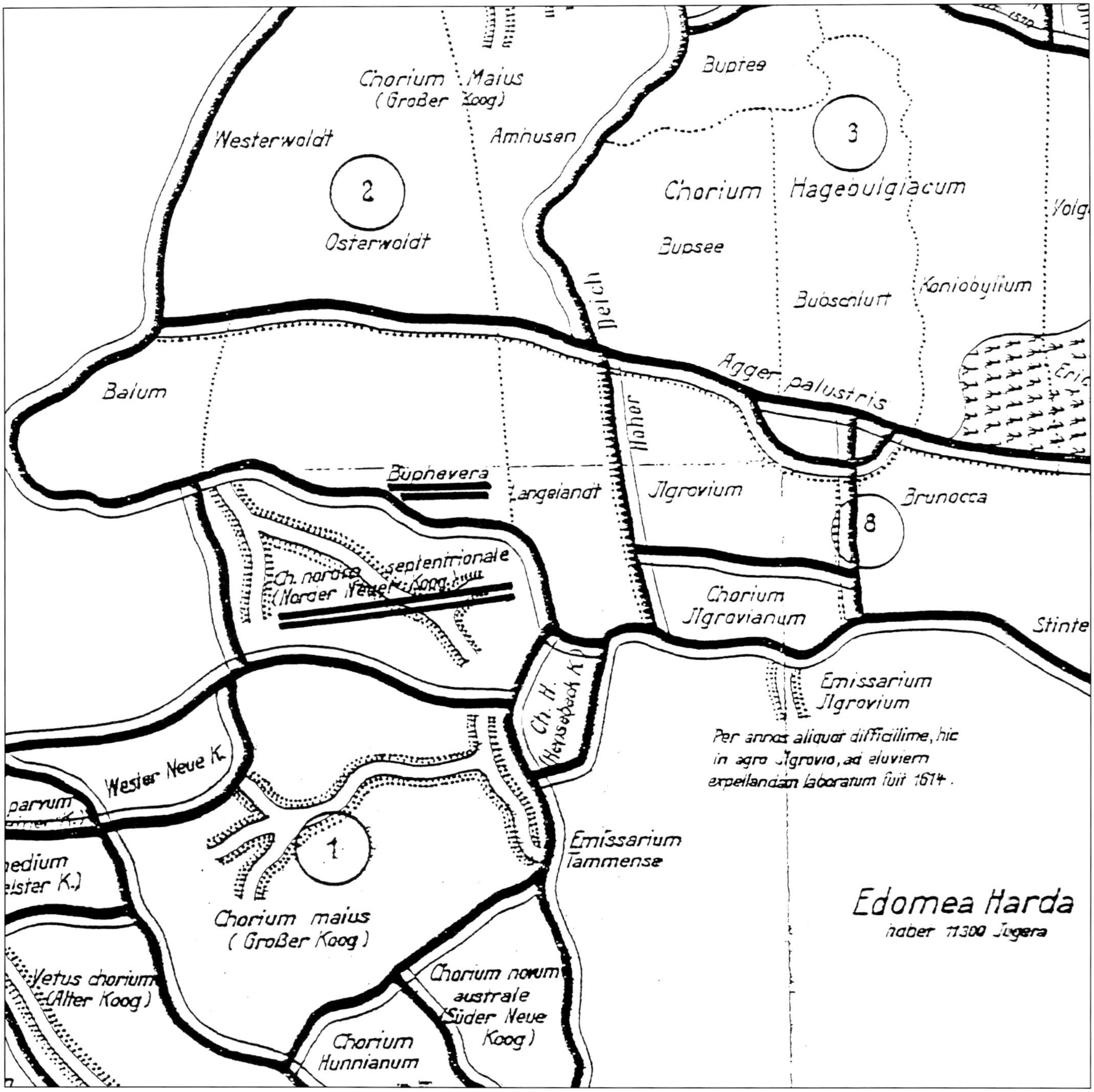


Abb. 29: Ausschnitt aus einer Deichkarte von Alt-Nordstrand, zusammengesetzt aus 3 Karten von Jan Berentz, nach Peter Sax

Wo aber kam die Alte Hever her? Wie war ihr Verlauf nördlich von Heverdamm?

Carl Woebcken[173] hatte eine einfache und einleuchtende Idee, die von Andreas Busch[174] weiterentwickelt wurde: Die Grenzen zwischen den einzelnen Harden Nordfrieslands wurden vermutlich durch natürliche Grenzen wie Sümpfe, Moore und Flüsse gebildet. Sehen wir uns deshalb diese Harden und ihre Lage zueinander näher an [Abb. 30].

Die Namen, ihre Ortslagen und die Größenverhältnisse der Harden vor 1362 lassen sich aus den vorhandenen kirchlichen Steuerlisten des 13. Jahrhunderts rekonstruieren, denn in diesen Listen sind die Kirchspiele nach ihrer Zugehörigkeit zu den einzelnen Harden geordnet.

Woebken rekonstruierte daraus den Verlauf des Flusses Alte Hever zwischen folgenden Harden:

| | (heutige Schreibweise) | | (alte Schreibweise) |
|---|---|---|---|
| „rechtsheverisch“: | Utholmharde | – | Hellmbohaereth |
| | Pellwormharde | – | Pylwaermheareth |
| | Wierichsharde | – | Wyrikshaereth |
| | Bökingharde | – | Bakynghaereth |
| „linksheverisch“: | Tönningharde | – | Tuninghenhaereth |
| | Gertingharde | – | Gerthinghaereth |
| | Edomsharde | – | Edamshaereth |
| | Beltringharde | – | Bültrynghaereth |
| | Nordergoesharde | – | Norraegoshaereth. |

Abb. 30: Der vermutete Flussverlauf der Alten Hever nach Carl Woebcken und die Meereseinbrüche

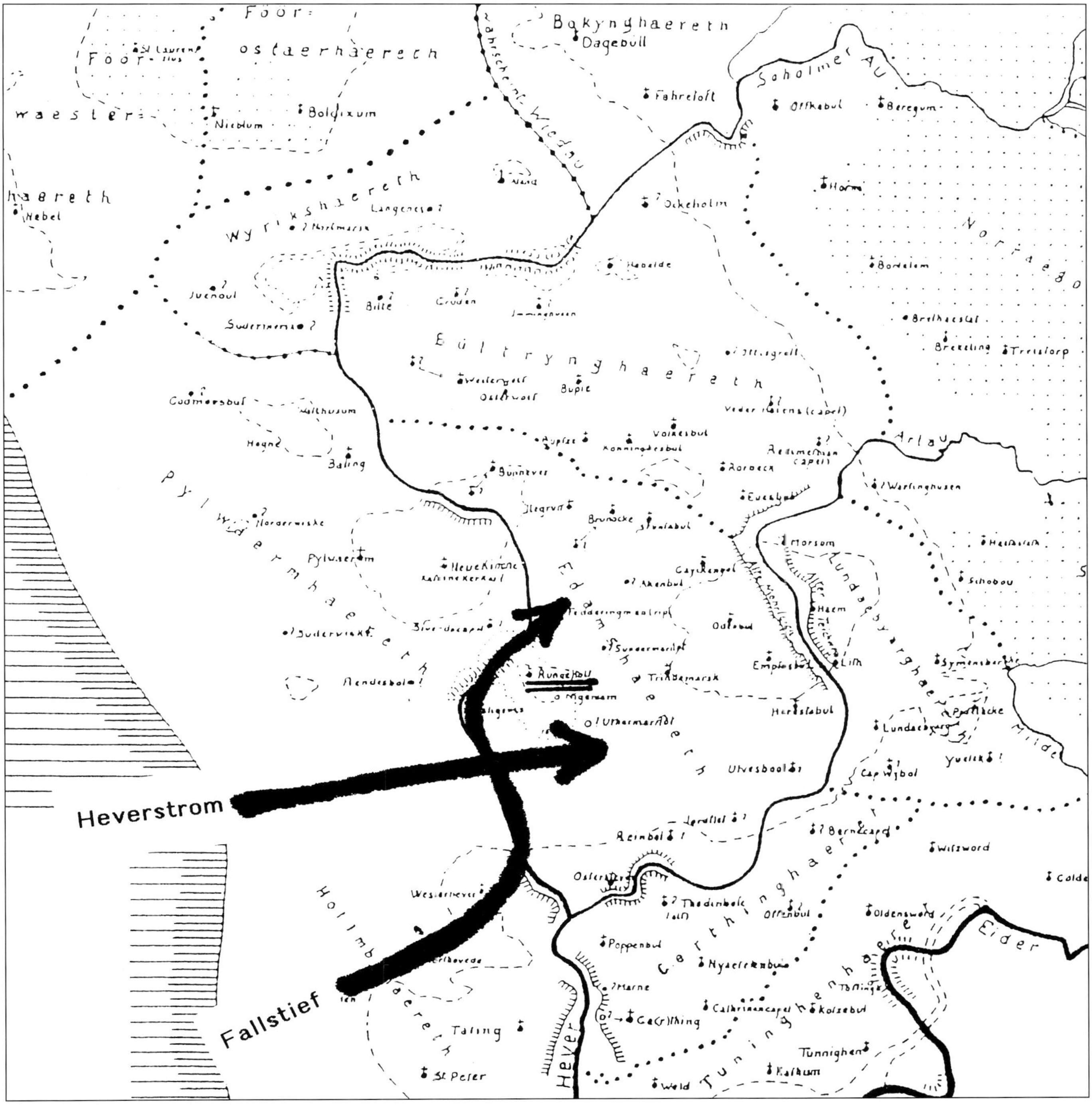

Die Quellflüsse würden danach die Soholmer und die Lecker Au, die Arlau und der Husumer Mühlenbach sein.

Eine grandiose Idee! Sie hat nur einen Schönheitsfehler: Sie lässt sich nicht beweisen. Ihre einleuchtenden Argumente halten einer kritischen Prüfung nicht stand.

Unterstellen wir, die Lecker und Soholmer Au, die Arlau und die Husumer Au wären Quellflüsse der Alten Hever gewesen, so hätten ganz erhebliche Wassermassen zusammenfließen müssen. Die westliche Hälfte des nördlichen Schleswig-Holstein wäre über diesen Fluss entwässert worden, die östliche Hälfte über die Eider mit ihren Nebenflüssen, u. a. Sorge und Treene. Die Alte Hever hätte also in ihrem Mündungsbereich etwa so breit sein müssen wie die Eider an deren Mündung. Die Alte Hever ist aber in ihrem unteren Bereich bei dem Grudenkoog etwa 300 m breit. Verglichen mit dem unteren Flusslauf der Eider ist dies verhältnismäßig schmal.

Auch aus anderen Quellen wissen wir, dass die Wassermassen der Alten Hever nicht übermäßig groß waren.

In einem alten Schriftstück aus dem 16. Jahrhundert, nämlich einem Fragment aus den *Annales* von Laurentius Adsen[175], abgeschrieben aus Iven Knudsens Chronik[176], wird die Hever einst als *fluvius angustissimus*, also als ein äußerst enger Fluss, ein *rivulus*, d. h. Bach, ein *minus quam vadum*, das bedeutet: weniger als seicht, bezeichnet. Es ist nicht bekannt, an welcher Stelle des Flusses und wie weit von der Mündung entfernt der Autor sich aufgehalten hat, als er diese Stelle des Flusses beschrieb, aber er wird die Enge der Hever selbst bei Niedrigwasser möglicherweise übertrieben haben, wie aus der dreifachen Wiederholung „äußerst eng – Bach – seicht" hervorgeht.

Auf einer Karte von Johannes Mejer[177] über die Husumer Au aus dem Jahre 1642 [Abb. 31] kann man den Verlauf dieses Baches sehen, wahrlich nur ein Bächlein westlich von Husum und nördlich der Lundenbergharde.

Aus einem anderen ebenso alten Zitat des Chronisten Iver Ivens[178], dessen Chronik auf Aufzeichnungen von Laurentius Adsen beruhen, geht hervor, dass im Jahre 1300[179] eine hohe Flut und großer Regen gewesen sind, wodurch der Strand, also das spätere Alt-Nordstrand, von Eiderstedt getrennt wurde, wo vorher „nur ein kleiner Bach dazwischen gelaufen"[180].

Einer **Anekdote**[181] zufolge soll die Hever ihren Namen von einem unglücklichen Bauern erhalten haben, der die Hever auf einem Weberbaum[182] mit einem schweren Sack Hafer – offensichtlich bei Niedrigwasser – überquerte, wobei das Gewicht von Mann und Hafer so groß war, dass diese Hilfsbrücke zerbrach und der Mann mit dem Sack Hafer in den Fluss stürzte. Dabei soll er laut gerufen haben: *„O mine gude Hefer!"*

Ob mit diesen Beschreibungen allerdings nur jener Bach gemeint war, den wir heute als Husumer Au bezeichnen, ist nicht gewiss. Jenes beschriebene Bächlein[183] lag zwischen Eiderstedt und Alt-Nordstrand. Das Bächlein Husumer Au, auch Mühlenau genannt, fließt nach nur etwa 10 km in das Husumer Hafenbecken, für die Wasserzufuhr der Alten Hever recht unbedeutend.

Sax beschreibt den Verlauf der Hever – zu seiner Zeit – als ein aus der Husumer Au hervorgehender Fluss[184], aber zu diesem Zeitpunkt war die Topographie in dieser Region bereits stark verändert: die *1. Grote Mandränke* hatte das Fallstief schon weit in das Land hineingetrieben, weitere Sturmfluten hatten dieses Seegat bereits zu einem kräftigen Strom – der späteren Norderhever – verbreitert und vertieft, bis schließlich die *2. Grote Mandränke* 1634 die gesamte Landschaft nochmals völlig veränderte. Von dem Flusslauf der Alten Hever waren zu Zeiten des Peter Sax nur noch Relikte vorhanden, insbesondere Reste des Flussverlaufs in Eiderstedt erkennbar, die er ausführlich beschreibt[185]. Auch muss nach seiner Beschreibung die Hever *„ein groß Waßer und Stroem gewesen sein"*, auf der sogar eine königliche *„Schiffarmada"* bei einer Seeschlacht verbrannt wurde und friesische Hardesleute danach eine andere Schiffarmada hätten ausrüsten können[186]. Aber Vorsicht ist bei dieser Beschreibung aus den genannten Gründen geboten, da der Grad der Wahrscheinlichkeit zu unsicher ist. Sicher ist dann aber die – auch von vielen anderen Chronisten beschriebene – Darstellung des *„am tage Marcelli Pontificis, welcher ist, der 16. Januarii, Anno Christi 1300*[187]*, daß damahliges Mechtiges, ungewöhnliches gewäßer, in Eyderstett"*, wobei der Fluss Hever wegen des Untergangs so vieler herrlicher Kirchspiele in Eiderstedt und Nordstrand eine traurige Berühmtheit erworben hat. Dabei erwähnt Sax u. a. auch *„das Dorff Runghold"*[188].

Nach einer Beschreibung bei Sax in der Mitte des 17. Jhdts. war die Hever der Husumer Mühlenbach, der zahlreiche Quellflüsse im Schleswiger Land hatte und sich nach Westen zu einem Seegat verbreiterte. Der alte Ablauf in die Eider durch das heutige Eiderstedt war bereits versandet.

In diesen Zusammenhang passt eine andere Sage, die sog. **„Kirchenbaumeister-Sage"**, die übrigens erst um etwa 1800 entstanden ist: Auffällig ist die Lage von 4 Kirchen in den Uthlanden, die alle zu derselben Zeit gestanden haben und möglicherweise gleichzeitig – nämlich bei der Einführung des Christentums um 1200 n. Chr. – gebaut worden sind, nämlich die von Kating in Eiderstedt, Pellworm, Nieblum auf Föhr und Keitum auf Sylt. Sie liegen fast gerade in Nordsüd-Richtung und außerdem noch in einem gleichen Abstand zueinander. (Eine genaue Messung ergibt jedoch, dass diese beiden Messungen nicht absolut richtig sind). Ein Baumeister (aus England?) – weiß die Sage zu berichten – habe sie alle vier erbaut. Er sei von einer Kirche zur anderen geritten und habe so die Bauten beaufsichtigt.

Sage hin – Sage her: Auffallend ist die Lage dieser Kirchen zueinander. Wie man es fertig gebracht hat, mit den damaligen einfachen Hilfsmitteln die

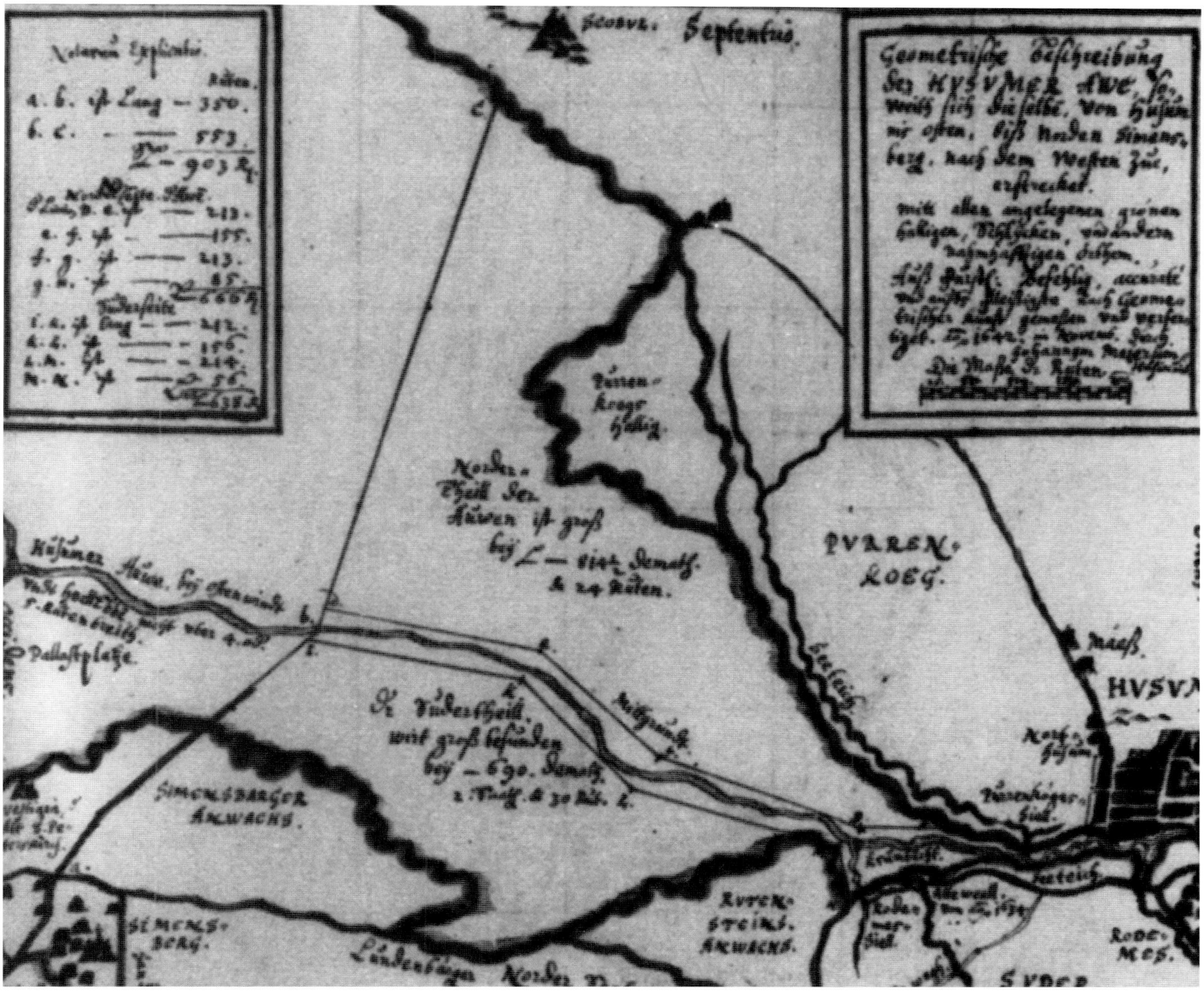


vier Hardenkirchen in gerader Linie in gleichen Abständen zu bauen, bleibt ein Rätsel. Wenn auch der Ritt mit einem Pferd das übliche Verkehrsmittel war, so können – wenn irgendetwas an der Sage richtig sein sollte – die zu überquerenden Flussläufe auch zur Niedrigwasserzeit nicht allzu breit gewesen sein.

Und in diesen Zusammenhang gehört eine weitere Sage, nämlich die **„Pferdekopf-Sage“**. Danach soll es möglich gewesen sein, von einer Harde über den Fluss in die andere zu gelangen, nämlich von Föhr nach Amrum, indem man auf einen Pferdekopf trat, der in der Mitte des Flussbettes lag.

Das klingt ganz originell, wird aber auf einen sprachlichen Lapsus zurückzuführen sein. Im Niederdeutschen kennen wir das Verb „pedden“ = treten, häufig dialektbezogen ausgesprochen wie „perr’n“. Da ist die Verbindung zu dem Substantiv „Pferd“ – niederdeutsch: Peer – nicht weit. Und „op’n Kopp“ bedeutet nicht nur „auf den Kopf“, sondern „obendrauf“ „von oben“. So wird aus dem „von oben drauftreten“ – auf was auch immer, einen Stein, einen Holzpfahl – ein „Pferdekopf“. Aber schmal mögen dennnoch manche Flüsschen zwischen den Harden gewesen sein, besonders in tidebeeinflussten Gegenden zur Niedrigwasserzeit.

Abb. 31: Die Husumer Au auf einer Karte von Johannes Mejer, 1642

Ein weiteres Argument spricht gegen die Theorie von Woebcken, dass die Alte Hever bis 1362 ein breiter, große Teile Schleswig-Holsteins entwässernder Fluss war: Die Alte Hever ist im unteren Bereich, im Bereich des heutigen Eiderstedts, bereits in der Mitte des 13. Jahrhunderts, also rund hundert Jahre vor der ersten *Groten Mandränke* von 1362, so stark versandet, dass aus dem Flussbett ein Koog wurde. Nach den Ermittlungen der Deuqua '92,[189] einer Arbeitsgruppe von bedeutenden Wissenschaftlern der Deutschen Quartärvereinigung, und der Auswertung der Ausführungen von Peter Sax, Johannes Schultze, des *Chronicon Eiderostadense vulgare*, Johannes Mejer und Anton Heimreich in der übersichtlichen Zusammenstellung durch Albert Panten[190] ist ein wenig Licht in die Bedeichungsgeschichte des heutigen Eiderstedts gekommen. Die genannten Untersuchungen widersprechen teilweise einander, wobei beide genannten Quellen erkennen lassen, dass wegen ungesicherter Jahresangaben eine exakte zusammenhängende Aufstellung über die Bedeichungsdaten zweifelhaft bleiben muss.

Die Süderheverabdämmung und der dadurch wiederhergestellte Anschluss Utholms an Everschop hat im 12. und beginnenden 13. Jhdt. angefangen und ist einige Jahre nach 1231 vollendet worden. Die Insel Utholm wurde 1237 mit der Eindeichung des Grudenkoogs mit Everschop verbunden.[191] Die Alte Hever muss also zu diesem Zeitpunkt einen anderen Ablauf zum offenen Meer gehabt haben als zwischen Utholm und Everschop hindurch.

Die Küstenlinie Nordfrieslands, durch eine geschlossene Dünenkette gegen die See abgeschirmt, war durch schwerste Sturmfluten an mehreren Stellen durchbrochen worden, und zwar schon lange vor 1362.

Das **Fallstief**[192] ist von der offenen See in Höhe der heutigen Tümlauer Bucht nach Osten in die Alte Hever durchgebrochen, auf die es etwa bei dem Grudenkoog und am Medehoper Koog stieß[193]. Dadurch wurde die Insel Utholm zweigeteilt, in einen nördlichen Teil, auf dem Westerhever lag, und einen südlichen mit den Ortschaften St. Peter und Ording. Das Fallstief drang aber weiter nach Nordosten vor, also über den beschriebenen Flussverlauf der Alten Hever hinweg, in das Gebiet der heutigen Norderhever. Der tonige Untergrund war verdichtet und damit gesackt, das Wasser strömte in dieses vertiefte Gelände hinein. Über dem eiszeitlichen Moränental entstand eine breite Prielrinne, die sich im Laufe der Jahrhunderte zu einem gewaltigen Seegat verbreiterte und vertiefte. Auf mittelalterlichen Karten wird das Fallstief als „Het val“ bezeichnet.

Das Fallstief hat sich in dieses Gebiet im Laufe vieler Jahrzehnte, schließlich Jahrhunderte hineingefressen. Wann genau diese Entwicklung begann, lässt sich kaum feststellen, sind uns doch nur die Bedeichungsdaten – und die auch nicht gerade zuverlässig[194] – bekannt geworden. Bekannt aber sind viele sehr schwere Sturmfluten ab dem 12. Jahrhundert, so z. B. die Julianenflut vom 17. 2. 1164, die erste Allerheiligenflut vom 1. 11. 1170, die erste Marcellusflut vom 16. 1. 1219, die erste Weihnachtsflut vom 25. 12. 1277 und die Luciaflut vom 14. 12. 1287[195]. Durch eine Sturmflut nach der anderen hat sich das Fallstief vom offenen Meer immer weiter in das Land hineingefressen. Sieht man auf die Landkarte, entdeckt man, dass sich das Fallstief keineswegs in einer geraden Richtung in das Land hineingeschoben hat, vielmehr verlief die Strömung in einer lang gezogenen S-Kurve: Im Bereich der Tümlauer Bucht verlief die Richtung nach Ost-Nord-Ost, im Bereich der Alten Hever nach Norden, ab einem Gebiet etwa südlich von Pellworm sodann nach Nordosten. Das Fallstief hat also auf einem mittleren Streckenabschnitt das Flussbett der Alten Hever benutzt und ist sodann der eiszeitlichen Moränenrinne gefolgt.

Außer dem Fallstief gab es einen weiteren großen Meereseinbruch: Zwischen Utholm und der Pellwormharde durchbrach ein weiterer Meeresarm die äußere Dünenkette: der **Heverstrom**. Auch bei diesem weiß man den Beginn dieser Entwicklung nicht. Dieser Meereseinbruch folgte ebenfalls der eiszeitlichen Moränenrinne[196] und stieß bei dem heutigen Heversteert auf das Fallstief. Beide Meereseinbrüche sind nach ihrem Zusammentreffen auch dem Flussverlauf der Husumer Au gefolgt, sodass etwa in Höhe des heutigen Heversteert eine Gabelung entstand. Bei starkem Westwind strömten die Wassermassen mehr in das Flussbett der Husumer Au, den heutigen Heverstrom, bei stärkeren Südwest-Winden verlief die Hauptstromrichtung mehr in die heutige Norderhever.

Dort, wo diese beiden Meereseinbrüche sich gabelten, muss die Rungholt-Gegend gewesen sein. Vorgelagert war der Ort **Halgenes**. Schon die Benennung Halgenes (= Hallignase) weist darauf hin, dass diese Ortschaft aus der umgebenden Landschaft hervorragte, eine Nase bildete, die Nase einer Hallig. Die Endungssilbe -nes = Nase finden wir z. B. auch in den Namen Langeness und Blankenese. Wohinein kann diese Nase einer Hallig geragt haben? Sicherlich war sie ein vorspringender Bereich der Küstenlinie, und da liegt es gedanklich nahe, die Wattströme Fallstief, Heverstrom und die Alte Hever damit in Verbindung zu bringen.

Und schließlich kennen wir noch einen weiteren Meereseinbruch aus jener Zeit. Nördlich der Pellwormharde brach bei einer gewaltigen Sturmflut im 12. Jhdt. ein neues Seegat ein: der Ey-Strom, später bekannt als Süderaue.

Welche Quellflüsse die Alte Hever auch gespeist haben mögen, sie entwässerten über diese neuen im 12. Jahrhundert eingebrochenen Seegaten. Folglich versandete der untere Flussverlauf zwischen Utholm und Everschop und konnte schließlich durch Bedeichung überbrückt und eingekoogt werden.

Und auch das Fallstief wurde zwischen dem Nordteil Utholms und dessen Südteil bedeicht, sodass Utholm wieder zu einer Insel zusammenwuchs.

Wann aber fanden diese **Bedeichungsmaßnahmen** statt?
Man könnte versuchen, die Aufzeichnungen von Peter Sax[197], Johannes Mejer[198] und des *Chronicon Eiderostadense vulgare*[199] mit den Ermittlungen der Deuqua '92 abzustimmen und – mit aller Vorsicht – zu einer Synthese zu verschmelzen. Ein solches Unterfangen kann natürlich nicht den Anspruch erheben, authentisch zu sein, schon deshalb nicht, weil die aufgezeichneten Daten und Fakten mit ei-

ner „Zeitverzögerung“ von mehreren Jahrhunderten erfolgten und die Ermittlungen der Deuqua von den unterschiedlichsten Disziplinen zusammengetragen wurden, die jeweils die angesprochenen Fragen aus ihrer Perspektive sehen. Dennoch soll gewagt werden, ein „Konglomerat“ aus diesen Erkenntnissen „zusammenzurütteln“.

Nach den Feststellungen der Arbeitsgemeinschaft Deuqua '92 war der historische Ablauf [Abb. 32] folgender: Nachdem der St. Johanneskoog – (vgl. auf Abb. 32 die Nr. 9) – um etwa 1100 eingedeicht worden war, wurde der Marienkoog (Nr. 12) 1170 mit einem Deich umschlossen, es folgten 1237 der Grudenkoog (Nr. 10), 1242 der Marnekoog (Nr. 13) und 1262 der Osterkoog (Nr. 4). Nach Peter Sax[200] sieht die Reihenfolge etwas anders aus, ohne dass er allerdings mit Jahreszahlen operierte: Mit der Bedeichung zwischen Utholm und Everschop wurde danach ab 1114 n. Chr. begonnen[201]. Von Everschop aus wurde zunächst der Marienkoog (Nr. 12) eingedeicht, danach von Utholm aus der Schinkeldeich – zwischen dem Grudenkoog (Nr. 10) und dem Marnekoog (Nr. 13) – an der schmalsten Stelle durch das versumpfte und langsam verlandende Flussbett der Alten Hever gebaut, der schließlich direkt auf den Marienkoog (Nr. 12) vorstieß. Anschließend wurde der Tatinger Alte Koog (Nr. 14) eingenommen. Dadurch wurde Utholm an Everschop landfest. Endgültig und dauerhaft durch Köge war eine feste Landverbindung zwischen Utholm und Everschop aber erst ab 1636 vorhanden.

Auch zwischen dem Nord- und dem Südteil von Utholm begann die Eindeichung in der Mitte des 13. Jahrhunderts und führte zur endgültigen Vereinigung im 15. Jahrhundert. Nachdem der Osterkoog (Nr. 4) schon 1262 und der Heverkoog (Nr. 5) 1446 – möglicherweise schon früher[202] – durch Bedeichung hergestellt waren, gab es auch hier eine feste Landbrücke zwischen dem Süd- und dem Nordteil von Utholm, und damit war dieses durchgebrochene Tief überdeicht[203]. Der Süderheverkoog wurde allerdings erst 1862[204] eingedeicht.

Doch alle Daten sind recht unsicher[205]. Vielfach ging es bei diesen Deichbaumaßnahmen nur um das Abdämmen von Prielen.

Dass die Alte Hever zwischen Utholm und Everschop und das Fallstief zwischen Nord-Utholm und Süd-Utholm allmählich versandeten und überdeicht werden konnten, hat einerseits seinen Grund in dem Abfluss der Wassermassen durch die neuen Seegaten Heverstrom und Fallstief, andererseits aber auch in ihrer Eigenschaft eines Tidegewässers. Etwa alle $6^1/_2$ Stunden wechselt die Stromrichtung. Ebbe und Flut strömen täglich zweimal abwechselnd von der Seeseite stromaufwärts in das Land hinein, und dann wieder zur See zurück stromabwärts. Nimmt die Macht des Tidestromes aber ab, weil die Entwässerung durch einen anderen Meeresarm übernommen wird, kommt ferner die Flutwelle von zwei Seiten, nämlich nicht nur direkt vom offenen Meer her, sondern auch über das neue Seegat, so treffen die beiden Strömungen in der Mitte des Flussverlaufes aufeinander, heben sich, senken sich, fließen wieder ab, ein Teil zum Meer, der andere zum Seegat. So erfolgt ein Versandungsvorgang, der die Möglichkeiten einer Bedeichung und Eindeichung beschleunigt.

Zuzugeben ist, dass die Altersbestimmung der Deiche in dieser Gegend außerordentlich schwierig ist. Der Verlauf der Bedeichung lässt sich deshalb nur ansatzweise rekonstruieren[206]. Bis in das 15. Jahrhundert soll

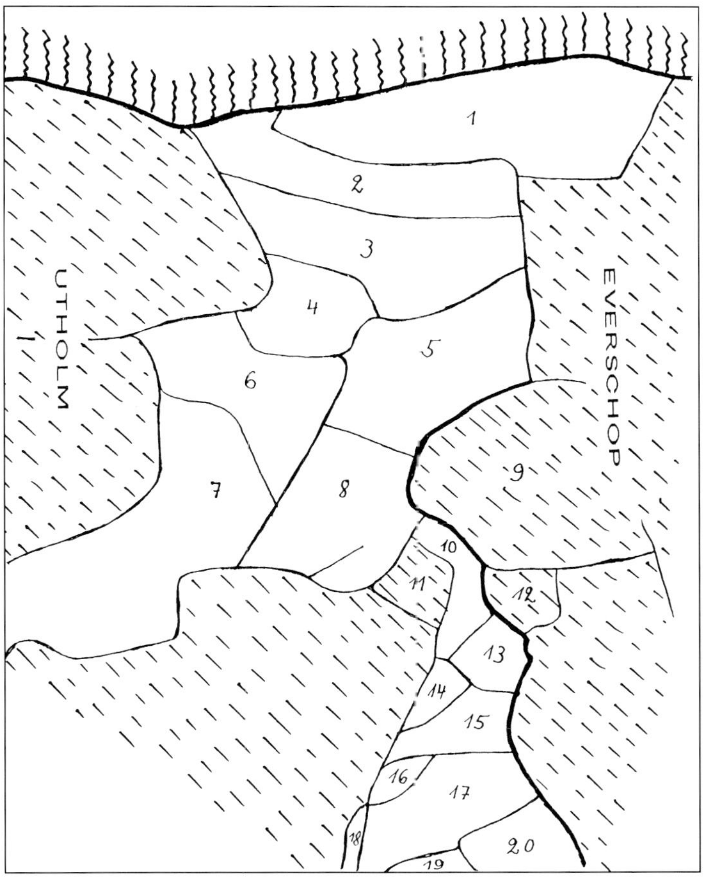


Abb. 32: Die Bedeichungen der Alten Hever und des Fallstiefs

1 Norderheverkoog
2 Neu-Augustenkoog
3 Alt-Augustenkoog
4 Osterkoog
5 Heverkoog
6 Süderheverkoog
7 Tümlauer Koog
8 Holmkoog
9 St. Johanneskoog
10 Grudenkoog
11 Großmedehopkoog
12 Marienkoog
13 Marnekoog
14 Alter Koog
15 Marienhofkoog
16 Mittelkoog
17 Wattkoog
18 Buerkoog
19 Dreilandenkoog
20 Kornkoog

der Deich des St. Johanneskoogs nach Westen ein Seedeich[207] gewesen sein. Die Lage des früheren Deichverlaufs bei Osterhever nach Westen zu ist sehr zweifelhaft, da die Deiche beiderseits des hier durchgebrochenen Fallstiefs stark beschädigt worden sind[208].

Was bleibt an Fakten? Archäologisch ist der Flussverlauf der Alten Hever nicht über Eiderstedt nach Norden hinaus nachgewiesen. Archäologische Untersuchungen, z. B. bei Pellworm – in der Gegend des Bupheverkooges – und in Gröde-Apelland, stehen noch aus.

Die Frage nach den Quellflüssen der Alten Hever muss – bei allem Respekt vor den Überlegungen und Erkundungen von Woebcken und Busch – als offen angesehen werden.

Besonders interessiert natürlich der frühere Verlauf der Alten Hever, des Heverstroms und des Fallstiefs in der Rungholt-Gegend, also zwischen dem heutigen Eiderstedt und dem heutigen Pellworm, oder in damaligen Ortsbezeichnungen ausgedrückt: zwischen Wester- und Osterhever einerseits und Buphever/Heverdamm andererseits. Wo floss da die Alte Hever?

Ja, wenn man das genau wüsste!

Wir wollen uns vier Anhaltspunkten für einen Flussverlauf der Alten Hever zwischen Wester- und Osterhever einerseits und bei Buphever und Heverdamm andererseits zuwenden:
- dem Heversteert,
- einer auffälligen Einbuchtung im Nordwesten des früheren Verlaufs der Küstenlinie von Südfall,
- dem Dwarsloch
- und der sog. Rungholt-Schleuse.

Der **Heversteert**[209] ist eine Sandbank westlich von Südfall. Sie liegt zwischen der Norderhever im Norden und dem Heverstrom im Süden, etwa dort, wo diese beiden Ströme aufeinander treffen und von dort sich dreiteilen: in den weiteren Verlauf der Norderhever südlich von Süderoog und des Süderoogsandes, in die Mittelhever und die Süderhever, die westlich von Ording und an der Tümlauer Bucht vorbei in die offene See fließt. Es ist – wie oben schon erwähnt – aber sehr unwahrscheinlich, dass eine Identifizierung des alten Flussverlaufes mit diesem Wattrücken möglich ist, weil der Name wohl eher von den vorbeifließenden Wattrinnen abzuleiten ist. Eine solche Hypothese soll deshalb für die weiteren Untersuchungen ausscheiden.

Die **frühere Uferlinie** der Hallig Südfall hat der Landmesser Jan Berentz Westerdijk aus Friedrichstadt 1633 – auch Johan oder Johann, auch Berentz, Berendts, Barenß und ähnlich geschrieben – erstellt, und zwar im Auftrage des Herzogs Friedrich III. Er sollte einen geplanten Deich von Pellworm über Südfall nach Trindermarsch auf Nordstrand vermessen. Jan Berentz hat von 1630 bis 1634 diese Entfernungen genau vermessen und dabei mehrere Karten gezeichnet[210]. Diese Vermessungen sind also vor der weiteren Sturmflut von 1634, der zweiten *Groten Mandränke*, ausgeführt worden. Dabei wurde der Küstenverlauf von Südfall exakt ermittelt, sollte doch gerade hier die neue geplante Deichlinie verlaufen. Das Original der Karte von 1637 war verschiedenfarbig und dadurch unübersichtlich[211]. Es befand sich in einem Kirchenarchiv in Utrecht in Holland.[212] [Abb. 33]. Peter Sax hat diese Vorlagen für seine Skizze „Littus Rungholtinum“[213] benutzt [Abb. 34], in die er die Maße von Berentz übernommen hat.

Diese Zeichnungen sind für unsere Überlegungen sehr wertvoll. Im Nordwestausläufer der Hallig Südfall sieht man eine Einbuchtung. Busch[214] deutet sie als das ehemalige Flussbett der Alten Hever. Sie könnte aber auch aus einer unterschiedlichen Körnung des Sandes, aus einer unterschiedlichen Dichte oder einem unterschiedlichen Material entstanden sein. Aber vielleicht trifft die Vermutung von Busch doch zu.

Westlich von Südfall verläuft ein Priel mit dem Namen **„Dwarsloch“** in paralleler Richtung zum Heverstrom und zur Norderhever, und zwar zwischen beiden. Das Dwarsloch spaltet sich am Ende, nämlich im flachsten Teil, in zwei Arme auf: der nördliche verläuft nördlich der Hallig Südfall vorbei und endet im Wattrücken in Richtung auf das Fahrwasser Fuhle Schlot[215], der südliche Teil verläuft im Südwesten von Südfall und endet im Halligpriel, der die Hallig im Südosten verlässt. Er trägt den Namen „Großer Rümmel“.

Woher kommt der Name „Dwarsloch“? „Dwars“ bedeutet im Niederdeutschen: quer[216]. Was verläuft hier quer? Das Dwarsloch westlich von Südfall verläuft heute fast parallel zu den Seegaten Heverstrom und Norderhever. Das Dwarsloch hat früher eine andere Richtung gehabt, eine zur üblichen Stromrichtung quer verlaufende Richtung. Das kann nur eine Nord-Süd-Richtung gewesen sein, wie auf der Kopenhagener Seekarte von 1841 (vgl. Abb. 26) noch zu sehen.

In der Unterelbe gibt es in Höhe der Ortschaft Haseldorf ebenfalls ein **„Dwarsloch“**. Es verbindet die Haseldorfer Binnenelbe mit dem Hauptfahrwasser der Elbe. Die etwa 3 sm, das sind ca. 5 km, lange Haseldorfer Binnenelbe wird vom Hauptfahrwasser durch die Inseln Bishorster Sand, Auberg und Drommel getrennt. Diese drei Inseln gehen heute ineinander über, sie sind miteinander verbunden. Am Ende der Haseldorfer Binnenelbe, nämlich in ihrem Südteil, läuft quer zur Stromrichtung eine Rinne zum Hauptfahrwasser der Elbe, eben das „Dwarsloch“. Die Bezeichnung „Loch“ wird übrigens nicht nur für eine punktuelle Vertiefung benutzt, sondern auch als Bezeichnung für eine Rinne[217].

Wenn westlich von Südfall früher einmal eine Rinne in Nord-Süd-Richtung verlief, passt diese genau in das Bild der Alten Hever. Hier hätten wir dann einen weiteren Teil der Alten Hever gefunden, ein Zwischenglied zwischen den schon bekannten, bereits beschriebenen Orten und Kögen.

Deshalb veranlassten die beiden deutlich sichtbaren Einbuchtungen in der Uferlinie Andreas Busch zu der Vermutung, hier den Lauf der Alten Hever zu suchen, zumal der nördliche

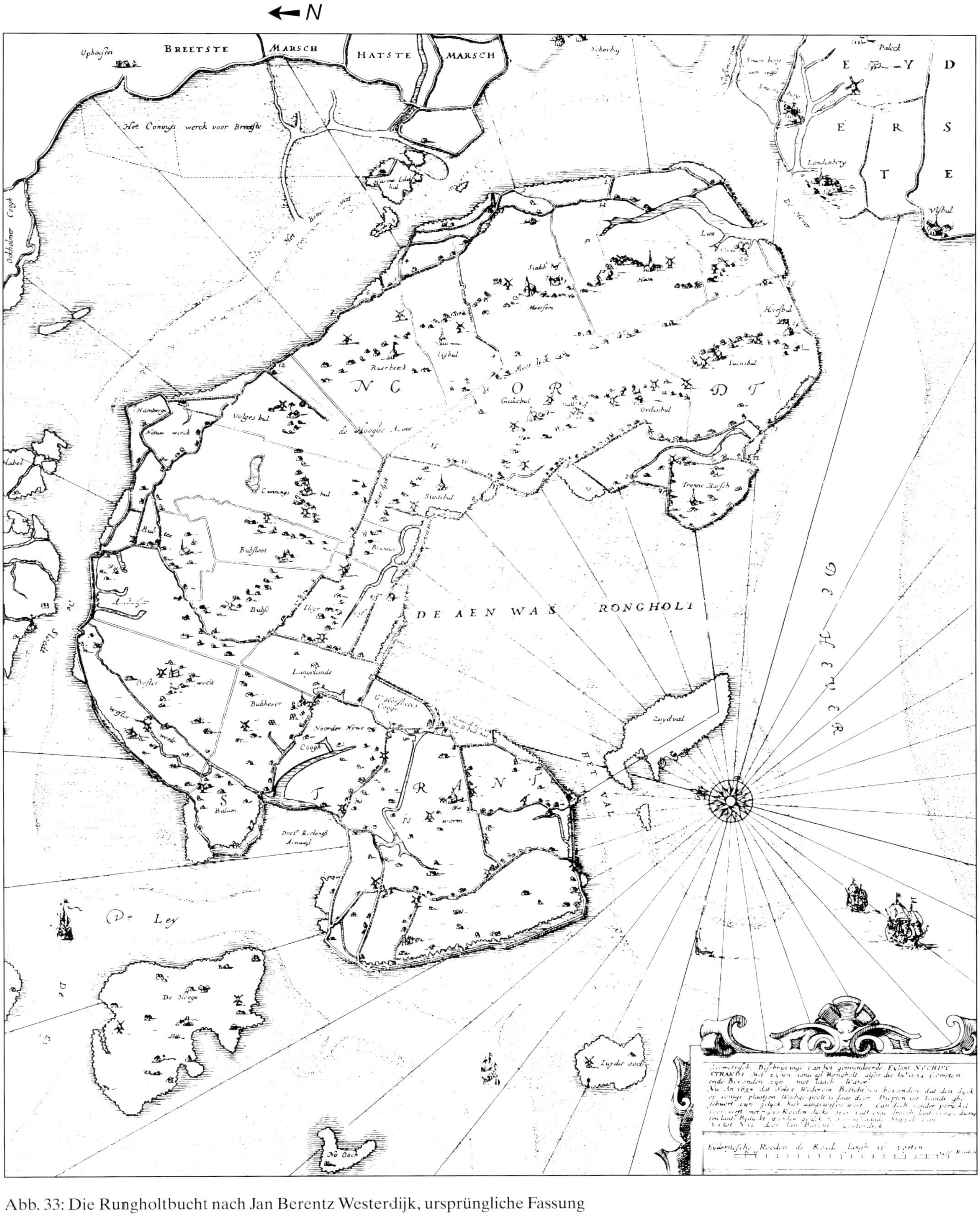


Abb. 33: Die Rungholtbucht nach Jan Berentz Westerdijk, ursprüngliche Fassung

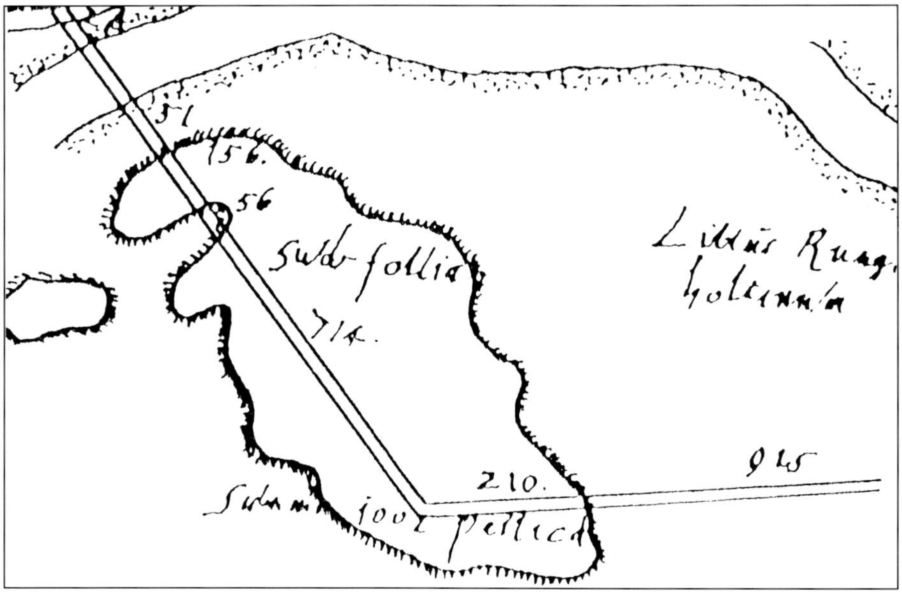


Abb. 34 : Ein Ausschnitt aus der Karte *„Littus Rungholtinum"* nach Peter Sax

Teil des Dwarslochs hier nach der Gabelung in zwei auslaufende Bereiche verläuft. So könnte die Alte Hever geflossen sein.

Sehen wir uns jetzt noch die – später ausführlich zu erörternden – Kartenskizzen *„Clades Rungholtina"* von Peter Sax und Johannes Mejer – vgl. Abb. 36 – an, so erkennen wir zwei quer durch die Skizze eingezeichnete Flussläufe, die man als Heverfluss und Fallstief deuten kann. Sie verlaufen an mehreren Kögen östlich und westlich von *Südfallia, Rungholtum und Silva Rungoltina* (= Wald von Rungholt) vorbei. Auf der Höhe von *silva Rungholtina* kann man die Südwest-Nordost-Richtung erkennen, genauso wie Busch aus der Uferlinie Südfalls 1633 den Flussverlauf deutet.

Das Seegat Fallstief floss nördlich, am Rungholt-Gebiet entlang, der Heverstrom südlich an ihm vorbei. Rungholt hatte damit eine besonders gefährdete Position, lag zwischen zwei kräftigen Meeresarmen, beides Tidegewässer, die nach Westen zum Meer hin offen lagen.

Die Siedler ließen sich in der Marsch an günstig gelegenen hohen Plätzen, wie z. B. Flussuferwällen[218] bevorzugt nieder. Hier finden wir sog. „Inversionsrücken". Solche Anhöhen entstanden dort, wo der Untergrund an den Sackungen nicht teilnahm. Wo humoser Boden, Torf und Klei in großer Mächtigkeit abgelagert war, verblieb verdichteter Untergrund, wo dieser aber sandig war, erfolgte eine Sackung des Geländes. Auf einem solchen Inversionsrücken wird Rungholt gelegen haben, hatte es doch sogar einen Wald vorzuweisen.

Im Wattgebiet westlich von Südfall haben sich Reste von zwei alten **Schleusen** befunden, die lange Zeit sichtbar waren. Zwei waagerecht liegende Holzbalken dieser Schleusen hat Busch 1921 geborgen. Sie befinden sich heute im Nissenhaus in Husum. Drei Dalben – senkrecht stehende Pfähle – der neuen Schleuse waren bis 1994 bei günstigsten Wind- und Wasserverhältnissen, nämlich bei niedrigster Ebbe zur Springtide und nach tagelang andauerndem Ostwind zu sehen. Sie ragten dann gerade eben aus dem Wasser heraus. Jetzt sind sie nach einer Veränderung des Stromlaufes des Dwarslochs versandet.

Es handelte sich um eine ältere und eine jüngere Schleuse. Sie waren in einen Deich eingelassen, den sog. Niedam-Deich. Dieser ist von Südfall aus bei günstigen Bedingungen – Wasserstand und Lichtverhältnissen – auch heute noch zu sehen, wenn auch nur als eine sehr leichte Bodenerhebung mit einer sich von der Umgebung abzeichnenden Bodenbeschaffenheit, nämlich Kleiboden, der von Tang und ähnlichen Wattpflanzen bewachsen ist. Mit ihrer Lage im Deich lag die Funktion dieser Schleusen eindeutig fest: Es handelt sich um Entwässerungsschleusen, auch Siele genannt. Bei Niedrigwasser strömt das Oberflächenwasser, das sich in Sielzügen – Wettern – gesammelt hat, aus den geöffneten Sieltoren heraus, bei Hochwasser schließen sich die Tore selbständig durch den Druck des ansteigenden Wassers. Eine der Sielschleusen, die ältere, wird diese Aufgabe wohl nicht mehr voll erfüllt haben, sodass man eine zweite baute.

Wohin aber gelangte das aus den Sieltoren fließende Wasser? Entweder in einen vorbeifließenden Fluss oder zunächst durch einen weiteren Koog. Heute können wir an unzähligen Entwässerungsschleusen in den Marschgebieten sehen, dass die Entwässerung direkt in einen Fluss erfolgt. So wird es auch früher gewesen sein. Befindet sich ein solches Siel in einem Deichabschnitt, so hat es nur dann einen Sinn, wenn das Wasser nach dem Austritt aus dem Siel weiter abfließen kann. Der Fluss muss allerdings nicht unmittelbar hinter einer solchen Sielschleuse gelegen haben, vielmehr mag das Wasser durch Außendeichsgelände geflossen sein, bis es in einen Fluss mündete. Ein von dem Niedam-Deich rechtwinklig nach Süden verlaufender Deich, von Andreas Busch entdeckt und in seine Übersichtsskizze aufgenommen, mag ein Hinweis darauf sein, dass die sog. „Rungholt-Schleusen" nicht unmittelbar an einem Flusslauf lagen. Andererseits können wir aus der Existenz dieser Schleusen den Schluss ziehen, dass in näherer Umgebung dieser Sielschleusen ein Fluss verlief. Welcher Fluss sollte dies wohl gewesen sein, wenn nicht die Alte Hever? Dieser war allerdings durch das Seegat Fallstief bereits derart verbreitert, dass die Zufahrt zum Hafen Rungholt auf diesem Seeweg erfolgt sein dürfte.

Aber eine offene Frage gilt es noch zu beantworten: Stammen diese Sielschleusen auch tatsächlich aus der Zeit vor 1362? Stammen sie aus der Zeit, als die Alte Hever hier noch floss, als die Seegaten Heverstrom und Norderhever noch nicht in die Marschlandschaft eingebrochen waren? Über diese Frage hat es jüngst einen wissenschaftlichen Disput gegeben, als nämlich Duerr[219] den Verdacht äußerte, der von Busch geborgene und im Nissenhaus ausgestellte Schleusenbalken sei viel jüngeren Datums, er stamme aus dem 18. Jahrhundert. Zu dieser Auffassung war Duerr aufgrund missverstandener Äußerungen aus dem Nissenhaus gekommen.

Dieser Disput fand auch in der Presse ein Echo[220], was wohl nur wegen der damit verbundenen Publicity-Wirkung begründet war. Duerr gab eine C-14-Untersuchung[221] in Auftrag, nachdem er ein kleines Stückchen des Holzes – und das genügt für diese Untersuchungen – vom Holzforschungsinstitut in Reinbek erhalten hatte. Das Ergebnis dieser an der Universität Kiel durchgeführten Untersuchung war deutlich: das untersuchte Holz stammt aus dem 12. oder 13. Jahrhundert. Eine weitere von Duerr in Auftrag gegebene Altersuntersuchung nach der C 14-Methode an der Universität Köln kam zu demselben Ergebnis. Damit steht mit an Sicherheit grenzender Wahrscheinlichkeit fest: die beiden Schleusen im Niedam-Deich stammen aus der Zeit vor der *„Groten Mandränke“* von 1362. Sie lagen an der Alten Hever oder dem im Süden des Rungholt-Gebietes vorbeifließenden Heverstrom, Flussläufen, die in diesem Bereich ohnehin möglicherweise ineinander übergingen.

Prüfen wir unsere Argumente für einen Flussverlauf westlich von dem heutigen Südfall. Der Name „Dwarsloch“ könnte mit dem Flussverlauf zusammenhängen, die beiden Einbuchtungen in der alten Uferlinie von Südfall könnten ebenfalls darauf hinweisen, die genannten Kartenskizzen könnten ein weiteres Indiz sein, alle drei zusammen erhöhen schon den Grad der Wahrscheinlichkeit. Aus der Lage und der Altersbestimmung der Schleusenbalken aber wird diese Vermutung zur Gewissheit. Die Alte Hever ist westlich an Südfall vorbeigeflossen. Die Lücke des Flussverlaufes zwischen Eiderstedt und dem nördlichen Pellworm ist damit in diesem Bereich geschlossen.

Wir suchen jetzt einen **Hafenort** an diesem Fluss. Rungholt hat einen nicht unbedeutenden Handel getrieben, wie wir aus den gefundenen und geborgenen Keramikscherben schließen können. Dieser Handel wurde über den Wasserweg abgewickelt, wie damals allgemein üblich. Der Landweg war sehr beschwerlich, ganz besonders in den Marschregionen. Aber über das Wasser konnte man überall hingelangen, je nach Größe der Boote und Schiffe. Wo anders könnte Rungholt gelegen haben als an der Alten Hever?

Sehen wir uns andere Hafenorte an tideabhängigen Flüssen an, z. B. die Eiderhäfen Tönning, Friedrichstadt und Süderstapel, ferner aber auch Häfen an Unterelbe-Nebenflüssen wie Itzehoe, Elmshorn, Uetersen, Freiburg und Stade. Bei allen diesen Hafenorten können wir ein gemeinsames Merkmal feststellen: Sie liegen an einer Stelle, die Schiffe bei Hochwasser erreichen, dort auch noch wenden können, bei Niedrigwasser aber trocken fallen. Das ist sehr zweckmäßig. Nachdem ein Schiff bei Hochwasser in den Fluss weit hineingefahren ist, liegt es ruhig, von Wind und Wellen ungestört, vielleicht fällt es sogar völlig trocken, und die Besatzung kann bequem löschen und laden, d. h. die Ware kann ausgeladen und neue Ware kann geladen werden. Auch kann das Schiff gut bunkern, d. h. Proviant und Wasser übernehmen. Wir müssen jetzt eine solche Stelle in der Alten Hever suchen, um auch den idealen Hafenort finden zu können. Sie richtet sich nach der Breite und der Wassermasse des Flusses. Vergleichen wir wieder: Tönning liegt an der früheren Eidermündung, wenn wir die breite Einbuchtung seewärts des Eidersperrwerkes als ungeschützte Wasserfläche ansehen wollen. Tönning liegt aber überdies an einem kleinen Nebenflüsschen, wie man an der Krümmung des Hafenbeckens und dem Kanal in der Stadt erkennen kann. Für Friedrichstadt gilt dasselbe: hier fließt die Treene in die Eider. Anders ist das Bild in Süderstapel. Hier ist ein idealer Hafenplatz zum Löschen und Laden, ein Knie des Wasserlaufes an geschützter Stelle. Süderstapel liegt heute hinter der ersten Eiderschleuse Nordfeld, wurde früher aber von dem Hochwasser gerade noch erreicht.

Tönning liegt von dem jetzigen Eidersperrwerk 10 km entfernt, Friedrichstadt von Tönning 15 km, Süderstapel von Tönning 35 km. Die Eider mäandriert zwischen Friedrichstadt und Süderstapel sehr stark, es gibt hier Windungen von mehr als 180 °!

Vergleichen wir diese Verhältnisse mit der Alten Hever: Südfall liegt – in der Luftlinie gemessen – von Ehstensiel 22 km entfernt, von der offenen See bei der Tümlauer Bucht, der Mündung des Fallstiefs, etwa 20 km. Ob die Alte Hever zwischen Wester-/Osterhever und Südfall ebenfalls mäandriert hat, wissen wir nicht. Schnurgerade wird dieser Wasserarm aber sicher nicht verlaufen sein. Nördlich von Südfall verlief die Alte Hever in einem weiten Bogen nach Osten um das heutige Pellworm herum, wie wir aus den Ortsbezeichnungen Buphever und Heverdamm schließen können. Legen wir einmal eine grob geschätzte Entfernung von 25 Flusskilometern zugrunde, so lässt sich die Hypothese, Rungholt habe etwa auf der Höhe von Südfall gelegen, gut in Einklang bringen mit der Entfernung Tönning – Süderstapel an der Eider mit 35 km, die schließlich wasserreicher ist als die Alte Hever es seinerzeit war.

Ein bedeutender **Schutzhafen** war Rungholt vermutlich nicht. Schiffe, die von See kamen und weiter die Eider und die Treene flussaufwärts fahren wollten, etwa um den Anschluss an die Ostsee zu erhalten – man denke an Haithabu an der Schlei –, fanden ideale Häfen an der Eider wie Tönning und wohl auch Süderstapel. Dort konnten sie vor schlechter Witterung Schutz suchen. Auch vor dem Auslaufen über See konnte man dort die Schiffe ausrüsten, Proviant übernehmen und – vor allem – brauchbares Wetter abwarten. Kriterium eines Schutzhafens ist ein sicherer, vor Wind und Wellen geschützter Platz an einem Kai oder vor Anker. Das aber konnte Rungholt nur so lange bieten, als die Alte Hever ein bloßer Flusslauf war. Später jedoch flossen zwei Seegaten nördlich und südlich vorbei, die direkt vom Meer auf Rungholt zuströmten. Diese Meeresarme waren eher ungeschützte Bereiche.

Nein, die Bedeutung des Hafens von Rungholt lag ganz woanders: Hier war ein idealer **Handelshafen**. Das in den Uthlanden, so wurde Nordfriesland seinerzeit genannt, gewonnene Salz konnte hier auf Schiffe, die bei ablaufendem Wasser relativ ruhig an der Kai lagen, bequem beladen werden. Das Vieh, ebenfalls ein begehrtes Handelsobjekt, konnte hier auf die Schiffe gebracht werden. Und von einem anderen Handelshafen im südlichen[222] Nordfriesland ist nichts bekannt.

Das Resümee aus diesen Erörterungen: Rungholt war ein Hafenort an der Alten Hever, die westlich und nördlich an Südfall vorbeifloss, in diesem Bereich später identisch mit dem Fallstief. Außerdem floss südlich von Rungholt später der Heverstrom vorbei. Welcher von diesen Flussläufen oder Seegaten die sicherste und bequemste Zufahrt vom Meer aus darstellte, wo der Hafen von Rungholt genau lag, etwa bei den Entwässerungssielen oder an anderer Stelle, ist ohnehin nicht bekannt, wohl aber die Tatsache seiner Existenz und auch die seiner Bedeutung für den damaligen Handelsverkehr.

## Kartographische Aspekte

Die genaueste Methode, einen untergegangenen Ort in der heutigen Landschaft exakt wieder zu finden, ist das Aufspüren anhand von möglichst maßstabgerechtem Kartenmaterial. Und Karten über diese Gegend vor dem Untergang Rungholts gibt es, so z. B. von Johannes Petreus (1596), Peter Sax (1636), Johann Wittemack (1640), Johannes Mejer (1644) und anderen. Sie haben nur alle einen Schönheitsfehler: Sie sind höchst unzuverlässig. Angefertigt sind sie am Ende des 16. und im 17. Jahrhundert und beschreiben die Landschaft des 14. Jahrhunderts, also etwa 300 Jahre früher, hergestellt anhand von Erzählungen und Überlieferungen der Einheimischen. Es liegen immerhin etwa ein Dutzend Generationen zwischen der Mitte des 14. und der des 17. Jahrhunderts. Demgemäß ist derartiges Kartenmaterial höchst ungenau und mit zahlreichen Fehlern behaftet, ja z. T. sind solche Karten reine Phantasieprodukte. So wurden beispielsweise die aus Kirchenbüchern ersichtlichen Orte etwas willkürlich auf weiße Flecken der Karten verteilt. Damit können wir sie für die hier gestellte Aufgabe nicht verwerten.

Doch so schnell soll diese Möglichkeit, mit ihrer Hilfe den gesuchten Ort Rungholt zu lokalisieren, nicht abgetan werden. Jede einzelne dieser **historisierenden Karten** soll auf ihre Zuverlässigkeit untersucht und ggf. sogar korrigiert werden, wie dies schon im 19. Jahrhundert gelegentlich versucht wurde, so von Franz Geerz 1887 und J. N. Schmidt 1851, neuerdings in einer sehr exakten Untersuchung von Bodo Higelke 1992.

a) Zunächst soll eine Karte beschrieben werden, die keine historisierende ist, sondern tatsächlich im 12. Jahrhundert angefertigt wurde: **die Weltkarte von Idrisi** [Abb. 35]. Sie hat nur einen anderen Schönheitsfehler: Ob sie tatsächlich den Ort Rungholt betrifft, ist mehr als fraglich.

Der arabische Kartograph Idrisi erhielt von dem Normannenfürsten Roger II. im Jahre 1154 den Auftrag, die – damals bekannte – Welt kartographisch zu erfassen. Diese Weltkarte ist eine Fundgrube für die Erweiterung der Kenntnisse vom Norden Europas im 12. Jahrhundert. Was Idrisi über diesen Raum bietet, ist wohl alles, was man für eine so frühe Zeit und eine so große Entfernung als kartographische Leistung erwarten kann. Aus ungenauen Erinnerungen der Bericht erstattenden Nordland- und Ostseefahrer erklären sich fehlerhafte Einzeichnungen. So verlegt Idrisi Süd- und Mittelschweden und Südwestfinnland an die deutsche Ostseeküste, so verbindet er die dänischen Inseln und so-

**Idrisi**[223] – sein voller Name lautet „Scherif (d. i. der Erlauchte) 'abu 'abd 'allah muhammad 'ibn 'abd 'allah 'ibn 'idrisi" – entstammte[224] einer arabisch-maurischen Dynastie, hatte studiert und war weit gereist, u. a. bis zur Küste Englands. Er musste – aus welchen Gründen auch immer – aus seiner nordafrikanischen Heimat weichen und fand Zuflucht bei dem Normannenfürsten Roger II., der seit 1130 König von Sizilien, später auch Beherrscher Süditaliens und eines Teiles von Nordafrika war. Er war ein Förderer wissenschaftlicher und besonders geographischer Forschungen. Unter ihm wurde seine Residenz Palermo einer der wichtigsten Kulturmittelpunkte Europas. Roger II. begnügte sich nicht mit einer genauen Kenntnis der von ihm beherrschten Gebiete, sondern ließ durch arabische und byzantinische Gelehrte Nachrichten von allen Teilen der Erde, „von den sieben Klimaten, welche die Gelehrten erforscht haben", sammeln. Seit etwa 1138 wurden Auskünfte, die die vielen Palermo besuchenden fremden Kaufleute, Schiffer, Pilger und Kreuzfahrer, auch aus Deutschland und Skandinavien, über die geographischen Verhältnisse ihrer Heimat abgaben, planmäßig aufgezeichnet. Roger II. entsandte geschulte Männer, von Zeichnern begleitet, auf Forschungsreisen und ließ die Er-

Abb. 35: Dänemark, Ausschnitt aus der Weltkarte von Idrisi

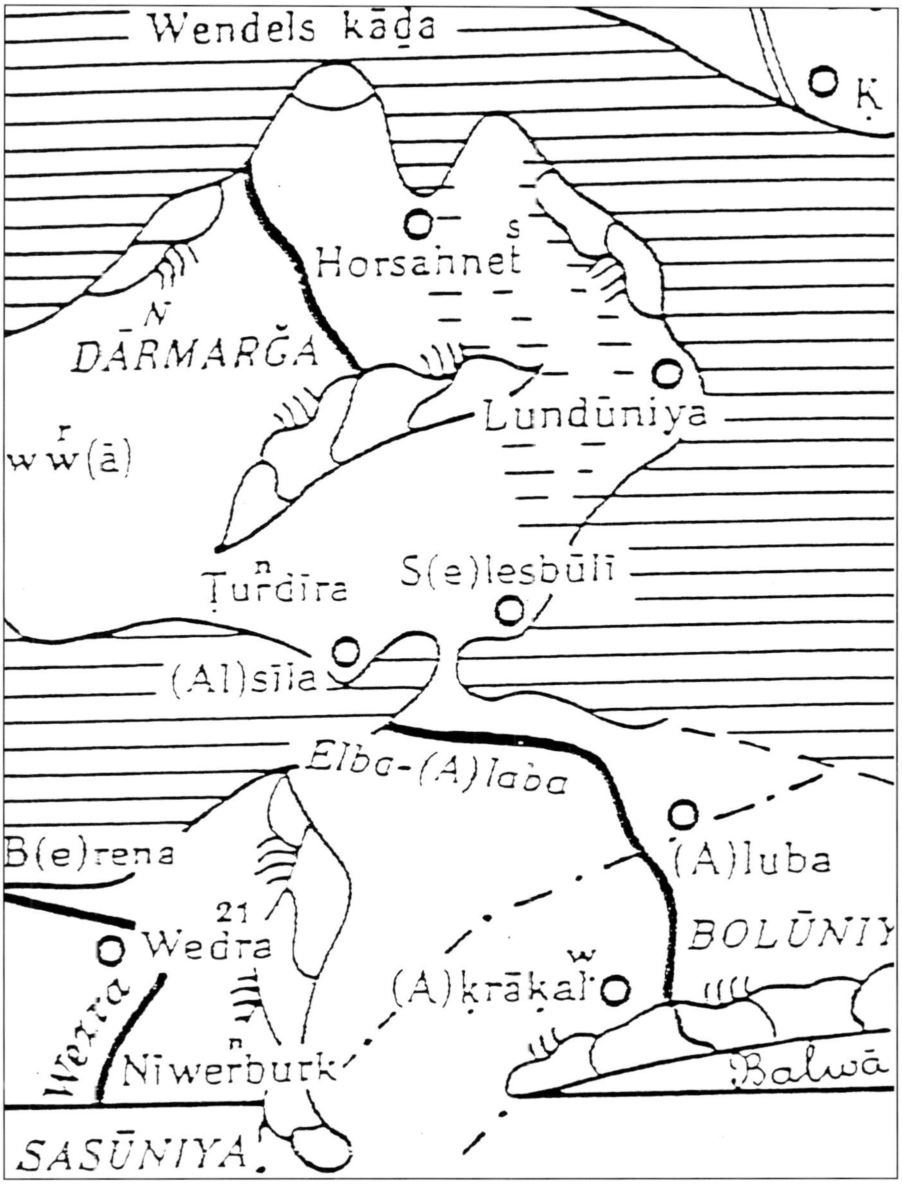


gar einen Teil von Schonen – mit der Stadt Lund – mit dem dänischen Festland. Auf der Karte Abb. 35[226] sind die Landschaften „*Sasuniya*" = Herzogtum Sachsen, „Boluniya" = Polen, „*Darmarga*" = Dänemark und „*Norbega*" = Norwegen dargestellt. Zu Sachsen rechnet Idrisi Holstein und Wagrien, das Lübecker Gebiet, Dithmarschen und den Dänischen Wohld. Aus seinen Entfernungsangaben „kann man mit ziemlich großer Sicherheit den Schluss ziehen, dass Idrisi als Dänemarks Südgrenze eine Linie von der Eidermündung zur Eckernförder Bucht betrachtete"[227].

Idrisi nennt einige Namen von Städten und Flüssen: *Niwerburk* = Nienburg an der Weser, *Wedra* = Verden, *Wezra* = Weser oder Werra, *B(e)rena* = Bremen, *Elba* oder (A)laba = Elbe und *(A)luba* = Lübeck (slawisch damals Ljubice). Aus dem verschrumpft gezeichneten Holstein geht es nach Norden weiter über den zu schmal wiedergegebenen Isthmus – eine Enge – zwischen Eider und Schlei nach Darmarga = Dänemark.

Nach Angabe des Textes hat Dänemark vier Städte, dazu einige kleinere Orte und Häfen. Von Süden kommend erreicht man, an der Westküste entlangfahrend, zunächst *(Al)sila*[228]. Dieser Ort ***Alsila*** interessiert besonders. Alsila wird beschrieben als „*eine kleine, von seßhafter (mutahaddira) Bevölkerung bewohnte Stadt, in der sich feste Märkte und dauerhafte Bauten befinden*"[229].

Sie liegt 37,5 km nördlich der Südgrenze Dänemarks, damals der Eider. In dem Wort *Alsila* steckt der arabische Artikel „*al*" und die Silbe „*sila*", vielleicht eine arabische Sprechweise von: „das Siel". Ein Siel ist ein Wasserzug mit einer Schleuse, geradeso wie aus dem Rungholtgebiet bekannt. Wir wollen aber nicht voreilig den Schluss ziehen, dass die arabischen Kaufleute und Seefahrer diesen Ortsnamen

gebnisse durch eine Kommission, offenbar unter der Leitung von Idrisi, durchprüfen und verarbeiten in der Absicht, ein erdkundliches Gesamtwerk bisher nicht bekannten Ausmaßes zu schaffen.

1154 hatte Idrisi eine „Weltkarte" fertig gestellt. Sie wurde auf einer Silberplatte von 3,5 x 1,4 Meter eingraviert. Zu ihr gehörte ein ausführlicher Text, das sog. „Roger-Buch". Es enthielt eine Fülle von Ortsnamen, Angaben über Lage, Entfernung, kulturelle, sprachliche, floristische und ethnographische Verhältnisse sowie über Handelsbeziehungen. Die Silberplatte ist 1160 bei einem Aufruhr zerstört worden, doch sind Kopien der Modellzeichnung erhalten, ebenso eine Reihe von Handschriften des beschreibenden Werkes, auch von einem späteren kurzen Auszug, dem sog. „Kleinen Idrisi" mit der „Kleinen Idrisi-Karte". Idrisis Werk ist zugleich Beginn und Höhepunkt der normannisch-arabischen Kartographie. Sie ist trotz aller Mängel eine für jene Zeit außerordentliche Leistung. „Kein Land in Europa ... hat eine Karte von so früher Zeit, vor der Hohenstaufenzeit, wo man von einer Landkarte überhaupt keine Vorstellung hatte"[225]. Gegenüber der römischen Kaiserzeit verdoppelt Idrisi die *terra cognita*, gerade auch nach dem Norden hin.

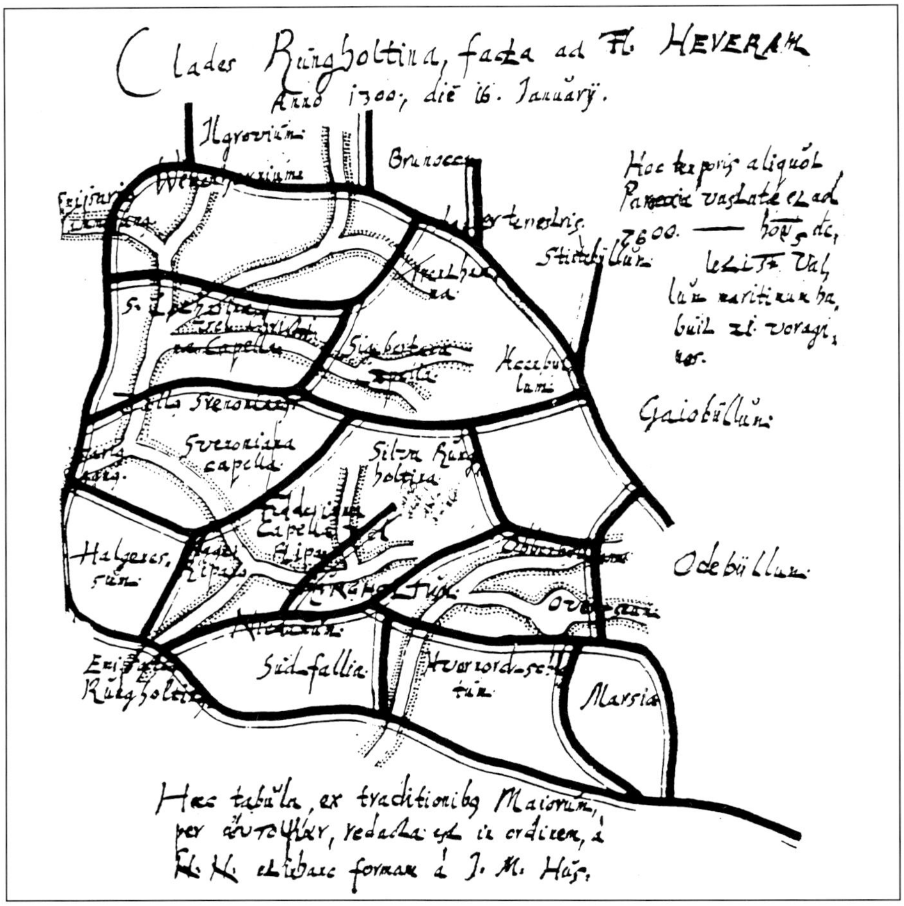


Abb. 36: *Clades Rungholtina* von Johannes Mejer, bearbeitet von Peter Sax

Doch parallel soll über das Leben und Wirken von **Peter Sax** berichtet werden. Geboren wurde er 1597 in Evensbüll auf Alt-Nordstrand. Nach dem Besuch der Lateinschule in Husum, des Katharineums in Lübeck und einem Jurastudium in Jena (oder Wittenberg?) kehrte er nach Drandersum in Koldenbüttel/Eiderstedt zurück, wo sein Vater einen Hof besaß. Drandersum ist der erste, 1210, eingedeichte Koog in Koldenbüttel. Über sein Leben weiß man nur wenig[233]. Er war Landwirt, Kirchenbaumeister, Ratmann[234], Kirchenältester und Chronist. Aus seinem Schreibstil ist zu ersehen, dass er sehr gebildet war. Er schrieb in lateinischer Sprache und verfasste viele Schriften, die allerdings nicht veröffentlicht wurden. Sie befinden sich als Manuskripte in der Königlichen Bibliothek zu Kopenhagen. Hervorzuheben und für unsere Untersuchungen wichtig ist die Tatsache, dass er mit seinen Darstellungen nicht übermäßig genau war, auch wenn er sich um exakte Wiedergaben in seinen Texten und Zeichnungen bemühte. Die Geschichtsschreiber seiner Zeit ließen oft der Phantasie viel Spielraum, beschränkten sich nicht nur auf Vermutungen, sondern erfanden manches Wunderliche, wofür kein Anhalt gegeben war. Sax hat dieses nicht sehr zuverlässige Material verwertet. Man kann ihm keinen Vorwurf daraus machen, er war auch hierin ein Kind seiner Zeit[235]. Er hat durch seine Schriften in der Folgezeit einen großen Einfluss ausgeübt, da sie u. a. die Hauptquelle für Heimreichs Nordfresische Chronik geworden sind. Ein großer Zeichner war Peter Sax nicht, sodass manche seiner Skizzen von seinem Zeitgenossen Johannes Mejer aus dem benachbarten Husum überarbeitet wurden. Gestorben ist Sax kinderlos im Jahre 1662.

möglicherweise nicht behalten haben oder etwa nicht kannten und deshalb schlichtweg von „dem Siel" gesprochen haben. Von der Eidermündung liegt in 33 km Luftlinien-Entfernung Pellworm, dessen Hafen mit einer einzigen Hauptschleuse – so der Idrisi-Forscher Andresen[230] – einige Bedeutung gehabt hat. Doch kann „das Siel" hier auch als Gattungsname gebraucht und ein anderer Ort – der Idrisi-Forscher Miller meint: „jetzt etwa Husum" – gemeint sein im Bereich des damaligen von den großen Sturmfluten noch nicht zerrissenen Gebietes. Idrisi gibt eine weitere Entfernungsangabe für *Alsila* an, nämlich 75 km südlich von Tondern. Auch danach muss mit *Alsila* ein Hafen in der Gegend um das heutige Gebiet Pellworm – Nordstrand – Husum gemeint sein.

Rungholt = *Alsila*? Ein solcher Schluss wäre bei den spärlich vorhandenen Angaben doch wohl etwas kühn. Aber völlig abwegig ist auch diese Version nicht[231]. Allerdings ist nach den Auswertungen der bisherigen Erkenntnisse durch Archäologen dieses Gebiet erst ab 1200 besiedelt worden. Somit hätte Rungholt zur Zeit von Idrisi nicht eine „Stadt, in der sich feste Märkte und dauerhafte Bauten befinden", sein können.

Die Lösung dieser Frage wird wohl immer offen bleiben.

b) Der Chronist **Peter Sax** hat in der Mitte des 17. Jhdts. eine Skizze geschaffen, die unter dem Namen ***„Clades Rungholtina"*** bekannt geworden ist. *„Clades Rungholtina"* sind die Anfangsworte des Textes zu dieser Karte, der bedeutende Informationen über den Untergang Rungholts enthält.

Die Ortsbezeichnung auf der Skizze „Clades Rungholtina"[232] [Abb. 36] ist etwas schwer lesbar. Sie ist nördlich von „Niedamum" und „Südfallia" zu finden.

Eine Überraschung: Die Karte stammt gar nicht von Peter Sax!

Peter Sax hat diese Karte von einer Karte des Johannes Mejer aus dem Jahre 1636 – auf die weiter unten in dem folgenden Abschnitt über Johannes Mejer eingegangen wird – kopiert und ergänzt. Sie ist eine Handzeichnung, Tusche auf Pergament.

Interessant ist der dazugehörige Text in lateinischer Sprache. Seine Übersetzung lautet:
*„Das Unglück von Rungholt ereignete sich tatsächlich am Heverfluss im Jahre 1300, am Tage des 16. Januar“,*
und weiter ist am Rande zu lesen, übersetzt:
*„Zu dieser Zeit sind einige Kirchspiele zerstört worden und bis zu 7600 Menschen umgekommen, der am Meer gelegene Deich hat 21 Deichbrüche gehabt“,*
und dann wird am Schluss hinzugefügt:
*„Diese Tafel ist auf Grund von Überlieferungen der Vorfahren nach persönlicher Besichtigung des Gebietes ordnungsgemäß wiedergegeben von N. N. und in diese Form gebracht von J(ohannes) M(ejer), Hus(um).“*

Der Text enthält interessante Einzelheiten, die näher zu untersuchen sind: Die Skizze *„Clades Rungholtina“* befasst sich ausschließlich mit dem Ort und der Umgebung von Rungholt und seinem Untergang. Das ist von keiner anderen Karte oder Skizze bekannt. Sie wurde angefertigt „aufgrund von Überlieferungen der Vorfahren“ durch den Autor N. N., der offensichtlich selbst Untersuchungen, Befragungen und eine eigene Besichtigung vorgenommen hat. Wer der Autor der Ursprungsskizze war, hat Mejer leider nicht angegeben. Die Bezeichnung „N. N.“ (= *nomen nescio* = „den Namen weiß ich nicht“) sagt dazu genug: der Autor weiß es wirklich nicht oder – was wahrscheinlicher ist – er will den Namen nicht preisgeben, aus welchen Gründen auch immer. Aber bedeutend ist es schon, dass Johannes Mejer angeblich einen guten und zuverlässigen Gewährsmann hatte, der als Vorfahre noch bessere Kenntnisse von dem Geschehen hatte als seine Zeitgenossen. Dieser hat die damaligen, sicher noch recht gut erhaltenen Spuren im Watt selbst gesehen. Nach eigenen Angaben ist er selbst die Wasserläufe abgefahren. Seine Karten sind deshalb relativ zuverlässig, auch wenn sie nur auf Aussagen von Einheimischen beruhen, die Angaben machen über das Aussehen von Rungholt vor fast 300, exakt 274 Jahren. Von allen zur Verfügung stehenden Quellen ist dies die beste der überlieferten Karten.

Als Datum des Unterganges wird der 16. Januar 1300 angegeben. Die Angabe des Tagesdatums ist richtig, die der Jahreszahl nicht. Das Jahr 1300 wird von mehreren Autoren als das Katastrophenjahr der *Groten Mandränke* angegeben, jedoch ist dies entweder einer Laxheit bei den Recherchen zuzuschreiben oder es war ganz einfach nur eine Abkürzung für das Jahrhundert. Völlig auszuschließen ist allerdings auch nicht die Version, dass es sich um zwei verschiedene Sturmfluten gehandelt hat, die – nach und nach – den Untergang von Rungholt herbeigeführt und schließlich besiegelt haben. Dass Rungholt noch bis 1362 bestanden hat, ist u. a. – wie noch genauer beschrieben werden wird – aus Urkunden und Steuerbüchern zu ersehen.

Bei diesem Unglück sollen einige Kirchspiele zerstört worden und 7600 Menschen umgekommen sein. Diese Zahlenangaben sind – wie auch bei anderen Autoren – häufig übertrieben, lassen sich aus Steuerlisten und anderen Urkunden nicht in solchem Umfang belegen, zeigen aber dennoch das Ausmaß der Katastrophe an. Der Vorfahr N. N. gibt die Anzahl der Deichdurchbrüche, auch Wehlen genannt, mit 21 an, wobei sicher interessant wäre zu erfahren, auf welche Deiche oder Deichabschnitte sich diese Angabe bezieht.

Die Skizze erscheint auf den ersten Blick recht grob. Das liegt sicher an den dicken Tuschestrichen. Unter dem Vergrößerungsglas kann man auf dem Original deutlich erkennen[236], dass die schwarz getuschten Deichstrecken zwischen zwei dünne Tintenlinien eingefügt wurden. An vielen Stellen berührt die dicke Tuschlinie die feinen Tintenlinien auf der einen oder anderen Seite. Sax hat die Deichlinien dadurch verbessert, dass er eine dritte feine Tintenlinie daneben gezeichnet hat. Solche Signaturen von Deichlinien sind für die Arbeitsweise von Peter Sax typisch, auf seinen Karten von *Frisia minor* findet sich mehrfach diese Art der Zeichnung von Deichlinien.

Außer den dicken Deichlinien fallen die Flussläufe auf, die durch zwei dünne Striche, z. T. mit Uferböschungs-Strichelchen dargestellt sind. Sie zeigen auch die Deichdurchlässe an, also Siele oder Schleusen, die dann noch zusätzlich mit dem Wort *Emißarius* versehen sind, also dem lateinischen Wort für ein Siel oder eine Schleuse. Im Süden des Rungholt-Gebietes liegt die Schleuse *Emißarius Rungholtinus*, im Westen gibt es zwei weitere Schleusen.

Der Ort Rungholt ist durch den Schriftzug „Rungholtum“ angegeben, südlich davon „Niedamum“ und weiter „Südfallia“, nördlich von Rungholt „Fedderingman Capella vel Ripum“. Somit soll es also die Ortsbezeichnung Südfall – nach Aussage der Vorfahren – auch schon vor 1362 gegeben haben, außer den bekannten Nachbarorten Niedam und Fedderingman Capell vel Rip. Keiner dieser Orte ist durch eine Kirche oder Häuser zeichnerisch dargestellt. Wohl aber finden wir nördlich von Rungholt den Wald *„Silva Rungholtina“*, dargestellt durch ein paar Bäume. Hier haben wir einen Hinweis auf die Entstehung des Namens: Das Holz, der Wald, hat Rungholt den Namen gegeben. „Runges“ Holz war es, also niederes, schlechtes, verkrüppeltes. Hierin steckt der gleiche Wortstamm wie in dem englischen Wort „wrong“. Wir können daraus ableiten, dass Rungholt einen für eine Waldfläche geeigneten Boden besaß, also etwas sandigen, höher gelegenen als das übrige Marschland. Durch den starken Seewind waren die Bäume verkrüppelt, niedrig im Wuchs, so wie man es auch heute bei den spärlichen Waldflächen auf Sylt, Amrum und Föhr beobachten kann. Diese Deutung des Ortsnamens ist allerdings nicht unbestritten. Im Historischen Ortsnamenlexikon[237] wird der Name auf „Gehölz, Waldung, aus der Rungen geholt werden“ zurückgeführt. Diese Auslegung erscheint nicht überzeugend, denn Rungen sind starke kräftige, gerade gewachsene Stämme, die zur Befestigung und Sicherung schwerer und schwerster Transportwaren benutzt werden. Ein derart gerade gewachsenes, kräftiges Holz wird es auch damals in dem von starken Winden und Stürmen beherrschten Land nicht gegeben haben, wie wir aus einem Vergleich zur Jetztzeit leicht erkennen können, z. B. an den „Krüppelwäldern“ von Sylt und Amrum.

Das Rungholtgebiet bestand aus 10 Kögen – wenn man vom Koog Trindermarsch (hier: *Marsia*) absieht –, eingefasst durch Deiche. Der westlich des Sielzuges oder Flusslaufes vorhandene Deich trägt den Namen *„agger Ripanus“*, übersetzt mit: Rieper Deich[238]. Auf dem Deich verlief also der Weg nach (Fedderingman Capell vel) Rip.

Die Skizze *„Clades Rungholtina“* dürfte die älteste Darstellung des Rungholtgebietes vor seinem Untergang sein, die außerdem den Vorteil hat, dass der Autor der Vorläuferkarte Johannes Mejer sich auf einen Gewährsmann bezieht, der die Wasserläufe abgefahren ist.

Nach einer anderen Auffassung soll diese Karte die Vorlage für die Karte „Abriß von Rungholte“ von Johannes Mejer aus dem Jahre 1636 gewesen sein,[239] also genau umgekehrt wie die hier vertretene Auffassung. Peter Sax und Johannes Mejer waren Zeitgenossen. Die exakte Jahreszahl der Entstehung der *Clades Rungholtina* ist nicht bekannt.

An der Bearbeitung dieser Karte durch Peter Sax besteht kein Zweifel. Der Text verrät deutlich die Schriftzüge von Sax. Auch die groben Tuschstriche sind für seine Urheberschaft typisch. Im Text gibt er dann den Namen Johannes Mejer aus Husum an, der die Vorlage für diese Karte gezeichnet hat. Welche Vorlage ist das aber gewesen? Darauf soll in dem Abschnitt über Johannes Mejer eingegangen werden.

Peter Sax hat aber weitere Skizzen hinterlassen, in denen der Name Rungholt auftaucht.

Besprochen wurde bereits die Skizze **„Littus Rungholtinum“** im Zusammenhang mit dem möglichen Flussverlauf der „Alten Hever“ [vgl. Abb. 34, dort nur ein Ausschnitt, jetzt Abb. 37]. Auch sie ist eine Handzeichnung mit Tusche auf Pergament. Der dazugehörige Text lautet in der Übersetzung:

*„Rungholtsand umfaßt 11000 Demat. – Tammensiel. – Neuer Pellwormer Süderkoog Im Jahre 1300*[240] *sind während einer langen Reihe von Jahren für den Wiederaufbau der Rungholter Deiche etwa 80 000 Kronen ausgegeben worden, aber vergeblich.*

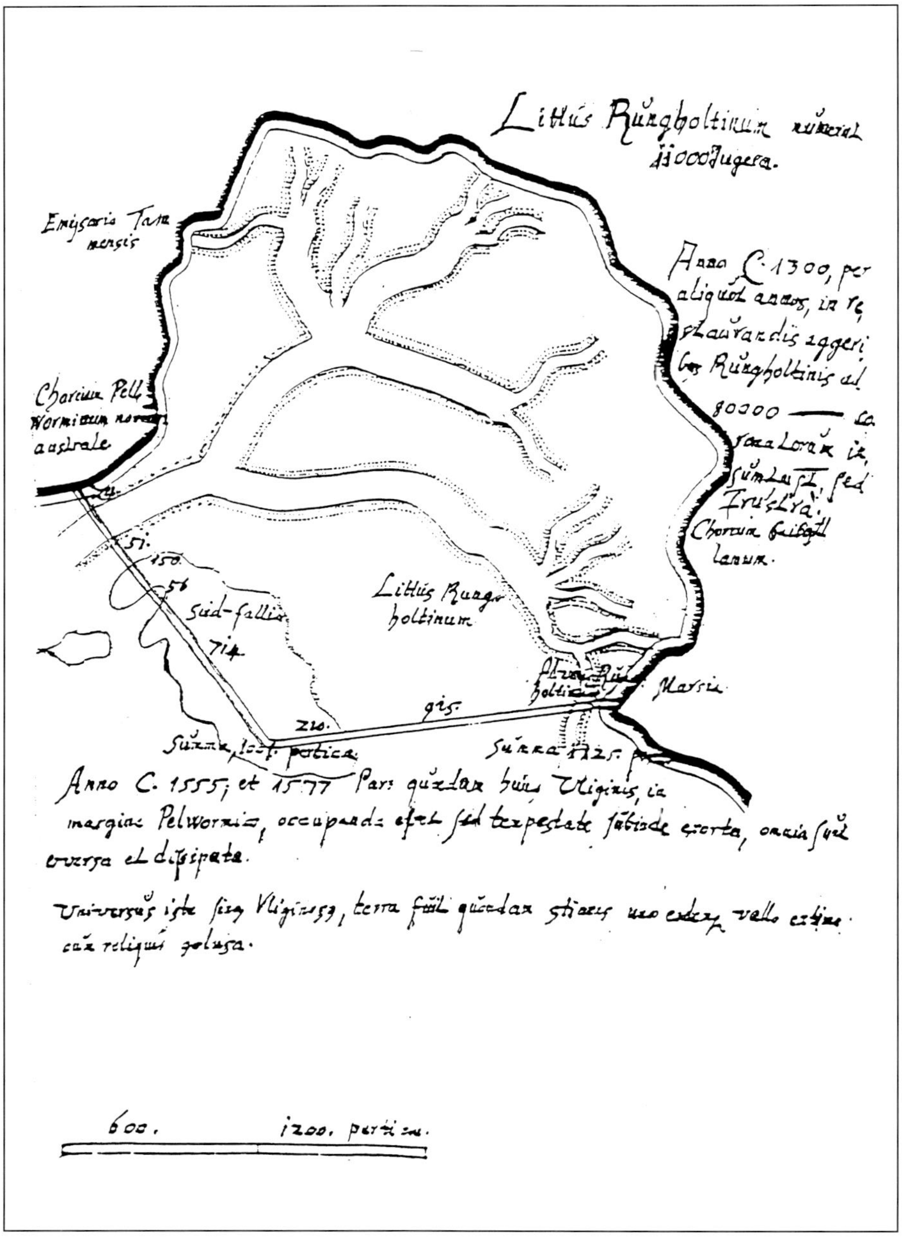

Abb. 37: *„Littus Rungholtinum“* von Peter Sax

*Gaikebüller Koog. Südfall. Rungholtpriel. Marsch (= Trindermarsch).*
*In den Jahren 1555 und 1577 sollte ein gewisser Teil des Watts am Rande Pellworms bedeicht werden, aber durch einen plötzlich entstandenen Sturm ist das Werk vernichtet worden.*
*Die gesamte Wattenbucht ist weiland zusammenhängendes Land und durch einunddenselben Außendeich mit dem übrigen Land verbunden gewesen."*

Wieder erhalten wir wertvolle Informationen durch den begleitenden Text. Der Rungholtsand lag danach östlich von Südfall, etwa auf der Mitte zwischen Südfall *(„Süd-fallia")* und der Trindermarsch *(„marsia")*. Das entsprach genau der Tatsache, dass der Rungholtsand nach Osten gewandert war. Zur Zeit der Anfertigung dieser Skizze *Littus Rungholtinum* in der Mitte des 17. Jhdts. hatte er bereits etwa 3 – 4 km auf seinem Weg nach Osten zurückgelegt.

Er war 11000 Demat groß. Da 1 Demat im Bereich der Halligen[241] etwa 0,96700 ha groß ist, errechnet sich eine Größe von ca. 10637 ha, was einer Ausdehnung von ca. 10 km in jeder Richtung – Länge und Breite – entsprechen würde. Sax muss sich bei dieser Größenangabe irren[242].

Sax berichtet ferner über die Anstrengungen, etwa in der Mitte des 16. Jhdts. Eindeichungsarbeiten großen Ausmaßes vorzunehmen, die jedoch durch einen Sturm zunichte gemacht wurden.

Sax weist bei dieser Gelegenheit auch darauf hin, dass „weiland" die gesamte Wattenbucht zusammenhängendes Land gewesen war.

Aber insgesamt ist die Skizze für unsere Untersuchungen nach der Lage von Rungholt, zu seiner Größe, seinem Aussehen – z. B. von Kirche und Häusern, von Flüssen, Schleusen und Sielen, von Deichen und Wegen, und von vielen anderen Einzelheiten – unergiebig.

Nicht viel anders sieht es mit den uns bekannten **weiteren Skizzen** von Peter Sax aus, auf denen der Name Rungholt vermerkt ist.

Auf der *„Ruina aliquot Paroeciarum"* (= Überbleibsel etlicher Kirchspiele) [Abb. 38][243] sind die untergegangenen Ortschaften aufgezählt. Der Name Rungholt befindet sich auf der – recht dürftigen – Skizze südlich des mit *Nordstrandia* bezeichneten Zentrums. Unergiebig für unsere Untersuchungen ist auch die Skizze *„Descriptio Insularum aliquot Minorum"* (= Beschreibung etlicher kleiner Inseln) [Abb. 39][244]. Der Rungholtsand ist hier nordöstlich von Südfall eingezeichnet, dorthin war er in der Mitte des 17. Jahrhunderts gewandert.

Einen ganz anderen Charakter hat die recht merkwürdige Skizze *„Haec est facies Insulae Nordstrandiae ante adventum Frisiorum"* (= Dies ist der Anblick der Insel Nordstrand vor der Ankunft der Friesen) [Abb. 40],

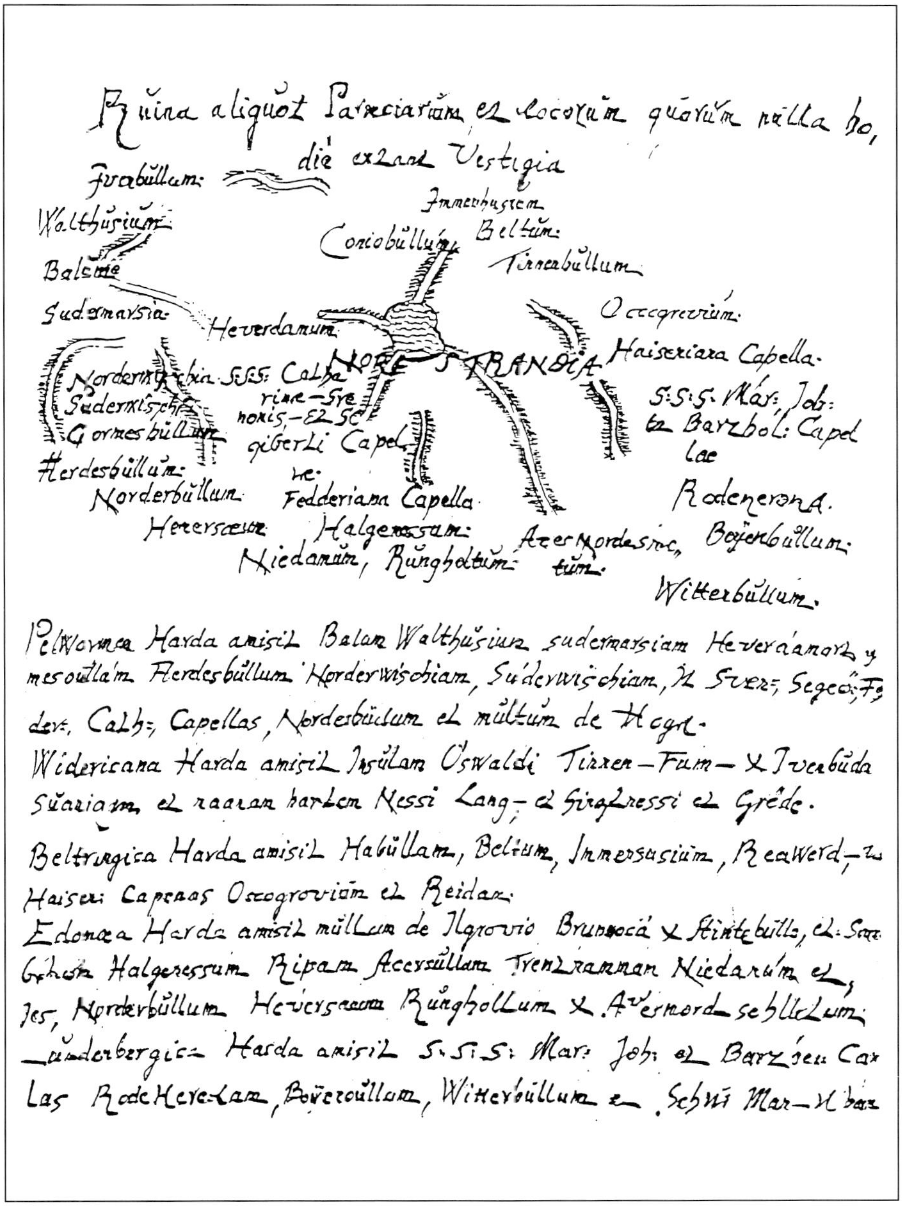


Abb. 38 : *„Ruina aliquot Paroeciarum"*, eine Nachzeichnung nach Peter Sax

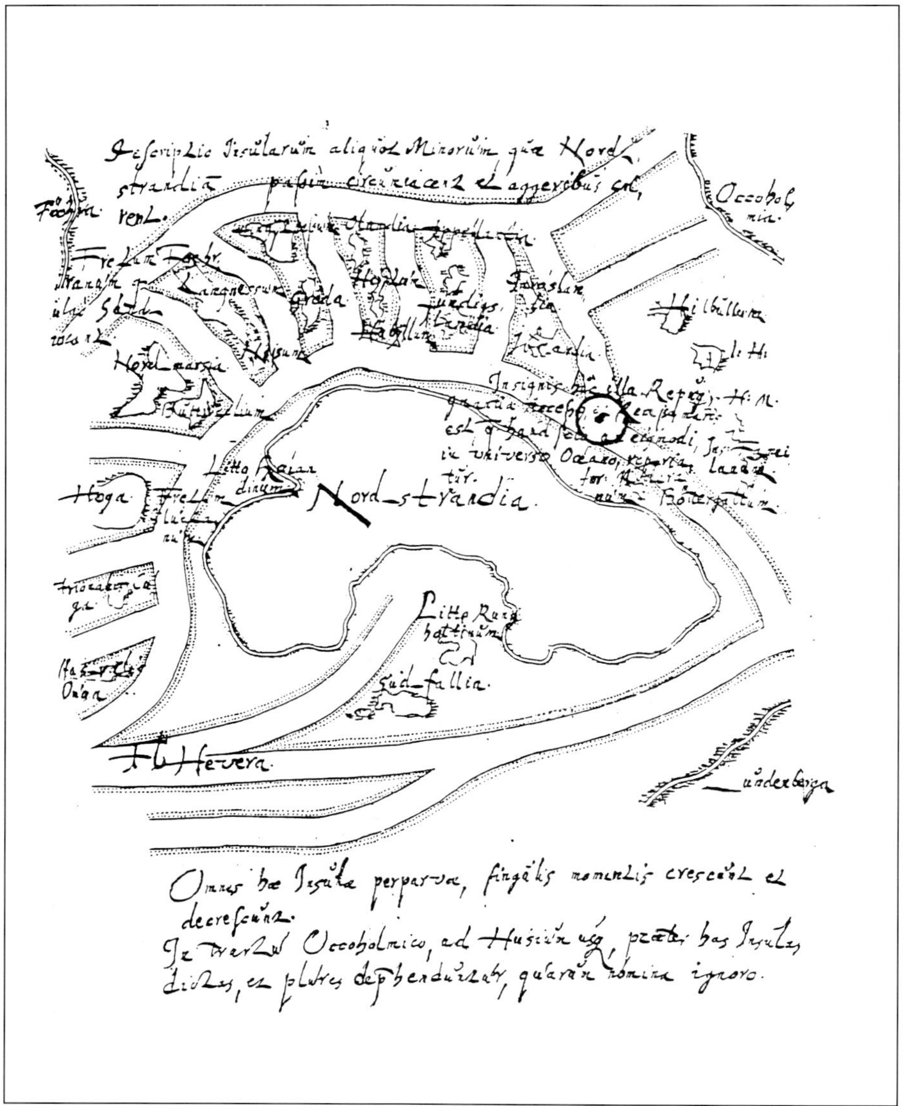


Abb. 39: *„Descriptio Insularum aliquot Minorum“* von Peter Sax

merkwürdig deshalb, weil sie die Landschaft in einer Zeit etwa 800 Jahre früher, also um 800 n. Chr., schildern will. Sie ist dementsprechend dürftig ausgefallen.

Im Süden fließt die Hever, nördlich davon erstreckt sich eine durch zahlreiche Flussläufe durchzogene Insellandschaft, wobei die Flussläufe vielfach untereinander verbunden sind. Es soll wohl eine Landschaft voller Priele darstellen. Rungholt gab es auch schon – vor der Ankunft der Friesen (!). Es liegt direkt am Ufer der Hever.

Einen wissenschaftlichen Wert kann diese Karte nicht beanspruchen.

Dennoch soll die Bedeutung der Werke von Peter Sax nicht geschmälert werden. Sie sind eine Fundgrube für die Erforschung der Landschaft vor der *Groten Mandränke* 1362 – und damit auch für unsere Untersuchung über die Lage von Rungholt.

Versucht man die Lage von Rungholt nach den Karten von Peter Sax zu bestimmen, so muss sein Irrtum, den Rungholtsand mit Rungholt zu identifizieren, in Betracht gezogen werden. Nach der *Clades Rungholtina* liegt Rungholt nord-nord-östlich von Südfall. Dabei ist nicht berücksichtigt, ob Südfall damals wirklich schon existiert hat.

c) Im Jahre 1652 hat der Husumer Kartograph **Johannes Mejer** eine **„Landtcarte Von dem Alten Nortfrieslande Anno 1240“** gezeichnet, die er mit dem Zusatztitel versehen hat: ***„Frisia Cimbrica Antiqua“***. Gewidmet hat Mejer sie Henrico von Hatten, dessen Ansehen und Stellung Mejer in der Widmung – im Titulus rechts oben in der Karte – ausführlich beschreibt [Abb. 41].

Diese Karte fehlt kaum bei irgendeiner Veröffentlichung über die Sturmfluten des Mittelalters in Nordfriesland, wird bei Dia-Vorträgen gern gezeigt und hat eine weite Verbreitung gefunden.

Aber gerade für sie trifft das zu, was schon eingangs erwähnt wurde: Sie ist weitgehend ein Phantasieprodukt und ist demgemäß äußerst umstritten. Manche Kritiker betrachten sie geradezu als eine „Lachnummer“[245], die keinerlei wissenschaftlichen Wert habe, da der Kartograph Mejer in seinem Bemühen, möglichst viele aus den Steuerlisten[246] ersichtliche untergegangene Orte auf die Karte zu platzieren, mit blühender Phantasie vorgegangen sei[247].

Aber es gibt auch Forscher, die ihr einen nicht unerheblichen Wert beimessen. Sie sei zwar nach weit verbreiteter Ansicht in Einzelheiten ungenau, vermittle aber den „im allgemeinen wohl weitgehend zutreffenden Eindruck von dem Landschaftsbild der Westküste vor dem 14. Jahrhundert“[248].

Abb. 40: „Der Anblick der Insel Nordstrand vor der Ankunft der Friesen“ von Peter Sax ▶

Der Lebenslauf des Kartographen **Johannes Mejer** ist ausführlich von dem Dänen P. Lauridsen[249], ferner in einer präzisen, flüssig zu lesenden Zusammenfassung durch den Direktor des Landesarchivs Schleswig, den Historiker Reimer Witt[250], beschrieben worden. In dieser Vita werden die Grenzen der technischen Möglichkeiten bei der Kartographie in der Mitte des 17. Jahrhunderts geschildert und damit die vielen beanstandeten Fehler und Ungenauigkeiten verständlich. Andererseits wird die außerordentliche Begabung von Johannes Mejer auf mathematischem, astronomischem und geographischem Gebiet gewürdigt und verdeutlicht.

Johannes Mejer wurde 1606 oder 1608[251] in Husum geboren. Nach dem frühen Tod seines Vaters, eines Konrektors, Predigers und Diakons, im Jahre 1617 kamen Johannes Mejer und sein Bruder Samuel zu ihrem Onkel Bernhard Mejer nach Kopenhagen, wo dieser ein willensstarker und selbstbewusster Pfarrer an der deutschen Kirche St. Petri war, dazu ein angesehener lateinischer Poet und Redner.

Nach einer nicht verbürgten Überlieferung soll die außerordentliche Begabung von Johannes Mejer, der bis dahin Vieh hütete, von einem unbekannten vorbeireisenden Dänen[252] erkannt worden sein, der ihn nach Kopenhagen zu jenem Onkel gebracht und dort zum Studieren angehalten haben soll.

Einer seiner Lehrer war Tycho Brahe, der genaue astronomische Beobachtungen gemacht und die dafür benötigten Geräte selbst entwickelt hat. Jener Tycho Brahe hat die ersten Triangulationen gemacht, also Winkelmessungen, die auf Festpunkte bezogen sind und aus denen die geographische Bestimmung eines jeden Punktes auf der Erde errechnet werden kann. Die Arbeiten des Mathematikers und Geographen Longomontanus waren Johannes Mejer bekannt, er hat sie in seinen Karten verwendet.

Diese Ausbildung und seine besondere Begabung für die zeichnerische Darstellung von Karten befähigten ihn, eine Vielzahl von brauchbaren, für die damalige Zeit qualitativ guten Karten herzustellen. Diese Eigenschaften gestatteten ihm, sich weit über die Fähigkeiten der örtlichen friesischen Landmesser und Kartographen zu entwickeln. Nach mehrjährigem intensivem Studium kehrte er 1629 nach Husum zurück, wo er in Rechnen und Schreiben unterrichtete, einen jährlich erscheinenden astronomischen Kalender herausbrachte, außerdem Hochzeits- und Beerdigungsbriefe verfasste und an einer Weltgeschichte schrieb, die allerdings recht dürftig ausgefallen ist. Besonders aber übte er seine besondere Begabung aus: das Zeichnen von Landkarten. Eine Anzahl genauer und sauberer Kartenbilder sandte er schließlich an den Herzog Friedrich III. auf Gottorf (1616 – 1659) und erhielt dafür eine geringe Summe Geld geschenkt.

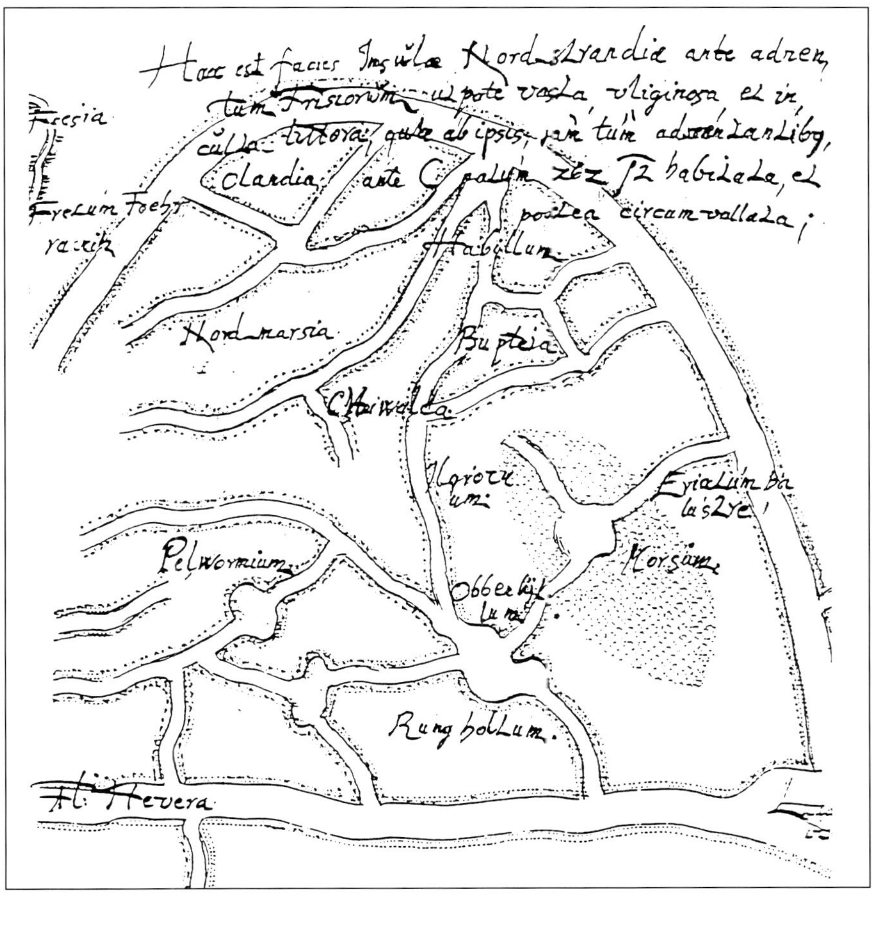


Eine Beschreibung der Stadt und des Amtes Apenrade versah er mit kartographischem Material. Hierdurch wurde er nicht nur mit dem Amtsverwalter Joachim Danckwerth gut bekannt, sondern erregte auch bei dem Herzog Interesse. Nach Anfertigung mehrerer Zeichnungen seiner Heimatgegend Eiderstedt und Helgoland dehnte er seine Tätigkeit durch persönliche Reisen bald auf die Ostseegebiete, Norwegen, Schonen, Holland und auch ganz Schleswig-Holstein aus. Als er diese Karten an König Christian IV. (1577 – 1648) nach Kopenhagen sandte, wurde auch dieser auf Johannes Mejer aufmerksam. Fortan erhielt Mejer von beiden Landesherren, König Christian IV. und Herzog Friedrich III. auf Gottorp, Aufträge zur Herstellung von Karten und Atlanten. Beide Landesherren ernannten ihn zu ihrem Hofmathematiker mit einem ansehnlichen Salär, das jedoch häufig nicht gezahlt wurde. Johannes Mejer hatte viele Unkosten, denn er musste seine Reisen mit Pferd und Wagen selbst bestreiten, Übernachtungen, Ernährung und den Kutscher bezahlen. Für Fachkräfte, also Landmesser und örtliche Kartographen, reichte das Geld ohnehin nur selten. Mejer bat deshalb immer wieder „alleruntertänigst“ Seine Majestät um Zahlung wenigstens eines Teiles des ausstehenden Honorars. S. M. zahlte daraufhin gelegentlich – meist nur einen Teil des erbetenen Betrages. Der König stellte ihm aber einen Pass aus, der die Wirkung eines Blanko-Schecks bei den Amtsverwaltungen, Hardesvogteien und Stadtverwaltungen hatte, worüber diese sich wiederum beim König beklagten. Bekannt ist ein Protestschreiben des Bürgermeisters und Rates von Flensburg, die Johannes Mejer die erbetene Zahlung versagten.

Der königliche Pass verhalf Mejer aber zur unbeschränkten Einsichtnahme in vorhandene Karten, Skizzen und Landesbeschreibungen, Erdbücher genannt, die er in seine Werke nach Überprüfung und Berichtigung, manchmal auch ohne diese, einarbeiten konnte.

Der königliche Pass verhalf ihm auch dazu, dass die Ämter ihm die erforderlichen Pferde und Wagen und freie Fährfahrten verschaffen mussten. Die Gasthöfe hatten ihm aufgrund des königlichen Passes freie Unterkunft zu gewähren. Um sein Honorar musste Mejer aber immer wieder alleruntertänigst bitten.

Wie beschwerlich müssen die Reisen mit Pferd und Wagen, bei Wind und Wetter und in unwegsamem Gebiet bei schlechtesten Straßen- und Wegeverhältnissen gewesen sein! Dennoch hat Mejer eine für die damaligen Zeitverhältnisse unvorstellbar große Anzahl von Karten und Atlanten hergestellt. Geerz[253] hat ausgerechnet, dass Mejer 17 Landmesser in zehn Jahren hätte beschäftigen müssen, was mit seinen Geldmitteln und der zur Verfügung stehenden Zeit völlig unmöglich war, um die generelle Messung der Herzogtümer in zehn Jahren ausführen zu können. Mejer musste deshalb ältere Handzeichnungen und Skizzen eingesehen, vorhandene Landesbeschreibungen genutzt und sich auf Entfernungsschätzungen verlassen haben. Dennoch sind seine topographischen Zeichnungen, Berechnungen und Ortsbestimmungen für die damalige Zeit außergewöhnlich exakt. Die Messungen von Polhöhen zur Ortsbestimmung sind besonders genau. Er bestimmte die Meridiane mit Hilfe von Beobachtungen bei Mondfinsternissen durch einen Zeitvergleich[254]. Sein Eifer, seine Schaffenskraft und seine Ausdauer sind bewunderungswürdig.

Die Genauigkeit seiner Messungen und Kartenanfertigungen lässt aber zu wünschen übrig bei seinen historisierenden Karten. In der „Renovierten Landesbeschreibung“ gibt Mejer eine weitläufige, antiquarisch-topographische Schilderung von Süd-Jütland im Jahre 1300. Auf Einzelheiten soll hier nicht eingegangen werden, aber zusammenfassend mag Lauridsen[255] bei der Behandlung des Abschnittes über Sylt zitiert werden, der viele Sätze Mejers als „Hirngespinste“ bezeichnet, der seine Liste „von Anfang bis Ende eine Fabel“ nennt und kritisiert, dass Mejer in manchen Gegenden Dörfer und ihre Lage „selbst fabriziert“ habe.

Die Kartierungen der Herzogtümer Schleswig und Holstein, ja des gesamten norddeutschen Raumes, sind nicht in Originalen, sondern in Kupferstichen überliefert. Mejer wollte seine Atlanten und Karten mit Landschaftsbeschreibungen versehen lassen und stieß dabei auf den ihm schon bekannten früheren Amtsverwalter von Apenrade Joachim Danckwerth, inzwischen Gottorfer Kammerherr, und dessen Bruder Caspar, Bürgermeister von Husum. Dieser übernahm die Leitung des Gesamtunternehmens, zumal er historisch und genealogisch sehr gebildet war, und schrieb den Text zu den Karten von Mejer. Bei den Goldschmieden und Kupferstechern[256] Mathias und Nicolaus Petersen sowie dem Rotgießer[257] Christian Lorenzen erschien das Werk unter dem Titel „Newe Landesbeschreibung der zwey Herzogthümer Schleswich und Holstein“ im Jahre 1652, gedruckt in hervorragender Weise durch die Schleswiger Hofdruckerei Jacob zur Glocken[258]. Dieses Werk war für damalige Zeiten in Ausführung und Qualität, insbesondere auch die Kartierungen von Johannes Mejer, unübertroffen.

Die Danckwerthsche Beschreibung erregte jedoch großes Missfallen bei der Sonderburger Herzogslinie und verstimmte den dänischen König, weil die Ausführungen eine „pro-gottorfische“ Betrachtungsweise verriet. Mejer verbrachte fast ein halbes Jahr in Kopenhagen, um die Verstimmung des Hofes zu besänftigen. Es gelang ihm, das Wohlwollen des Königs zurückzugewinnen, aber gegen einen hohen Preis: Sein Honorar wurde von 300 auf 200 Reichstaler gekürzt.

Mejer und Danckwerth überwarfen sich wegen der unterschiedlichen Beurteilung der politischen Verhältnisse und führten sogar kostspielige Prozesse. Mejer wurde schließlich zum Landesverräter wider Willen abqualifiziert, weil seine Karten im schwedischen Kriegszug 1657 und in dem noch grausameren Polackenkrieg 1658 als Grundlage für die Truppendurchmärsche der Feinde gedient haben sollen. Schleswig und Holstein wurden in diesen Kriegen selbst in den entlegensten Winkeln verwüstet[259].

Nachdem Johannes Mejer auch noch Schuldprozesse über sich ergehen lassen musste, verstarb er in ärmlichen Verhältnissen Mitte Juni 1674 in Husum.

Johannes Mejer ist bei seinen Erkundungen weit gereist. Er hat sich manches interessante Detail von den Einheimischen zeigen lassen, hat deren Skizzen benutzt und ist, besonders was die Gegend des Wattenmeeres angeht, *„fleiszig den Tieffen nachgefahren, vnd alte glaubwürdige Männer Jeder Zeit zu Gefehrten mit sich genommen, welche ihm die Örter, wo die Kirchen vnd Dörffer belegen, ja gantze Gegend gezeiget haben, woenach er dan Carten formiret und in grundt geleget habe“*, wie Danckwerth in seiner Chronik[260] dessen Tätigkeit beschreibt. Von jenen alten glaubwürdigen Männern, die fleißig den Tiefen nachgefahren sind und die Örter gezeigt haben, wo die Kirchen und Dörfer gelegen haben, hörten wir bereits. In der *Clades Rungholtina* hat Johannes Meier auf einen als N. N. bezeichneten Gewährsmann verwiesen – das ist einer der glaubwürdigen alten Männer! Dass dieser Zeuge wie auch die anderen glaubwürdigen alten Männer offenbar einem Irrtum unterlegen waren und die schleichende Wanderung des Rungholtsandes nicht erkannt haben, wohl auch nicht erkennen konnten, kann Mejer und Peter Sax nicht angelastet werden. Diese Gewährsleute können keine begründete Vorstellung von dem Aussehen des Landes vor fast 300 Jahren gehabt haben[261].

Die Bewohner der Halligen haben nach der *Mandränke* von 1634 Fund-

Abb. 41: „Landtcarte Von dem Alten Nortfrieslande Anno 1240, Frisia Cimbrica Antiqua" von Johannes Mejer, 1652, (abgedruckt in der Danckwerthschen Chronik)

gut auf dem Watt gesucht und geborgen. Von ihnen stammen vermutlich die Berichte, die Johannes Mejer gesammelt und ausgewertet hat. Sie kannten den Rungholtsand und identifizierten ihn mit dem 300 Jahre vorher untergegangenen Ort Rungholt.

Der Vorwurf, Mejer habe in seinen Kartenwerken in manchen Einzelheiten viel Phantasie entwickelt, ist nicht von der Hand zu weisen. Nicht von ungefähr wird deshalb die Tätigkeit von Mejer als wissenschaftlich nicht haltbar, z. T. konfus, bezeichnet, z. B. bei der Zeichnung der Köge Marienkoog und Marnekoog in Eiderstedt, die er offenbar durcheinander brachte[262]. Wenn auch noch der dortige Godenkoog zweimal an unterschiedlichen Stellen erscheint, ebenso der Norderkoog in verschiedenen Werken an verschiedener Stelle, so ist der Vorwurf einer beachtlichen topographischen Unwissenheit nicht unberechtigt[263]. Nicht nur bei der Kartierung der Eiderstedter Köge, auch an anderen Beispielen lassen sich gravierende Fehler in Mejers Kartenwerk nachweisen, sodass der Ausspruch, Mejers frühe Daten seien nichts anderes als barocke Renommiersucht, zwar übertrieben, in der Sache aber zutreffend ist.

Demgegenüber errechnet Busch[264] eine beachtliche Genauigkeit in den Karten von Mejer bei den heute nachprüfbaren Ortsentfernungen. Das gilt z. B. für die (Luftlinien-)Entfernungen der Orte Husum – Meldorf – Rendsburg – Husum oder auch Ripen – Tönning – Hamburg, von Hamburg nach Husum, von Hamburg zum Fehmarn Sund und weiter bis Alsen, und bei vielen anderen Ortsentfernungen in der Mejerschen „Landcarte“. Die Abweichungen der Entfernung Hamburg – Sonderburg betragen 1 %, bei der Entferung Ripen – Tönning – Hamburg 4 %, ein für damalige Verhältnisse sicher nicht schlecht zu nennendes Ergebnis.

Einen Beweis für die Genauigkeit der aktuellen Karten von Mejer in dem hier interessierenden Gebiet von Alt-Nordstrand und Südfall liefert der Geograph Bodo Higelke[265] in seiner Arbeit über die Kartierung der Kulturspuren und Übertragung auf die historische Karte von Mejer von 1634: Die Auswertung von über 200 Punkten ergibt eine Abweichung von nur 1–3 km, alle in west-süd-westlicher Richtung bei Alt-Nordstrand und Südfall von nur 3 km, sowie alle in nördlicher bzw. nordöstlicher Richtung bei Langeness von gleicher Entfernung.

Die Schlussfolgerung, dass die aktuellen Karten von Mejer erheblich genauer sind als seine historisierenden Karten, ist sicher unbestritten. Und dennoch: Außer Mejers Karten von Nordfriesland vor 1362 mit der Gegend um Rungholt gibt es nichts Besseres und kaum etwas anderes.

Seine **„Landtcarte Von dem Alten Nortfrieslande Anno 1240, Frisia Cimbrica Antiqua“** [Abb. 41] aus dem Jahre 1652 ist ein wichtiger Bestandteil der Danckwerthschen Chronik. Diese Karte weist etliche Mängel auf: Rungholt liegt danach an einem breiten Heverstrom, der südlich vorbeifließt. Für die Zeit nach 1362 trifft dies sicher zu, aber um 1240 ist der Flussverlauf der Alten Hever, in Nord-Süd-Richtung zusammen mit dem Fallstief an Rungholt vorbeifließend, sicher erheblich bedeutender, weil auch breiter gewesen als der Heverstrom, der damals wohl kaum die Breite eines Seegates gehabt hat. Nach Mejer lag Rungholt um 1240 auf einer Insel, die – wohl – zur Edomsharde gehörte. Die Bezeichnung Edomsharde findet sich auf den anderen beiden Inseln im Norden und Osten von Rungholt, wobei auf ersterer sich die Orte Konigsbull und Akenboll befinden, auf letzterer die Orte Ham, Gackeboll und Wittenbull. Aber dennoch ist die räumliche Nähe dieser drei Inseln so groß, dass Rungholt – gerade noch – als zur Edomsharde gehörig gezeichnet wurde. Dabei war Rungholt der Haupthafen, wohl der bedeutendste Ort der Edomsharde. Das alles erscheint ein wenig in der Bedeutung verschoben.

Was aber können wir aus der Karte positiv herauslesen? Rungholt war ein Kirchspiel, es ist nämlich mit dem entsprechenden Symbol einer Kirche versehen. Im Süden und Südosten sind Hügel eingezeichnet, ein Baum deutet wohl ein nahes Waldgebiet an – viel mehr Platz als für nur einen Baum gibt die Karte nicht her. Im Westen, Norden und Osten wird die Insel von namenlosen Prielen umspült.

Und was die Lage im Gebiet der nordfriesischen Inseln angeht, so liegt Rungholt
- südöstlich der Pellwormharde,
- ost-süd-östlich der Alten Kirche von Pellworm (303°),
- nördlich der Kirchen von Westerhever (180°) und – weiter entfernt – von Tating (188°),
- schließlich nord-nord-östlich von Ording (207°).

Überträgt man die Kurse von Rungholt zu den genannten Punkten aus der Mejer'schen Karte auf eine heutige Karte, so läge der Schnittpunkt dreier Koordinaten genau 2,75 km westlich (279 °) der heutigen Südfall-Warft, im Gebiet des heutigen Heversteert. Nur die Koordinate zu der Pellwormer Alten Kirche liegt etwa 3,5 km nördlicher von diesem ermittelten Schnittpunkt. Aber die Ortslagen der Kirchen von Pellworm, Westerhever, Tating und Ording dürften ebenso ungenau eingezeichnet sein wie die von Rungholt. Dennoch ist eine bemerkenswerte Feststellung zu treffen: Der ermittelte Schnittpunkt weist deutlich auf die Richtung westlich vom heutigen Südfall, wobei anzumerken ist, dass Südfall, wie aus der Berentz'schen Karte von 1633/1637 bekannt, eine erheblich weitere Ausdehnung nach Westen hatte, mindestens um 3 km. Sind die Ortslagen in der Mejerschen Karte doch nicht so ungenau, wie man aus anderen Erfahrungen mit seinen Karten vermuten könnte? Man sollte die Anforderungen an die Genauigkeit seiner Karten nicht übersteigern.

Nach der großen Sturmflut, nämlich 1641, stellte Johannes Mejer eine weitere Karte, bezeichnet als **„Landtcarte von Nordergoesherde, Ambt Husum, Lundenberg undt dem Nordstrande“** [Abb. 42] her, also 7 Jahre nach der *2. Groten Mandränke*. Bei dieser Gelegenheit zeichnet er die ehemaligen Standorte der untergan-

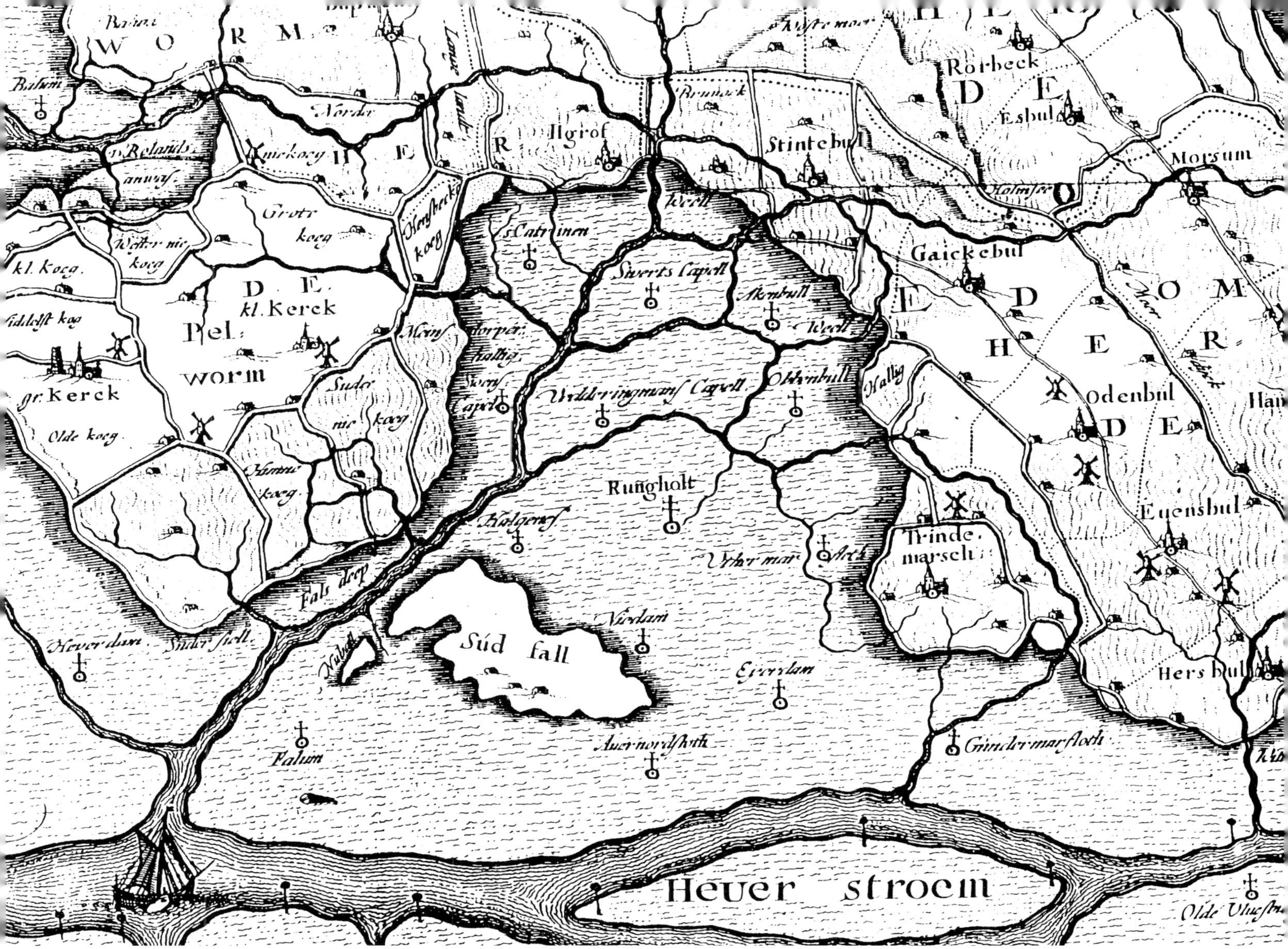


Abb. 42: Landtcarte von Nordergoesherde, Ambt Husum, Lundenberg undt dem Nordstrande, von Joh. Mejer, 1641

genen Kirchspiele ein. Rungholt liegt danach wiederum ost-nord-östlich von Südfall, Halgenes nördlich und Niedam östlich von Südfall. Das erscheint alles ein wenig unwahrscheinlich. Rungholt wird wiederum auf den bekannten Rungholtsand verlegt. Rungholt ist als Hauptkirche eingezeichnet – mit zwei Strichen im Kreuz des Piktogramms. Das zeigt die Bedeutung des Ortes an im Vergleich zu anderen Kirchspielen.

Für die exakte Lage des Ortes Rungholt gibt aber auch diese Karte nichts her.

Mejer hat aber weitere Karten mit der Ortsangabe Rungholt gezeichnet, und zwar Detailkarten. So gibt es eine als **„Abriß von Rungholte“** bekannt gewordene Karte in zwei Varianten [Abb. 43 a und b]. Befassen wir uns zunächst mit der etwas schlichteren Fassung.

Es handelt sich um eine ebenfalls in der Danckwerthschen Chronik von 1652 abgedruckte Karte. Sie ist anschaulich ausgeschmückt, mit Wäldern, Deich- bzw. Wegstrecken und Flussläufen versehen. Rungholt ist durch eine Kirche dargestellt. Unter der Lupe kann man erkennen: Südlich und südwestlich schließen sich mehr als ein Dutzend Häuser an, in nordöstlicher Richtung zwei weitere. Die Häuser stehen überwiegend an einem Deich, der gleichzeitig als Wegstrecke diente. Nur im Südwesten von der Kirche finden wir etwa 6 Häuser in einem Kreis stehend, so als wolle Mejer andeuten, dass hier ein Ortsmittelpunkt, etwa ein Marktplatz oder ein Anger, gewesen sei. Weiter westlich davon sind drei Gruppen von kleinen einfachen Reihenhäusern gezeichnet, jeweils etwa zehn Stück dicht aneinander gedrängt, in – wie wir heute sagen – geschlossener Bauweise. Es mag sich um Fischerhütten, vielleicht auch Salzbuden gehandelt haben.

Sie liegen direkt oder mindestens sehr nahe an einem Flussverlauf, den Mejer mit Rungholtsiel beschriftet. Der Fluss verläuft, aus einem Wald nordöstlich von Rungholt kommend, nördlich dicht an Rungholt vorbei und verbreitert sich sodann zu einem See, der wiederum schließlich als „Rungholtsiel“ in den – sehr breit gezeichneten – Heverstrom mündet. Der Heverstrom ist von Mejer viel zu breit gezeichnet, wie schon dargestellt, da das Seegat dieser Breite erst nach 1362 durchgebrochen war. Mejer zeichnet aber auch einen Abzweiger von dem Flussverlauf östlich von Rungholt, der ebenfalls in den Heverstrom mündet, sodass Rungholt auf einer Insel liegt. In nordöstlicher Richtung schließt sich an den Ort Rungholt ein Wald an, der ebenfalls die Beschriftung „Rungholt“ führt.

Südwestlich von Rungholt zeichnet Mejer auf dem „Abriß“ den Ort Niendam (= Niedam), ebenfalls bewaldet. Der Name weist auf einen „neuen Damm“, also einen neu angelegten Deich hin.

Sehen wir uns nun die ausgeschmückte Karte aus dem Jahre 1636 an.

Rungholt ist wiederum durch eine Kirche dargestellt, um die vor allem in Richtung auf den Wald nach Norden, Osten, aber auch Westen einige Häuser verstreut liegen. Der Fluss läuft so dicht an Rungholt entlang, dass er von der bildlich dargestellten Kirche überdeckt wird. Er mündet über das Rungholtsiel in die Hever. Aber einen weiteren östlich von Rungholt gelegenen Wasserarm, der ebenfalls in die Hever floss, finden wir auf dieser Kartenskizze nicht.

Mejer gibt auch Namen von Deichen an: „Rieper Dam“ nordwestlich vom Rungholtsiel – hier dürfte der Weg nach dem Nachbarort Fedderingman Capell vel (= oder) Rip den Namen gegeben haben. Auch lesen wir „Svens Dyck“, nordwestlich des Rungholtwaldes und nördlich an diesem entlang. Hieraus wurde in der *Clades Rungholtina* von Mejer und Sax die Bezeichnung *Vallum Svenonium*.

Dicht westlich neben der Mündung des Rungholtsieles – bei Halgenes – steht das Wort „Veer“, ebenso wie bei Trendermarsch („Trendemarsch“ bzw. „Trindemarsch“). Hier gab es also Fährverbindungen über die Hever.

Auch der Nachbarort Niendam ist eingezeichnet, von Wald umgeben.

Mejer bezeichnet das 1636 vorhandene Siel als *„Rungholts Siell“*. Westlich davon, ja sogar westlich vom Nachbarort Halgenes ist ein weiteres Siel eingezeichnet, das „Große Siell“. Dort soll der große Deichdurchbruch 1362 erfolgt sein, der sich zu dem Seegat Norderhever ausgeweitet hat. Das alles ist jedoch nicht authentisch, vielmehr verwechselt Mejer das 1636 vorhandene Siel mit dem Rungholtsiel, woraus sich die ganze „Brüchigkeit“ der Karte von Mejer ergibt.

Insgesamt lässt sich festhalten, dass diese Karte von Johannes Mejer hübsch ausgemalt ist, wodurch sie einen ansehnlichen Eindruck macht, jedoch könnten solche Ausschmückungen zu Lasten der Authentizität gehen.

Interessant ist die Beschriftung der Karte:
*„Eine Geometrische delineatio, der 7 oder 9 Kirchspiele Rungholts, mit ihren Wäßern, Wäldern, Teichen und Schleußen, welche durch Gottes des allmächtigen gerechten Grim und Zorn mit ein groß Wasserfluth, so geschehen ao 1300 den 16. January überschwemmt worden darmahlen noch 2 vom Strande und 8 oder 9 Karspele von Eyderstette mit untergangen. Das diese große Veränderung gegeben. Also gar, daß heutigen Tages kaum die Vestigia des ohrts kann gespuret werden. Jedoch Wo Rungholt mit Ihren Karspele gelegen, ist in diese kleine Tabell etlichermaßen für Augen gestellt. Jetzt aber begreift dieser Orth in sich bei 11 Tausend Demath, ist ao 1634 für vor der großen und Übernatürlichen Fluth gemeszen worden, Anno 1636.*

*Johannes Mejer H.H.“*[266]

Die Flutkatastrophe, in der Rungholt untergegangen ist, wurde also auch von Mejer auf den 16. Januar 1300 datiert. Das Jahr des Untergangs von Rungholt wird noch ausführlich in einem späteren Abschnitt untersucht werden.

Die Vernichtung von Rungholt durch die große Wasserflut war nach der Mejerschen Beschreibung so eindeutig, dass kaum die vestigia (= Spuren, Platz, Stelle) der Ortschaft aufzuspüren war, nämlich bei Zeichnung der Karte 1636. Von Kulturspuren wird Mejer schon gewusst haben, denn er kannte auch, was Peter Sax darüber schrieb. Aber von den im 20. Jahrhundert wieder sichtbar gewordenen Spuren an Schleusen, Deichen und Warftresten hat er kaum Kenntnis haben können, denn sie waren jahrhundertelang völlig zugeschlickt oder lagen unter der Hallig Alt-Südfall.

Nach der Beschreibung von Mejer gehörten zu Rungholt noch 7 oder 9 Kirchspiele. Auch dadurch wird seine Bedeutung im Mittelalter hervorgehoben. Hier kann man aber schon erkennen, dass mit dem Begriff „Rungholt“ ein ganzes Areal verbunden ist, ein zusammenhängender Koog. Deutlich wird dies durch die Größenangabe von 11 Tausend Demat. Diese Zahl dürfte aus der Berechnung von dem Landmesser Jan Berentz stammen, der 1633 die Aufgabe erhielt, einen Deich von Pellworm über Südfall nach Nordstrand auszumessen und zu projektieren. Er ermittelte, dass mit einem Schlage 11 000 Demat Land zu gewinnen seien[267], eine wohl übertriebene Größenangabe.

Prüft man die Karte auf diese Ausdehnung, so erkennt man, dass es sich eigentlich um 10 Köge handelt, und dann wird die Größenangabe und der Hinweis auf 7 oder 9 Kirchspiele verständlich. Ein Hinweis auf diesen Landschaftscharakter als Koog ist auf dieser Karte zu finden, nämlich nördlich des Waldes von Rungholt, nahe der Ortsbezeichnung „Trentham“: „ein Kog“.

Die andere Fassung, die viel schlichtere Darstellung, dürfte ein Vorläufer zu dieser ausgeschmückten Darstellung sein[268], auch wenn sie erst mit der Herausgabe der Danckwerthschen Chronik gedruckt wurde.

Abb. 43a und b: „Abriß von Rungholte" von Johannes Mejer, 1636 (ausgeschmückt) und 1652 (abgedruckt in der Danckwerthschen Chronik)

Der Titulus, also der Text in der Überschrift der Karte am rechten oberen Rand, ist dürftig. Er lautet ganz schlicht „Abriß Von Rungholte Und seinen Kirchspielen. Anno 1240." Schließlich enthält er noch den Maßstab, in Ruten[269] dargestellt.

Wenn wir diese beiden Karten mit der schon besprochenen *„Clades Rungholtina"* in der Fassung von Peter Sax vergleichen, erkennnen wir so starke Ähnlichkeiten, dass die Annahme, Sax habe den „Abriß von Rungholte" als Vorlage benutzt, keinesfalls verfehlt ist.

Die Lage von Rungholt nach den Karten von Johannes Mejer zu bestimmen ist wegen der Ungereimtheiten in seinen Darstellungen fast aussichtslos. Nach der in der Danckwerthschen Chronik als „Landtcarte von dem Alten Nortfrieslande" veröffentlichten Karte könnte Rungholt fast 3 km westlich vom heutigen Südfall ermittelt werden. Nach dem „Abriß von Rungholte" lässt sich nur eine Lage nord-nord-östlich von Niedam und süd-süd-östlich von Fedderingman Capell ableiten.

Recht vereinfacht gesehen kann man aus den Karten von Peter Sax und Johannes Mejer erkennen, dass sie Halgenes im Westen (links), Rungholt östlich davon auf fast gleicher Höhe (in der Mitte), Niedam im Süden (unten) und Fedderingman Capell im Norden (oberhalb von Rungholt) eingezeichnet haben.

d) Die von **Johannes Petreus**[270], Pastor in Odenbüll auf Nordstrand, erstellte Karte **„Nordstrand um 1597"** [Abb. 44 a und b][271] ist keine historisierende. Sie ist wohl die älteste authentische Landkarte vom südlichen Teil der nordfriesischen Inselwelt im Wattenmeer.

Rungholt ist auf der Karte von 1597 nicht dargestellt. Stattdessen sind zwischen Pellworm und der Trendermarsch fünf Halligen zu sehen: Autzham und Tretzhalg etwas weiter nördlich von der uns interessierenden Stelle, dann aber Südfall, Nübel und Nielandt. Nielandt hat 5 Häuser, bezeichnet mit der lateinischen Abkürzung *„dom"* für *domus*. Südfall war also schon Ende des 16. Jhdts. vorhanden, Nielandt bezeichnet „neues Land". Aus der Karte ist zu ersehen, wie auf dem Boden des untergegangenen Rungholt neuer Anwachs entstand, neue Halligen mit neuen Namen. – Rungholt hat aufgehört zu existieren. Petreus fügt seiner Karte eine ausführliche Beschreibung bei[273]. Zu den angesprochenen Halligen schreibt er – in freier Übersetzung – :

**Johannes Petreus** ist in Flensburg aufgewachsen. Er besuchte die Schule in Magdeburg und studierte in Wittenberg Theologie.[272] Bis zu seinem Tode 1603 war er Pastor in Odenbüll auf Nordstrand. Einen Namen hat er sich als Historiker gemacht, indem er *„Annales"* schrieb, Nachrichten über Kirchen-, Verwaltungs- und Schulangelegenheiten zusammenstellte und auch Landkarten zeichnete.

*Sodann gehört noch eine Insel dazu, die Nielandt heißt, auf der sich 5 Häuser befinden, und westwärts davon liegt Südfall, darauf nur ein Wohnhaus, und dazwischen liegt eine Insel oder Hallig, Nübell benannt.*

Interessant ist in diesem Zusammenhang, dass die dort beschriebene Hallig Südfall nicht identisch ist mit der heutigen Hallig Südfall. Sie lag weiter westlich und war damit den heftigen Weststürmen und damit der stets fortschreitenden Erosion ausgesetzt. Dies ging so weit, dass die Bewohner des genannten einen Hauses dieses schließlich aufgeben mussten und auf eine andere Hallig verzogen, die weiter ostwärts lag, nämlich die Hallig Nielandt. Dort befanden sich nach Petreus zu seiner Zeit bereits 5 Häuser. Es war das „neue Land", das sich gebildet hatte aus den Anschwemmungen des weiter westwärts abgetragenen Sandes. Wird Sand abgetragen, so wird er an anderer Stelle auch wieder aufgetragen. Nielandt war deshalb für die „Südfallner", wie sie genannt wurden, eine geeignete Wohnstätte. Und schon bald wird man diese Hallig nicht mehr Nielandt, sondern nach seinen Bewohnern genannt haben. Dort wohnten die Südfallner, und schon war die Namensänderung perfekt. Auch Nübel ist untergegangen, und so verblieb – bis heute – Südfall auf der Stelle des ursprünglichen Nielandt, wie von Petreus eingezeichnet.

e) Der Kartograph **Johann Wittemack**[274] hat eine interessante Karte hinterlassen, die sehr bald nach der Zweiten *Groten Mandränke* von 1634 gezeichnet wurde. 1646 erstellte er die Karte ***„Frisia Minor"*** [Abb. 45], wobei er auf die Bezeichnung des dänischen Historikers Saxo Grammaticus Bezug nahm.

Die vermutete Lage des untergegangenen Rungholt wird nur durch einen Text bezeichnet, wonach sich die Stadt – *oppidum* – oder die Stelle in der bezeichneten Gegend befand. Sie sei etwa im Jahre 1300 zerstört worden. Wittemack wird sich bei der Lage von Rungholt durch den damals sichtbaren Rungholtsand getäuscht haben. Die Bewohner der Hallig Südfall werden den Sand, auf dem Rungholt einst lag, weiter so bezeichnet haben ohne zu merken, ja merken zu können, dass der Sand langsam und unaufhaltsam nach Osten abwandert.

Noch zu Beginn dieses Jahrhunderts hat Julius Lander, Schäfer auf Südfall, erklärt, dass die Bewohner von Südfall immer der Ansicht gewesen seien, Rungholt habe nördlich des „Kaob", der Nordwestspitze von Südfall nach Pellworm zu, gelegen[275] – eine sicherlich nicht beweiserhebliche, aber immer wieder zitierte Aussage.

f) Nichts anderes ist zu ersehen aus einer 1659 erstellten Karte von dem **„zerstörten Nordstrand"** [Abb. 46], gezeichnet von **Quirinius Indervelden**; einem Deichgrafen. Wir lesen dort nordöstlich von *Suytval* (= Südfall) im Wattgebiet die Bezeichnung *Rongholt*. Auch hier liegt offensichtlich eine Identifizierung des untergegangenen Kirchspieles mit dem damals sichtbaren Rungholtsand vor.

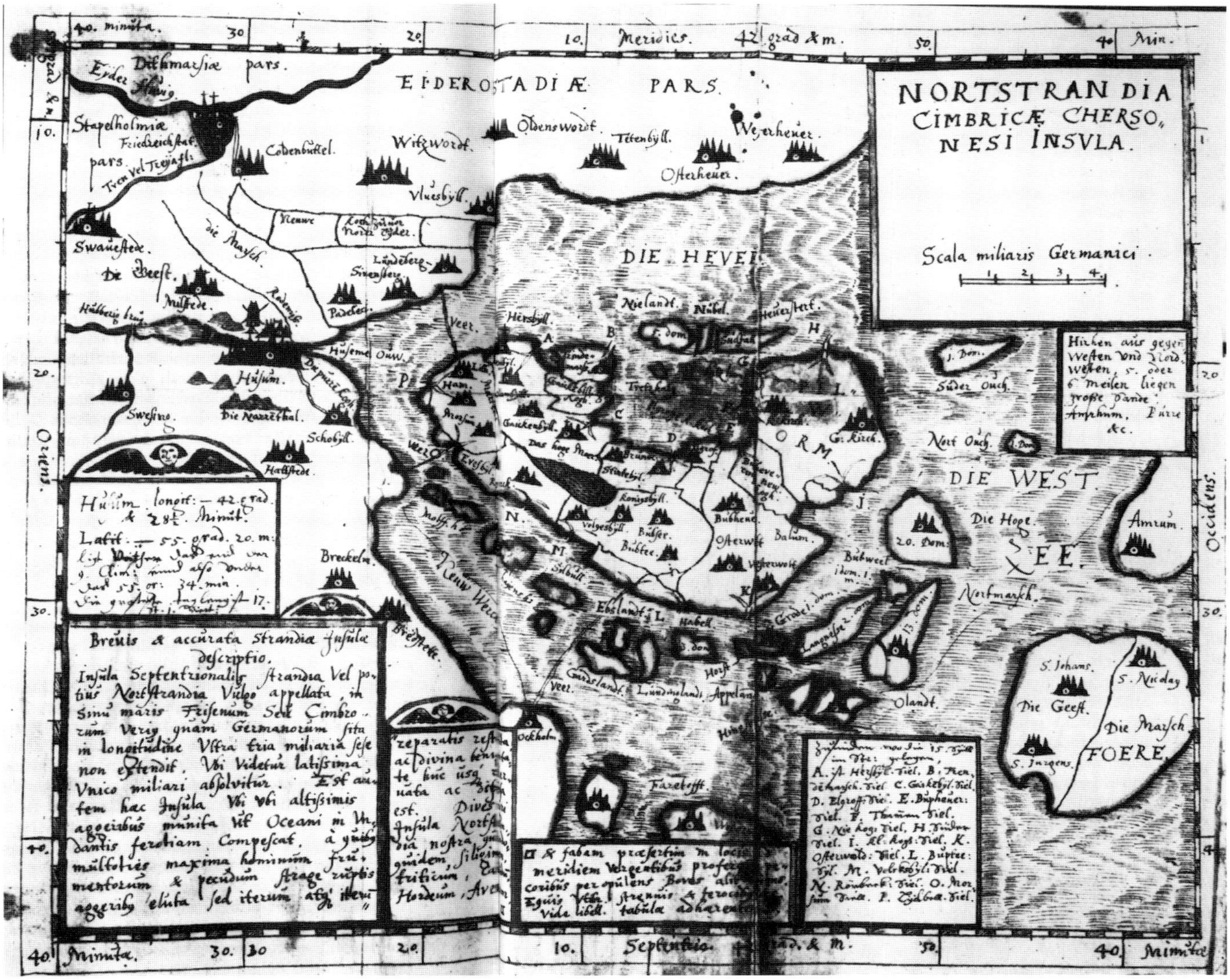


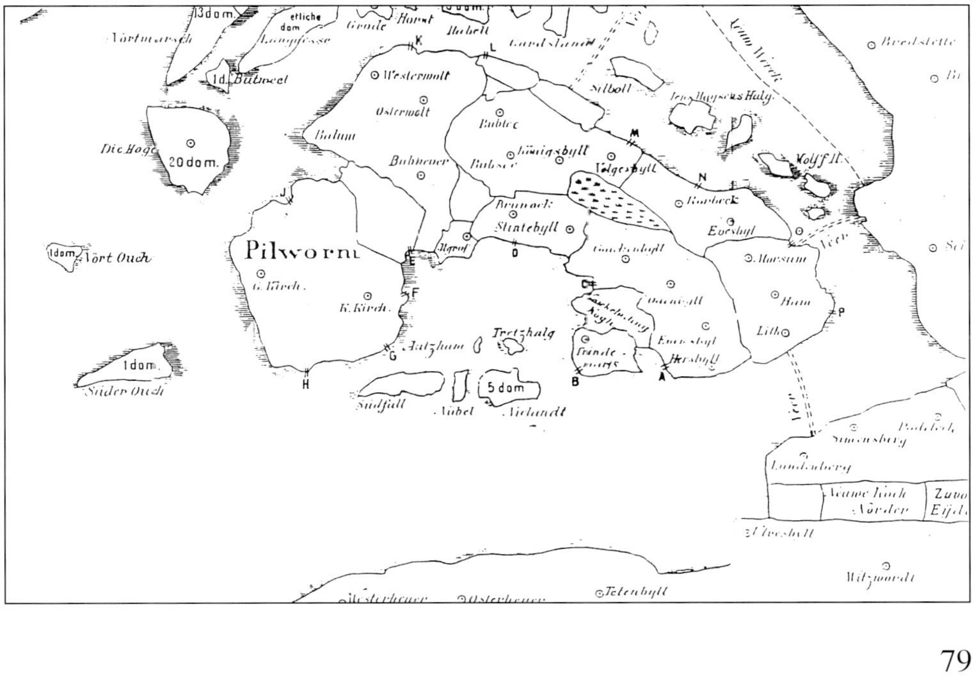


Abb. 44a: Nordstrand um 1597 von Johannes Petreus, gezeichnet von Joh. Mejer (Anm. dazu: Süden ist oben)

Abb. 44b: dieselbe Karte, bearbeitet von Reimer Hansen

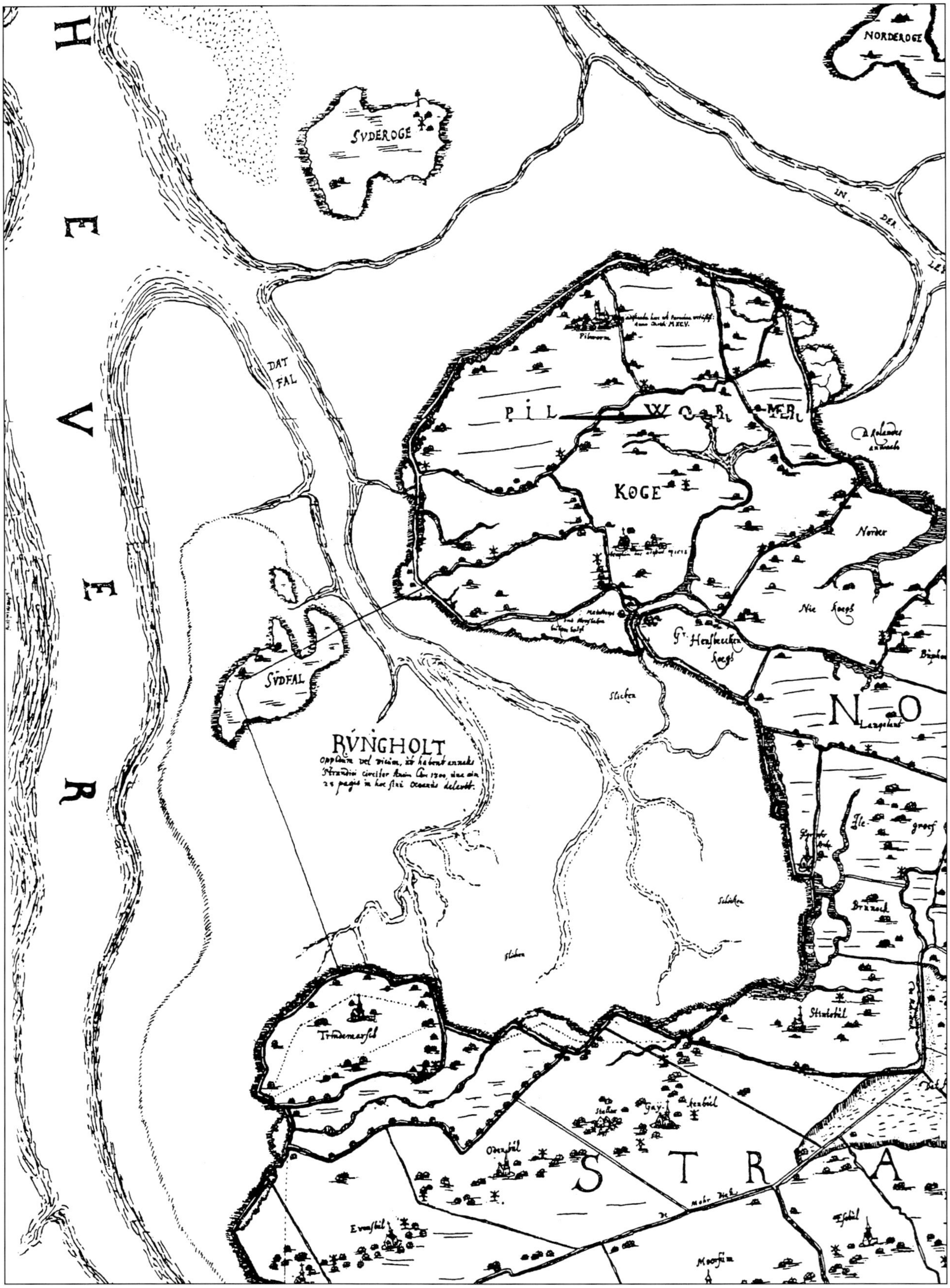


Abb. 45: *„Frisia Minor“* von Johann Wittemack, 1646

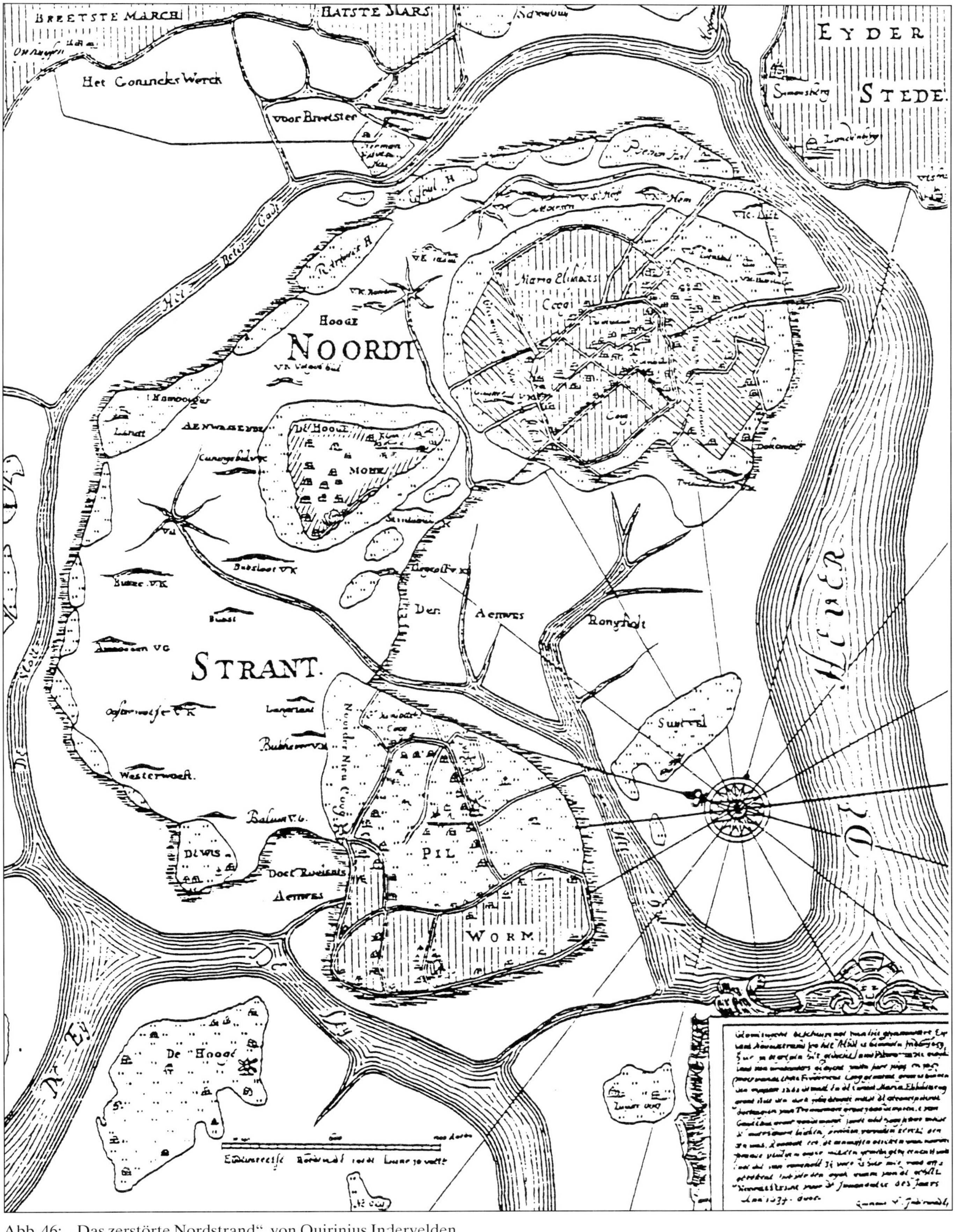


Abb. 46: „Das zerstörte Nordstrand“ von Quirinius Indervelden

Abb. 47: Eine kritische – berichtigende – Karte von Alt-Nordfriesland, 1240, von J. N. Schmidt, 1851

g) In den *„Annaler for nordisk Oldkyndighed“* hat **J. N. Schmidt** sich mit der Glaubwürdigkeit der Karten von Johannes Mejer befasst und 1851 eine **berichtigende Karte** [Abb. 47] erstellt. Er unterscheidet zwischen sicherer (*sikker*), ungewisser (*uvis*) und zweifelhafter (*tvivlsom*) Existenz der Ortschaften jener Zeit um 1240 Nach seiner Auffassung hat sich das zusammenhängende Land noch weiter zur See hin erstreckt. Er vermutet, dass Mejer bei seinen Kartenzeichnungen den mehr oder weniger zuverlässigen Angaben und Aufzeichnungen von Zeitgenossen Glauben geschenkt habe, wobei Schmidt sogar zwischen einem tüchtigeren Zeitzeugen, der aus der Sylter Gegend kam, und einem anderen aus der Gegend um Rungholt unterscheidet. Schmidt ergänzt, dass die Namen dieser Männer auf den Karten gestanden hätten, wenn es sich um berühmte Verfasser ihrer Zeit gehandelt hätte.

h) Eine sehr vorsichtige, nur als Versuch einer Darstellung gemeinte Skizzierung der Gegend **„Südwest-Schleswig um 1240“** [Abb. 48] ist nach den Aufzeichnungen von **Reimer Hansen** im Jahre 1893 als brauchbare Studie erstellt worden. Danach ist die festländische Geest unverändert geblieben und hat sich das Marschland erst nach der Zerstörung durch die verheerenden Sturmfluten gebildet, teils durch Inseln, teils durch Aufschlickung. Auch nach der Ansicht von Hansen bestand um 1240 eine große zusammenhängende Landfläche zwischen der Geest und dem Meer, durch Deiche nur notdürftig geschützt, und ferner hohe Moorflächen, die zwar unfruchtbar und unbewohnbar waren, aber den Bewohnern Schutz gegen hohe Sturmfluten gegeben hätten. Viele Einzelheiten der Karten von Mejer lehnt er ab.

Rungholt habe seinen Namen von einem dort liegenden Holz, also Wald, erhalten und habe wohl auf einer natürlichen Anhöhe gelegen. Diese Anhöhe ist jene Sandbank, die sich in nordsüdlicher Richtung in Norderdithmarschen bis Lunden erstreckt und hier ihre Fortsetzung findet.

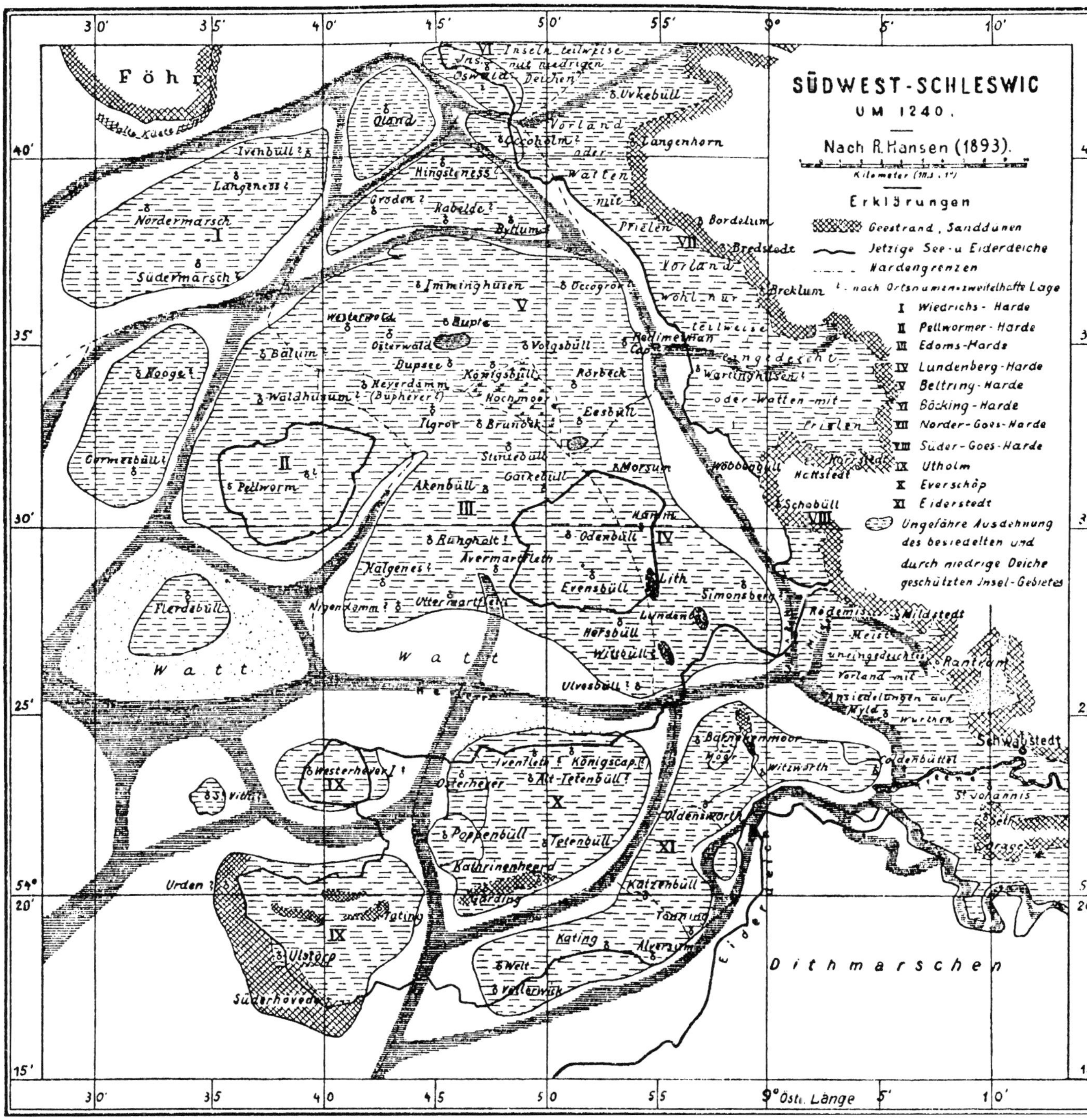


Abb. 48: „Südwest-Schleswig um 1240“ nach Reimer Hansen, 1893

i) Wie gewaltig der Schock durch die Sturmflut von 1634 auf die Menschen gewesen war, erhellt daraus, dass noch 250 Jahre später historisierende Karten gezeichnet wurden, in der die Inselwelt vor der Zweiten *Groten Mandränke* dargestellt wurde. Das trifft auch für die Karte **„Alt-Nordstrand“** [Abb. 49] von **Franz Geerz** von 1888 zu. Geerz vermutete den Ort Rungholt etwa 3 km nordöstlich des früheren Südfall, des „Alt-Südfall“, wie es benannt sein soll. Das entspricht einer Lage nördlich vom heutigen Südfall. Zwischen dem dort verzeichneten Rungholt und dem heutigen Südfall ist der Ort Nigendam vermerkt, 2 km westlich von Rungholt Halgenis, und zwischen Südfall und Trindermarsch der Ort Marsloth. Bei allen Orten ist das Datum des Unterganges vermerkt, für Rungholt, Nigendam, Halgenis und Marsloth das Jahr 1362.

Abb. 49: „Alt-Nordstrand“ von Franz Geerz, 1888

Bei dieser Karte handelt es sich abermals um eine Rekonstruktion, wobei die schon vorhandenen Karten von Mejer und Sax vermutlich Einfluss auf die Darstellung gehabt haben. Die Leistungen von Johannes Mejer würdigt er als eine in sehr kurzer Zeit erstellte große Leistung[276]. Es sei besonders anzuerkennen, dass seine Karten während eines Zeitraumes von 150 Jahren als einzige Basis aller späteren Karten gedient haben. Mitgewirkt hat sicher auch die inzwischen so stark veränderte Lage des Rungholtsandes. So sollte auch dieser Karte gegenüber größte Skepsis walten.

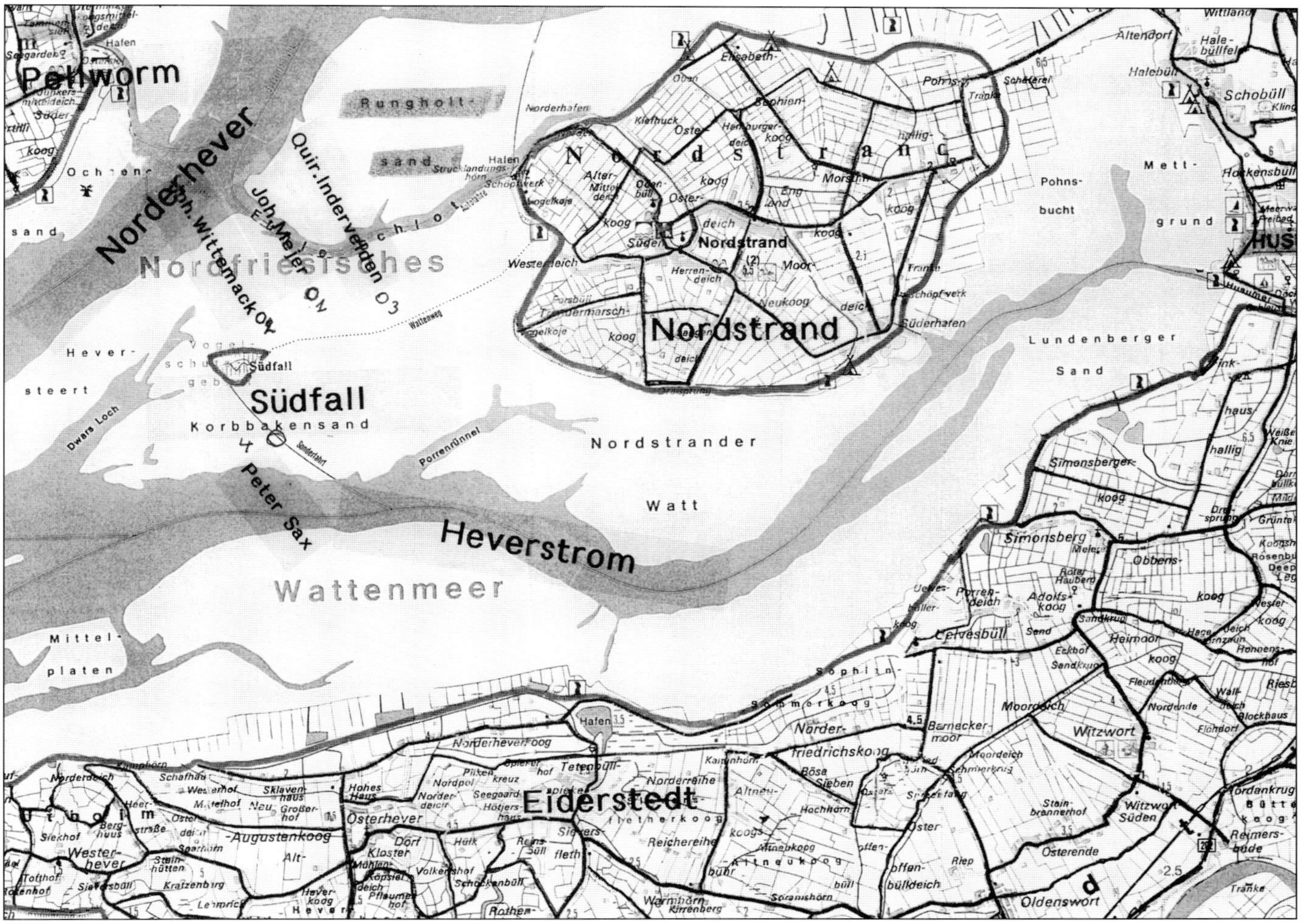


Abb. 50: Die vermutete Lage von Rungholt nach historisierenden Karten

j) **Zum Wert historisierender Landkarten** lässt sich abschließend feststellen, dass derartige Karten und Skizzen keine auch nur einigermaßen verlässliche Darstellung der Ortslage von Rungholt geben. Sie basieren auf den offenbar recht unzuverlässigen Skizzen, Berichten und Erinnerungen von Vorfahren.

Duerr ist anderer Ansicht. Nach seiner Auffassung dürften sich die Nachkommen der Überlebenden von 1362, die letztlich wohl die Informanten der ersten Kartographen gewesen waren, kaum an einem Sand orientiert haben, sondern an Kulturspuren im Watt, die ja damals – im 15. und 16. Jahrhundert – viel zahlreicher gewesen sein müssten. Diese Ansicht ist nicht überzeugend. Gerade im 15. und 16. Jahrhundert waren die Kulturspuren dürftiger als im 20. Jahrhundert, weil die gesamte Fläche um Südfall stark überschlickt war und erst im 20. Jahrhundert durch Erosionsvorgänge diese Schlickschichten abgetragen wurden. Abgesehen hiervon war die Wanderung des Sandes über viele Generationen so gering, dass sie von den Bewohnern nicht registriert werden konnte. Aber der Name dieses Sandes lag fest: „Dieser Sand dort“ – so werden die Nachkommen der Überlebenden ihren Kindern gezeigt haben – „ist Rungholt“, und damit war die Lokalisation gegeben.

Abschließend soll auf einer Landkarte des heutigen nordfriesischen Wattenmeeres die Ortslage nach den genannten historisierenden Karten eingetragen werden [Abb. 50], wobei deutlich wird, dass die genannten Kartographen des 17. Jahrhunderts dem Irrtum erlegen waren, die Ortslage von Rungholt mit der damaligen des Rungholtsandes zu identifizieren.

## Geographisch-literarische Aspekte

Nun gibt es nicht nur Landkarten aus dem Mittelalter, die sich mit den in den *Groten Mandränken* untergegangenen Kirchspielen und Ortschaften befassen, sondern auch – wenn auch wenig – Literatur. Dabei interessieren insbesondere Berichte über Funde von Kulturspuren im Wattenmeer, die nach dem Untergang dieser Orte gemacht wurden. Auf der Suche nach Augenzeugen solcher Kulturspuren, die möglichst vor der Zweiten *Groten Mandränke* 1634 nach historisierenden Karten gemacht wurden, stoßen wir auf Johannes Petreus, Matthias Boetius und Peter Sax.

a) Auf der historischen Karte des Odenbüller Pastors **Johannes Petreus** um 1597 ist Rungholt nicht enthalten, stattdessen sind in der Bucht von Alt-Nordstrand fünf Halligen gezeichnet, u. a. Nielandt, Südfall und Nübel. So ist es auch im Text von Johannes Petreus zu lesen, in seinen „Schriften über Nordstrand“. Zu Rungholt schreibt er, dass man nichts Genaues wisse. Zu den drei von ihm genannten Halligen berichtet er, dass Südfall als erste vernichtet worden sei. Panten fand heraus, dass der Ortsname Südfall auf Nielandt übertragen worden ist, und schließlich sei auch Nielandt – also damit beide Halligen – durch die Fluten abgetragen worden. Später aber sei hier eine Hallig wieder neu angelandet. Damit hatte er „den Nagel auf den Kopf getroffen“, denn der gesamte Komplex hat sich in einem ständigen Wandel befunden. Diese Umwandlung dauert heute noch an.

Der Chronist Petreus fällt deshalb für eine Ortsermittlung von Rungholt aus.

b) Der Nordstrander Pastor **Matthias Boetius**[277] hat eine Chronik über Nordstrand *„De Cataclysmo Nordstrandico“* geschrieben, einen Kommentar in drei Teilen. Hierin führt er aus:

*Es sei „nichts so sicher, wie daß in jener Bucht zwischen Trindermarsch, Südfall und Pellworm neben den zuletzt genannten Dörfern auch Rungholt gelegen“ habe, „eine Stadt, deren Name bei unseren Vorfahren ganz besonders berühmt gewesen und auch heute noch im Volksmunde lebendig ist“*[278].

Das schreibt Boetius 1622. Er wird sich bei der Ortsbeschreibung auf die Mitteilungen und Berichte der einheimischen Bevölkerung verlassen haben. Sein Urteil ist im Vergleich zu den blumigen, phantasiereichen Kartenzeichnungen von Mejer und Sax zuverlässiger, obwohl auch er dem Urteil der Bevölkerung zu viel Gewicht beimisst, die durch die unerkannte Veränderung des Rungholtsandes irregeleitet worden sein dürfte. Viel hilfreicher sind Beschreibungen von Funden, die seinerzeit im Watt gemacht worden sind. Und davon schreibt Boetius in den „Drei Büchern über Denkwürdigkeiten von Sturmfluten, welche Nordstrand betroffen haben“[279]:

*Bei ablaufendem Wasser falle „eine große weite Fläche trocken, voll Schmutz und Schlamm aus dem Meerwasser auftauchend; derart daß man über die vorwiegend sandigen Stellen mit Wagen, über die meisten aber nach Belieben zu Fuß einige 1000 Schritte passieren kann. Auf die Weise kann man von einer der bei Nordstrand liegenden Inseln zur anderen, obgleich sie weit von einander liegen, ohne Schiff hinüberkommen. So verkehren auch Menschen und Vieh zwischen Trindermarsch und Südfall sicher. Und die diesen Weg machen, erkennen in dem schlammigen Boden die Spuren von Brunnen, Wegen und Gräben. Auch findet man dort nicht selten metallene Becken, Kessel und andere Gegenstände.“*

Boetius berichtet auch von Schiffen, die vom offenen Meer nach Husum wollen und nur an einer Stelle durchkommen. Er fährt fort:
*„und nicht nur sind wahrscheinlich, sondern sicheren Glauben verdienen die Schriften, welche berichten, daß nahezu alle Watten einst mit Graswuchs bekleidet gewesen seien, die Gestalt von Pflug- und Weideland gehabt hätten, mit Dörfern geschmückt und von festen Deichen umgeben gewesen seien. Doch, wenn es unsicher ist, wie und wann jene Orte und Felder untergegangen sind, von denen nur Sagen und spärliche Nachrichten Kunde geben, so sind auch ihre Spuren und ihre einstige Lage unbekannt, es können vielleicht von vielen derselben aus alten Schriften nur ihre Namen festgestellt werden.“*

*„Es sollen bei Nordstrand insgesamt 32 Dörfer oder Kirchengemeinden untergegangen sein. Das Volk fügt hinzu, daß dies zu gleicher Zeit, nämlich im Jahre 1300 stattgefunden habe. Andere stimmen mit der Zeit wohl überein, behaupten aber, daß die Katastrophe nicht nur Nordstrand, sondern diese gesamte Marschgegend getroffen habe, in welcher von dem heftigen Unwetter und von der schweren Flut allmählich soviele Dörfer vernichtet worden seien. Wie dem auch sei, es scheint wohl glaubhaft, daß sie nicht alle zugleich untergegangen, und daß sie nicht in einer Reihe gelegen haben, vielmehr an allen Ecken der Insel und in verschiedenen Kögen. Man rechnet dann so viele verlorene Dörfer von Nordstrand auf, von denen die Namen noch in unbedeutenden Schriften enthalten sind“.*

Boetius ist mit seinem Urteil sehr vorsichtig und lässt nur das gelten, was auch vor einem kritischen Leser Bestand hat. Schade, dass er die Funde – Brunnen, Wege, Gräben, metallene Becken, Kessel und andere (welche?) Gegenstände – nicht näher beschrieben, sie im Einzelnen aufgezählt, vor allem die Fundstellen nicht genauer lokalisiert hat. Aber eines ist von ihm präzise mitgeteilt worden: Zwischen Trindermarsch (heute: Trendermarsch) auf Nordstrand und Südfall sind solche Funde von den Fußwanderern gemacht worden.

Boetius nennt sodann die einzelnen Orte, zählt sie nach ihrer Himmelsrichtung zu Nordstrand auf. Vergeblich sucht man unter den nach Westen von Nordstrand liegenden untergegangenen Orten den Namen Rungholt. Er zählt auf: Gormersbüll, Flerdebüll, Norderwisch, Heverdamm und die Katharinen- und Svenskapelle. Aber im Süden und Südwesten von Nordstrand liegend, sollen

*„Halgeneß, Niedamm, Obbenbüll, Overmarflot, Utermarflot, Rungholt, der Flecken oder besser Städtchen, und Fedderskapelle gelegen haben. Ausgelassen werden hier Trindermarsch und Südfall, von denen jene ein Kirchspiel ist, diese aber keine Kirche hat. Deshalb darf man wohl nicht mit Unrecht vermuten, Niendamm sei identisch gewesen mit Südfall, weil dieses noch heutigentags Nielandt genannt wird".*[280]

Bei der von Boetius behaupteten Identität von Niedamm (oder Niedam, auch Niendamm) mit Südfall hätte es wohl besser heißen müssen, dass Südfall – wie später noch ausgeführt wird – eine Neubildung auf dem Gelände von Niedam und Rungholt ist. Aber der Gedanke an eine Identität, an das Entstehen einer Nachfolgesiedlung, ist schon beachtenswert. Boetius hat hier einen sehr wichtigen Gedanken nur nebenbei erwähnt. Aber er spricht ihn an anderer Stelle expressis verbis, sogar mit einem direkten Bezug auf eine konkrete Ortschaft, aus:
*„Sicherlich haben Inseln und Dörfer wohl mal zwei Namen gehabt, wie das Südfall deutlich zeigt".*[281]

Und dann wird Boetius zu Rungholt ganz konkret[282]:
*„Von all diesem steht nun ganz besonders fest, daß unter den letzt-genannten Orten (der Bucht) zwischen Trindermarsch, Südfall und Pellworm aufgezählten Ortschaften das Städtchen Rungholt gelegen hat, dessen Name merkwürdigerweise sowohl bei den Alten berühmt gewesen ist, als auch heute noch im Volksmunde lebt. Überhaupt werden merkwürdige Dinge über seinen Sturz und Untergang erzählt ..."*
und dann folgt die Sage von den gottlosen, stolzen Rungholtern und ihrem Schabernack mit dem Priester.

*Augenblicklich sei „Rungholt in die Erde gesunken, Abergläubige glaubten, diese versunkene Stadt werde vor dem Weltuntergange auf seinem alten Platz neu erstehen. Mit unbeschädigten Gebäuden stehe jene Stadt tief in der Erde und manchmal, wenn auch nicht immer, tauche der Kirchturm aus dem Wasser auf und man könne ihn vom Ufer aus bei klarer Luft deutlich sehen. Vorüberfahrende hören wohl Glockenklang und ähnliches".*

Boetius tut dies als Altweibergespinste und erdachte Fabel zur Bestätigung des Aberglaubens ab.
*„Näher liegt wohl die Meinung derer, die da glauben, daß dieser Flecken mit seinen sieben Nachbardörfern in einer sehr großen Sturmflut, wie es bei niedrigem Lande – wie schon häufig betont – zu geschehen pflegt, überflutet worden sei und sein Ende erlitten habe, ausgeschlossen worden vom Deichschutze und endlich, für verloren gehalten, in die Gewalt des Meeres gelangt sei"*[283].

Und über die Spuren von Rungholt schreibt Boetius:
*„Schließlich hat jene große Sturmflut von 1354*[284] *– die freilich alle betroffen – auch diese zurückgebliebenen Leute entweder getötet oder vertrieben, und alles ist derart verschüttet und zertreut, daß nicht einmal Spuren verblieben sind".*

Die Angaben von Matthias Boetius sind sorgfältig recherchiert, viel sorgfältiger als wir es von anderen Chronisten und Kartographen gesehen haben. Für die Ortslage von Rungholt bleibt aber damit nur die Aussage, dass es zwischen Südfall, Trindermarsch auf Nordstrand und Pellworm gelegen habe. Die gefundenen Spuren und Gegenstände will Boetius nicht mit Sicherheit Rungholt zugeordnet wissen

c) Bei der Behandlung der Rungholtsage wurde schon **Matz Paysen** zitiert, der am Schluss seiner Version dieser Sage schreibt:
*„... daß Rungholt vielmehr durch eine Überschwemmung verschüttet wurde, bezeugen die vielen Spuren alter, wenn auch zumeist durch Schlamm überdeckter Gräben bei zurücktretender Meeresflut, die ich selbst, weil diese Geschichte bei uns sehr verbreitet ist, mit eigenen Augen habe wahrnehmen wollen, und zwar im Jahre 1635."*

Matz Paysen war also Augenzeuge. Gesehen hat er offensichtlich nur zumeist durch Schlamm überdeckte Gräben, vermutlich Entwässerungsgräben, wie sie auch heute noch an manchen Stellen um Südfall zu sehen sind. Wo hat er sie gesehen?

Am Beginn seiner Erzählung der Rungholt-Sage schreibt er:
*„Rungholt war ein kleines Städtchen auf dem Strand bei Pellworm, dort, wo jetzt Südfall sich befindet",*
und weiter später:
*„Daher wanderten jene mit den Ihrigen von dort fort, wo jetzt Südfall liegt".*

Paysen lokalisiert den Ort Rungholt genau als die Stelle, „wo jetzt Südfall liegt". Er meint damit die Gegend von Südfall, die Umgebung rundherum. Er hat Kulturspuren gesehen, ohne eine Himmelsrichtung zu Südfall anzugeben, sondern sagt deutlich „dort", so als läge Alt-Südfall a u f dem alten Rungholt. Man kann seine Aussage nur so deuten, dass er rundherum um Südfall Kulturspuren gesehen hat, andernfalls hätte er exakter die Himmelsrichtungen angegeben.

Er hat den Ort unmittelbar nach der Zweiten *Groten Mandränke* von 1634 besichtigt, als große Landmassen durch die verheerende Sturmflut gerade in dieser Gegend vom Meer verschlungen worden waren und die Insel Alt-Nordstrand in vier Teile zerrissen war: Nordstrand, Pellworm, Nordstrandischmoor und die Hamburger Hallig. Etwaige ältere Kulturspuren aus der Zeit vor 1362 hat die Flut sicher noch weiter vernichtet. Nachdem diese schwere Sturmflut die nordfriesische Landschaft völlig verändert hatte, werden viele Bewohner immer wieder ins Watt gewandert sein, um Reste ihrer Habseligkeiten zu bergen und zu erkunden, ob eine Wiedereindeichung möglich, zweckmäßig und durchführbar sein konnte.

Paysen hat diese von ihm bei Südfall gesehenen Spuren mit dem untergegangenen Rungholt in Verbindung gebracht, kritiklos, wohl weil er durch die sehr verbreiteten Erzählungen voreingenommen war. Immerhin lag Südfall damals von dem schon beschriebenen Rungholtsand etwa 2 nautische Seemeilen (sm), das sind fast 4 km, entfernt.

Nach Matz Paysens Erkundungen und Beobachtungen lag Rungholt also dort, wo damals Alt-Südfall lag.

d) Der Kartograph **Peter Sax**, ein Zeitgenosse von Matz Paysen, beschreibt die Kulturspuren nach Berichten von Augenzeugen noch ausführlicher[285]:

Zwischen Nordstrand und Eiderstedt könne man Warften (*tumuli*) sehen, auf denen Häuser gestanden haben, ferner Sodenbrunnen (*putei*), Wege (*viae*), Äcker (*agri*), Piepgräben (*agrorum elices*), Gruften (*fossae*) und Gräben (*colliquiae*). Man könne dort Kessel, Grapen, Krüge, Schüsseln *et alia utensilia* finden. Er zählt ferner auf: Steinbrücken, Damm-Stätten, Kuhställe und andere unzählige Dinge. Von „redlichen und wahrhaftigen" Augenzeugen ließ er sich beschreiben, was diese mit eigenen Augen gesehen und mit ihren Füßen betreten hätten: Deichreste, welche das Kirchspiel, das 1362 an der Hever untergegangen ist, umschlossen hatte.

Peter Sax wäre dann eigentlich der erste Rungholt-Entdecker! Da er in Evenbüll auf Nordstrand aufgewachsen ist, wird er viele Male auf dem Rungholt-Watt gewesen sein. Er ist nach eigenen Berichten die Wasserläufe abgefahren. Er berichtete nach eigener Anschauung. Nur – wie es so geht –: seine Entdeckungen vergaß man wieder, und erst dreihundert Jahre später beobachtete Andreas Busch dieselben Kulturspuren beim heutigen Südfall. Es ist aber durchaus möglich, dass Peter Sax die Reste eines anderen Ortes gesehen hat. Es kann sich um Überreste von Halligen handeln, die Petreus 1597 gezeichnet und beschrieben hat. Die von Andreas Busch später entdeckten Kulturspuren waren damals von Schlick überdeckt.

Peter Sax hat die untergegangenen Orte aufgezählt[286], darunter für die Flut vom 16. Januar 1300[287] auf der Edomsharde den Ort Rungholt. Für das Jahr 1354 verzeichnet er eine sehr schwere Flut[288], die er als *Man-Drenckelß* bezeichnet, in der 100000 Menschen ertrunken seien. Im Jahre 1362 oder 1364[289] soll eine weitere sehr schwere Flut am 9. September gewesen sein, die er ebenfalls als *Man-Drenck* bezeichnet. Aber von Rungholt schreibt er bei diesen beiden Fluten nichts. Und der mutmaßliche Platz, an dem Rungholt gelegen hat, wird nicht gesucht oder gar beschrieben.

e) Mittelalterliche Chroniken sind als **Erkenntnisquellen** nur bedingt tauglich. Es gibt noch eine Reihe weiterer Chroniken aus der Zeit vor 1634, die sich mit der *Groten Mandränke* von 1362 und der Zeit danach befassen, so z. B. Laurentius Adsen und Jon Ovens[290], doch mit der vermutlichen Ortslage des untergegangenen Rungholt befasst sich Adsen gar nicht und Ovens nur vage.

f) Nichts anderes gilt für die Chronisten, die nach 1634 Aufzeichnungen hinterließen. In der „Nordfresischen Chronik" von Anton Heimreich heißt es zum Untergang von Rungholt[291]:

*„Anno 1300 am Tage Marcelli Pontificis"* – das ist der 16. Januar – *„hat sich die Westsee durch Sturmwinde erhoben, und das Wasser vier Ellen über die höchsten Deiche geführet, Städte und Dörfer umgekehret, und den Flecken Rungholt neben sieben Kirchspielen in der Edomsharde verwüstet . . ."*
Kein Wort über die Lage von Rungholt, kein Wort über etwaige Funde, kein Wort über mögliche Nachfolgesiedlungen.

Auch Heimreich bezeichnet die weitere Flut von 1362, die er auf den 8. und 9. September datiert, als *Mandrankelse*, die allergrößte Flut und berichtet über die Vielzahl der Menschenopfer. Genannt wird der Untergang von Rungholt bei der Aufzählung der 28 und mehr untergegangenen Kirchspiele[292]. Speziell zu Rungholt schreibt er:
*„Unter all diesen ertrunkenen Örtern ist insonderheit benamet der Flecken Rungholt, von dessen Verwüstung und Untergang, wie auch künftigem Wohlstande der gemeine Mann beides in vorigen und auch noch in jetzigen Zeiten viel Wunderdinges erzählet",*
und dann erzählt er die Rungholt-Sage. Aber über die Ortslage von Rungholt oder spätere Funde von Kulturspuren findet man in seinen umfangreichen Schriften nichts.

Dass in dem Bericht über Nordfriesland in der „Newen Landesbeschreibung der zwey Herzogthümer Schleßwich und Holstein" von Johannes Mejer und Caspar Danckwerth, anno 1652, nichts anderes zu erwarten ist als auf den Landkarten von Johannes Mejer, versteht sich von selbst. Auch hier wird die Verwüstung von Rungholt durch eine Flut von 1300 erwähnt, die von den Alten *„Mandrenke"* benannt wurde[293].

Aus der Literatur der Chronisten sind zur Ortslage von Rungholt nur zwei Zitate für unsere Untersuchungen bemerkenswert:
– die Beschreibungen durch Matz Paysen, der die Kulturspuren mit eigenen Augen dort, wo jetzt – also 1635 – Südfall liegt, gesehen hat,
– und ferner die Erwähnung der Funde auf dem Weg zwischen Trindermarsch und Südfall durch Matthias Boetius, der sich allerdings davor scheut, diese ausdrücklich mit Rungholt in Verbindung zu bringen.

## Archäologische Aspekte

Pfingstmontag, der 16. Mai 1921, war eine „Sternstunde" für die Rungholtforschung. Der Bauer und Hobby-Forscher Andreas Busch aus Nordstrand entdeckte auf einer gezielten Exkursion in das Gebiet um Südfall die „letzten Spuren Rungholts" – so der Titel einer Schrift von Andreas Busch. Und damit begann ein neues Kapitel in der Erforschung von der Besiedlung, der Blütezeit und dem Untergang des Fleckens Rungholt. Aber alles der Reihe nach.

Die Zäsur in der Geschichte der Rungholtforschung ist so krass, die dann durch Andreas Busch einsetzenden Exkursionen und seine Forschungen waren so bahnbrechend, dass man getrost von einer „Busch-Ära" sprechen kann, und demgemäß auch von einer „Ante-Busch-Ära" und einer „Post-Busch-Ära".

Von der **Ante-Busch-Ära** soll berichtet werden:

Matthias Boetius hat in seiner Chronik *„de Cataclysmo Nordstrandico"* beschrieben, dass Wattwanderer auf dem Weg zwischen Nordstrand und Südfall Kulturspuren und auch Exponate gefunden haben. Bei Letzteren handelt es sich um so genannte „Lesefunde", die ohne genaue Lokalisierung, ohne Bezug auf die Umgebung und ohne exakte Beschreibung der Fundstelle mitgenommen werden. Solche Lesefunde sind in der Regel von nur geringem wissenschaftlichem Wert.

Auch Matz Paysen hat Kulturspuren bei Südfall gesehen, wie er in seiner Erzählung der Rungholt-Sage ergänzend mitteilt. Und schließlich hat auch Peter Sax über Kulturspuren in seiner Chronik über Nordstrand berichtet, die sich allerdings zwischen Nordstrand und Eiderstedt befanden.

Rund 250 Jahre lang ist von einem Auffinden irgendwelcher Kulturspuren in diesem Gebiet nichts bekannt.

In der Harcksenschen Landkarte[294] von Südfall aus dem Jahre 1804 [Abb. 51] sind – auf der Originalkarte unter einer Lupe zu erkennen – bei der Süderwarft drei Brunnenringe und an dem Südwest-Ufer der Hallig befindet sich ein Vermerk über mittelalterliche Salztorfabgrabungen („Sollt Torf").

1882 sahen der Schiffer Jürgen Jürs aus Elmshorn und sein Sohn Peter, als sie nahe Südfall im Priel Dwarsloch mit ihrem Schiff ankerten, bei Niedrigwasser Holzreste aus dem Schlamm ragen, die sie für ein bisher unbekanntes Wrack hielten, die sich später aber als die Überreste der Rungholtschleusen herausstellten[295].

Jener Peter Jürs hat etwa 1908 verschiedene schöne Schwerter[296] und sonstige Sachen (welche?) bei Südfall gefunden und im Nordfriesischen Museum Nissenhaus in Husum abgegeben.

Der Bauer Johann Hinz hat dem Hobbyforscher Andreas Busch[297] etwas sehr Interessantes aus seiner Jugend berichtet:

Von 1881 bis 1900 war sein Vater Pächter der Hallig Südfall. 1898 hat das Marine-Vermessungsschiff „Albatros" im nordfriesischen Wattenmeer nautische Vermessungsarbeiten durchgeführt. Eines Tages, als das Vermesssungsschiff im Süden der Hallig vor Anker lag, kamen der Kommandant, der 1. Offizier und mehrere Matrosen auf die Halligwarft und baten den Pächter, – wobei sich sein neugieriger Sohn selbstverständlich anschloss – an die Südkante der Hallig mitzukommen und einen Spaten mitzunehmen.

*„Dort zeigte er"* – der 1. Offizier – *„auf eine Anzahl schwarzer Töpfe, die im Kleiboden der Abbruchkante, mit der Öffnung meist nach unten, steckten. Sie waren nur zum Teil freigespült, und es schien, als wenn sie in zwei Reihen in einer Entfernung von etwa 1,50 m von einander geordnet lagen. Ich mußte nun einen Topf, der recht groß war, sehr sorgfältig ausgraben. Der Offizier meinte, in dem Topf Asche feststellen zu können und sagte, daß hier ein Friedhof gewesen sei, jedoch nicht ein solcher, auf dem man die Leichen beerdigt habe, sondern ein Urnenfriedhof. Sodann fand ich auch noch einen Trinkbecher in Form einer Tasse ohne Ohr, den ich dem Herrn überließ. Die Matrosen mußten dann den Topf vorsichtig an Bord tragen. Der Offizier war sehr begeistert über die Fundgegenstände und gab mir als Belohnung 20 Mark".*

Trotz intensiver Bemühungen, auch über die nautische Abteilung des Reichswehrministeriums und anderer Dienststellen, konnten Namen und Anschrift des 1. Offiziers nicht ausfindig gemacht werden. Auf einem Foto hat Johann Hinz jenen 1. Offizier wieder erkannt, möglicherweise hieß er Warmer oder Hartmann.

Im Herbst 1934 hat Johann Hinz, der Sohn des früheren Pächters, bei einer Begehung Andreas Busch die Gegend gezeigt, an der er den Topf ausgegraben hatte. Es war die Stelle, wo der so genannte Niedam-Deich scharf nach Osten abknickt, im Süden der Hallig Südfall. Johann Hinz berichtete bei dieser Gelegenheit[298]:
*„Es ist mir auch noch klar in Erinnerung, daß ich am südlichen Halligufer sehr oft Töpfe und besonders Scherben, auch sonstiges altes Zeugs und große Mauersteine gesehen habe. Mein Vater und ich sind eigentlich immer achtlos daran vorbeigegangen. Ein Topf wurde manchmal mit dem Fuß zerschlagen; mein Vater gebrauchte oft das Wort: ‚Dat ole Schiet döcht nix!'[299]."*

*„Auch erinnere ich mich noch gut, daß ich an der damaligen Nordwestspitze der Hallig, die damals ‚Kaob' genannt wurde, auch Ackerspuren und Grüppel[300] gesehen habe. Auf diesem Kaob habe ich dort, wo er von der Flut angenagt wurde, ein aus Holz angefertigtes größeres Gerät gesehen, und ich meine bestimmt, daß es eine alte hölzerne Pumpe war, bei der noch ein großer hölzerner Schwengel[301] lag. Das Holz war aber so mürbe, daß man es zerreiben konnte[302]".*

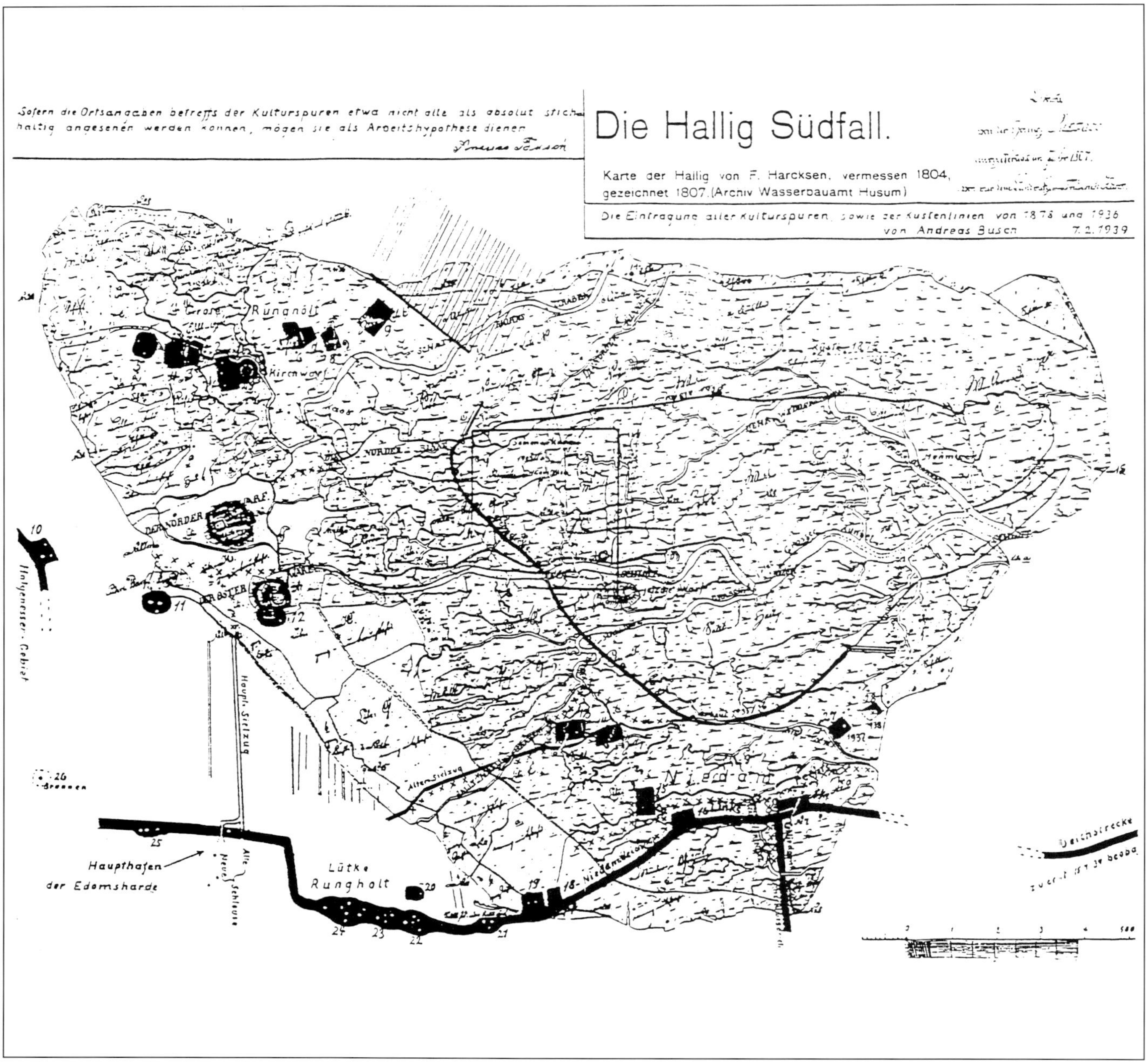


Abb. 51 : Südfall 1804, von F. Harcksen

Die Nordwestspitze der Hallig, „Kaob" genannt, war damals ein recht schmaler Streifen Halligland, der vom Meer in den ersten Jahrzehnten dieses Jahrhunderts abgetragen wurde und unter dem die später von Busch gefundenen Reste der Rungholt-Warften[303] lagen.

Bernhard Tetens, Schäfer auf Nordstrand von 1901–1910, hat auf dem Kaob einen Menschenschädel gefunden[304], der später wieder vergraben worden sein soll. Tetens hat dort auch längliche Soden, Gräben und Grüppel wahrgenommen.

Der Schäfer Julius Lander, geb. 1856, war auf Südfall lange Zeit beschäftigt, hat unter den Eigentümern Johann Hinz, Wilhelm Carstensen und Diana Gräfin v. Reventlow-Criminil gearbeitet und dabei am Kaob einige Töpfe, besonders viele Scherben und Brunnenringe gesehen, auch die Feldereinteilung durch Gräben und Grüppel. Ein alter Weg war durch zwei Gräben zu jeder Seite eingefasst, unterbrochen durch Hecktordämme. An der Abbruchkante des Kaob sah er ein Gebäudefundament aus quadratischen und rechteckigen Soden, wie ein Mauerwerk in gerader Linie aufgeschichtet. Dazwischen waren mehrfach vermorschte Ständer sichtbar. Die Soden waren also wie bei einem Fachwerkbau zwischen die Ständer eingebaut worden.

Der Pächter von Südfall, Ludwig Brauer, hat in seiner Jugend 1903 mit dem damaligen Eigentümer Wilhelm Carstensen bei einem Weg durch das Watt nahe dem Kaob einen Haufen großer Ziegelsteine aufgesucht, eine Art Fundament-Mauerwerk in einer Länge von 5 – 6 m, das noch eine Ecke besaß und an das sich eine Hausenden-Mauer von etwa 1½ m anschloss. Auch waren dort Sodenbrunnen vorhanden. Ein gestürzter und entwurzelter Baumstamm ragte mit Ästen und Zweigen aus dem Klei. Wilhelm Carstensen erzählte Ludwig Brauer, dass hier einstmals Leute gewohnt hätten, und betonte ausdrücklich, dass dies Rungholt gewesen sei[305].

Der Nordstrander Zimmermann Christian Friedrich Hansen fand 1905 westlich von Südfall einen so genannten Morgenstern – eine Totschlagswaffe –, eine Waage aus Bronze, einen Rittersporn und weitere Gegenstände[306]. Sie befinden sich im Nissenhaus in Husum.

Alle diese Feststellungen über Kultur- und Siedlungsspuren haben die damaligen Beobachter und Finder nicht bewogen, Fragen nach der Herkunft und dem Alter zu stellen, ihre Entdeckungen zu veröffentlichen oder gar Wissenschaftler, namentlich Archäologen und Historiker, auf diese Spuren aufmerksam zu machen.

Das war **Andreas Busch** vorbehalten.

Als Andreas Busch im Frühjahr 1921 den Arbeitern bei der Eindeichung des Pohnshalligkoogs auf Nordstrand zuschaute und diese ihm einige Fundstücke zeigten, für die er sich sehr interessierte, nämlich Mauersteine, rote Dachziegel, aber auch menschliche Gebeine und einen Schädel, und die Arbeiter ihm verrieten, dass viele Funde im Watt bei Südfall unter dem Schlick hervorgetreten seien, konnte er nicht ahnen, dass damit für ihn ein Lebenswerk an Forschung begann, das ihn jede freie Minute kosten würde. Bald darauf traf er mit dem Husumer Schriftsteller Felix Schmeißer zusammen, der das Watt westlich von Südfall schon längere Zeit hatte aufsuchen wollen, weil er von Funden aus grauer Vorzeit erfahren hatte, die der Nordstrander Zimmermann Chr. Fr. Hansen und der Schiffer Peter Jürs gemacht hatten.

Am Pfingstmontag, dem 16. Mai 1921, ging die Fahrt bei herrlichem Wetter mit Pferd und Wagen los[310] [Abb. 53].

Seine Tochter Else Schultze-Hasselmann hat an der Fahrt teilgenommen. Hierüber berichtet sie mündlich[311]:

*„Wir fuhren mit unserem Pferdewagen 7 km von Süderhafen über die Insel Nordstrand nach Fuhlehörn und dann 7 km über das Watt nach Südfall. Es war ein Pfingstausflug am 16. Mai 1921. Hinten auf der Kutsche, einer sog. Brigg, saßen meine Mutter und wir drei Kleinen. Ich war die Älteste, ich war elf Jahre alt. Vorne saß mein Vater als Kutscher, dazu hatte er den Schriftleiter und Chefredakteur von den „Husumer Nachrichten" Felix Schmeißer eingeladen. Die beiden Männer redeten viel, was sie alles suchen und finden wollten. Dabei achtete mein Vater nicht auf den primitiv mit Stecken und Steinen belegten Wattenweg. Die grüne Hallig mit der breiten Muschelkante lag vor uns. Er lenkte die Pferde geradeaus auf die Hallig zu und „schwupp" – saßen wir mit Pferd und Wagen in einem überschlammten Priel, die dicken Schleswiger Pferde bis an den Bauch im Schlemm und Schlick. Sie rasselten im Geschirr, der Wagen hing schief, – da war was los! Meine Mutter sammelte uns drei Kleinen zusammen und ging mit uns auf die Hallig. Dann haben wir bis zum Abend nichts wieder gehört.*

*Am Abend auf der Rückfahrt, nachdem die Flut die Hallig einmal umringt hatte, war die Panne vom Morgen längst vergessen. Die beiden Männer waren des Lobes voll über das, was sie alles gefunden und gesehen hatten. Für uns Kinder war das ein erlebnisreicher Tag. Und für meinen Vater begann von jetzt an seine Lebensarbeit."*

Am 16. Juni 1883 auf Nordstrand geboren, verlebte **Andreas Busch** seine Kindheit und Jugend auf dem Hof und der Mühle seines Vaters, denn dieser war Müller der Engelander[307] Mühle, Bäcker und Bauer. Nach dem Besuch einer einklassigen Schule wurde Andreas Landwirt. Seine Lieblingsbeschäftigung war jedoch nach eigenen Bekundungen[308] das Zeichnen von Landkarten, das Blättern und Lesen in alten Büchern, z. B. der Danckwerthschen Chronik bei seinen Großeltern in der Trendermarsch, und handwerkliches Basteln. Er interessierte sich dabei besonders für die „Theorie" in der Landwirtschaft, verbesserte die Tierhaltung seines Viehs, interessierte sich für Wetterkunde und hatte mit 20 Jahren seine ersten schriftstellerischen Erfolge. Er hat zahlreiche Aufsätze verschiedenster Art veröffentlicht[309]. Sein größtes Verdienst ist jedoch seine Rungholtforschung, die er 50 Jahre lang mit größtem Erfolg, einer erstaunlichen Kenntnis auf wissenschaftlichen Gebieten, die er sich als Autodidakt angeeignet hatte, und einem enormen Fleiß durchgeführt hat. Der Rungholtforschung hat er sein Leben gewidmet. Für seine außergewöhnliche Arbeitsleistung und das Vordringen in den wissenschaftlichen Bereich ist Andreas Busch zu seinem 80. Geburtstag mit der Universitätsmedaille der Christian-Albrechts-Universitäts in Kiel ausgezeichnet worden [Abb. 52].

Abb. 52: Andreas Busch nach Verleihung der Universitätsmedaille

Andreas Busch schildert von dieser Fahrt ebenfalls zunächst den „kleinen Zwischenfall"[312] mit den bis an den Bauch in den Schlick eingesackten Pferden und dem bis fast an die Achsen versunkenen Wagen. „Nach einigem Bemühen" habe man Pferde und Wagen wieder auf sicheren Boden bringen können. Auf der Hallig habe man zunächst die Hohlebbe abwarten müssen.

**„Hohlebbe"** ist ein besonders tiefes Niedrigwasser, hervorgerufen und begünstigt durch den möglichst mehrere Tage aus der „richtigen" Richtung – hier: aus dem Osten – wehenden Wind und einer Springtide.

Als der günstigste Zeitpunkt erreicht war, gingen beide Männer auf das Watt hinaus. Busch beschreibt die weitere Entwicklung dieser Exkursion und seine Bedeutung sehr anschaulich:
*„Dann ging es ins Watt und recht weit hinaus. Da wir dort nur Sandwatt antrafen, kehrten wir um und gingen auf eine Anzahl 70 Zentimeter aus dem Watt herausragende dicke Pfähle zu. Nach längerem Meinungsaustausch gelangten wir zu der Ansicht, daß diese Pfähle von einer Entwässerungsschleuse stammen müßten. Dies war schon eine Überraschung, denn hier war noch niemals eine Schleuse vermutet worden. Wir wandten uns dann nach Norden und liefen an einem schnurgeraden Wasserlauf entlang, in dem noch das letzte Wattwasser rieselte und durch die Schleusenpfähle lief. Zu beiden Seiten beobachteten wir durch Grabenspuren planmäßig eingeteiltes Kulturland. Wir gelangten dann zu einer Gruppe von sieben Warften, auf die mich die Arbeiter aufmerksam gemacht hatten. Diese Warften waren von einem grünen Algenschleier überzogen und wiesen außer sauber ausgewaschenen Sodringen[313] noch sonstige, unerklärliche Merkmale auf. In diesem Kulturland beobachteten wir auch wieder sauber freigespültes Ackerland mit sehr planmäßig durch schnurgerade Gräben und Piepgrüppel[314] eingeteilten Feldern.*

*Für dieses Mal hatten wir genug gesehen. Wir mußten auch wegen der eintretenden Flut an die Heimkehr denken".*

In der Folgezeit ist Andreas Busch häufig in Gemeinschaft mit seinen Brüdern und auch Wissenschaftlern das Watt abgegangen [Abb. 54 und 55]. Busch vermutete, dass es sich bei der vorgefundenen Entwässerungsschleuse um die von Rungholt handelte. Mit seinem Bruder Bahne Busch, einem Maschineningenieur, hat er erste kartographische Zeichnungen angefertigt. Dabei fanden sie Krüge und andere Geräte, die einen ersten Hinweis auf das Alter der Besiedlung gaben. Immer mehr bestätigte sich die Vermutung, auf der alten Siedlung Rungholt zu stehen. Im Sommer und Herbst desselben Jahres 1921 machte Busch erste Fotografien von den entdeckten Warften.

Im Frühjahr des folgenden Jahres hatte sich das Watt stark verändert. Durch den hohen Seegang bei starken Herbst- und Winterstürmen war der Schlamm weitgehend abgetragen worden und die alten Kulturspuren waren noch besser zutage getreten. Als Fachleute nahmen Prof. Lehmann aus Altona und Baurat Jacobi aus Plön an diesen Exkursionen teil.

Da aber auch die Gefahr bestand, dass durch die fortschreitende Erosion die

Abb. 53: Mit Pferd und Wagen zur Hallig Südfall, Aufnahme 1996

sichtbaren Spuren vernichtet werden würden, leitete man Vermessungsarbeiten ein, die cand. ing. Johann Lorenzen von Pellworm durchführte [Abb. 56].

Die immer häufigeren, planmäßigen Wattwanderungen[315] begannen an der Nordwestspitze der Hallig Südfall. Von hier waren die Einteilung der Fennen, die Gräben und Grüppel, sowie die aufgefundenen – inzwischen – acht Warften gut zu erkennen. Der schwere feste Marschboden zeigte die Spuren von Äckern und Weiden. Sogar Pflugfurchen waren zu erkennen, z. T. sogar einzelne vom Pflug umgestürzte Erdschollen. Die Pflugspuren und die Grüppel verloren sich unter dem etwa 2 m höher liegenden Halligboden, ein sicherer Hinweis darauf, dass die Hallig eine Auflandung, ein Anwachs, auf dem alten Kulturland ist.

Abb. 54: Andreas Busch „watet" durch das flache Wasser zu Fundorten

Abb. 55: Helfer von Andreas Busch bei der Bergung von Fundgut

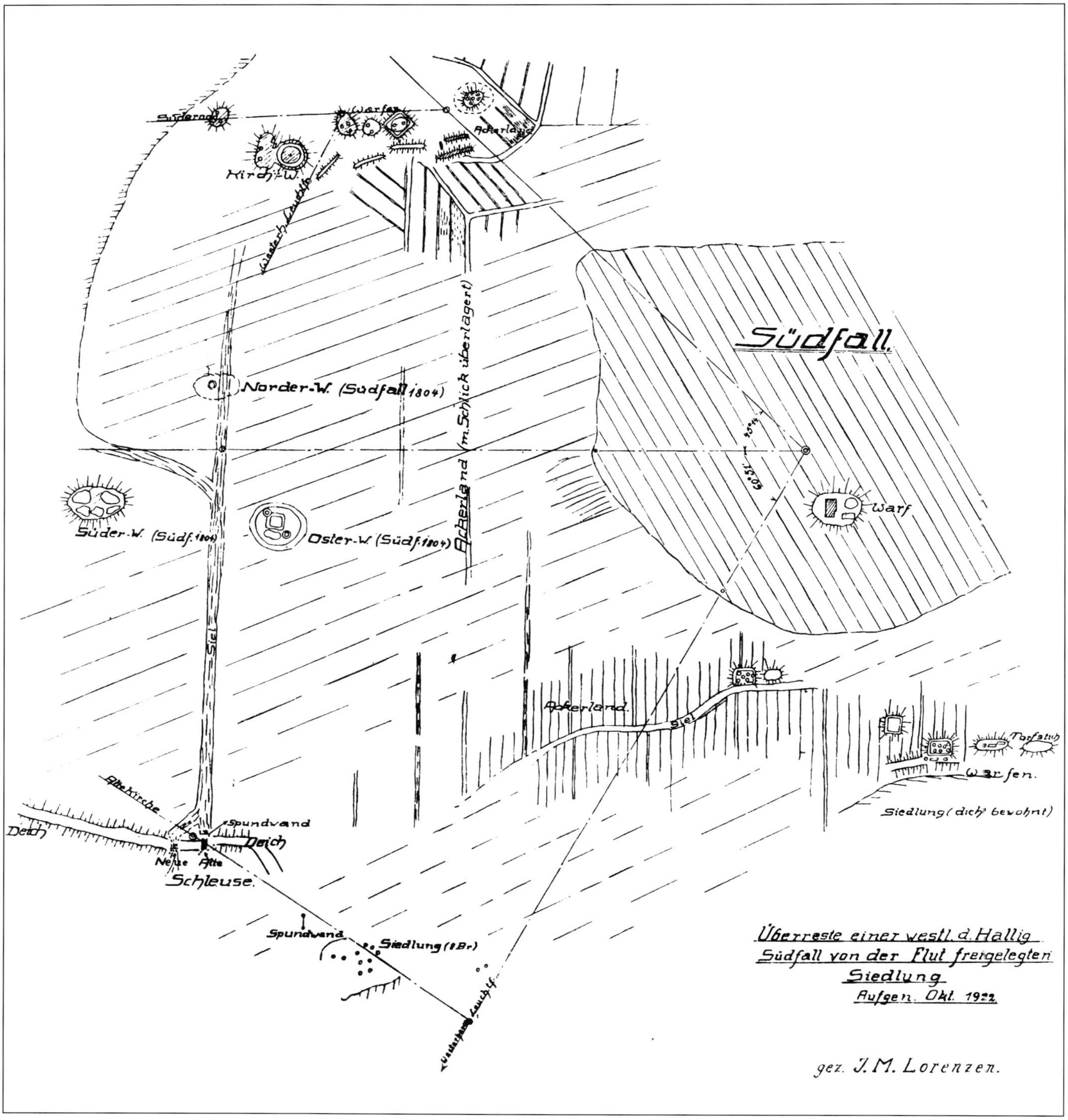


Planmäßig angelegte Moorstreifen[316], 30 bis 40 cm breit, aber auch bis zu 1,50 m, lagen auf manchen Ackerrücken. Auch wurden rechtwinklige Mooreinlagen gefunden. Busch suchte nach Erklärungen für diese doch immerhin recht aufwendigen Arbeiten[317] und sah die Erklärung darin, dass diese mit Brenntorf und der Salzgewinnung zu tun gehabt hätten.

Die Äcker hatten nach seinen Aufzeichnungen eine Breite von 8 bis 12 m. Sie waren durch schnurgerade weithin sichtbare Gräben eingefasst.

Abb. 56: Erste Kartenskizze vom Rungholtgebiet von cand. ing. Johann Lorenzen

Die **acht Warften** lagen in einer Reihe. Die größte war 1921 noch ca. 46 m lang und 60 m breit. Das entspricht einer Größe von mehr als 2700 m². Sie überragte das Gelände um etwa 60 bis

Bei diesen Feststellungen taucht naturgemäß die Fage nach der **Konservierung und Freispülung** auf: Wie ist es zu erklären, dass dieses fast 600 Jahre alte Kulturland sich so unversehrt erhalten konnte, und weshalb es jetzt, im 20. Jahrhundert wieder auftaucht? Die Erklärung ist gar nicht schwierig. Durch die *Grote Mandränke* wurde nicht nur das Marschland vernichtet, sondern es hat sich gleichzeitig eine Schlammschicht über die eingeebnete Gegend gelegt, die sich nach und nach zu einem festen Kleiboden verdichtete. Dieser hat die historischen Spuren gut konserviert. Da wasserdurchtränktes Watt, also tonhaltiger Boden unter Luftabschluss, ohnehin für organische Stoffe wie Holz, Leder, Knochen, Binsengeflecht und andere Naturprodukte ein gutes Konservierungsmittel ist, konnten sich diese Stoffe in dem mit Salzwasser durchtränkten Boden gut erhalten.

Aber die Wattregion verändert sich ständig. Die Wattoberfläche ist der fortschreitenden Erosion ausgesetzt. Wenn man nun noch in Betracht zieht, dass die nördlich dieses Gebietes vorbeifließende Norderhever und der südlich vorbeifließende Heverstrom beide eine Tiefe bis zu 26 m haben – die Unterelbe von der Nordsee bis Hamburg wird ständig und mühsam mit einem hohen Kostenaufwand auf 13 m Tiefe ausgebaggert –, lässt sich leicht vorstellen, welche gewaltigen Sogkräfte bei Ebbe einsetzen, die den Sand von der Oberfläche absaugen. Die Seegaten Norderhever und Heverstrom fließen mit einer Geschwindigkeit bis zu 5 Knoten, das sind ca. 9 km/h, ständig hinein und hinaus, im Rhythmus von ca. 6 Stunden wechselnd. Diese täglich auf das Watt einwirkenden Strömungen haben den Effekt eines Abhobelns. Und so wird der Kleiboden trotz seiner Zähigkeit ständig weiter abgetragen. Gerade unsere Generation hat das Glück, das alte Kulturland um Rungholt aus der Vergangenheit auftauchen zu sehen. Allerdings neigt sich diese Periode der Freispülung rasant dem Ende zu.

80 cm. Neben Pfahlresten, kurzen Stümpfen von Ständern[318], fand Busch auch die Spuren von 6 Sodenbrunnen. Sie hatten einen Innendurchmesser von 1,20 m. Kreisförmig waren Gredesoden[319], schräg aneinander gestellt, aufgebaut. In einigem Abstand waren z. T. die für das Aufbauen erforderlichen Ausschachtungen erkennbar. Aus einem Brunnen ragten die Dauben[320] eines Fasses hervor, das den einstigen tiefsten Abschluss des Brunnens gebildet hatte. An der Böschung fand sich ein Moorstreifen von ca. 3 m Breite in wechselnder Tiefe. Busch vermutete, dass das leichter zu bearbeitende, erdige Moor für die Auffüllung der Warftböschung verwendet worden ist.

Ähnlich sahen die übrigen Warften aus: Der Boden aus festem Klei, darin Brunnenringe aus Torfsoden, gelegentlich Reste von altem Gebälk oder Ständern. Holz, das bei der ersten Wahrnehmung als Bruchstücke von rheinischen Mühlsteinen (?) angesehen wurde, entpuppte sich später als Reste eines Viehstalles.

Interessant war jedoch die Entdeckung der 5. Warft in dieser Reihe: Es handelte sich um die Kirchwarft. Sie war kreisrund und besaß keinen Brunnen. Um diese Warft und die sich direkt anschließende 6. Warft fand Busch eine breite Graft[321], aus der die Erde für die Warften entnommen worden war. Am nördlichen Ende dieser Warft lag ein etwa 1,60 m langer Stein, der keine Inschrift trug. Busch hielt ihn für einen Stegel. Ein Stegel dient zum bequemen Aufsteigen auf Pferde. Im Jahr darauf entdeckte Busch zwei Gräber, nämlich flache Mulden, entstanden dadurch, dass die zum Zuschütten der Gräber genommene Erde weniger schwer und lehmig war als die übrige der Warft. Auch fand Busch mehrfach schwarz verwitterte Menschenknochen.

Südlich der Warften machte Busch einen Weg aus, eingefasst durch zwei parallel verlaufende Grabenränder in einer Entfernung von etwa 15 m.

Busch stellte mit zunehmender Sorge fest, dass die Warften im Winter ganz erheblich an Höhe abgenommen hatten, ein sicheres Zeichen der fortschreitenden **Erosion**. Es würde nach seiner Auffassung nicht mehr lange dauern, bis die gefundenen Reste von Warften, Gräben und Wegen für immer vernichtet seien. Wie Recht sollte er damit behalten!

Busch war schon 1921 der Auffassung, dass diese acht Warften – zunächst hatte er nur sieben entdeckt, später neun – das einstige **Kirchdorf Rungholt** dargestellt hatten[322]. Zum Beweis seiner These führte er an: Man könnte annehmen, dass zu den etwa 20 gefundenen Sodenbrunnen ebenso viele Häuser gehört hätten und in ihnen bei den damals herrschenden dürftigen und bescheidenen Wohnungen etwa 40 Familien auf diesen Warften gewohnt hätten. Und die Kirche sei der sichtbare Mittelpunkt dieser Ortschaft gewesen.

Bei der Vermessung stellte Busch fest, dass die Kirchwarft und die anderen gefundenen Warften an der Nordwestspitze der Hallig Südfall, dem Kaob, gelegen haben, genauer sogar: unter der Halligspitze.

Südlich von diesem „Acht-Warften-Gebiet“ lag fester Marschboden. Brunnenringe, Gräben, Pfähle, und schließlich mehrere Warftreste fand er bei seinen weiteren Exkursionen. Andreas Busch war vom „Rungholt-Fieber“ gepackt!

Aber er war bei seinen Ermittlungen auch selbstkritisch und merkte sehr bald, dass es sich bei einigen dieser Warftreste um viel jüngere Warften handelte, nämlich wieder aufgebaute und weiterhin bis in das 19. Jahrhundert bewohnte! Es gab bis 1825 eine Norder-, eine Oster- und eine Süderwarft, alle westlich der heutigen Hallig Südfall gelegen.

Andreas Busch hatte mit seinen bereits 1922 durchgeführten Vermessungen festgestellt, dass jenes von ihm als Rungholt erkannte und bezeichnete Gebiet unter der Nordwestspitze von Südfall lag und folglich damit Südfall eine Nachfolgesiedlung von Rungholt sein müsste. Bis ein so kühner Schluss gezogen werden könnte, müsste aber

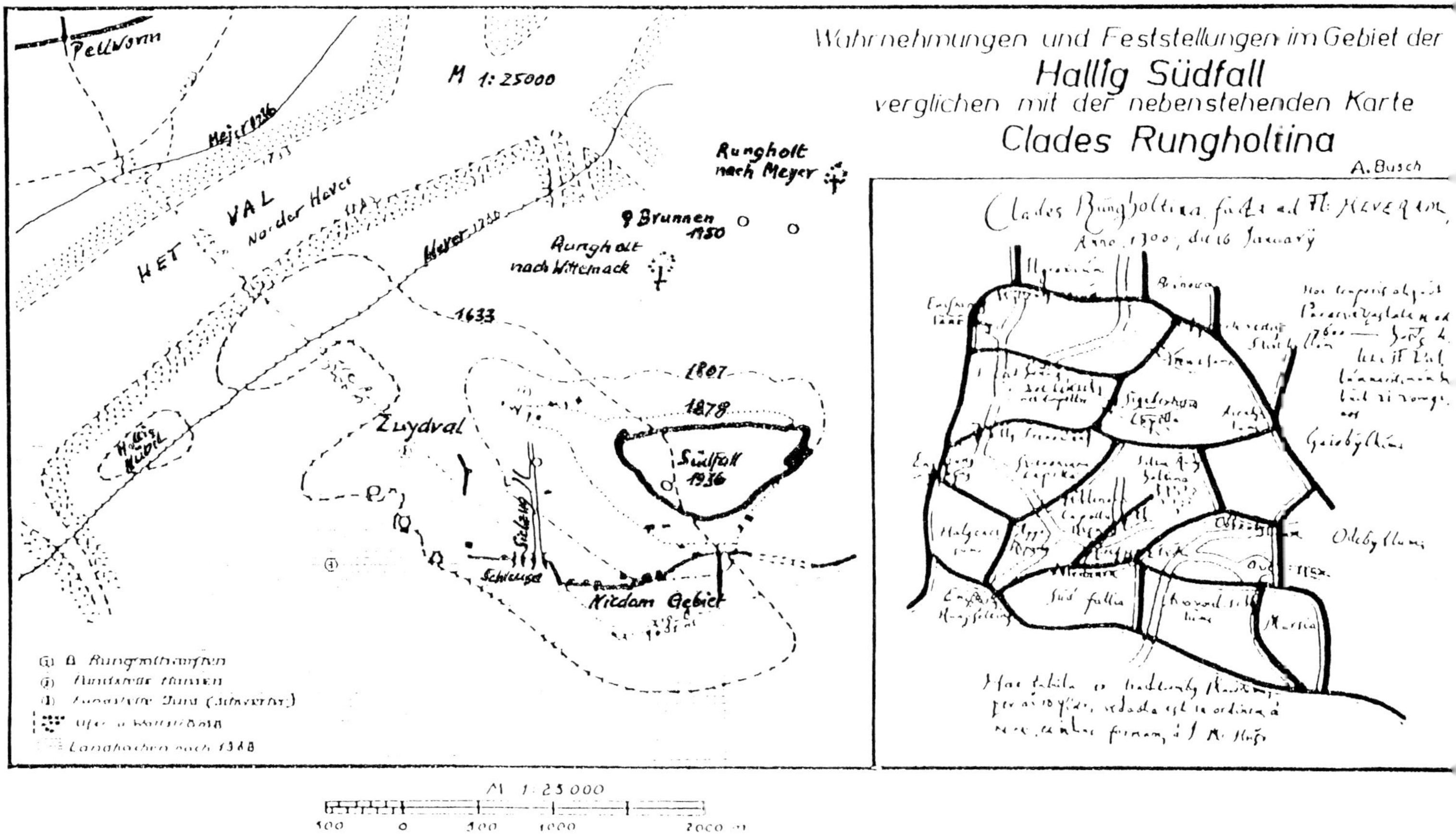


Abb. 57: Gegenüberstellung der Karte „Wahrnehmungen und Feststellungen im Gebiet von Hallig Südfall“ von Andreas Busch mit der *„Clades Rungholtina“* von Johannes Mejer/Peter Sax.

| Karte *„Wahrnehmungen und Feststellungen“* | Karte *„Clades Rungholtina“* |
|---|---|
| 1. Alte und neue Schleuse | Emißarius[323] Rungholtinus |
| 2. Sielzug | Agger[324] Ripanus[325] |
| 3. Deichstrecke westlich des Sielzuges | Halgenessum (östlicher Deich)[326] |
| 4. Niedam-Gebiet (Niedam-Deich) | Niedamum |
| 5. Deich in Nord-Süd-Richtung | Deich östl. von Südfallia |
| 6. Deichdurchbruchstelle | Deichöffnung östlich von Niedamum |
| 7. Das „Acht-Warften-Gebiet“ | Rungholtum |
| 8. Het Val, später Norderhever | Emißarius Magnus = Großes Siel[327] |
| 9. Neun Brunnen | Fedderingman Capell vel Rip |

der sichere Nachweis geführt werden, dass jenes unter dem Kaob liegende „Acht-Warften-Gebiet“ mit dem untergegangenen Rungholt tatsächlich identisch ist.

Diese Frage ließ Andreas Busch nicht ruhen. Er musste eine Landkarte finden, auf der Merkmale in der Umgebung zu sehen sind, wie z. B. Deiche, Schleusen, Sielzüge, möglichst auch Warften und Wege, die mit den im Watt gefundenen Spuren übereinstimmten. Da kamen nur die historisierenden Karten von Peter Sax und Johannes Mejer in Betracht. Auf der *„Clades Rungholtina“*, die außerdem dem *„Abriß von Rungholte“* ähnelt, fand Busch das, was er suchte. Er stellte eine Karte seiner „Wahrnehmungen und Feststellungen im Gebiet Hallig Südfall“ der *„Clades Rungholtina“* gegenüber [Abb. 57] und verglich sie miteinander.

Die Übereinstimmungen sind frappierend.

- Die (Rungholt)-Schleuse befindet sich dort im (Niedam-)Deich, wo auf der *Clades* der Vermerk „Emißarius Rungholtinus“ steht.
- Nördlich der Schleuse beginnt ein Sielzug. Auf der *Clades* sind bei der Schleuse und auch nördlich davon Gräben zu finden, die allerdings nicht genau nach Norden, sondern nach Nordosten verlaufen. Hier finden wir keine exakte Übereinstimmung mit der Himmelsrichtung.
- Westlich des Sielzuges befindet sich eine – kleine – Deichstrecke. Auf der *Clades* befindet sich hier ein Deich.
- Die Fundfläche endet im Süden mit einem Deich. Auf der Clades ist hier die Deichlinie gezeichnet, dazu der Ortsname „Niedam“.

- Vom Niedam-Deich zweigt ein weiterer Deich nach Süden ab. Auf der *Clades* verläuft hier ebenfalls ein Deich, östlich der Ortsbezeichnung „Südfallia" belegen.
- Östlich dieser Deichabzweigung ist der Deich nach den Feststellungen von Busch offenbar gebrochen. Auf der *Clades* ist hier ein Deichdurchbruch zu sehen, ein Gewässer, das durch die Deichlinie verläuft. Auf einer Fotografie[328] von vor 1924 ist allerdings dieser Deichdurchbruch nicht zu sehen.
- Nördlich des Niedam-Deiches liegt das Acht-Warften-Gebiet. Auf der *Clades* steht hier die Ortsbezeichnung „Rungholtum", allerdings sehr nahe am Deich. Der *Silva Rungholtinum* – Rungholter Wald – liegt weiter entfernt nordöstlich davon.
- Die Norderhever hieß früher *„Het val"*. Auf der *Clades* finden wir einen Deichdurchbruch an dieser Stelle, beschrieben mit *„Emißarius H.-byng"*.
- Nordöstlich vom Acht-Warften-Gebiet befinden sich 9 bzw. 10 Brunnen, die Reventlow-Criminil erstmalig gesehen hat. Auf der *Clades* finden wir hier die Ortsbezeichnung „Fedderingman Capell vel Rip".

Trotz dieser vielen Übereinstimmungen fehlt der letzte schlüssige Beweis für die Identität des gefundenen Gebietes mit Rungholt, es fehlt – salopp ausgesprochen – das Ortsschild „Rungholt", oder – etwas ernster – ein schriftlicher Hinweis auf einem der Fundstücke. Trotzdem sind die Übereinstimmungen der aufgefundenen Kulturspuren mit den Ortsangaben in der Karte *„Clades Rungholtina"* so groß, dass man von „an Sicherheit grenzender Wahrscheinlichkeit" sprechen kann – und mehr wird nicht zu erreichen sein.

Die Norder-, Oster- und Süderwarft, letztere nach der Zählung von Busch mit den Nummern 11 und 12 versehen, sind noch bis ins 19. Jahrhundert bewohnt gewesen. Aus diesem Grund hat Busch die genannten Norder-, Oster- und Süderwarft bei seinen weiteren Rungholtforschungen ausgeklammert.

Andreas Busch prüfte jetzt sorgfältig mit den ihm zur Verfügung stehenden Mitteln visueller Art – dendrochronologische[329], radiokarbontechnische[330], oder gar thermolumineszenzische[331] Prüfungen gab es noch nicht – das Alter seiner Funde, um sie einer der genannten Perioden zuzuordnen.

Aber zwischen den genannten drei Warften fand Busch einen alten schnurgerade verlaufenden Sielzug, in den seitlich Gräben und Grüppel einmündeten. Der Sielzug wiederum mündete in eine hölzerne Schleuse. Und an den Schleusenbalken ließ sich das Alter wiederum gut bestimmen: es war eine alte Rungholt-Schleuse! Vor der Schleuse lagen Mauersteine, die von Busch als Ladung eines untergegangenen Schiffes gedeutet wurden. Reste eines Schiffes hat er allerdings nicht gefunden, vielmehr beruht seine Annahme darauf, dass diese Ziegelsteine außerhalb des bewohnten Gebietes vor der Schleuse lagen, also im Außendeichs-Bereich – wenn es denn tatsächlich Vordeichsland war und nicht etwa ein weiterer vorgelagerter Koog.

Und dann fand Busch – immer noch in den Jahren 1921 und 1922 – die Reste eines Deiches. An und auf ihm lagen mehrere Warften.

Busch fand Hochmoorhügel, Baumwurzeln und Torfflächen, in denen sogar noch Spatenstiche erkennbar waren. Ein Weg führte zum Sielzug, und die Reste einer Brücke waren auch noch erkennbar.

Busch hat aber nicht nur eine Einteilung der Funde in zeitlich unterschiedliche Perioden vorgenommen, sondern auch eine örtliche Einteilung, und weiter versucht, diese von anderen Siedlungen zu trennen und die Stelle zu bestimmen, an der Rungholt gelegen hat. So prüfte er anhand von Kartenauswertungen, ob es sich bei diesen Warftsiedlungen um Rungholt, Niedam oder Halgenes handelte[332]. Da er sich dabei auf die Karten von Johannes Mejer stützte – andere standen wohl auch kaum zur Verfügung und die Kritik an den Mejerschen Karten war nur wenig bekannt –, sind seine Ermittlungen insoweit überprüfungsbedürftig.

Busch vermutete, dass die Deiche gleichzeitig als Wege von Ortschaft zu Ortschaft benutzt wurden.

An bedeutenden Exponaten fanden Andreas Busch und seine Begleiter und andere Wattwanderer – Christian Hansen, Zimmermeister aus Nordstrand, Peter Jürs, Schiffer aus Husum, und die Brüder von Andreas Busch – Töpfe, Krüge, Kannen, Ziegelsteine, manche davon im Klosterformat, Mühlensteine, „Schutthaufen"(?), einen Kessel, Schwerter mit schwerem Bronzekopf, zum Teil noch in Lederscheiden steckend, ein Koppelschloss, eine Lanzenspitze und Beile. Manche Töpfe haben trotz Eisganges keinen Schaden genommen, sondern konnten vollständig heil geborgen werden.

Busch nahm aufgrund seiner Funde an, dass Rungholt aussah wie alle Ortschaften auf reinem Marschboden heutzutage: auf Warften und Deichen standen niedrige Häuser dicht gedrängt. Er fand 50–60 Brunnenspuren. Da vermutlich mehrere Haushaltungen einen gemeinsamen Brunnen besaßen, errechnete Busch eine Größe von etwa 1000 Einwohnern. Und damit war Rungholt eine bedeutende Siedlung im 14. Jahrhundert, aber sicher keine Stadt.

In den Folgejahren ist Andreas Busch das Rungholt-Gebiet viele Male abgegangen, manchmal mit geringem Erfolg[333], manchmal mit neuen Erkenntnissen. Da er viele Interessierte durch das Gebiet führte, hat er das Acht-Warften-Gebiet nicht so gründlich absuchen können, wie er es sich – wohl auch aus der Rückschau – gewünscht hätte[334], denn die Zeit der Forschungsmöglichkeiten und der Besichtigung vorhandener Spuren bei Niedrigwasser ist stets nur kurz. Die Beschreibungen der weiteren Exkursionen sollen deshalb zusammengefasst werden, wobei auf folgende **Aufsätze** besonders verwiesen wird:

Abb. 58: Ein Sodenbrunnen im Kulturland von vor 1362, Aufnahme ca. 1938

Abb. 59: Reste des Niedam-Deiches ca. 1938

Abb. 60: Reste der Rungholtschleusen ca. 1938

Abb. 61: Pflugspuren im Kulturland von vor 1362, Aufnahme vom 28. 9. 1938

- 1928, Auf Rungholtsand,
- 1933, Meine Wanderung im Rungholt-Watt am 3. Juni 1933,
- 1936, Neue Beobachtungen im Rungholt-Watt im Jahre 1935,
- 1940, Der gegenwärtige Stand der Rungholt-Forschung,
- 1951, Ein Versuch, vor 60 Jahren, Rungholt zu entdecken,
- 1954, Handwerkliche Wattfunde,
- 1956, Nochmals: Handwerkliche Wattfunde,
- 1957, Die heutige Hallig Südfall und die letzten Spuren Rungholts,
- 1961, Reste der Rungholter Schleusen sind schon seit 80 Jahren beobachtet,
- 1966, Ein Rückblick auf meine Rungholt-Forschung,
- 1971, 50 Jahre Rungholtforschung,
- 1972, Die ersten Erlebnisse bei meiner Rungholt-Forschung.

Dies ist allerdings nur eine kleine Anzahl der Aufsätze von Andreas Busch, wie allein aus dem Literaturverzeichnis dieses Buches hervorgeht, und selbst dabei handelt es sich nur um eine Auswahl.

Übrigens kostete Busch seine erste Veröffentlichung 1 Billion Mark, kurz darauf 1,– Reichsmark.

Zusammengefasst lässt sich über diese Jahre seiner Forschung berichten:

Das Ergebnis seiner intensiven Ausflüge ist beachtlich: 29 Warftreste nordwestlich, westlich und südlich der Hallig Südfall mit über 90 Sodenbrunnen [Abb. 58], über 2000 m Deichstrecke [Abb. 59] mit zwei Schleusen [Abb. 60], große Flächen alter Äcker und Feldfluren, Pflugspuren [Abb. 61], Reste einer hölzernen Brücke, Aufgrabungen am Niedam-Deich, dazu viele einzelne Exponate wie Keramikscherben, Krüge, aber auch Schuhreste (diese allerdings südlich von Trendermarsch bei Nordstrand), ein Wagenrad (ebenfalls an jener Stelle), Leder- und Holzteile sowie Ziegelsteine, auch im Klosterformat. In einer vielfach veröffentlichten Übersichtskarte sind die Warften, Deiche, Sielzüge, Schleusen, Feldeinteilungen und Fennen[335], gefunden zwischen 1921 und 1941, eingetragen worden, projiziert auf die Umrisse der Hallig Südfall von 1804 bis 1936 [Abb. 62].

Busch unterschied auf dieser Karte zwischen *Grote Rungholt* und *Lüttke Rungholt*. Als *Grote Rungholt* bezeichnete er das von ihm bisher benannte „Acht-Warften-Gebiet“, bestehend aus den Warften 1 bis 9 – inzwischen war eine neunte Warft freigespült und entdeckt worden. *Lüttke Rungholt* lag danach am und auf dem Niedam-Deich, umfassend – mindestens – die Warften 18 bis 24. Als das *Niedam-Gebiet* schließlich bezeichnete er die Gegend an der Südspitze von Südfall, wo die Warften 13 bis 17 sowie 28 und 29 lagen.

Die Unterscheidung zwischen *Grote* und *Lüttke Rungholt* stammt aus dem *Codex manuscriptus historiae 102*[336]. Busch suchte nun die Ortsteile *Grote* und *Lüttke Rungholt* mit den Funden im Watt zu identifizieren. Da Busch meinte, die ursprüngliche Schiffsanlegestelle habe wegen Versandung verlegt werden müssen, ergab sich zwangsläufig die Vorstellung, dass der eine Hafen Groß-Rungholt und der andere Klein-Rungholt genannt wurde. Groß-Rungholt passt nach seiner Auffassung auf das alte Rungholt, das „Acht-Warften-Gebiet“ mit seiner Kirche, Klein-Rungholt dagegen besser auf die neue Schiffsanlegestelle an den Schleusen. Aus dem Text des *Codex manuscriptus historiae 102* ist aber zu entnehmen, dass *Grote* und *Lüttke Rungholt* in Bezug auf die frühere Siedlung „dar van aff kamen“, also verloren gegangen sind. Sie sind folglich Nachfolgesiedlungen von dem ursprünglichen, 1362 untergegangenen Rungholt. Panten[337] vermutet die beiden Orte *Grote* und *Lüttke Rungholt* auf höher gelegenem Terrain nordöstlich von Südfall. Auffällig ist, dass Nachfolgesiedlungen stets weiter landwärts entstanden sind. Viele Orte aus dem Mittelalter sind im Laufe der Zeit ostwärts „gewandert“, d. h. spätere Ansiedlungen entstanden im Osten der früheren Siedlungen. Deutlich wird dies an der Lage der häufig erhalten gebliebenen Kirchen, so z. B. auf Pellworm.

Auf dem nach 1362 stehen gebliebenen Vorland von Rungholt bildete sich durch Anwachs die Hallig Alt-Südfall, allerdings in einem lange andauernden, dynamischen Prozess. Die schon vor 1362 vorhanden gewesenen Warften wurden weiterbenutzt, neue wurden gebaut. Das sind sicher Siedlungen, die „dar van aff kamen“. Aber ihre genaue Ortslage ist noch nicht nachgewiesen.

Die Lage von **Niedam** schließlich ist ebenfalls unklar. Busch selbst hat auf der Karte, in der er die „*Clades Rungholtina*“ mit der Umrisskarte von Südfall vergleicht, Niedam auf die Stelle gelegt, wo er – später – *Lüttke Rungholt* vermutet hat, also an und auf dem Niedam-Deich. Auf seiner vergleichenden Karte Abb. 57 und der zusammenfassenden Karte Abb. 62 liegt es – etwas unpräzise „Niedam-Gebiet“ benannt – südlich von Südfall, gerade dort, wo auch Harcksen – vgl. Abb. 51 – es eingezeichnet hat. Auch bei dieser Frage reichen die bisherigen Erkenntnisquellen nicht für einen schlüssigen Beweis aus.

Bei allen diesen Funden handelt es sich um Lesefunde. Eine exakte Beschreibung der genauen Fundorte, ihrer Umgebung, der Bodenzusammensetzung, der Lage im Untergrund, ggf. auch in Beziehung zu anderen Exponaten, fehlt. Busch bedauert dies rückblickend selbst:
„*Ich selbst bedaure sehr, daß ich diesen Abschnitt nicht gründlich abgesucht habe. Es geschah nicht deshalb, weil hier das Wasser meistens noch nicht abgelaufen war, sondern weil ich bei meinen Begehungen meistens Begleiter bei mir hatte, denen ich für die Forschung interessante Fundgegenstände im Watt zeigen wollte*“[338].

1957 stellte Andreas Busch resignierend fest, dass nur noch zwei Warftreste gesehen werden konnten, die außerdem wegen des ruhigen Wellenganges nur noch schwach zu erkennen, z. T. schon stark überschlickt waren[339]. Er war damals 74 Jahre alt.

Die **Erosion** wirkt in diesem Gebiet gewaltig – auch heute noch. Sie greift das Watt zweifach an: Zum einen wird die oberste Schicht bei jeder Sturmflut abgenagt, häufig um 20 bis 30 cm, in Ausnahmefällen – auch von Busch beobachtet – bis zu 50 cm jährlich, sodass insbesondere in den Herbst- und Wintermonaten die Landschaft völlig verändert wird, zum anderen wird die Wattoberfläche bei ruhigen Wind- und Strömungsverhältnissen schnell von den Sinkstoffen bei Wasserstillstand überschlickt, sodass die Kulturspuren – schon bei einer nur 1 cm dicken Schicht – nicht mehr sichtbar und tatsächlich unauffindbar sind. Im Gebiet bei den Warften 13 und 14 kommt ein weiteres Moment hinzu: Der Ausläufer des Priels Dwarsloch nagt immer weiter an der Uferkante, verlagert sich in der Krümmung immer weiter auf die Hallig zu und reißt dabei das alte Kulturland fort, jedes Jahr mehrere Meter. Die Kulturspuren von Rungholt verschwinden für immer. Rungholt geht in den heutigen Tagen – am Ende des 2. Jahrtausends – ein weiteres Mal unter, und zwar jetzt so endgültig, dass weitere Spuren nicht mehr vorhanden sein werden.

Die Verdienste von Andreas Busch sind später von einigen Wissenschaftlern mehrfach ausführlich und qualifiziert gewürdigt worden. Wie bedauerlich, dass zu seinen Lebzeiten Wissenschaftler der verschiedensten Disziplinen von seinen Forschungsarbeiten viel zu wenig Notiz nahmen und so wenig eigene Forschungen, die damals noch möglich waren, durchgeführt haben. Man spürt aus den Zeilen von Busch, wie dankbar er war, als das Nissenhaus 1939 sich erbot, mit einem größeren Kostenaufwand einige exakte Einzel-Untersuchungen durchzuführen. Der Leiter des Museums Dr. Tidelski, Andreas Busch, ein Arbeiter und ein Seemann waren vom 3. bis 9. Mai 1939 auf der Hallig Südfall, dazu zeitweilig die Fotografin Fr. Schwartz. Ausgerüstet war das Team mit Feldzirkel, Bohrgerät, Schaufel, Spaten und Fotoapparat. Als wichtigste Aufgaben sah dieses Team die Untersuchung der Brunnen an – Anzahl und Inhalt – sowie die Art und Datierung der Keramik. Hinzugezogen wurde der Keramik-Fachmann Ritzefeld, Konservator am Hetjens-Museum in Düsseldorf, der wegen dieser Frage nach Husum gekommen war. Zusammen mit Tidelski wurde am 25. 11. 1938 ein Brunnen der Warft 27 untersucht, der von Tidelski schon am 28. 9. 1938 teilweise aufgegraben worden war und für die weitere Untersuchung ausgesucht wurde, weil er auffällig viele Scherben enthielt.

Ermittelt wurde dabei, dass diese Warft vor 1362 bestand, aber auch noch im 15. und 17. Jahrhundert besiedelt war.[340]

Von dieser einmaligen wissenschaftlichen Expedition abgesehen, sind intensive Untersuchungen der Experten unter den Wissenschaftlern zur Zeit der Forschungstätigkeit durch Andreas Busch nicht – allenfalls in geringem Umfang – vorgenommen worden. Welche Möglichkeiten sind vertan worden, auf der Grundlage der Tätigkeit des Hobbyforschers Andreas Busch wissenschaftlich fundierte Erkenntnisse zu gewinnen weitere Forschungen durchzuführen und ungelöste Fragen zu beantworten. Zuzugeben ist natürlich, dass die Forschungsarbeiten im Watt bei der tidebedingt knappen zur Verfügung stehenden Zeit von einer bis eineinhalb Stunden täglich einen auch früher kaum zu vertretenden Aufwand bedeuten.

Die **Post-Busch-Ära** begann schon zu Lebzeiten von Andreas Busch. Seine Forschungen liefen mit zunehmendem Lebensalter und wegen der eingetretenen Kriegsverhältnisse allmählich aus. Busch hatte „sein“ Gebiet erkundet, kartographiert, fotografiert und darüber zahlreiche schriftliche Aufzeichnungen gemacht und veröffentlicht. Er hatte die Fachwelt auf dieses Gebiet aufmerksam gemacht, die nach seiner Auffassung wertvollen Funde mitgenommen und dem Husumer Museum übergeben. Danach – in höherem Lebensalter – erwartete er keine bahnbrechend neuen Erkenntnisse mehr, zumal die Erosion sichtbar fortschritt und die ihm bekannten Kulturspuren mehr und mehr vernichtete.

Jetzt war es ein Engländer, von dem berichtet werden soll[341], ein **englischer Pilot**, der im schon weit fortgeschrittenen Kriege mit seinem angeschossenen Flugzeug im Watt notgelandet war. Sein Kamerad war dabei ums Leben gekommen. Er selbst hatte sich mit einem Schlauchboot retten können und war an eine Sandbank getrieben. Das Boot verließ er in der Meinung, er habe das rettende Ufer erreicht. Zwischen alten Kulturspuren fand er eine kleine Flöte. In seiner Lebensnot – das Wasser stieg höher und

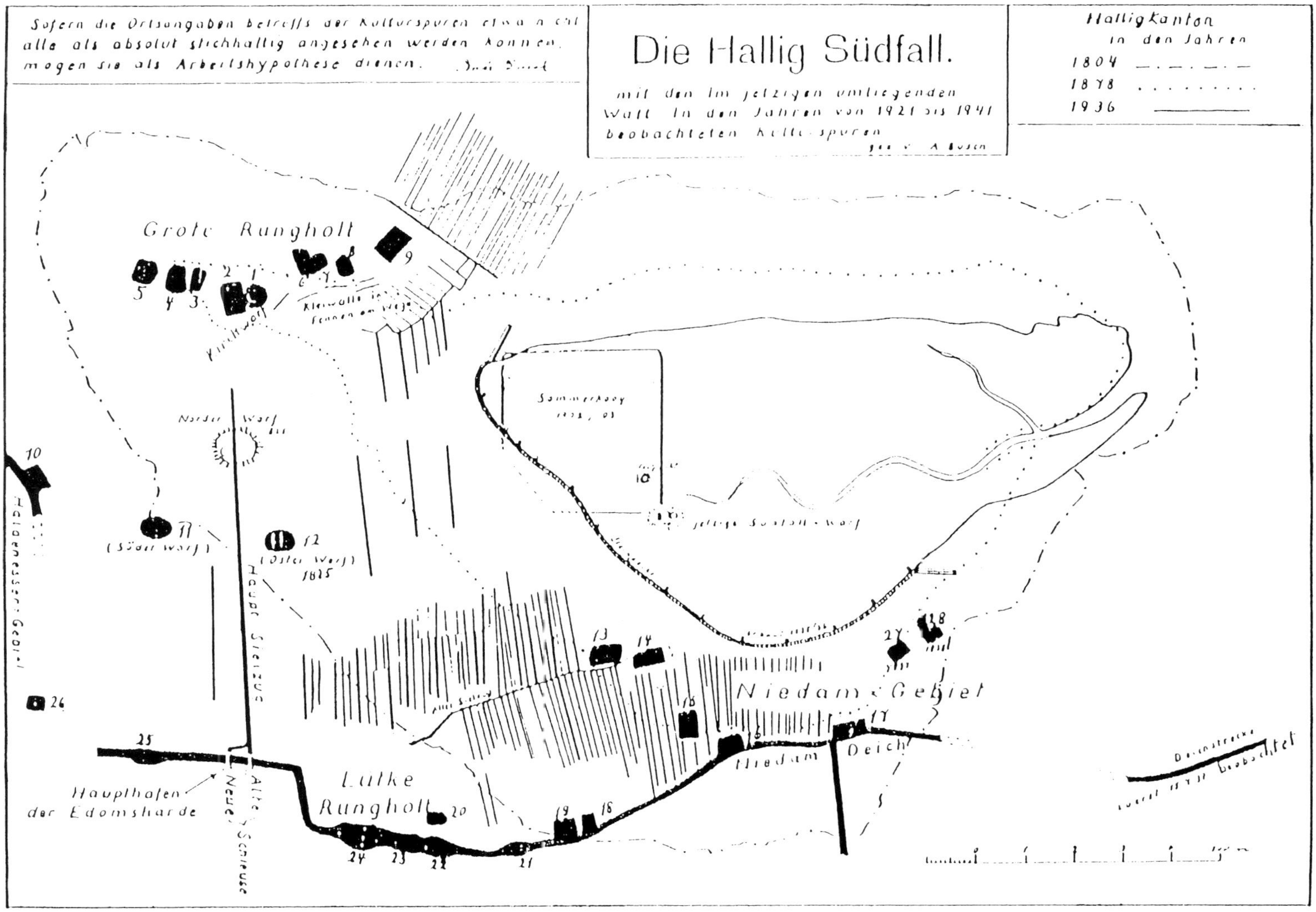

Abb. 62: Die Hallig Südfall mit den Kulturspuren von 1921 bis 1941, von Andreas Busch

höher – spielte er auf diesem Instrument. Dieses Flötenspiel hörte die „Halliggräfin von Südfall", Diana Gräfin v. Reventlow-Criminil, die einsam mit nur wenigen Bediensteten auf der Hallig Südfall lebte, die sie käuflich erworben hatte. Die Gräfin hatte das englische Bombengeschwader gehört und war nach draußen gegangen. Dann hörte sie dieses ungewohnte Geräusch – ein Flötenspiel. Manchmal brach es unvermittelt ab, dann war es wieder deutlich zu hören. Sie erkannte sofort, dass sich dort ein Mensch in Lebensgefahr befand. Das Flötenspiel kam aus dem Gebiet des längst versunkenen Rungholt, von der Sandbank im Westen von Südfall. Die Gräfin schritt – mitten in der Nacht – mutig in das ihr bekannte Wattgebiet hinaus, durch weichen Schlick und durch Priele. Das Wasser kam, es war keine Zeit zu verlieren. Die Flötenmelodien wurden deutlicher, lauter, und plötzlich stand jener englische Soldat vor ihr. Das Flötenspiel hatte ihm das Leben gerettet. Beide schritten forsch zurück zur Hallig. Die Flut hatte bereits weite Wattflächen überspült, als beide die Halligkante erreichten. Die Gräfin v. Reventlow bot dem Engländer einen Schlafplatz auf der Hallig an und war bereit, ihn dort so lange zu verbergen, wie er wollte. Das war in der damaligen Zeit eine äußerst mutige Tat. Einige Wochen hielt sich der Pilot auf der Hallig auf, zumal die Gräfin über eine umfangreiche Bibliothek in englischer und französischer Sprache verfügte. Der Engländer durfte sich tagsüber nicht sehen lassen, erst zur Nachtzeit wanderte er über die Hallig und auf das Watt. Eines Morgens fand die Gräfin einen Abschieds- und Dankesbrief von ihm – er war in der Morgendämmerung nach Nordstrand und damit in die Gefangenschaft gegangen.

Aber was war das mit der Flöte? Es handelte sich vermutlich um eine Okarina, eine kleine Flöte aus längst vergangenen Zeiten. Mit Rungholt dürfte dieses Instrument nichts zu tun haben, denn nach bisherigen Kenntnissen ist eine Okarina – wenn es denn eine solche war – erst um etwa 1860 in Italien hergestellt worden, eine aus Ton gebrannte Gefäßflöte in der Gestalt einer geschlossenen Muschel oder eines Eies mit acht bis zehn Grifflöchern. Dann aber stammte sie von irgendeinem Schiff oder ist auf eine andere sonderbare Weise in das Watt gelangt. Für unsere Rungholt-Forschung müssen wir darauf verzichten, dieses Instrument in die Reihe der *Mandränken*-Funde einordnen zu können. Aber vielleicht doch nicht ganz, weil die Klassifizierung als Okarina wohl nicht zweifelsfrei ist.

**Flöten** hat es schon in prähistorischer Zeit gegeben. Als im Juli 1994 im Deich bei Uelvesbuell ein 400 Jahre alter Küstensegler gefunden und vom Archäologischen Landesamt unter der Leitung von Kühn freigelegt wurde, fand man unter den geborgenen Gebrauchsgegenständen auch eine Flöte, Teil eines Dudelsacks. Und Kühn hat auf diesem Instrument, nachdem es 400 Jahre im Schlick gelegen hat, noch Melodien spielen können, besser gesagt: ihm Töne entlocken können! Der Autor war bei der Wieder-Vorführung dieser Töne anwesend! Zweifelsfrei stammt dieses Instrument aus dem 16. Jahrhundert. – Bei der von dem englischen Piloten zwischen den Kulturspuren Rungholts gefundenen Flöte wäre eine genaue Untersuchung, eine exakte Altersbestimmung wertvoll. Sie befindet sich heute im Nissenhaus in Husum, ist aber noch nicht auf ihr Alter bestimmt worden.

Ganz anders verhält es sich mit den Kulturspuren, die **Victor Graf v. Reventlow-Criminil**, ein Neffe der Gräfin Diana, etwa 2 – 3 km nördlich der Hallig Südfall im Herbst 1950 entdeckt hat. Dieses Gebiet ist wegen der großen Entfernung zu Südfall nur unter Lebensgefahr und nur unter Leitung eines kundigen Wattführers bei Hohlebbe und sichtigem Wetter zu erreichen, es sei denn, man hat ein Boot zur Verfügung, das auf Wattboden zur Niedrigwasserzeit aufrecht steht, „trockenfällt“.

Was hat Viktor Graf v. Reventlow bei seinen mehrfachen Exkursionen in das Watt nördlich von Südfall tatsächlich gesehen? Andreas Busch[342], der seine Ausflüge beobachtet und an einigen teilgenommen hat, zählt auf:

Piepgräben und Gräben,
Piepgräben sind Gräben, die zwecks Melioration, also einer Bodenverbesserung, mit Unkraut und Reet verfüllt sind, das dann verfault und damit zu einem guten Dünger wird,

aufgefüllte Püttlöcher,
Püttlöcher sind Bodenaushubstellen, meist für Deichbau,

mauer- und lohdielenartige Sodenlagen,
Lohdielen sind zwischen Stall- und Wohnteil eines Hauses liegende Vorratsräume für loses Viehfutter, meist Heu und Stroh,

bis zu 10 Sodenbrunnen,
Reventlow hat ihre Lage zeichnerisch dargestellt,

eingerammte Pfähle an drei Stellen,
ein Foto von diesen Pfählen ist veröffentlicht bei Busch, Die heutige Hallig Südfall, 1957, S. 6,

Ziegelsteine im Klosterformat,
(23 x 12 x 9,5 cm). Dieser Fund deutet auf ein festes Gebäude hin, z. B. eine Kirche od. dergl.,

Keramikscherben und heile Töpfe, darunter drei komplette rheinische Krüge,
davon wurde einer von dem Bauern Ernst-August Dethleffsen, dem Pächter von Südfall, gefunden,

schließlich sogar ein Menschenschädel.

Das war nun wirklich erstaunlich viel, eine Fundstelle, die nach Quantität und Qualität denen von Busch kaum nachstand.

Reventlow-Criminil hat, soweit bekannt, keine schriftlichen Aufzeichnungen über seine Exkursionen und seine Feststellungen oder Funde gemacht. Er hat Andreas Busch und den Museumsdirektor Erich Wohlenberg aus Husum über seine Funde informiert und erreicht, dass Wohlenberg sich intensiv für dieses Gebiet interessierte und es erforscht hat.

Weshalb aber hat Andreas Busch kein sonderliches Interesse an diesem Gebiet gezeigt? Er hat es als schwer zugänglich bezeichnet, denn für einen Wattwanderer, der von Nordstrand kam und in derselben Niedrigwasserperiode dorthin zurückgehen oder -fahren musste, war der Weg in dieses Gebiet in der Tat beschwerlich. Busch hat es in seinen Veröffentlichungen nur am Rande gestreift, entweder nur in einem Satz oder einer Fußnote. Die Erklärung für diese Wertung liegt sicher darin, dass Busch dieses Gebiet als den Ort Fedderingman Capell vel Rip ansah, nachdem er die *Clades Rungholtina* ausgewertet und Rungholt mit dem Acht-Warften-Gebiet identifiziert hatte. Und Fedderingman Capell war nicht sein Forschungsgebiet. Um diese Fundstelle mochte sich das Museum in Husum weiter kümmern, das Lebenswerk von Busch war die Erforschung von Rungholt, und die hatte er für sich abgeschlossen.

Sehen wir uns die Skizze dieses Gebietes [Abb. 63] näher an, hergestellt von der Forschungsstelle in Husum am 16. 10. 1951 und nach weiteren Beobachtungen und Feststellungen von Andreas Busch und Albert Bantelmann im Jahre 1952. 10 Sodenbrunnen sind eingezeichnet, davon ist die Lage der Brunnen 4, 6 und 7 als unsicher bezeichnet. Interessant sind die drei Gruppen von Pfahlresten, die von Busch – vorsichtig – als mögliche Brückenreste gedeutet wurden. Dann gibt es 4 Gruben mit vergrabenem Torf, eine Rinne mit Torf, Sodenreste, Steinreste, eine 32 m lange und 1 bis 2 m dicke Sodenbank.

Die geborgene Keramik ist durch den Direktor des Husumer Museums Erich Wohlenberg in die Sammlung dieses Hauses aufgenommen worden, die inzwischen in den Besitz des Nissenhauses in Husum übergegangen ist. Wohlenberg war es dann auch, der die Funde auswertete.

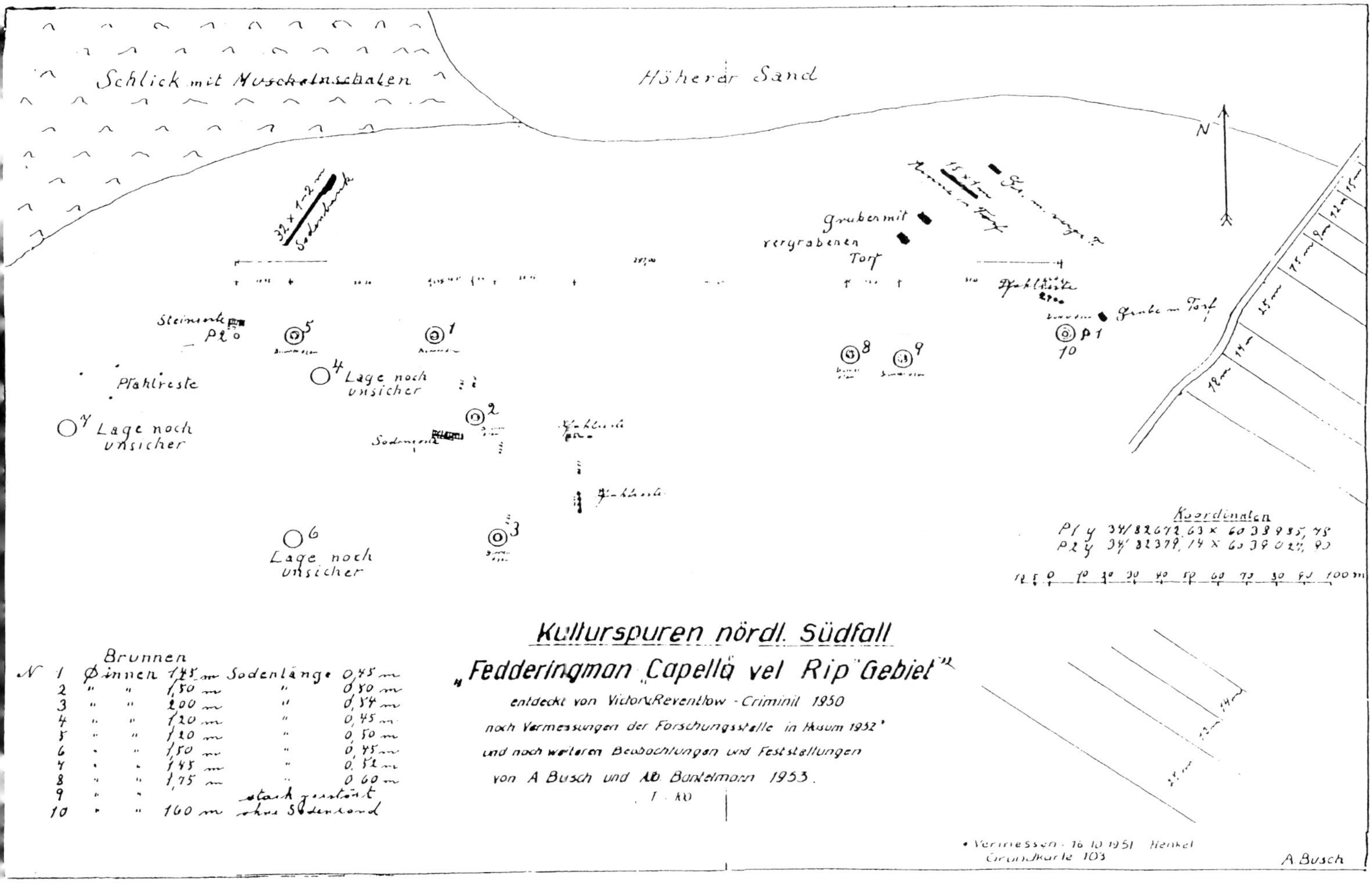


Abb. 63: Kulturspuren nördlich Südfall, Fedderingman Capell vel Rip, nach Graf v. Reventlow-Criminil, vermessen von der Forschungsstelle Husum 1951 mit ergänzenden Angaben von Busch und Bantelmann

Im Jahre 1992 machte **Hans Peter Duerr**, Professor für Ethnologie und Kulturgeschichte an der Universität Bremen, Urlaub auf Nordstrand. Dort sah er eine Kartenskizze von Johannes Mejer über das versunkene Nordfriesland vor der *Groten Mandränke* und erinnerte sich an das in der Schulzeit gelernte Liliencron-Gedicht. Sofort beschaffte er sich alle erdenklichen Bücher über Rungholt und die Geschichte der *Mandränken* und kam bei dem Studium zu dem zunächst nur theoretischen Schluss, dass Rungholt an anderer Stelle gelegen haben müsse als bisher angenommen. Insbesondere die Karten von Mejer hatten es ihm angetan, ist dieser doch – wie schon zitiert – *„fleiszig den Tieffen nachgefahren, vnd"* hat *„alte glaubwürdige Männer Jeder Zeit zu Gefehrten mit sich genommen, welche ihm die Örter, wo die Kirchen vnd Dörffer belegen, ja die gantze Gegend gezeiget haben, woenach er dan Carten formiret und in grund geleget habe"*[343].

Duerr führte, nachdem er sich mit der vorhandenen Literatur eingedeckt und diese eingehend studiert hatte, zwei kulturanthropologische Seminare an der Bremer Universität über „Die untergegangenen Kirchspiele der Edomsharde" und „Die Kulturgeschichte Nordfrieslands im Mittelalter" durch, die mit Exkursionen in das angesprochene Gebiet abschlossen. Er und seine 22 Studentinnen und Studenten[344] fuhren mit dem gecharterten Ewer „Jonas von Friedrichstadt" im Juni 1994 in die Gegend von Südfall, wo sie sich im Norden der Hallig trockenfallen ließen. Dort trafen sie das im Wattgebiet ortskundige Ehepaar Henningsen, das an einigen Tagen an den Seminaren an der Bremer Universität teilgenommen hatte und das mit ihrem Segelboot ebenfalls bei Südfall nach Spuren von Rungholt suchte und im Besitz eines Sammlerausweises für dieses Gebiet war. Obwohl 23 Augenpaare mehr erkunden können als nur 2, 3 oder 4, fanden die Exkursionsteilnehmer bei dem ersten Niedrigwasser nur einige wenige „Allerweltsscherben", Lesefunde, ganz im Norden des Wattrückens, in der Nähe der Norderhever und der Fuhlen Schlot. Doch bei den weiteren beiden Ausflügen zur Niedrigwasserzeit vom trockengefallenen „Jonas“ aus entdeckten Duerr und seine Studenten ein mutmaßliches Langhaus, nämlich die Reste eines Wohnstalles, darin außerdem neben einer Herdstelle ein hölzernes Fass, das noch in seinem Untersatz steckte. Die Funde wurden fotografiert, z. T. geborgen und beim Archäologischen Landesamt zur weiteren Auswertung abgegeben.

Die Untersuchungen des Archäologischen Landesamtes führten zu einem ganz anderen, überraschenden Ergebnis: Gefunden wurde – statt eines Langhauses – eine lang-rechteckige, mit humosem Material und Siedlungsmüll gefüllte Grube, die noch etwa 0,50 m tief erhalten ist. Am Rand ist sie mit Pfahlwerk befestigt – kein ungewöhnlicher Befund, wie das Archäologische Landesamt mitteilt. Diese Ermittlungen stellte das Landesamt bei einer Nachgrabung fest und ergänzte: Nach Messungen des Amtes für ländliche Räume liegt diese Grube bei NN -1,00 m und tiefer, also auf einem Niveau, auf dem im 13. und 14. Jahrhundert nicht gesiedelt werden konnte. Selbst vor Chr. Geb., als der Meeresspiegel weit niedriger lag, konnte auf einem solchen Niveau nur höchst selten gesiedelt werden. Der Archäologe Klaus Brandt hat die Höhenlagen von Wohnniveaus in ur- und frühgeschichtlichen Siedlungen untersucht [Abb. 64][345]. Die tiefsten Wohnlagen um etwa –1,00 m NN gab es um 1000 v. Chr. und – ganz vereinzelt – um die Jahrtausendwende, also um Chr. Geb. Bereits 200–400 n. Chr. liegt das niedrigste Wohnniveau bei + 0,50 m NN, im wesentlichen bei +1,00 m bis + 3,50 m über NN, um das Jahr 1000 n. Chr. – niedrigster Fund – bei 0,00 m bis – höchster Platz – bei + 3,00 m über NN. Um den hier interessierenden Zeitraum im 13. und 14. Jhdt. ist nur ein Siedlungsniveau verzeichnet: es liegt in + 4,00 m Höhe über NN.

Untersucht wurden von Brandt Wohnsiedlungen zwischen den Mündungen von Ems und Elbe. Die **Höhenniveaus** der Siedlungen im nordfriesischen Wattenmeer können sich nicht nennenswert von denen des niedersächsichen Wattenmeeres unterschieden haben, denn die Meeresspiegelhöhen sind in diesen Gebieten gleich. Die Wohnniveaus als Marken für Höchstwasserstände sind besonders aussagekräftig für solche Besiedelung, die neu auf Warften oder als neue Flachsiedlung erfolgte.

Auch im nordfriesischen Wattengebiet wurden zahlreiche Warft-Niveaus durch das Archäologische Landesamt vermessen: Der tiefste Hausfußboden

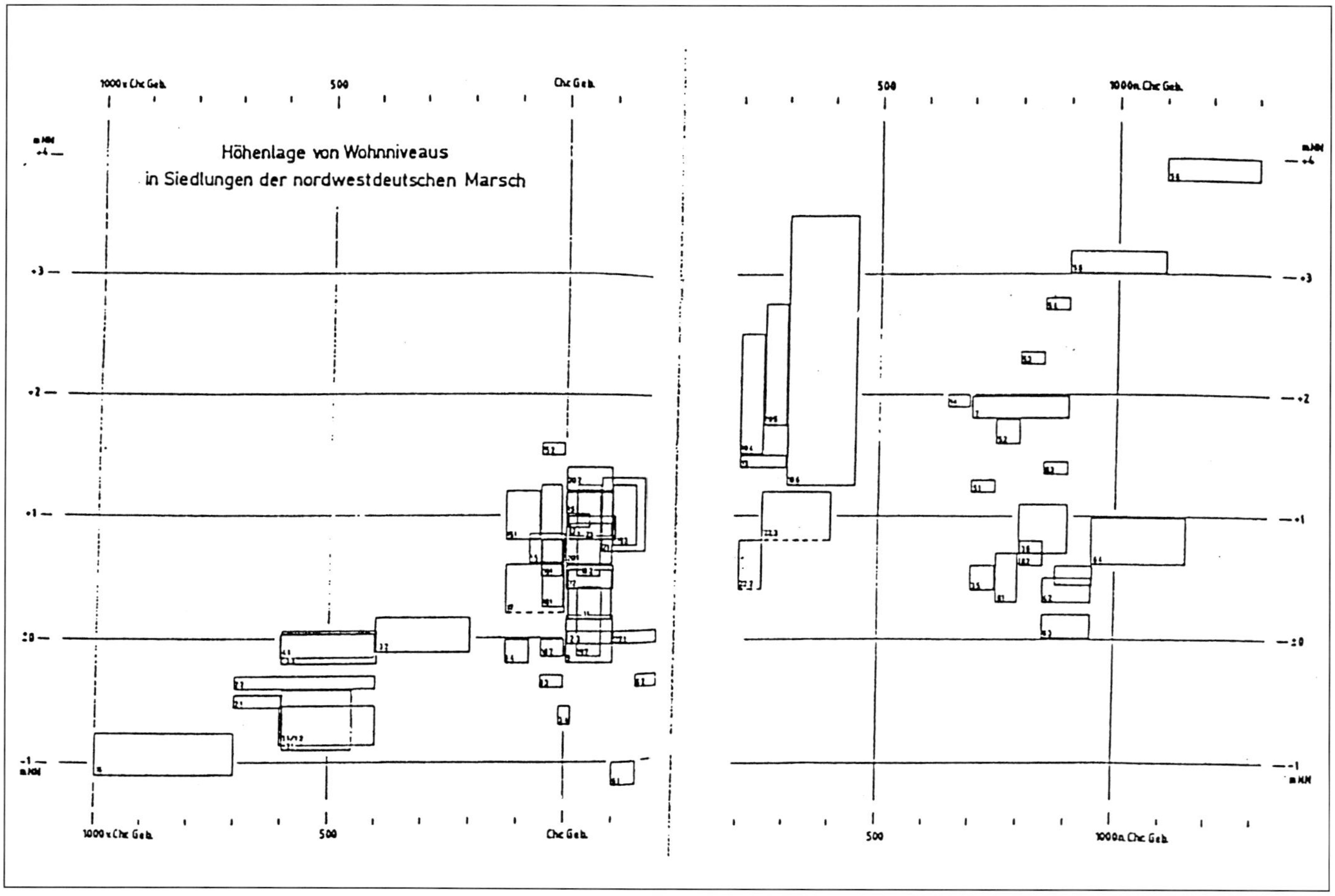


Abb. 64: Höhenlagen ur- und frühgeschichtlichen Wohnniveaus in nordwestdeutschen Marschengebieten als Höhenmarken ehemaliger Wasserstände

Abb. 65a: Das hölzerne Fass an der Fundstelle

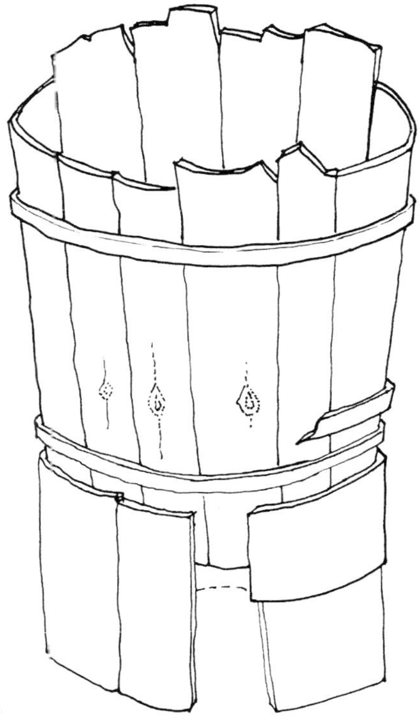

65b Rekonstruktionszeichnung durch Bremer Studenten

im frühen Mittelalter liegt bei + 0,60 m NN, und das in einer Zeit, in der an dieser Stelle kaum Meereseinfluss nachzuweisen war[346]. Alle Hausfunde aus der „Rungholt-Zeit" – im 13. und Anfang des 14. Jhdt. – liegen über +2,00 m NN. Der Deichbau war erst um 1600 so weit entwickelt, dass man sich traute, hier und da zu ebener Erde zu siedeln. Diese Vermessungen bedeuten aber, dass im 14. Jhdt. dort, wo Duerr und seine Studenten das von ihnen so genannte Langhaus entdeckten, nach den Feststellungen des Archäologischen Landesamtes eine menschliche Besiedelung nicht möglich war.

Duerr deutet das Ergebnis seiner Funde ganz anders[347]. Aus dem Fund einer Flachsiedlung sei abzulesen, dass sie zu einer Zeit bestanden habe, als das Land noch nicht oder nur sehr selten überflutet war. Deiche und Warften wurden wegen des steigenden Meeresspiegels erst zu späterer Zeit gebaut.

Bei der von Duerr von dieser Fundstelle geborgenen Keramik hat sich nach C-14-Untersuchungen und Thermolumineszenz-Prüfungen[348] die vermutete Altersangabe bestätigt: Von 1200 bis 1360, einzelne Scherben auf das 8. Jahrhundert, die älteste auf 680 n. Chr +/– 28 Jahre. Viele Scherben sind auf 1200 n. Chr. +/– 28 Jahre datiert, andere auf 1226, 1247, 1288, die jüngste rheinische Keramik auf 1364 jeweils +/– 28 Jahre. Die älteste Datierung auf 680 n. Chr. bereite – laut Duerr – „erhebliches Kopfzerbrechen", denn zu jener Zeit war nach bisherigen Erkenntnissen das Gebiet überhaupt noch nicht besiedelt.

Die aufgefundene Schlacke hatte sich bei 1200° gebildet – so heiß waren die frühmittelalterlichen Eisenerzöfen. Die Asche stammt aus dem 13. und 14. Jahrhundert.

Bei der Feuerstelle – Aschenreste – wurden Fischgräten gefunden.

Daneben befand sich ein Holzfass, das in einem weiteren hölzernen Ständer steckte. Das Fass war durch Schlamm und Salzwasser gut konserviert [vgl. Abb 65 a und b]. Nach dem äußeren Anblick könnte es sich bei diesem Fass um einen Fassbrunnen gehandelt haben, wie er andernorts mehrfach gefunden wurde, so z. B. in Eesbüll bei Nordstrand, aber auch nördlich von Pellworm und an manchen anderen Stellen im Wattgebiet mit Kulturspuren aus den Fluten von 1362 und 1634. Gefunden wurden außerdem Kuhschädel, Skelett-Teile und Kieferknochen.

In etwa 2000 Schritt Entfernung fand Duerr ein Fundament aus behauenen Findlingen, typisch für eine mittelalterliche Kirche. Daneben standen Reste einer Ziegelsteinmauer, noch im Verbund.

Die Hoffnung, hier nördlich von Südfall Spuren einer Kirche zu finden und damit die bisherige Lokalisierung von Rungholt beweiskräftig anzuzweifeln, scheitert aber an folgender Überlegung:

Die Kirche von Pellworm aus dem 12. Jhdt. steht auf einem Niveau von + 4,90 m NN, die von Odenbüll auf Nordstrand – etwa aus der gleichen Zeit[349] – auf + 4,50 m NN. Die damalige übliche Deichhöhe lag bei + 2,00 m NN. Die hier beschriebenen Funde von behauenen Findlingen und einer Ziegelsteinmauer liegen aber auf einem Niveau von ca. – 1,00 m NN, also etwa 5,50 bis 5,90 m niedriger als die Kirchen von Pellworm im Nordwesten und die von Odenbüll im Osten dieses Gebietes. Bei der von Busch gefundenen Kirchwarft unter Alt-Südfall konnte ein Höhenniveau nicht einge-

Abb. 66: Der Mühlstein im Archäologischen Landesamt

messen werden, weil sie erheblich aberodiert war, – aber immerhin lag diese Kirche auf einer Warft. Da aber die Kirche von Rungholt sogar eine Hauptkirche war, ist es nicht vorstellbar, dass sie auf einem so extrem niedrigen Niveau gelegen haben sollte.

Bei späteren Exkursionen ist diese Fundstelle übrigens nicht wieder aufgefunden worden. Leider war versäumt worden, die exakte Lage durch ein GPS-Gerät[350] oder mindestens eine Dreipunktpeilung festzuhalten.

Schließlich fanden Duerr und seine Exkursionsteilnehmer erheblich weiter nördlich, etwa 300 m südlich der Kante zur Norderhever, etwa 50 bis 60 Ziegelsteine, eine beschriftete Gewandfibel nit der Aufschrift *„AVE MARIA GRATIA"* sowie einen Stein, der als Mühlstein aus Basaltlava mit einem Holzring klassifiziert wurde [Abb. 66]. Er konnte wegen des Gewichtes und einsetzender Flut, wohl auch wegen fehlender amtlicher Erlaubnis zum Bergen, nicht gehoben werden, sondern verblieb an Ort und Stelle[351]. Eine spätere Untersuchung ergab folgenden Sachverhalt: Der kreisrunde Stein besteht tatsächlich aus Basalt. Er hat einen Durchmesser von 60 cm, ist innen 8 und außen 7 cm dick und hat in der Mitte ein 4 cm großes kreisrundes Loch. An einer Seite ist er auf ca. 20 cm am Rand ausgeapert, also leicht beschädigt. Um den Rand des Steines – in der Mitte der Seitenansicht – war ein hölzerner Ring von 3 cm Breite gelegt, der in der Mitte etwa 1,5 cm dick ist und nach den Seiten flach abfällt. Der Stein hat auf der glatten Oberseite zahlreiche Riefen, die Unterseite ist rauh. Er ist inzwischen von den Mitarbeitern des Archäologischen Landesamtes geborgen worden und wird dort aufbewahrt. Ein zweiter gleicher Mühlstein aus Basaltlava wurde an derselben Stelle gefunden und ist von dem Halligwart Brauer geborgen worden und wird von ihm verwahrt.

Die Bremer Exkursionsteilnehmer konnten Funde dort machen, wo ein Priel die Wattoberfläche abgetragen hatte, sodass der darunter liegende Boden, meist altes Kulturland, auf dem Grund des Prieles zum Vorschein kam. Die Zeugen einstiger Kulturlandschaft sind wegen der starken Sedimentierung fast ausschließlich entlang eines Priel- oder Rinnenufers aufgeschlossen. Die Erhaltung von Fundstücken in diesem Bereich ist dann von der Morphodynamik des Prieles abhängig. Diese Bereiche, in denen Priele altes Kulturland freigeben, kann man deshalb als **„morphologische Fenster"** in dem historischen Boden bezeichnen.

Diese morphologischen Fenster öffneten ein Gebiet erneut, das Busch und Reventlow-Criminil bereits untersucht hatten. 1950 war dieses Gebiet nur teilweise überschlickt. Am Nordrand der Skizze Abb. 63 sind Gebiete als „Schlick mit Muschelschalen" und „Höherer Sand" eingezeichnet worden, während auf dem übrigen Gebiet der alte Kulturboden großflächig freilag.

Bedauerlicherweise schloss sich an die Exkursion der Bremer Studentengruppe ein zum Teil auf Missverständnissen und mangelnder Kommunikation beruhender unschöner „Pressekrieg" mit offenen und versteckten Vorwürfen an, der nur einen Vorteil hatte: Das Thema „Rungholt" wurde wieder aktuell.

Wo aber liegt dieses von Duerr untersuchte Gebiet exakt? Henningsen hat die Stelle, an der der Ewer „Jonas" trockenfiel, mit dem auf seinem Segelboot befindlichen AP-Navigator nach dem Loransystem gemessen: 54° 29' 15" N, 08° 43' 75" E. Da sich auf der Karte über das von Reventlow-Criminil erforschte Gebiet ebenfalls eine exakte Ortsangabe durch das Vermessungsamt Husum befindet, nämlich zwei Koordinatenpunkte 34/82672,63 x 6038985,78 und 34/82379 x 6039027,90 nach der Reichskataster-Grundkarte des Deutschen Reiches, lassen sich diese Ortsangaben kombinieren. Das Forschungsgebiet von Reventlow-Criminil liegt umgerechnet auf 54° 28' 54' N, 08° 43' 57" E und 54° 28' 57" N, 08° 43' 41" E. Beide Fundstellen liegen nur ca. 1,1 km voneinander entfernt, das Duerr-Gebiet nördlich vom Reventlow-Gebiet. Von

Abb. 67: Ein Überblick über die Warft 13, im Hintergrund Südfall

Abb. 68: Sodenbrunnen I auf der Warft 13

dem Acht-Warften-Gebiet liegt das Duerr-Gebiet etwa 0,6 sm entfernt, mithin 1,1 km.

Das Archäologische Landesamt hat ausführlich zu den Funden von Duerr in einer schriftlichen Erklärung für eine Pressekonferenz in Kiel am 5. Januar 1995 Stellung genommen und hierin darauf verwiesen, dass nördlich der Hallig Südfall seit 1950 Brunnen, Pfahlreihen, Sodensetzungen und Ziegelsteinreihen bekannt waren, u. a. durch die Reventlow-Festellungen, und eingemessen worden seien. Unwahrscheinlich sei die Errichtung einer Kirche auf ebenem Boden. Derartige Sakralbauten seien auf besonders hohen Warften angelegt worden, wie z. B. die Pellwormer Alte Kirche im 12. Jahrhundert und die Odenbüller Kirche im 13. Jahrhundert.

Der Bauer **Ernst-August Dethleffsen** aus Nordstrand, Pächter der Hallig Südfall, ist oft auf dem Wattgebiet um Südfall gewandert und hat dabei auch viele Kulturspuren gesehen, häufig als Begleiter von Andreas Busch. Gefunden hat er viel keramische Ware, darunter mehrere heile rheinische Krüge aus Steinzeug, bemalte Keramikscherben, auch von der iberischen Halbinsel und manche Tierknochen. Ein besonderer Fund mögen zwei kleine Schildbuckel sein, metallene vorgewölbte Handgriffe in Schilden, die allerdings für Schilde üblicher Größe zu klein sind. Den größten Teil seiner Funde hat er dem Nordfriesischen Museum Nissenhaus als Leihgaben zur Verfügung gestellt.

Seine Zählung von 80 bis 90 Sodenbrunnen, von der er auch Duerr erzählt hat, ist allerdings nicht bei Wattwanderungen gemacht worden, sondern vom Flugzeug aus. Dabei kann man leicht Täuschungen unterliegen[352].

Ernst-August Dethleffsen gebührt das Verdienst, auch nach dem Ableben von Andreas Busch das Interesse an der Rungholt-Forschung wach gehalten zu haben. Auch Dethleffsen hat mehrere interessante Berichte von seinen Forschungsergebnissen veröffentlicht, u. a. einen ausführlichen Bericht über „Die Hallig Südfall und ihre Bedeutung in unserer Zeit“[353], sowie weitere Berichte in örtlichen Zeitungen. Durch seine Tätigkeit und seine Berichte darüber wurden viele Nordstrander Bürger angeregt, mit wachsamen Augen das Watt um Südfall bei ihren Wanderungen zu beobachten und Exponate zu sammeln, anstatt achtlos daran vorüberzugehen.

Das Ehepaar **Hans-Herbert** und **Waltraut Henningsen** aus Moorrege bei Uetersen/Holstein – der Autor dieses Buches und seine Frau – haben ebenfalls eine Vielzahl von Fundstücken aus dem Wattenmeer von 1981 bis in die Gegenwart geborgen.

Im Sommer 1981 ging die Segeltour der Henningsens in die Südfallgegend. Um es kurz zu machen: gefunden wurde – fast – nichts. Ein paar Gräben waren südwestlich von Südfall zu sehen, ein oder zwei Keramikscherben wurden mitgenommen, ein Tierknochen (Originalton von Frau Henningsen: *„Den schmeiß man weg, das ist ein über Bord geworfener Karbonadenknochen!“*) und sonst – nichts.

Anlässlich einer beruflichen Fahrt nach Schleswig wurden dennoch diese wenigen Funde im Landesamt für Vor- und Frühgeschichte (heute: Archäologisches Landesamt) vorgelegt, begutachtet und – welche Überraschung – als typisch mittelalterlich klassifiziert, als „rungholt-verdächtig“ beschrieben.

Im nächsten Jahr aber kam – für die Henningsens – die kleine Sensation: Der vollständig erhaltene Grundriss einer Warft mit vier Sodenbrunnen, Pfählen und anderen Eigentümlichkeiten lag vor ihnen. Um es kurz zu machen: Es handelte sich um die Warft Nr. 13 nach der Klassifizierung von Busch, im Südwesten von Südfall gelegen, sehr gut freigespült und „reif für eine intensive Erforschung“ [Abb. 67 und 68 ].

Ausgestattet mit einem Sammlerausweis des Archäologischen Landesamtes gelang es Henningsens, diese Warft in den Jahren 1982 bis 1994 ziemlich vollständig, z. T. unter Mithilfe ihres Sohnes Joachim und einer Freundin des Hauses Frau Eleonore Onken – leider immer noch äußerst vorsichtig und zaghaft – zu erforschen.

Jegliches Graben ist zwar streng untersagt, aber Sammeln, Bergen und Fotografieren war mit dieser Erlaubnis des Landesamtes gestattet.

Das **Ehepaar Henningsen** hat in den Wintermonaten mit seinen drei Söhnen manche Museen und andere Sehenswürdigkeiten besichtigt, wegen des pädagogischen Einflusses bei den Söhnen nicht allzu beliebt. Bei einem solchen Ausflug wurden 1980 im Nissenhaus in Husum Exponate aus dem Rungholt-Gebiet besichtigt, salopp als „Pütt un Pann“ abgewertet, aber auch Landkarten von der Fundgegend und Dias von der Bergung derartiger Funde – schon recht interessiert – angesehen. Plötzlich sprang aber der Funke über! Die Ansteckung des Rungholt-Fiebers tat ihre Wirkung! Die ausliegenden Hefte von Andreas Busch wurden gekauft, aber das war nur der Einstieg in diese Materie. Bald wurden die verschiedensten Schriften, Aufsätze und Monografien über dieses Thema erworben und eifrig verschlungen. Denn: Henningsens besitzen ein Segelboot, das für die flachen und harten Gewässer des Wattenmeeres ideal ist: ein 8,50 m langer Kielschwerter mit zwei Kimmkielen, gebaut in Süd-England und eingerichtet, um auch schwere Stürme im englischen Kanal oder in der Biscaya zu bestehen. Im nordfriesischen Wattenmeer waren sie schon mehrfach mit diesem Boot gewesen, aber nun lockte eine neue Gegend, verbunden mit einer aufregenden Aktion: Wiederauffinden des versunkenen Rungholt. Hinzu kommt eine Sammler-Leidenschaft der Henningsens – sie können nichts liegen lassen. Seien es Mineralien, Fossilien oder Muscheln am Strand – überall finden und sammeln sie, soweit erlaubt, solche Objekte, klassifizieren sie und stellen sie gelegentlich aus. Und das hier war der Einstieg in die Archäologie.

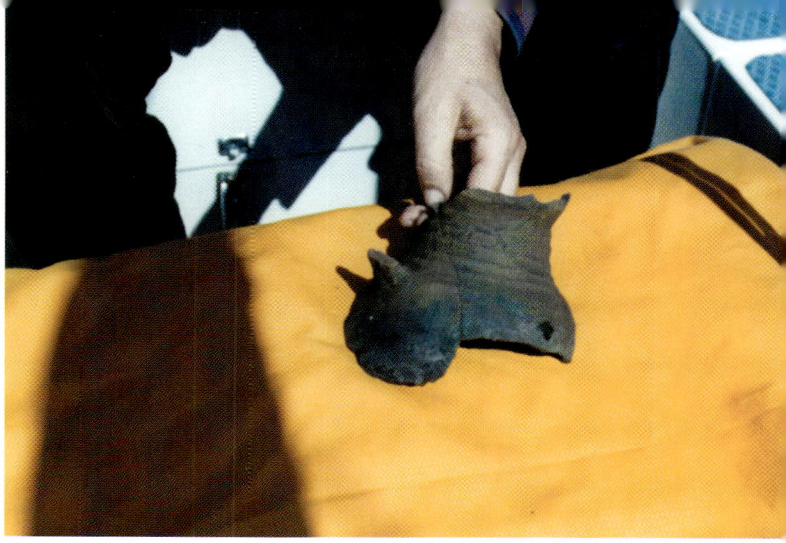

Abb. 69: Keramikscherben einer Fundstelle werden in der Plicht des Bootes sortiert. Abb. 70: Ein Krug entsteht aus einzelnen Scherben Abb. 71: Eine dünnwandige Tonschale wird zusammengesetzt. Abb. 72: Der Sodenbrunnen I der Warft 13 bei der Untersuchung. Abb. 73: Tierknochen von einer Fundstelle. Abb. 74: Zusammengehörende Einzelteile eines Lederschuhs. (Von links oben nach rechts unten)

Das Aussehen dieser Warft, ihre Funktion und die Umgebung werden noch exakt beschrieben, hier soll nur das Sammelergebnis festgehalten werden:

- Etwa 2500 Keramikscherben, einige davon recht kleine Bruchstücke, aber zu einem Krug gehörend und deshalb „reparierbar",
- über 500 Tierknochen verschiedenster Gattungen,
- Lederteile (Schuhe),
- mehrere Holzpfähle im Boden,
- wenige Holzteile von Geräten, wenn auch nur spärlich, und kaum oder nicht auf ihre Funktion erkennbar,
- ein Spinnwirtel,
- ein – nicht identifizierbares – Metallstückchen (Münze oder Gürtelschnalle?),

sowie in der Umgebung ein umfangreiches System von Gräben verschiedenster Arten und Funktionen.

Diese Untersuchungen fanden fast jedes Jahr statt, wobei die Ausbeute wegen der einsetzenden Sedimentierung und der stark fortschreitenden Erosion immer geringer wurde, bis sie 1996 völlig beendet war. Von der Warft 13 sind seit dieser Zeit nicht einmal mehr kleinste Spuren sichtbar – sie ist von dem Ausläufer des Prieles Dwarsloch, der am oberen Ende identisch ist mit dem Halligpriel „Großer Rümmel", vollständig vernichtet, nämlich weggerissen worden. Der Priel macht jetzt gerade hier einen scharfen Bogen, sodass die Außenseite sich ständig weiter in den Wattrücken hineinfrisst, man spricht dann von einem „Prallufer". Seit 1996 verläuft der Priel mitten durch diese Warft. Um etwa 100 m hat sich das Bett dieses Prieles in Richtung auf die Hallig Südfall innerhalb von 15 Jahren verlagert. Es hätte viel mehr ausgewertet werden können: eine Feuerstelle, mehrere Püttlöcher, Holzreste von Häusern, vier Sodenbrunnen dieser Warft, Flechtwandreste und anderes, aber dafür lag eine Genehmigung des Landesamtes nicht vor und es erschien besser, im Rahmen der gestatteten Möglichkeiten zu suchen und zu forschen als das Risiko einzugehen, durch drohenden Entzug der Sammler-Genehmigung den Boden für alle weiteren Untersuchungen sich selbst zu entziehen. Sämtliche Funde sind im Landesamt abgegeben worden. Die gesamte Sammlung wurde dem Land Schleswig-Holstein geschenkt.

Nach jeder Sammelzeit bei Niedrigwasser wurden die Funde grob gereinigt, sortiert und klassifiziert. In der Plicht des Bootes wurden die Fundstücke – nach Fundorten geordnet – auf Zusammengehörigkeit der einzelnen Scherben geprüft wie bei einem Puzzle-Spiel [Abb.69–71].

Besonders erfreut waren wir, wenn wir interessante Tierknochen [Abb. 73] oder sogar Lederteile, wie z. B. von einem fast kompletten Schuh [Abb. 74] entdeckt hatten. Alle Teile wurden sofort konserviert – häufig in Seewasser – und in diesem Zustand zum Archäologischen Landesamt nach Schleswig gebracht. Jeder Fundort wurde exakt eingemessen, fotografiert und in eine Kartenskizze eingetragen, auch besondere Merkmale und Auffälligkeiten in der näheren Umgebung des Fundstückes.

Auf der Warft Nr. 13 steckten in der Wattoberfläche Reste von Hauspfählen [Abb. 75]. In der weiteren Umgebung sieht man den Rest des Niedam-Deiches [Abb. 76] sowie die aus dem Wasser des Prieles herausragenden Spitzen der Dalben von der Rungholt-Schleuse [Abb. 77 und 78]. Auch Sodenbrunnen wurden untersucht [Abb. 72].

Diese Arbeit wurde in jedem Winterhalbjahr intensiv fortgesetzt und manchmal durch schöne Stücke gekrönt wie bei dem – von uns so benannten – „gelben Krug", den wir aus 48 Einzelteilen zusammensetzen konnten [Abb. 79–82].

Die von Henningsens geborgenen Funde sind im März/April 1989 in Uetersen ausgestellt worden [Abb. 83 und 84 ] und haben bei der Bevölkerung, den Heimatvereinen und einigen Fachkräften Bewunderung hervorgerufen.

Henningsens haben sich bewusst auf die Erforschung der Warft 13 beschränkt, obwohl sie an manchen anderen Stellen der Wattrücken um Südfall, insbesondere im Norden, ebenfalls Funde sahen, Entwässerungsgräben, Ziegelsteine im Klosterformat, Holzteile und Pfosten. Sie waren der Ansicht, der Rungholt-Forschung einen größeren Dienst zu erweisen, wenn eine eng begrenzte Stelle gründlich untersucht wird, als wenn eine Vielzahl von Funden von unterschiedlichen Fundstellen beigebracht wird.

Abb. 75: Aus der Warftoberfläche ragt ein Hauspfosten

Abb. 76: Reste des Niedam-Deiches 1993

In unmittelbarer Nähe der Warft Nr. 13 liegt die Warft Nr. 14, die allerdings nur in ihrem Südwest-Teil freigespült, im Übrigen aber unter Sand verborgen war. Der sichtbare Teil wurde in die Untersuchungen mit einbezogen. Die auf der Warft 14 gefundenen Keramikscherben glichen nach Aussehen, Machart und Dekor denen der Warft 13, sodass der Schluss erlaubt ist, sie zeitlich in dieselbe Periode der Besiedlung einzuordnen. Der auf der Warft sichtbare Sodenbrunnen entsprach nach Größe, nämlich Innen- und Außendurchmesser sowie dem Aufbau, genau dem Brunnen I der Warft 13. Da weder aus den Funden noch dem Aufbau der Warft 14 Unterschiede zur Warft 13 zu erkennen waren, erschien eine einheitliche Betrachtungsweise vertretbar.

Auch der Halligwart Robert Brauer hat diese Warftreste gekannt. Jetzt sind auch sie völlig aberodiert.

Mit einbezogen in die Untersuchungen wurde der in der Nähe liegende Niedam-Deich, der allerdings nur noch spärlich zu erkennen ist und keinerlei Funde oder wertvolle Erkenntnisse freigibt.

Schließlich fanden Henningsens drei aufrecht im Priel stehende Dalben, Holzpfähle mit den Maßen von etwa 25 x 25 cm, stark von Muscheln bewachsen. Es soll sich dabei – laut Aussage des Halligverwalters Robert Brauer – um die Schleusenbalken der sog. Rungholt-Schleuse handeln, die noch tief und fest im Grund sitzen. Nach den Ortsangaben in den Skizzen von Busch dürfte dies zutreffen. Henningsens haben sie fotografiert. Sie schlossen mit der Wasseroberfläche bei niedrigstem Wasserstand ab, waren also nur unter extrem guten Bedingungen – Springtide und mehrere Tage Ostwind – zu sehen. Inzwischen sind diese drei Dalben wieder völlig verschwunden, nämlich nach Verlagerung des Prielbettes zugesandet, sogar so stark, dass ein Auffinden nicht mehr möglich ist.

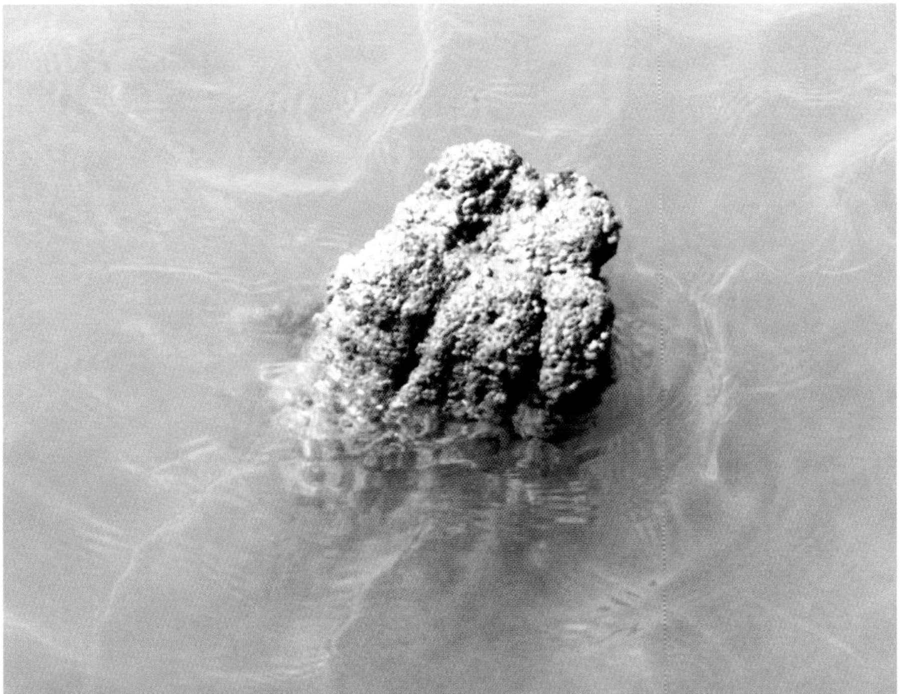

Abb. 77 und 78: Dalben der Rungholtschleuse ragen aus der Wasseroberfläche

Zahlreiche Holzfunde wurden geborgen, sind aber noch nicht hinreichend ausgewertet worden. Ob das überhaupt gelingen kann, mag dahinstehen. Sie sind vom Archäologischen Landesamt z. Zt. nur zeichnerisch dargestellt worden [vgl. Abb. 85 bis 87].

Das Ehepaar Henningsen musste auch bald spüren: Das Auffinden und Bergen von archäologischen Fundstücken kann zu einer Art Sucht führen, zu einem **„Rungholt-Fieber“**, das aber gebremst wird durch die Beschwernisse bei der archäologischen Arbeit. Die Hände sind bald von zahlreichen Schnittwunden an den scharfkantigen Keramikscherben und den vielen Muscheln verletzt, beginnen wegen des Salzwassers zu eitern und bremsen die Sammelleidenschaft sehr bald stark ab. Hinzu kommt der Zeitdruck, unter dem diese Arbeiten ausgeführt werden können, denn nach ca. 1 $^1/_4$ Stunden kommt die Flut und schnell erreicht das Wasser die Fundorte. Anschließend muss man ein etwa 9-stündiges Schaukeln im ungeschützten Nordseebereich ertragen. Für alle archäologischen Arbeiten gilt aber der klassische Satz von Prof. Dr. Joachim Reichstein:
**„Die Nase im Dreck, im Auge der Glanz der Geschichte“.**

Abschließend soll auf eine Karte von **Burkhard Menke** und **Albert Bantelmann** verwiesen werden, in der die 1976 bekannten Funde im Rungholt-Gebiet eingezeichnet sind [Abb. 88], sowie eine Karte von Burkhard Menke i. V. m. **Peter Hartmann** [Abb. 89].

Abb. 79: Scherben neben Scherben liegen über- und nebeneinander

Abb. 80: Im Winterhalbjahr werden die Scherben einer jeden Fundstelle „zusammengepuzzelt“

Abb. 81: Der „gelbe Topf“ wird Stück für Stück wiederhergestellt

Abb. 82: Er besteht aus 48 Einzelteilen

Abb. 83 und 84: Aus der Ausstellung der Rungholtfunde von Henningsens in Uetersen 1989

Diese – wenn auch nicht auf den neuesten Stand gebrachten – Übersichtskarten zeigen, dass Siedlungsplätze im Wesentlichen westlich und südlich von Südfall gefunden wurden, während Keramikfunde auch im Norden von Südfall verbreitet waren. Diese Karte ist zu aktualisieren.

Man wird vielleicht fragen, weshalb das Archäologische Landesamt keine eigenen umfangreichen Untersuchungen in diesem Gebiet gemacht hat. Der Grund ist so einfach wie einleuchtend: Der Aufwand ist im Verhältnis zum erwarteten Ergebnis zu groß. Maximal 2 Stunden kann geforscht werden, mehrfach nur 60 bis 90 Minuten. Dann schließt sich eine Wartezeit bis zur nächsten Arbeitsmöglichkeit von ca. 10 ½ Stunden an, manchmal ist dann obendrein Nachtzeit. Und was ist zu erwarten? Einige Keramikscherben, Knochen, sonstige Exponate aus dem Mittelalter von untergegangenen Kulturen, wohl auch eine genauere Ortsbestimmung von Rungholt und anderen 1362 untergegangenen Kirchspielen, insgesamt also nicht gerade bahnbrechende Neuigkeiten. Aus diesem Grunde beschränkt sich das Landesamt darauf, diese Gegend mit eigenen Erkundungsfahrten zu beobachten, die Funde von Hobbyforschern entgegenzunehmen, diesen mit gelegentlichen Ratschlägen zur Verfügung zu stehen und darauf zu achten, dass keine allzu laienhaft durchgeführten Untersuchungen oder gar Raubgrabungen die Kulturstätten mehr schädigen, als dass nennenswerte neue Erkenntnisse gewonnen werden. Getragen ist diese Verhaltensweise von dem Gedanken, dass es richtiger erscheint, künftigen Generationen von qualifizierten Forschern die Arbeit zu überlassen, selbst auf die Gefahr hin, dass einige Kulturspuren endgültig aberodiert sind.

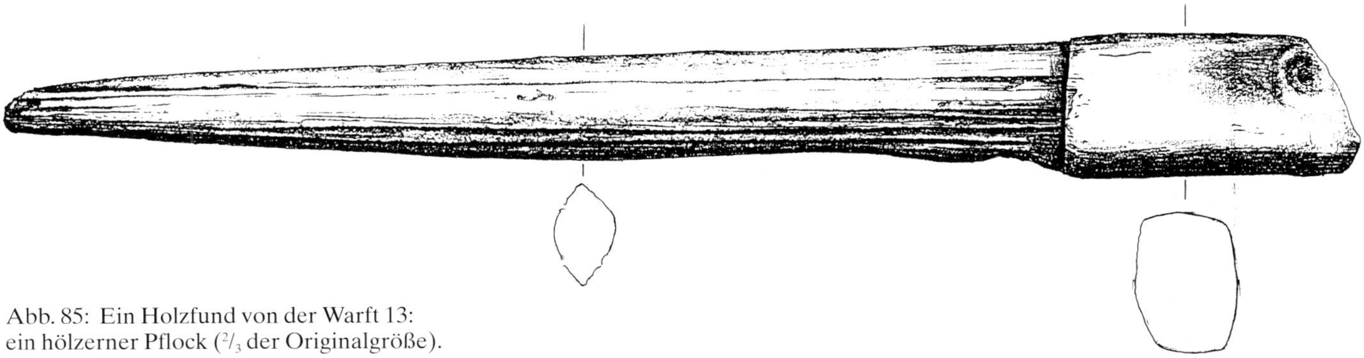

Abb. 85: Ein Holzfund von der Warft 13: ein hölzerner Pflock (2/3 der Originalgröße).

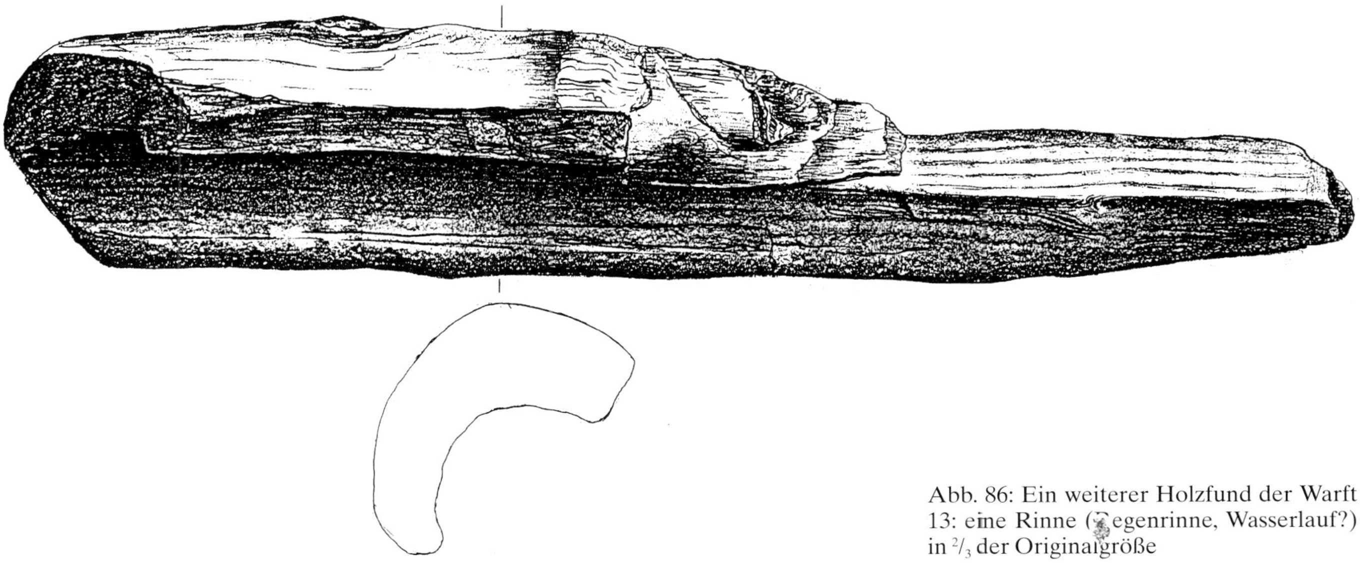

Abb. 86: Ein weiterer Holzfund der Warft 13: eine Rinne (Regenrinne, Wasserlauf?) in 2/3 der Originalgröße

Archäologische Funde aus dem Rungholt-Gebiet werden vor allem im Nissenhaus in Husum aufbewahrt. Sie stammen aus den Privatsammlungen der Nordstrander Andreas Busch, Ernst-August Dethleffsen und Heinrich Erichsen. Weitere Funde befinden sich im Archiv des Archäologischen Landesmuseums der Christian-Albrechts-Universität im Schloss Gottorf in Schleswig, auch die Funde des Ehepaares Henningsen, übrigens für das Archäologische Landesamt und das Archäologische Landesmuseum die größte zusammenhängende Sammlung von einem begrenzten Fundort des Rungholt-Gebietes.

Im Sommer 1987 hat der Sportschiffer Helge Bothfeld aus Seestermühe/Holstein in einem Brunnen zwei Tonkrüge gefunden, von denen einer unbeschädigt und der andere leicht beschädigt ist [Abb. 90 und 91]. Die von Bothfeld vorgenommene Dreipunktpeilung ergab, dass diese Funde vermutlich zur Warft 9 und damit in das Achtwarften-Gebiet nordwestlich von Südfall gehören. Nach der Machart, der Lasur und dem Dekor ist eine Einordnung auf eine Zeit vor 1362 berechtigt. Daneben gibt es noch mehrere Privatsammlungen – viele betreffen nicht die Sturmflut von 1362, sondern die von 1634 oder andere –, verstreut über die Umgebung von Nordstrand und Pellworm. Deren Wert ist häufig begrenzt, weil es sich um Lesefunde handelt

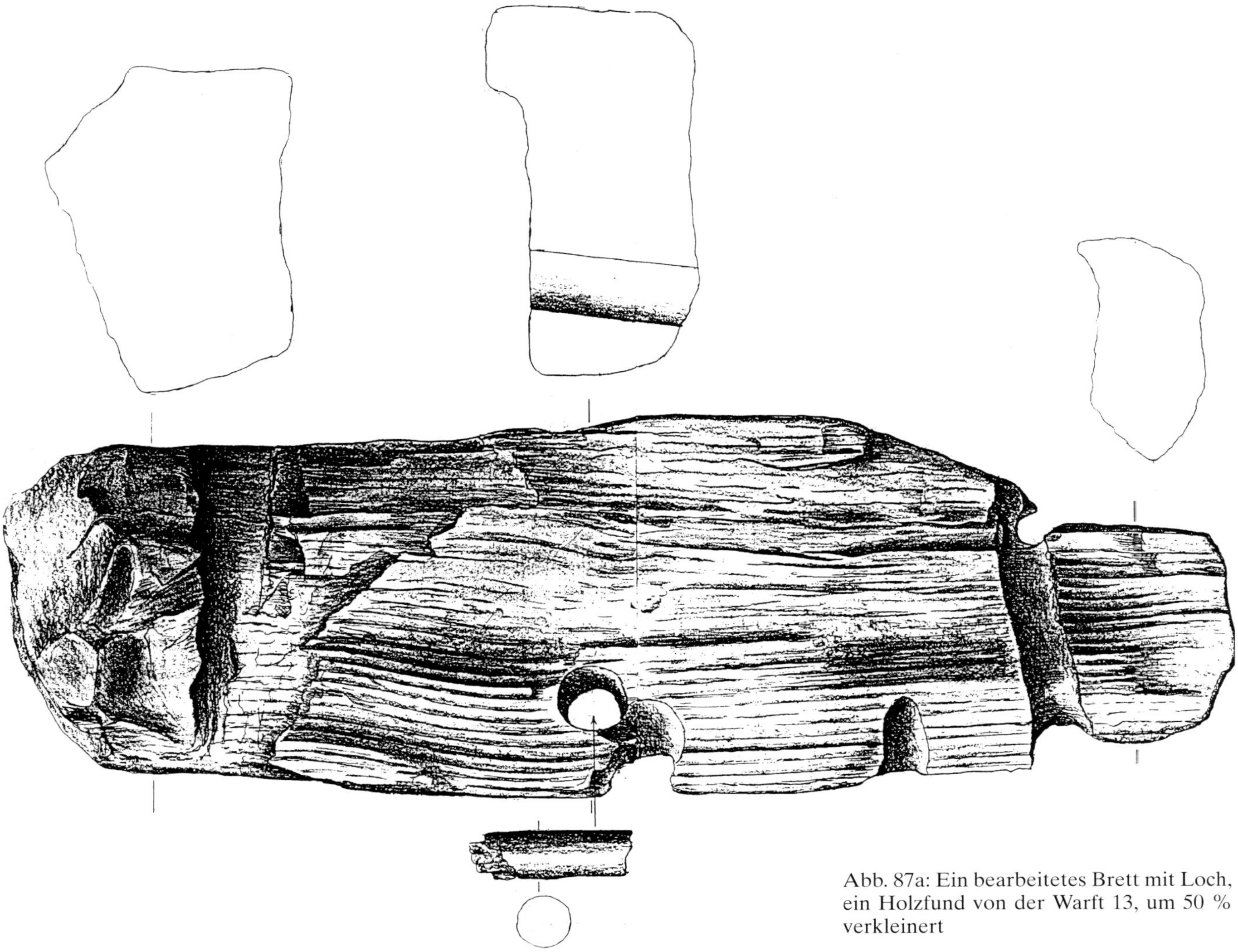

Abb. 87a: Ein bearbeitetes Brett mit Loch, ein Holzfund von der Warft 13, um 50 % verkleinert

Abb. 87b: Ein Webstuhl (nordamerikanischer Indianer)

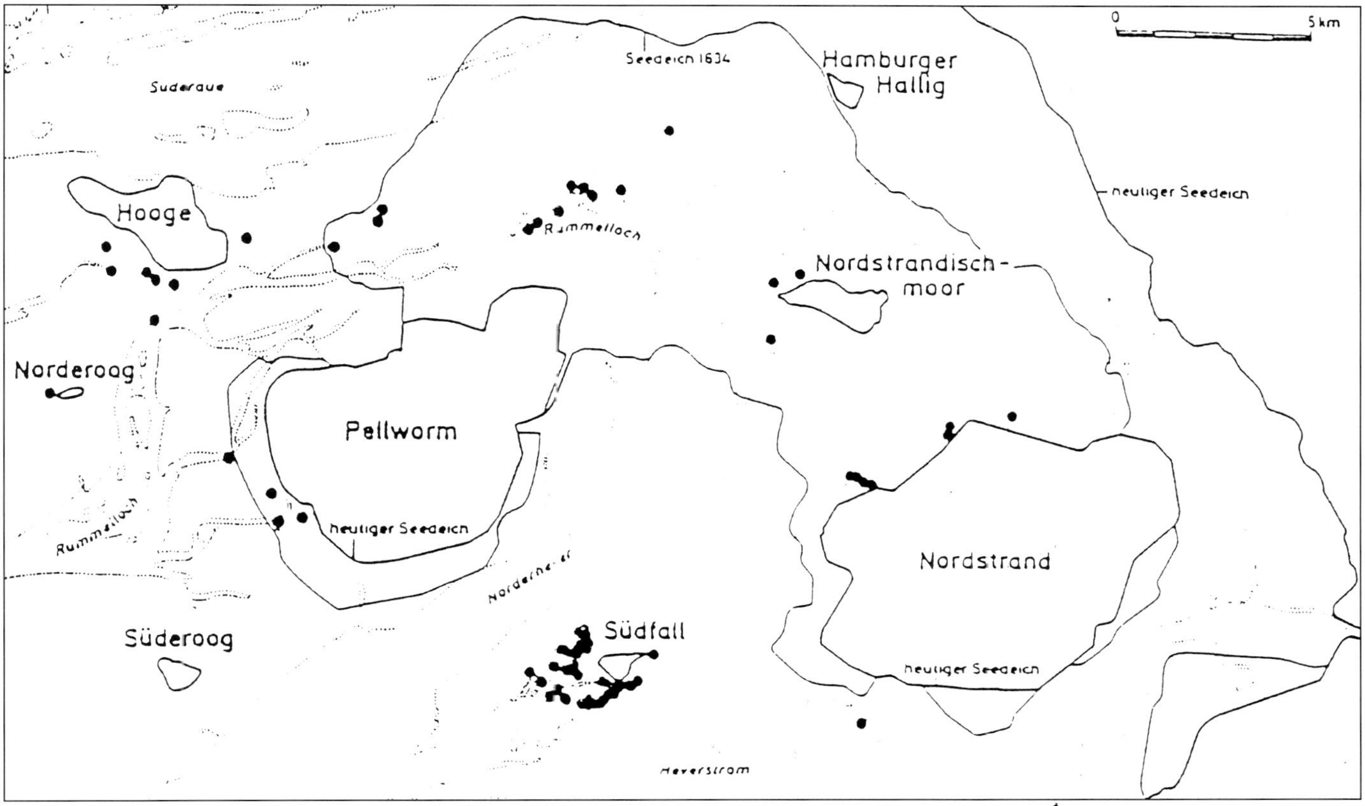

Abb. 88: Übersichtskarte über Siedlungsstellen von Menke/Bantelmann

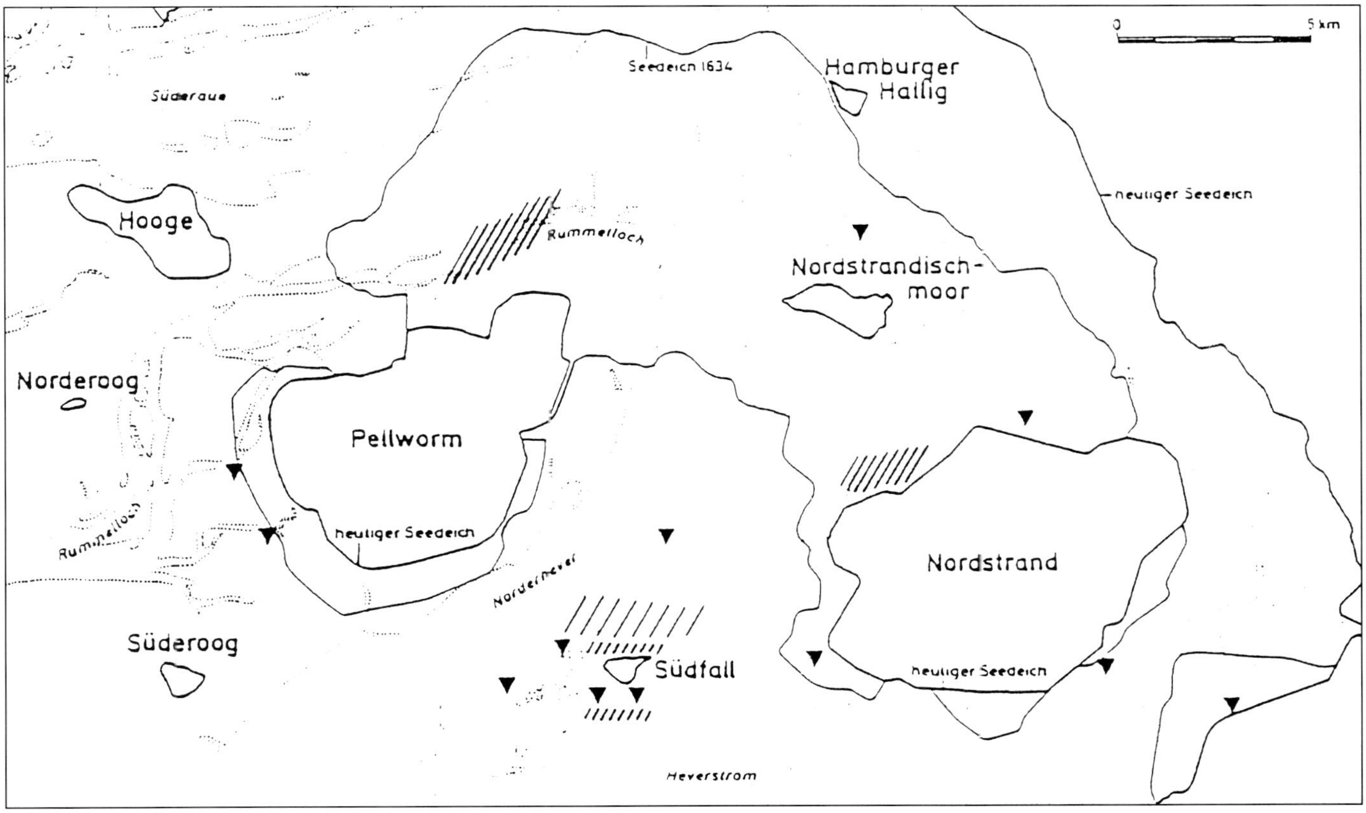

Abb. 89: Übersichtskarte über Keramikfunde von Menke/Hartmann

## Zusammenfassung der Aspekte

Abb. 90 und 91: Zwei Tonkrüge von der Warft Nr. 9, geborgen von Helge Bothfeld

Die Untersuchung der geologischen, geomorphologischen, topographischen, kartographischen, literarischen und archäologischen Aspekte zur Erkundung der Ortslage von Rungholt führt zu dem übereinstimmenden Ergebnis:
**Rungholt lag unter der Hallig Alt-Südfall.**

Mit drei Überlegungen lässt sich ein logischer Schluss ziehen:
- Erstens: Rungholt lag auf einer zum Siedeln geeigneten Anhöhe, auf der sogar Krüppelwald wuchs und auf der ein Sandgebiet lag.
- Zweitens: Die Siedlung wurde weggespült, der Sand „kalbte" und wanderte nach Osten ab, aber dieses Gebiet blieb die höchste Stelle der Umgebung.
- Drittens: Ein Anwachs durch Sedimentablagerung bei Überschwemmungen zur Zeit des Wasserstillstands entsteht vor allem dort, wo das Gebiet am höchsten liegt.
- Daraus folgt: Rungholt lag dort, wo durch Anwachs Südfall entstanden ist, ein Anwachs, der sogar die *2. Grote Mandränke* von 1634 und andere schwerste Sturmfluten überstanden hat.

Diese logische Schlussfolgerung deckt sich mit den Beobachtungen des mittelalterlichen Chronisten Matz Paysen: *„Rungholt lag dort, wo heute* – im 17. Jhdt. – *Südfall liegt".* Sie deckt sich außerdem mit der von Andreas Busch aufgestellten Kombination der mittelalterlichen *„Clades Rungholtina"* der Kartographen Johannes Mejer und Peter Sax mit den archäologischen Kulturspuren unter Alt-Südfall sowie weiteren Kulturspuren rund um die heutige Hallig Südfall.

Diese Behauptungen werden wie folgt im Einzelnen belegt:

Geologisch-morphologisch betrachtet war die – aus damaliger Sicht – ideale Ortslage ein über den Marschboden hinausragender Platz, und das war dort, wo der Anwachs auf dem Wattboden am stärksten war. Erinnern wir uns: Das Meer überflutete die eiszeitliche Moränenlandschaft mit ständig wechselnden Gezeiten, wobei durch absinkende Sedimentteile ein Marschboden entstand. Das Meer wich zurück, der durchschnittliche Meeresspiegel sank, die Marsch wurde besiedelbar. Dort, wo die Strömungsgeschwindigkeit bei Überflutungen am geringsten war, wuchs der Boden stärker an, sodass sich Flächen mit einem höheren Niveau bildeten, Flächen, auf denen sogar Wald – runges Holz – entstehen konnte. Das war der – aus damaliger Sicht – ideale Platz zum Siedeln.

Durch die Zerstörung dieser Siedelflächen durch die *1. Grote Mandränke* änderte sich diese geologisch-morphologische Struktur nicht. Dort wo die Bedingungen für einen Anwachs günstig waren, lagerte das Meer wiederum mehr Sedimente ab als an den Flächen mit größerer Strömungsgeschwindigkeit. Das vor der *Groten Mandränke* von 1362 höher liegende Gebiet blieb – wenn auch zerstört und bar menschlicher Siedlungen – auch nach dieser verheerenden Flut höher als das übrige Marschland. Das Gebiet wuchs erneut und weiter an, bis dieser Anwachs schließlich so hoch lag, dass die zweite *Grote Mandränke* von 1634 ihn nicht vollständig vernichten konnte, sondern – trotz erheblicher Landeinbußen – stehen ließ. Und der Anwachs setzte sich fort. Diese höchste Fläche in der sonst von den Gezeiten überfluteten Marschlandschaft wurde Südfall, das Alt-Südfall, wie wir es aus den Karten des 17. Jhdts. kennen.

Topographisch gesehen lag Rungholt an einem Fluss, der Alten Hever, die hier mit dem Fallstief vereinigt war, auf einem Flussuferwall. Diese Flussanbindung war nach 1362 völlig verändert. Die großen Seegaten Norderhever und der Heverstrom waren in die Marschlandschaft weiter eingebrochen und haben die Infrastruktur drastisch umgeformt.

Auch kartographisch lässt sich die Ortslage des mittelalterlichen Rungholts ebenfalls mit Alt-Südfall identifizieren. Die Kartographen des 17. Jahrhunderts haben das untergegangene Kirchspiel Rungholt auf den idealisierten Karten dort platziert, wo sie nach den Beschreibungen der Einheimischen Rungholt wähnten – auf dem Rungholtsand. Das gilt für die Karten von Johannes Mejer wie auch für die von Peter Sax und den anderen genannten Kartographen. Nicht bedacht wurde dabei, dass der Rungholtsand sich langsam – unendlich langsam – aber stetig nach Osten verlagerte. Für die Menschen im Mittelalter war diese Verschiebung nicht sichtbar, erfolgte sie doch so schleichend, dass eine Generation diese nicht oder höchstens kaum festellen konnte, es hätten schon Messungen über mehrere Generationen erfolgen müssen.

Aus dem literarischen Aspekt lässt sich festhalten, dass – insbesondere bei Matz Paysen – das untergegangene Rungholt dort angesiedelt wurde, wo damals Südfall lag, also das Alt-Südfall des 17. Jhdts.

Aus archäologischer Sicht schließlich wird diese These – Rungholt lag unter dem darauf angewachsenen Alt-Südfall – bestätigt durch die Erkundungen von Andreas Busch, der das Acht-Warften-Gebiet unter dem inzwischen abgetragenen Kaob, der ehemaligen Nordwestspitze von Südfall, entdeckte.

Die These, dass Rungholt **unter** Südfall lag, beschränkt sich nicht auf den nordwestlichen Bereich von Südfall, den Kaob, wo Andreas Busch das Acht-Warften-Gebiet entdeckt hat, sondern auf die ganze Hallig. Nun wird man einwenden, dass man unter die Hallig nicht sehen könne und dass deshalb diese Behauptung für immer unbewiesen bleiben wird.

Indizien für diese Behauptung sind aber

- die Lage auf einem geologisch zum Siedeln geeigneten Platz,
- die topographisch nachgewiesene Verlagerung des Rungholtsandes von seinem errechneten ursprünglichen Standort,
- vor allem aber die archäologischen Funde rund um die Hallig, nach jeder Himmelsrichtung:
- im Osten (Boetius, Paysen),
- im Süden (Busch, Muuß),
- im Südwesten (Busch, Henningsen),
- im Westen (Busch),
- im Nordwesten (Busch),
- im Norden (Reventlow, Dethleffsen, Duerr).

Da wäre es doch geradezu merkwürdig, wenn unter dem jetzigen Halligland keine derartigen Zeugnisse des untergegangenen Rungholt liegen würden.

Nun kann man die Belange des Küstenschutzes nicht vernachlässigen zugunsten archäologischer Neugier, sodass Forschungen in dieser Richtung unterbleiben müssen, aber der technische Fortschritt wird vielleicht eines Tages die Möglichkeit gestatten, den Untergrund zu durchleuchten. Die Infrarot-Fotografie soll wohl noch nicht so ausgereift ein, dass ein Blick in den Untergrund Erfolg versprechend ist. Möglicherweise gibt es in der Zukunft die technische Möglichkeit, wie wir sie heute in der Medizin mit der Computer-Tomographie bereits kennen, schichtweise das Innere des Untergrundes sichtbar zu machen. Warten wir darauf!

Gehören alle diese erwähnten Kulturspuren [Abb. 92] rings um Südfall zu Rungholt?

Die Ausdehung von Rungholt, die **Größe** des Ortes, ist wohl eine der schwierigsten Fragen.

Busch hatte bereits festgestellt, dass im Süden der Niedam-Deich lag, der ja heute noch in Spuren sichtbar ist. Die Identität dieses Deiches mit dem Niedam-Deich auf den Karten von Mejer und Sax steht wohl außer Frage, nachdem größte Übereinstimmung der *Clades Rungholtina* mit den realen archäologischen Spuren ermittelt werden konnte. Folgerichtig hat Busch deshalb bei den Warften 13 bis 18 die Bezeichnung „Niedam-Gebiet“ hinzugefügt, gelegen südlich des Niedam-Deiches, so auf der Karte „Wahrnehmungen und Feststellungen, verglichen mit der *Clades Rungholtina*“, – vgl. Abb. 57 –, manchmal aber nördlich dieses Deiches, wie auf der Skizze „Die Hallig Südfall“ – vgl. Abb 62 –. Die Bezeichnung als Niedam-Gebiet steht allerdings in einem Widerspruch zu der ebenfalls von Busch erfolgten Bezeichnung als *„Lüttke Rungholt“*. In diesem Zusammenhang sei daran erinnert, dass die Bezeichnungen *Grote* und *Lüttke Rungholt* Nachfolgesiedlungen betrafen, sodass die Zuordnung der Warften 13 bis 18 zu Niedam richtig ist.

Wo aber lag die Grenze zwischen Rungholt und Niedam? Sowohl um den Ortsmittelpunkt, den Kern von Rungholt mit seiner Kirchwarft in der Mitte, als auch um den Kern von Niedam lagen verstreut Gehöfte auf Warften, z. B. die Warften Nr. 10 bis 12. Wir kennen auch aus heutiger Zeit die zwischen Dörfern liegenden Streusiedlungen, Marschgehöfte, von denen aus die Bewirtschaftung der Felder in diesen Regionen erfolgt. Das war im Mittelalter nicht anders. Mögen die Gehöfte zwischen den Ortschaften zu dem einen oder anderen Ort gehört haben – die Grenzen mögen fließend sein –, dies ist keine Frage von Bedeutung.

Unter der heutigen Hallig Südfall dürfte die Abgrenzung zwischen Rungholt und Niedam mitten über die Hallig verlaufen sein, der Nordteil gehörte zu Rungholt, der Südteil, vielleicht nur ein kleiner, zu Niedam.

Es mag eingewandt werden, dass Niedam in den Chroniken als Kirchspiel bezeichnet worden ist. Wo aber lag diese Kirche? Solange eine zu Niedam gehörende Kirche oder Kapelle nicht ermittelt ist, fehlt es an dem letzten Glied einer Beweiskette für die Zuordnung der Warften 13 bis 18 zu dem Nachbarort Niedam.

Verwiesen werden soll zu dieser Frage auf den beschriebenen Fund von mehreren Tonkrügen in der südlichen Halligkante durch den Ersten Offizier des Vermessungsschiffes „Albatros“ und den Bauern Johann Hinz und seinen Vater. Sie wurden wegen der in den Krügen befindlichen Aschenreste als Urnen angesehen. Sie waren dort in Zweier-Reihen in einem Abstand von 1,50 m voneinander angeordnet. Hier mag also ein Kirchhof gelegen haben.

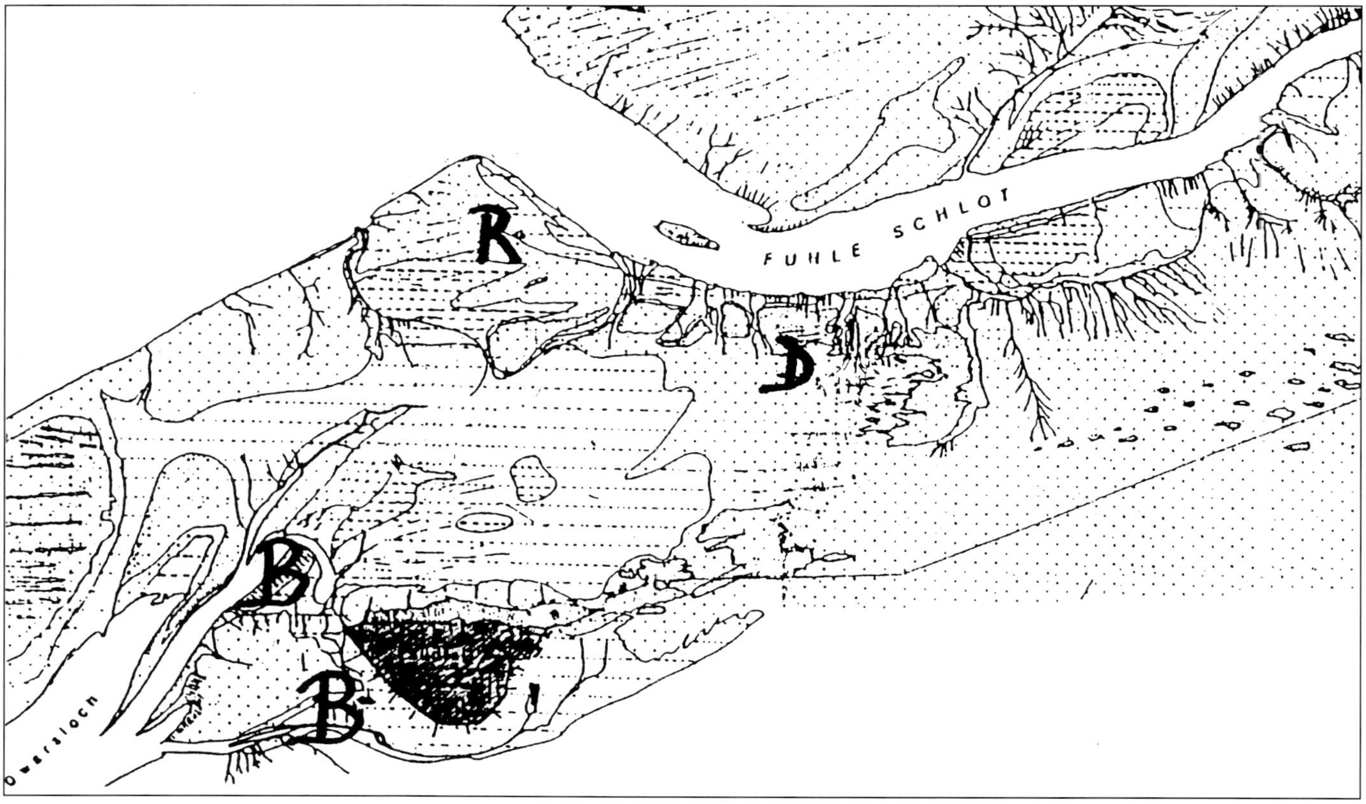


Abb. 92: Archäologische Kulturspuren um Südfall
B = Andreas Busch; R = Reventlow-Criminil; D = Dethleffsen

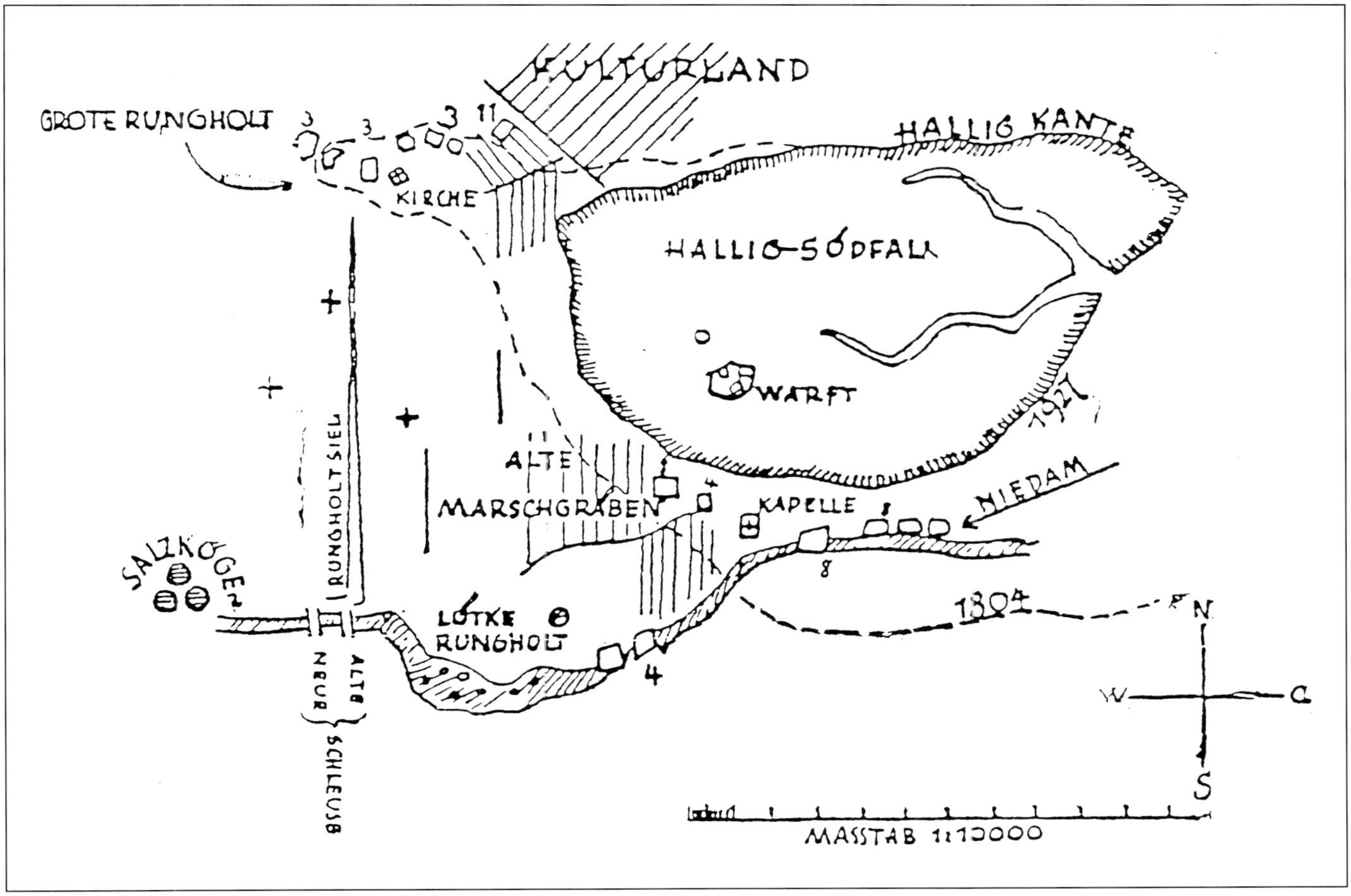


Abb 93: Skizze von Rudolf Muuß in seinem Buch über Rungholt

Diese Feststellung verstärkt sich, wenn eine Karte von Rudolf Muuß betrachtet wird, auf der eine Kapelle in dieser Gegend eingezeichnet ist. In seinem Buch über Rungholt[354] befindet sich die eingezeichnete Kapelle zwischen den Warften 13 bis 28 in der Mitte, etwa zwischen den Warften 14 und 17 – Bezeichnung nach Busch–, südlich der Hallig gelegen [Abb. 93]. Die Ortsbezeichnung Niedam steht in der Skizze von Muuß ganz rechts mit einem Pfeil in die Richtung dieser Siedlung. Woher er die Kenntnis von einer Kapelle hat, ist nicht vollständig geklärt. Er selbst äußert gewisse Zweifel daran[355], weil diese Warft früher mehrere Brunnenspuren hatte. Auffällig ist jedoch die Anlage als Rechteck. Eine gewisse Ähnlichkeit zu der Anlage der Kirchwarft von Rungholt ist erkennbar, auch wenn keine der beiden Warften eine runde Form hat. Hinzu kommt, dass 1925 gerade hier auf einer dieser Warften ein Menschenschädel gefunden wurde.

Andreas Busch hat weder in seinen Aufzeichnungen noch bei seinen Skizzen einen Hinweis auf eine solche Kirche oder Kapelle gegeben. Vielleicht war diese Kapellen-Warft identisch mit einer der von Busch als Nr. 15 oder 16 benannten Warften. Diese Frage wird nicht mehr gelöst werden können, weil die Warften 15 und 16 durch die Verlagerung des Endausläufers vom Priel Dwarsloch völlig abgetragen worden sind. Nicht völlig auszuschließen ist ferner, dass die gefundenen Urnen zu einer Kapelle gehörten, die sich noch unter dem heutigen Halligland im Süden von Südfall direkt neben der Urnen-Fundstelle befindet.

Damit aber nicht genug! Gerade in diesem Gebiet an der Südseite der Hallig sind in jüngster Zeit zahlreiche Spuren einstiger Besiedlung gefunden worden.

1982 haben Henningsens zwei schräg im Watt stehende Pfähle etwa in der Mitte zwischen der 2. und der 3. Lahnung südlich des Anlegers und nahe der Steinkanten-Böschung gesehen und gefilmt. Die Pfähle waren etwa 15 cm stark und ragten mit einem Neigungswinkel von ca. 60° in einem Abstand von ca. 50 cm voneinander aus dem Watt. Von den Filmaufnahmen konnten leider keine qualitativ guten, für eine Veröffentlichung geeigneten Fotos hergestellt werden. Henningsens verkannten diese Pfähle 1981 und meinten, Pricken oder Besen – also Seezeichen – vor sich zu haben. Erst als sie gleiche Pfähle auf der Warft 13 im Jahre 1984 entdeckten und als Hauspfähle identifizieren konnten, lag die Lösung auf der Hand: Auch die 1981 entdeckten beiden Pfähle nahe der Hallig waren Hauspfähle zur Stützung des Daches. Für eine Bergung war es aber zu spät: Sie waren schon im Jahr 1982 aberodiert, nämlich von den Eismassen des Winters abgerissen worden und nicht wieder zu finden.

Im April 1993 war bei einem Flug über die Spitze der 3. Lahnung südlich des Anlegers deutlich der Grundriss einer Warft zu erkennen, und zwar am Rande eines Prieles, nämlich des Ausläufers vom Halligpriel zum Dwarsloch [Abb. 94]. Hierbei handelte es sich um die typischen Spuren von Gräben, die um eine Warft verlaufen und deren Konturen deutlich erkennen lassen. Auf den Fotos glaubt man sogar, in der Nordost-Ecke einen Brunnen erkennen zu können. Der Priel verlief zur Niedrigwasserzeit über die Nordwest-Ecke dieser Warft hinweg. Bei einer näheren Untersuchung vor Ort Anfang August, also vier Monate später, war nichts mehr von diesen Spuren zu sehen. Der Priel hatte sich weiter verlagert und floss nun mit seiner tiefsten Rinne direkt am Kopf der Lahnung entlang, mitten durch die Stelle, an der die Warftreste aus der Luft zu sehen waren. Dort verlief jetzt das Flussbett des Priels mit einer Tiefe von 1,50 m zur Niedrigwasser-Zeit.

In den Jahren 1982 bis etwa 1986 waren an der tiefsten Stelle des eben beschriebenen Prieles zwischen der 3. und der 4. Lahnung die Reste von zwei Sodenbrunnen zu sehen, die bei Niedrigwasser-Zeit sogar aus der Wasseroberfläche herausragten. Die Hoffnung, dass sie bei günstigen Tideverhältnissen – also zur Springzeit bei anhaltendem Ostwind – weiter herauskommen würden und dann hätten untersucht werden können, erfüllte sich leider nicht, im Gegenteil: Diese Brunnenringe wurden von den Wassermassen des Prieles abgespült.

Bei einer Untersuchung der Umgebung der Warften 13 und 14 stießen Henningsens im Jahre 1989 auf recht kümmerliche, fragmentarische Spuren einer weiteren Warft [vgl. Abb. 95], etwa in der Verlängerung der Linie von der Warft 13 zur Warft 14, und auch etwa in einem gleichen Abstand zur Warft 14 wie der zur Warft 13. Diese Reste lagen zwischen den Köpfen der 2. und der 3. Lahnung. Die Spuren waren im Jahr 1990 wieder verschwunden. Sie sind von dem Dwarsloch-Ausläufer restlos abgetragen worden.

Alle vier beschriebenen Reste von Spuren liegen dicht beieinander südlich der Hallig Südfall, und zwar innerhalb der Grenzen von Alt-Südfall, sind also erst durch das Abtragen der Halligkante hervorgetreten, genau wie bei dem Acht-Warften-Gebiet. Auch hier gab es also eine dichte Besiedlung.

Schließlich gibt es auch noch die Hypothese, dass die Ziegelsteinhaufen, die von Busch in dem von ihm als Außendeichsgelände bezeichneten Gebiet, nämlich vor den Schleusen, gefunden wurden, nicht zu einem untergegangenen Schiff gehörten – wie Busch meint –, sondern zu einem Gebäude, möglicherweise sogar zu einer Kirche. Wenn nämlich der Niedam-Deich kein Außen-, sondern ein Binnendeich war und vor den Schleusen ein weiterer Koog lag, ergeben sich neue Aspekte für die Lokalisierung von Niedam. Die von Lorenzen – vgl. Abb. 56 – eingetragenen Siedlungsreste liegen noch auf einer Verlängerung der Deichstrecke. Bisher sind in dem Gebiet vor den Schleusen keine anderen Siedlungsspuren gefunden worden.

Wenn tatsächlich Niedam mit den Warften 13 bis 18 identisch ist, dann lagen die im Niedam-Deich befindlichen Schleusen also gar nicht in Rungholt, sondern in Niedam? Genau das ist richtig. Ihre Bezeichnung als Rungholt-Schleusen mögen sie gern beibehalten, war es doch das Gebiet von Rungholt, das durch sie entwässert wurde, war es ferner die Rungholt-Epoche, in der diese Schleusen ihre Funktion hatten.

Niedam lag am Niedam-Deich entlang oder in dessen unmittelbarer Nähe. Es war ein offenbar später als Rungholt entstandener Ort, der sich entwickelte, als der neue Damm, ein neuer Deich, gebaut wurde, sozusagen als „Ableger" von Rungholt. Dort im Süden von Rungholt lag eben „de nie-e Damm", und die dort zugleich mit dem Deichbau und danach gebauten Warften wurden dann mit dem neuen Ortsnamen Niedam benannt.

Ähnlich verhält es sich mit den Funden nördlich von Südfall. Bereits aus der Übersichtskarte der Funde von Reventlow-Criminil [vgl. Abb. 63] ist eher eine Streusiedlung als ein Ortsmittelpunkt oder gar eine beachtliche Anhäufung von Warften zu erkennen. Die Sodenbrunnen 1 bis 7 liegen nahe beieinander in einer Ausdehnung von etwa 170 x 100 m, die Brunnen Nr. 8–10 in einer solchen von knapp 100 m in gerader Richtung zueinander. Das alles spricht für zwei Warftenanhäufungen, die etwa 230 m voneinander entfernt lagen.

Das von Duerr gefundene sog. Langhaus – oder auch: Abfallgrube – passt genauso in diese Ermittlungen, wie die Ziegelsteinfunde 2000 Schritt entfernt nach Osten, wie auch die in der Nähe der Norderhever.

Als v. Reventlow-Criminil diese Gegend absuchte, z. T. zusammen mit Andreas Busch, war sie noch nicht so übersedimentiert wie zu späteren Zeiten. Brunnenringe, Pfahlreste, Gruben mit vergrabenem Torf, Steinreste und eine Sodenbank lagen frei. Sie war recht tief erodiert[356]. Seit etwa den 1960-er Jahren kann man Spuren in dieser Gegend nur durch „geologische Fenster" sehen, wenn ein Priel sein Flussbett verändert. Man schaut dann nur auf den festen Untergrund wie durch ein schmales Guckloch, sodass sich kein zusammenhängendes Bild mehr ergibt wie zu Reventlows Zeiten.

Die eng beieinander liegenden, z. T. sogar identischen Fundplätze von Reventlow-Criminil, Duerr und Dethleffsen liegen etwa 1 bis 2 km von dem Acht-Warften-Gebiet entfernt, sodass eine große Wahrscheinlichkeit dafür besteht, sie als Randsiedlung dem Orte Rungholt zuzuordnen.

Auch im Norden von Südfall ergibt sich das Problem der Abgrenzung zum Nachbarort. Dieser war Fedderingman Capell vel Rip, der nach urkund-

Abb. 94: Luftaufnahme von Spuren einer Warft am Kopf der 3. Lahnung

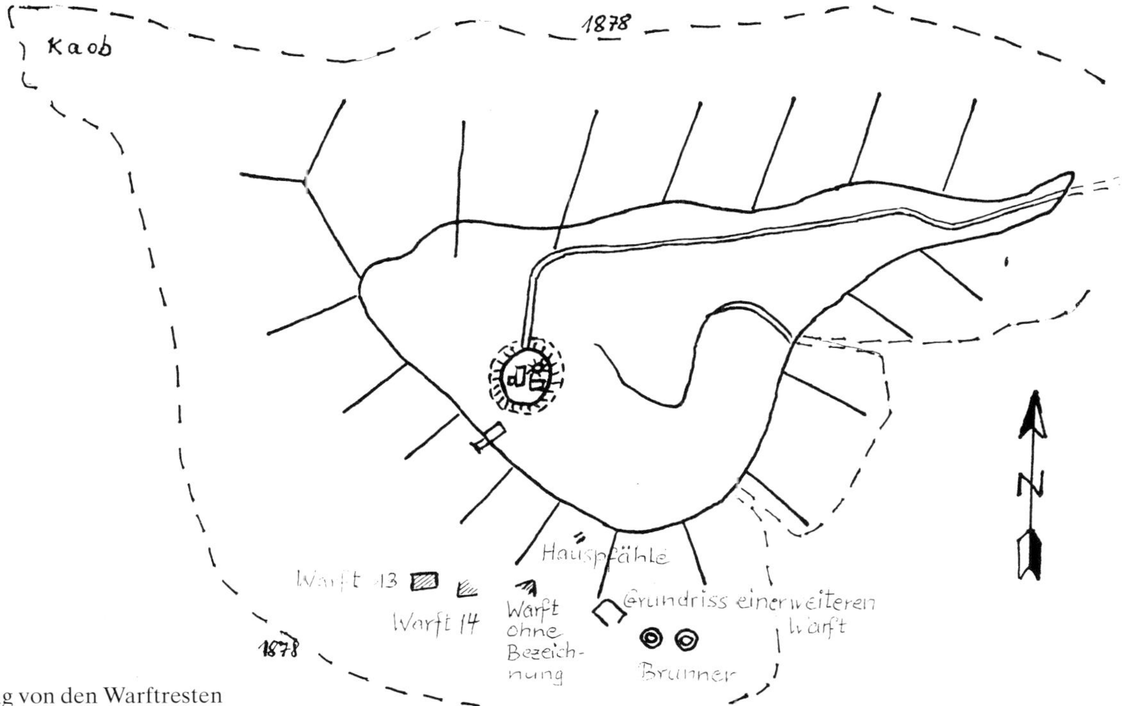


Abb. 95: Handzeichnung von den Warftresten südlich von Südfall 1982 bis 1990

lichen Aufzeichnungen erst viel später untergegangen ist, vermutlich 1532. Dieser Ort hat, wenn man die Lage der drei Orte Rungholt – Niedam – Fedderingman zueinander in den mittelalterlichen Karten ansieht, soweit nördlich gelegen, dass seine Ortslage als – heute – im Bereich der Norderhever anzunehmen ist. Und das entspricht wieder den vielen Lesefunden am Ufer der Norderhever, u. a. denen der Bremer Studentengruppe beim ersten Ausflug, ferner dem Ziegelsteinhaufen etwa 300 m südlich der Kante der Norderhever, und auch Henningsen hat derartige einzelne verstreute Keramikscherben und Ziegelsteine in größerer Menge, sog. Lesefunde, an der Uferkante der Norderhever häufig ausmachen können. Ein Ortsmittelpunkt von Fedderingman Capell wird im Bereich der heutigen Norderhever damit immer sicherer. Die Funde von Reventlow-Criminil, Dethleffsen und Duerr sind danach solche von Streusiedlungen, Gehöften, die zu dem einen oder dem anderen Ort gehört haben mögen.

Sicher war zu damaliger Zeit eine Zugehörigkeit zu einem bestimmten Ort nicht so exakt ausgeprägt, wie wir es heute kennen. Genaue Abgrenzungen lassen sich also nicht ermitteln.

Die Auffassung von Duerr, Rungholt sei nicht identisch mit dem Acht-Warften-Gebiet, liege vielmehr in dem Reventlow-Criminil – Dethleffsen-Gebiet, das Acht-Warften-Gebiet sei vielmehr Niedam, beruht auf der Hypothese, dass die Karten von Johannes Mejer exakter seien als angenommen. Duerr verschiebt das gesamte Gebiet um Rungholt – Niedam – Halgenes – Fedderingman Capell nach Norden und Nordosten, eben beruhend auf den geographischen Einzeichnungen dieser Orte in historisierende Karten von Mejer. Diese Theorie dürfte durch die auffällig übereinstimmenden Aspekte der verschiedenen dargestellten Disziplinen widerlegt sein, zumal sie der Fehlinterpretation des Rungholtsandes als Ortsangabe von Rungholt unterliegt. Aber – wie Duerr selbst bekennt – ein Forscher muss das Recht haben, sich irren zu dürfen.

Es bleibt die Frage nach der Größe von Rungholt offen. Sicher ist die Bedeutung von Rungholt in der Poesie überschätzt worden. Eine Stadt „mit Syrern und Mohren, mit Goldblech und Flitter in Nase und Ohren“ war Rungholt gewiss nicht.

Betrachten wir den vermutlichen Ortsmittelpunkt von Rungholt um die Kirche. Hier lagen 9 Warften. Es ist zu vermuten, dass weitere Siedlungen exakt unter der heutigen Hallig Südfall lagen, in Fortsetzung des Acht-Warften-Gebietes nach Osten und Südosten, dort wo der Anwachs am stärksten war. Hier sind wir auf Schätzungen angewiesen, genauso wie bei der Frage nach der Abgrenzung in Richtung Niedam und Fedderingman Capell. Doch bleiben wir bei den neun Warften. Wir werden noch sehen, dass auf der Warft 13, die zum Niedam-Gebiet gehört, vier Häuser standen. Unterstellen wir, dass auch auf den 9 Warften des Acht-Warften-Gebietes – ohne die Kirchwarft – etwa 3 bis 4 Häuser standen, dass ferner in jedem Haus etwa 10 Personen wohnten (nämlich eine ganze Familiensippe wie Urahne, Ahne, Mutter und Kind . . .), so errechnet sich für dieses Gebiet eine Bevölkerung von etwa 300 Personen. Wenn dann die vermuteten Warften unter dem heutigen Südfall und Streusiedlungen in der Umgebung in Richtung der Nachbarorte hinzugerechnet werden, so mag Rungholt um die 500 bis 600 Personen umfasst haben, maximal vielleicht 1000. Einzelne Autoren sprechen sogar von 2000 Menschen in Rungholt.[357]

Wie ist das mit der Bezeichnung als *oppidum* in Einklang zu bringen? Auf der beschriebenen Weltkarte von Idrisi wird von *Alsila* als einer „Stadt mit Markt und festen Gebäuden“ gesprochen. Die Identifizierung Rungholts mit *Alsila* erscheint aber doch zu vage, als darauf einen sicheren Schluss einer Identität gründen zu wollen. Die Hafenstädte Ribe und Alt-List waren seinerzeit viel bedeutender. Von *oppidum* – Stadt – spricht Boetius in *„De Cataclysmo Nordstrandico“*[358], von *oppidulum* – Städtchen – derselbe Autor in einer Beschreibung von Sturmfluten[359].

Bei Bewertung dieser Bezeichnungen als *oppidum* oder *oppidulum* dürfen wir eine gewisse Glorifizierung des untergegangenen Ortes durch die überlieferten Sagen nicht außer Acht lassen. Je weiter der historische Zeitpunkt entfernt ist, umso mehr liegt die Versuchung nahe, die Bedeutung der so schwer getroffenen Ortschaft auch in ihrer Größe und Bedeutung aufzuwerten. Das kann man bereits aus den Berichten über die Personenzahlen der untergegangenen Orte ersehen: je später die Aufzeichnungen erfolgten, umso größer wurden die Verlustzahlen. In Heimreichs Chronik können wir zur *Groten Mandränke* lesen[360], dass

*„in diesen Marschländern über 2000 Menschen (andere setzen 200 000) so zwischen Elbe und Riperfort sollen geblieben seyn“.*

Rungholt dürfte also eine Einwohnerzahl von 500 bis 600 Menschen gehabt haben, maximal vielleicht 1000, es war aber dennoch eine Hafenstadt mit nicht unwichtigen Handelsbeziehungen über das Meer. Nach einer anderen Schätzung[361] wurde aus der Anzahl der Brunnen, etwa 70 bis 80, und der Annahme, dass zwei Familien einen Brunnen benutzt haben, manche Brunnen unentdeckt geblieben sind, andere nicht mehr benutzt, sondern durch neue ersetzt wurden, eine Einwohnerzahl von 800 bis 1200 errechnet. Damit war Rungholt aber sicher einer der größeren Orte in der nordfriesischen Marsch, ein Hauptort der Edomsharde.

Matthias Boetius nennt Rungholt eine Stadt – *oppidum* –, *„deren Name nicht allein bei den Alten berühmt gewesen, sondern auch noch bei dem gemeinen Mann nicht unbekannt ist“*[362]. Heimreich[363] spricht bei der Beschreibung der 1. *Groten Mandränke* – von *„dem Flecken Rungholt neben sieben Kirchspielen in der Edomsharde“*. Er beschreibt Rungholt sogar ausführlich[364]:

*„Unter all diesen ertrunkenen Oertern ist insonderheit benamet der Flecken Rungholt, von dessen Verwüstung und Untergang, wie künftigem Wohlstande der gemeine Mann beides in vorigen und auch noch jetzigen Zeiten viel Wunderdinges auch erzählte . . .“*

In der Danckwerthschen Chronik[365] wird die Flut beschrieben, *„welche unter vielen anderen Dörfern und Orten auch die Stadt Rungholt, so in dem Nordstrande belegen gewesen, verwüstet, . . .“*.

In den *Annales Strandenses* von 1597[366] werden – für die gesamte Region – 28 untergegangene Kirchspiele aufgezählt mit dem Zusatz: *„Und ist dohmals ok Rungholt versunken“*
und weiter
*„darunter Rungholt dat Vernehmste gewesen“*

In der *designatio*, die auf die Liste des Bischofs Nicolaus Brun in Schleswig zurückgehen dürfte[367], der seinerzeit die untergegangenen Kirchspiele nach Rom mitteilte, um seine Mindereinnahmen zu begründen, findet sich bei der Aufzählung von Rungholt der Zusatz „ein Flecken“, ein Zusatz, der bei sämtlichen anderen Orten nicht gemacht ist, offenbar um die Bedeutung von Rungholt besonders hervorzuheben.

Die Rungholt-Kirche wird als *collegiats*-Kirche bezeichnet[368], das ist ein Hinweis darauf, dass Rungholt eine Kollegiatkirche besaß, eine Hauptkirche, der andere Kirchspiele zugeordnet waren. Die anderen Kirchen der Edomsharde hatten nur den Status von Kapellen. Die Priester an diesen Kapellen waren vermutlich von Rungholt aus eingesetzt und bildeten dort ein Kollegium.

Zu Rungholt gehörten sicher ausgedehnte Ländereien, Wiesen und Felder. Die Einwohner der Edomsharde – und Rungholt war deren Hauptsiedlung – mussten 1231 den höchsten Steuersatz zahlen. Er wurde nach der Wirtschaftskraft berechnet.

Bei dieser Gelegenheit sei erwähnt, dass viele „Schatzsucher“, Wanderer über das Watt, nach der Glocke der Kirche von Rungholt suchen. Wenn Rungholt eine Kirche hatte, sogar eine Hauptkirche, so wird sie auch eine Glocke gehabt haben. Aber wo ist sie geblieben? Ist sie nach dem Untergang des Ortes von den Bewohnern der Halligen, die jene Gegend sicher nach Fundstücken aller Art abgesucht haben, mitgenommen worden? Konnte man das überhaupt? Oder liegt sie noch verborgen, von Sandflächen bedeckt, auf dem Meeresgrund?

Ein alter Fischer[369] soll erzählt haben, er habe beim Fischen während der Ebbzeit auf dem Rungholter Watt festgesessen und dabei gesehen, dass ein Stück einer Glocke aus dem Sand geragt habe. Er habe sich nichts dabei gedacht. Am nächsten Tage sei sie nicht wieder zu finden gewesen. Wenn auch dieser Bericht nicht völlig unwahrscheinlich ist, so mag der Fischer möglicherweise den Rand eines Bronzegrapen gesehen haben, eines metallenen Kruges, wie er mehrfach in dieser Gegend gefunden wurde. Auch dem Chronisten dieser Geschichte, Rudolf Muuß, ist es ähnlich ergangen, als er einen harten, schartigen Gegenstand von einiger Größe in $^1/_2$ m Tiefe mit dem Fuß gefühlt hat, der sich später als ein Mühlstein herausstellte.

Ein Badegast soll 1924 bei Südfall einen besonders geformten silbernen Kelch gefunden und mitgenommen haben[370], Näheres war darüber nicht zu erfahren. Solche und ähnliche Berichte sind mit größter Skepsis aufzunehmen, spielt doch die Phantasie mancher Menschen bei solchen Erzählungen eine große Rolle.

Abschließend lässt sich feststellen, dass Rungholt ein bedeutender Ort, vielleicht ein Flecken, sicher aber keine Stadt oder Städtchen war. Rungholt hatte aber durch seine Handelsbeziehungen über das Meer größere Bedeutung als die Marschdörfer seiner Umgebung. Darauf weisen die Handelsverträge der Edomsharde mit Bremen, Hamburg und Flandern genauso hin wie die Keramikware aus dem rheinländischen Bereich und von der Iberischen Halbinsel.

Aus der Erkenntnis der kontinuierlichen Geschichte „von Rungholt zu Südfall“ folgt, dass die **Chronik von Rungholt zugleich die von Südfall ist**.

Der Titel dieses Buches könnte umbenannt werden in „Versuch einer gemeinsamen Chronik von Rungholt und Südfall“. Es soll jedoch bei dem gewählten Titel bleiben. Festzuhalten ist aber, dass die Geschichte des mittelalterlichen, nicht ganz unbeachtlichen Ortes Rungholt identisch ist mit der Geschichte der Hallig Südfall. Heute stehen auf der Hallig Südfall nur ein einziges Wohnhaus und ein Stallgebäude. Die Geschichte dieser Warft und die der 56 ha großen Hallig ist die Fortsetzung der Geschichte von Rungholt. Man könnte es poetisch aussprechen: „Südfall steht auf den Trümmern, auf den Ruinen von Rungholt“, aber das wäre ungenau. Richtiger ist die These, dass die heutige Hallig Südfall die Landschaft von Rungholt ist. Millimeter für Millimeter wurde die historische Landschaft Rungholt erhöht, bei jeder „Land-unter“-Periode wuchs die Landschaft bis zu der heutigen Höhe. In einem Zeitraum von über 600 Jahren ist die Landschaft um ca. 2,50 m gewachsen, also im Durchschnitt um etwa 4 mm im Jahr. Abschließend soll deshalb die Behauptung aufgestellt werden:
**„Die Hallig Südfall ist eine Nachfolge-Landschaft von Rungholt auf dessen Gelände“.**

# Die kontinuierliche Geschichte: Von Rungholt zu Südfall

Schon Andreas Busch hatte bei der Erkundung der Warften im Südfallgebiet festgestellt, dass einzelne Warften, die bis in das 19. Jahrhundert bewohnt waren, auf alten Warftresten aus dem Mittelalter errichtet worden waren. Er hatte damit eine wichtige Entdeckung gemacht: Rungholt war auch nach seinem Untergang 1362 – wenigstens teilweise – weiterhin oder erneut bewohnt worden. Man muss deshalb zwischen folgenden Zeitepochen unterscheiden:

- vom Beginn der Besiedlung etwa ab 1100 n. Chr. bis zum Untergang 1362,
- von der 1. *Groten Mandränke* 1362 bis zur 2. *Groten Mandränke* 1634,
- von 1634 bis zur verheerenden Sturmflut von 1825
- und der Periode nach 1825 bis heute.

## Von der ersten Besiedlung bis 1362

Alle Funde in diesem Gebiet sind deshalb sorgfältig daraufhin zu überprüfen, aus welcher dieser Zeitepochen sie stammen.

Nach den bisherigen Erkenntnisquellen dürfte die **erste Besiedlung** nach Rückgang des Meeresspiegels etwa im 8. und 9. Jahrhundert erfolgt sein, jedoch im Bereich Japsand – Hooge – Pellworm.

Dazu zählt möglicherweise auch die von Duerr gefundene Keramikscherbe, die nach einer Thermolumineszenz-Bestimmung sogar auf das Jahr 680 n. Chr. +/– 28 Jahre datiert wurde. Ganz abgesehen davon, dass ein einzelnes Exponat keine Grundlage für derart weitreichende Schlüsse sein kann, dass man die erste Besiedlung so weit vorverlegt, so ist die Herkunft dieser Scherbe eines Keramikkruges besonders kritisch zu prüfen. Sie könnte externen Ursprung haben, kann von Kaufleuten, Schiffern oder späteren Zuwanderern zu einem viel späteren Zeitpunkt mitgebracht worden sein, sie könnte auch von einem Schiff aus der Wikingerzeit verloren gegangen und an Land gespült worden sein. Duerr hat allerdings nur Scherben untersuchen lassen, die zum Herdstellenuntergrund gehörten, die also nicht hineingespült worden sein können. Selbst wenn man der Meinung ist, dass diese Scherbe von außerhalb gekommen ist, bleibt natürlich die Frage offen, woher eine fast 700 Jahre alte Scherbe stammte. Dennoch erscheint der Schluss auf eine vor dem 9. Jhdt. begonnene Besiedlung allein aus dieser einen Scherbe reichlich dünn.

Zu diesem frühen Zeitpunkt wird Rungholt ein recht unbedeutender Ort gewesen sein. Vermutlich hat er nur aus einigen wenigen Gehöften bestanden. Er lag auf einer leichten Anhöhe, einem Inversionsrücken. Ein kleiner Wald befand sich in der Nähe. Die Alte Hever floss in der Nähe vorbei. Eine Kirche wird wohl noch nicht vorhanden gewesen sein. Die friesischen Marschengebiete waren ein schwieriges Missionsgebiet. Erst ab dem 12. Jhdt. sind Urkunden – Briefe vom Papst Innozenz III.[371] – bekannt.

Keramikscherben oder sonstige Funde aus der Zeit zwischen dem 9. und dem 11. Jahrhundert sind unbekannt. Daraus ist zu schließen, dass die erste Besiedlung weiter an Bedeutung verloren hatte, vielleicht sogar wegen seiner Ortslage aufgegeben worden war.

Erst im 11. Jahrhundert begann die Ortschaft Rungholt sich zu entwickeln und wurde ab etwa 1200 n. Chr. wegen ihrer topographisch günstigen Lage zu einem nicht unbedeutenden Handelshafen und zum Hauptort der Edomsharde. Daraus ergibt sich folgende Schlussfolgerung:

**Rungholt war nur eine sehr kurze Zeit konzentriert besiedelt**, von etwa 1200 bis 1362 – gerade eben über 150 Jahre.

Rungholt hatte mehrere verheerende Sturmfluten insbesondere im 11. und 12. Jahrhundert zu bestehen, wobei es sicher einige Verluste hinnehmen musste. Dann aber drangen die Seegaten Heverstrom und Fallstief vor auf Rungholt zu und an ihm nördlich und südlich vorbei, zwei Tidegewässer, von denen bedrohliche Wirkungen ausgehen konnten. Einerseits wurde Rungholt als Hafenstadt attraktiver, andererseits mussten die Bewohner aber Deiche zum Schutz der Ländereien und Warften und zum Schutz der eigenen Häuser errichten. Spätestens jetzt wurde Rungholt ein Kirchspiel. „Rungholt wird reich und immer reicher“, sicher nicht so wie in der Poesie beschrieben, aber eine gewisse Blüte erlebte dieser Ort in jener Periode doch.

Die Gefahr lag in der exponierten Ortslage, im Schnittpunkt von Fallstief und Heverstrom, auf einem sich verdichtenden und damit sackenden Untergrund. Der Untergang von Rungholt war geradezu unausweichlich.

Vorangegangen war aber außerdem eine Verschlechterung des Klimas. 1311 war ein Jahr größter Trockenheit und damit verbunden mit einer Unfruchtbarkeit der Äcker im ganzen Land[372]. Im Jahr davor grassierte eine sehr große Rinderseuche. 1315 regnete es täglich. 1318 herrschte wiederum ein sehr trockenes Klima. So wechselten mehrere Schlechtwetterperioden einander ab. Steuern mussten trotzdem bezahlt werden. Durch Hungersnöte und Krankheiten der Bevölkerung wurde das Überleben immer schwieriger[373].

Im Jahre **1362** trat dann die Katastrophe ein. Rungholt wurde von der ersten ***Groten Mandränke*** entscheidend getroffen. Es war für die Ortschaft ein endgültiger Untergang. Aus den Berichten in Kirchenbüchern über die untergegangenen Kirchspiele wissen wir, dass Rungholt „abgeschrieben" wurde, verloren, aufgegeben. Aber nun treffen wir auf eine Besonderheit:

Aus dem Katalog des Bischofs Brun[374] „*Catalogus vetustus*" über die besonders schwere Sturmflut von 1362 erfahren wir, dass Rungholt *undergangn* ist, ebenso wie einige andere Orte, während Niedam und Fedderingman Capell *submersae* (= untergetaucht, versenkt – „Landunter" – von der lateinischen Vokabel *submergere*) sind. Diese Unterscheidung – in gleichem Zusammenhang auf derselben Liste hintereinander geschrieben – fällt auf. Vielleicht hat sie keine besondere Bedeutung, ist nur darauf zurückzuführen, dass die Listen aus anderen Aufzählungen abgeschrieben wurden, nachdem mehrere Berichte von ortsansässigen Priestern beim Bischof eingegangen waren. Ein Priester schrieb in lateinischer Ausdrucksweise, ein anderer in mittelniederdeutscher. Und so wurde dann einfach – mehr oder weniger gedankenlos – aus den eingegangenen Listen schlichtweg abgeschrieben[375].

Aber möglicherweise steckt in dieser differenzierten Ausdrucksweise doch mehr, nämlich die genauere Unterscheidung zwischen solchen Orten, die endgültig vernichtet worden waren, und solchen, die lediglich unter Wasser gestanden haben, bei denen aber ein weiteres Bewohnen in den zwar beschädigten, aber noch vorhandenen Gebäuden möglich war[376]. Diese Sichtweise würde bedeuten, dass nach dem *Catalogus vetustus* die Orte Niedam und Halgenes überspült worden waren, unter Wasser standen, aber nicht endgültig verloren waren, während Rungholt total vernichtet worden war und aufgegeben werden musste. Diese Deutung fällt aber in sich zusammen, wenn man feststellt, dass Rungholt nach dem *Catalogus vetustus* ausdrücklich als *undergangn* bezeichnet wird, nach dem *Registrum capituli Slesvicensis*[377] aber als *submersae* vermerkt ist. Beide Begriffe sind also synonym verwendet worden.

Niedam und Halgenes lagen nach der *Clades Rungholtina* [vgl. Abb. 36] weiter seewärts. Warum blieben – nach dieser Version – gerade diese Orte erhalten, während Rungholt unterging? Die Antwort ist denkbar einfach: Niedam und Halgenes waren neuere Siedlungen als Rungholt und waren daher offensichtlich durch bessere Deiche geschützt als Letzteres. Auf Rungholt schließlich brach die volle Wucht des durchgebrochenen Fallstiefs herein, entlang des eiszeitlichen Moränentales, aus dem dann das breite Seegat Norderhever entstand.

Aber es gibt noch eine weitere Erklärung für das Fortbestehen von Niedam und Halgenes: Sie waren noch nicht lange vor 1362 eingedeicht und lagen deshalb höher als Rungholt. Mit dem Eindeichen wird der Sedimentierungsvorgang beendet. Das eingedeichte Land behält die Höhe, die es zur Zeit der Eindeichung erreicht hatte. Vordeichsgelände kann deshalb ein höheres Niveau erreichen – es gibt viele Beispiele für diese Erkenntnis.

Nun sollte man nicht glauben, dass die 1. *Grote Mandränke* des Jahres 1362 den Untergang plötzlich und unerwartet bewirkte, vielmehr waren manche schwere Sturmfluten im 11. und 12. Jahrhundert vorangegangen.

Aus einer Urkunde vom 13. November 1198 geht der Zustand Nordstrands deutlich hervor[378]. Es heißt in einem Schreiben des Papstes Innozenz III. an den Propsten des Strandes (Alt-Nordstrand):

*„An den Propst vom Strand und alle bei den Kirchen im Uthlande angestellten Prälaten: Es ist zu unseren Ohren gekommen, daß, weil wegen der Überschwemmung der Gewässer in Eurem Lande sowie der durch die Gräben bereiteten Hindernisse der Zugang und der Rückweg schwierig ist, seit jener Zeit, wo dort die junge Pflanzstätte des Glaubens gewesen ist, die Bestimmung getroffen und bis zu diesen Zeiten beobachtet wurde, daß der Propst, welcher dort innerhalb der erlaubten Grenzen das Amt des Bischofs versieht, zu jenen Zeiten, wo der Zutritt leichter offen steht, bei der einen oder anderen Kirche wegen der Größe der Pfarrstelle und der Menge der Missetäter während vier Tagen, wenn es ihm gutdünkt, bleibt, um dort die anberaumte Synode zu halten ..."*

Im Jahre 1204 war eine so hohe Flut, dass sie die allerhöchste Flut nach der Sintflut genannt wurde, oder die allergrößte Flut nach Christi Geburt[379]. Viel Marschland ist dabei überflutet worden und musste später zurückerobert werden. Im Jahre 1216 ereignete sich eine weitere sehr schwere Sturmflut, bei der nach einer Angabe 30600 Menschen ertrunken sein sollen, nach einer anderen Quelle 10000[380]. Heimreich berichtet von dieser Flut, die er allerdings auf 1218 datiert, dass die Zahlenangabe von 39 600 – statt 30 600 – sich auf drei Sturmfluten zusammen beziehe. Die Zahlenangaben aus dieser Epoche sind allerdings nur unter Vorbehalt zu nennen, sie sind häufig stark übertrieben.

Manche Chroniken berichten auch über eine sehr schwere Sturmflut im Jahre 1300. Ob hierbei eine Verwechslung mit derjenigen von 1362 vorliegt, z. B. eine Lässigkeit im Ausdruck, oder ob eben eine weitere Sturmflut tatsächlich im Jahre 1300 erfolgte, ist nicht zu ermitteln.

Sicher aber haben schwere Sturmfluten die Uthlande 1313, 1316, 1334 und 1338 getroffen. Bei der Letztgenannten sollen nach einem Bericht des *Chroni-*

*con Eiderostadense* die Uthlande erstmals auseinander gebrochen sein, eine Angabe, die von Petreus angezweifelt wird.

Wie dem auch sei, vor 1362 haben manche Sturmfluten Überschwemmungen verursacht, die arge Verwüstungen angerichtet haben. Völlig unvorbereitet traf deshalb die Flut von 1362 die Menschen der Marschlandschaft nicht – nur das Ausmaß der Katastrophe war nicht vorhersehbar.

Zusammen mit dem Verlust von Rungholt wurden auch Halgenes und Niedam überflutet. Das gesamte Umland war völlig verwüstet. Nur Fedderingman Capell blieb erhalten, die Häuser waren vermutlich stark reduziert, der Rest mehr oder weniger beschädigt. Fedderingman wird als ein noch im 15. Jahrhundert bestehender Ort erwähnt und ist erst 1532 endgültig untergegangen, möglicherweise schon damals als Nachfolgeort einer Ortschaft gleichen Namens. Die Kirche ist vermutlich 1532 zerstört worden.

## Von der ersten Groten Mandränke 1362 bis zur zweiten 1634

Die Bewohner ließen sich nicht entmutigen. Auch nach diesem Totalverlust im Jahre 1362 gab es eine – bescheidene – Grundlage für ein **neues Siedeln**: Der Sand war da, auf dem sich ein neuer Anwachs bildete, Reste von Niedam und Halgenes waren vorhanden, wenn auch wohl in schlechtem Zustand. Die Landschaft, mehr oder weniger ungeschützt und nunmehr unmittelbar an dem reißenden Seegat Norderhever gelegen, veränderte sich durch weitere Sturmfluten laufend. Warften wurden aufgeschüttet, die Halligbewohner ließen sich „nicht unterkriegen" und siedelten dort, wo ihnen der Untergrund die Möglichkeit dazu bot. Dieses – neu besiedelte – Gebiet lag südlich des Fallstiefs und wurde deshalb „Südfall" genannt.

Wie kommt es zu einem **Anwachs**, zu einer Erhöhung der Hallig? Bei jeder Überflutung, auf den Halligen „Landunter" genannt, kommt das aufgelaufene Wasser zur Hochwasserzeit zur Ruhe, die Schwebstoffe sinken ab und bilden eine neue, ganz dünne Schicht. Läuft das Wasser wieder ab, wird nur ein Teil dieser aufgetragenen Schicht mitgenommen, ein Teil verbleibt auf der Landoberfläche. Diese erhöht sich daher ständig, bei jeder Überflutung um etwa 0,1 mm. Da im Jahr bis zu 40 Überflutungen erfolgen, errechnet sich theoretisch über 100 Jahre ein Anwachs von 40 cm. Diese Berechnung ist allerdings sehr pauschal, weil der jährliche Anwachs im Laufe der Jahre geringer wird je höher die Landoberfläche emporwächst. Außerdem erfolgt er nicht auf Muscheluntergrund, sondern auf Vegetationsboden.

Der Anwachs auf dem am höchsten gelegenen Gebiet erfolgte bei jeder „Landunter"-Zeit. In ca. 600 Jahren, von 1362 bis in unsere Zeit, ist das Gebiet um fast 3 m aufgehöht, das bedeutet einen Anwachs von etwa $^1/_2$ Meter im Jahrhundert.

Nach 1362 hatte sich die Landschaft aber völlig verändert und mit ihr die Infrastruktur der neuen Besiedlung. Bis 1362 lag Rungholt auf dem Festland, das durch den Fluss Alte Hever und – nach und nach – durch die einbrechenden Seegate Fallstief und Heverstrom ein gefährdeter Abschnitt dieser Landschaft wurde. Die Bewohner hatten ihre Häuser auf Warften errichtet, weil das umgebende Land immer wieder Überschwemmungen ausgesetzt war. Die Felder und Wiesen hatten sie durch – niedrige – Deiche geschützt, wenn auch noch recht mangelhaft. Bis zum Untergang 1362 blieb diese Gegend aber wassernahes Festland.

Nach 1362 gab es in Rungholt zunächst keine Häuser mehr, allenfalls nur noch zerschlagene Reste. Auf dem verbliebenen Sandboden bildete sich durch natürliche Gegebenheiten ein Anwachs, der die küstennahen Bewohner ermutigte, neu zu siedeln, jetzt auf hoch aufgeworfenen Warften. Die Landschaft blieb unbedeicht, Außendeichsgelände, ein Halligland. Es gab keine Felderwirtschaft mehr, keinen Ackerbau. Stattdessen war eine Weidelandschaft entstanden, die häufig überflutet wurde. Die Viehzucht der Bewohner dürfte sich auf die Schafzucht beschränkt haben. Daneben gab es den Fischfang als Erwerbsquelle. Die Landschaft hatte sich von eingedeichtem Festland zu unbedeichtem Halligland verändert. Statt der Flachsiedlungen wurden die Häuser nunmehr auf Warftplätzen errichtet.

Aber außer dem Anwachs, einem relativ festen Boden, bestand das Rungholt-Gebiet auch aus losem Sand, der jetzt zu wandern begann. Dies war ein Vorgang, den man im Eismeer „Kalben" eines Eisberges nennt. Von dem tonigen, durch Anwachs sich aufschichtenden Untergrund löste sich der lockere, aufgespülte und aufgewehte Dünensand und begann seine Wanderung nach Osten, landeinwärts. Durch Erosion an der Seeseite im Westen und Sedimentierung an der dem Festland zugewandten Seite im Osten verschob sich dieser lockere Sand immer weiter landeinwärts. Der Rungholt-Sand begann seine Wanderung, während der tonige Sockel – mit den darin befindlichen Kulturspuren wie Warftresten, Gräben, Ackerspuren und anderen – ortsgebunden dort verblieb, wo einst Rungholt lag.

Die Besiedelung wird in dieser Periode sehr zaghaft gewesen sein. Man war auf Überflutungen eingestellt. Auf den höchsten Plätzen des Anwachses konnte man Fluten offenbar überstehen.

Die Ortsposition war nach wie vor nicht ungünstig, lag diese wieder auflebende Gegend doch an einem Tidegewässer. Da Nordfriesland ein wichtiges Handelserzeugnis produzierte, nämlich Salz, das aus dem Meer gewonnen werden konnte, war ein einträglicher Exportartikel vorhanden. Rungholt – jetzt besser schlicht nur Edomsharde genannt – war dafür ein sehr geeigneter Umschlagplatz. Im Jahre 1400 versprachen die Ratsmänner der schwer angeschlagenen Edomsharde den Bremer Kaufleuten ein sicheres Geleit

und teilten ihnen mit, wo sich jetzt die Salzbuden befinden:
*„... wente in dat Hever dep schol gy yn leghen, wente dar zund achte bude alle vol zoldes, valete“*[381],
in der Übersetzung:
*„... denn ihr sollt in das Hevertief segeln und anlegen, denn dort sind acht Buden alle voll Salz, seid gegrüßt ...“*

In jenen Jahren sind Gebiete, die dem Meereseinfluss häufig ausgesetzt und mehrfach überschwemmt worden waren, sogar wieder ausgedeicht worden, damit es möglichst häufig von frischem Salzwasser überflutet wurde, um größere Mengen Salz zu gewinnen. Solche Ausdeichungen haben aber mehr Ärger als Nutzen bereitet, ist doch die sturmflutsichere Befestigung wichtiger als die Salzgewinnung. Ob auch in der Rungholt-Südfall-Gegend tatsächlich Salz gewonnen wurde oder ob sie nur ein Handelsumschlagsplatz war, ist nicht hinreichend sicher nachgewiesen. Auf der Karte von Harcksen – vgl. Abb. 51 – ist aber an mehreren Stellen die Eintragung zu lesen „Sallt-Halligs-Graben“ und „Sallt Torf“[382]. Dies mag ein Hinweis auf Salzgewinnung sein, kann aber auch lediglich die Bezeichnung für – wegen häufiger Überschwemmungen – sehr mit Salz angereichertes Wasser sein.

Busch hat die Funde von der Warft 27 im Jahre 1938 zusammen mit Tidelski untersucht, Brunnen aufgegraben und die Keramikscherben datiert, wobei der Keramik-Fachmann Ritzefeld aus Düsseldorf hinzugezogen worden war. Eine Anzahl Gefäßscherben soll danach aus dem 17. Jhdt. stammen, andere aus der Zeit vor 1362. Am Boden eines Brunnens fand man einen rheinischen Krug, der früher auf die Zeit 1420 bis 1450 datiert wurde. Aber diese Datierung ist stark umstritten. Hartmann[383] hat aus Vergleichsfunden ermittelt, dass diese Scherben von einem Ort stammen müssen, der vor 1362 untergegangen ist. Auch Kühn ist dieser Ansicht.

Rheinische Tonkrüge sind in der Folgezeit vielfach gefunden worden. Sie stammten aus der Zeit vor 1362. Im Jahre 1947 wurde die Warft weiter untersucht, und zwar von Andreas Busch zusammen mit dem Museumsdirektor Erich Wohlenberg aus Husum und Dr. Krop. Wieder wurden Brunnen aufgegraben und wurde die Keramik auf Machart und Alter ausgewertet. Die Datierung der mitgenommenen Keramikscherben ist umstritten. Nach neueren Erkenntnissen kann nicht davon ausgegangen werden, dass diese Keramik einen sicheren Schluss auf Besiedlung nach 1362 zulässt, obwohl sie nach der Beschriftung im Nissenhaus Husum auf die Zeit von 1460 bis 1680 datiert wird. Nun liegt zwar die Warft 27 im Niedam-Gebiet, aber bei den Betrachtungen über die kontinuierliche Geschichte von Rungholt zu Südfall dürfte es auf diesen nur örtlichen Unterschied kaum ankommen. Mit der Feststellung, dass die Warften Nr. 27 und 28 nicht zu Rungholt, sondern zu Niedam gehörten, lässt sich übrigens die These, dass die Nachfolgesiedlungen von Rungholt im Nordosten von Südfall lagen, durchaus in Einklang bringen.

Auf der Hallig Südfall stand nach Angaben des Chronisten Johannes Petreus 1579 nur ein Haus. Die Bezeichnung „Hus“ wird allerdings nicht nur ein einzelnes Haus, sondern eine Warftgemeinschaft bedeutet haben. Es handelte sich dabei um jene Hallig Südfall, die später aufgegeben werden musste und – genauso wie Nübel – untergegangen ist.

Hier hat eine Entwicklung eingesetzt, die wir mehrfach im nordfriesischen Raum beobachten können: Die Erweiterung von Siedlungen wie auch die Gründung von Nachfolgesiedlungen sind landeinwärts erfolgt. Die – damalige, zur Zeit von Petreus bestehende – Hallig Südfall musste nach und nach aufgegeben werden. Von den drei Halligen, die Petreus zeichnet, ist nur Nielandt, die am östlichsten lag, stehen geblieben und wurde von den vertriebenen Bewohnern besiedelt. Das neue Land „Nielandt“ wurde dann wegen seiner neu hinzugezogenen Bewohner schlicht „Südfall“ genannt.

Die kontinuierliche Entwicklung von Rungholt zu Südfall ist ein **dynamischer Entwicklungsprozess**. Eine lediglich statische Betrachtungsweise, etwa derart, dass Rungholt an einem festen Platz lag und dort bis zu seinem Untergang und darüber hinaus in Nachfolgesiedlungen verblieb, wird den tatsächlichen Gegebenheiten nicht gerecht. Rungholt lag vor 1362 an anderer Stelle als seine Nachfolgesiedlungen.

Deutlich wird dies besonders daran, dass Köge, die dem Meer abgerungen waren, auf späteren Karten nicht mehr verzeichnet sind, und so wieder Opfer des Meeres wurden, dass untergegangene Orte manchmal an weiter ostwärts gelegener Stelle auf späteren Karten wieder auftauchen.

Auch nach 1362 wurde diese Gegend von mehreren schweren Sturmfluten heimgesucht. Von 1362 bis 1634 sind unzählige derartige Sturmfluten bekannt[384]. Die schwersten, nämlich
- die Allerheiligenflut von 1436,
- die Allerheiligenfluten von 1532, 1533 und 1536,
- die Nikolaifluten von 1539 und 1544,
- die Novemberflut von 1570,
- die Sturmfluten von 1602, 1612, 1613 und 1615
- die Sturmfluten von 1617, 1622, 1624, 1625, 1627–1630,
- und die Sturmflut von 1631

haben den Inseln und Halligen weitere erhebliche Schäden zugefügt. So wie Rungholt nicht an einem Tage 1362 untergegangen ist, so hat auch nicht allein die 2. *Grote Mandränke* des Jahres 1634 die Katastrophe über das friesische Wattenmeer hervorgerufen.

In dieser Zeit dürfte die Existenz von Nachfolgesiedlungen zu sehen sein, die in die Literatur als ***Grote und Lüttke Rungholt*** eingingen. Nichts ist dunkler als diese Begriffe.

Der *Codex manuscriptus historiae 102*[385] enthält ein Verzeichnis der Kirchen des Nordstrandes, von Lundenberg und der Halligen, das von einem Joachim Leve aus Nordstrand gegenüber einem anonymen Hamburger Sammler historischer Nachrichten folgendermaßen lautete:
*„Desse navolgende Karspel dorch versumenisse unser vorfaren sind vergan*

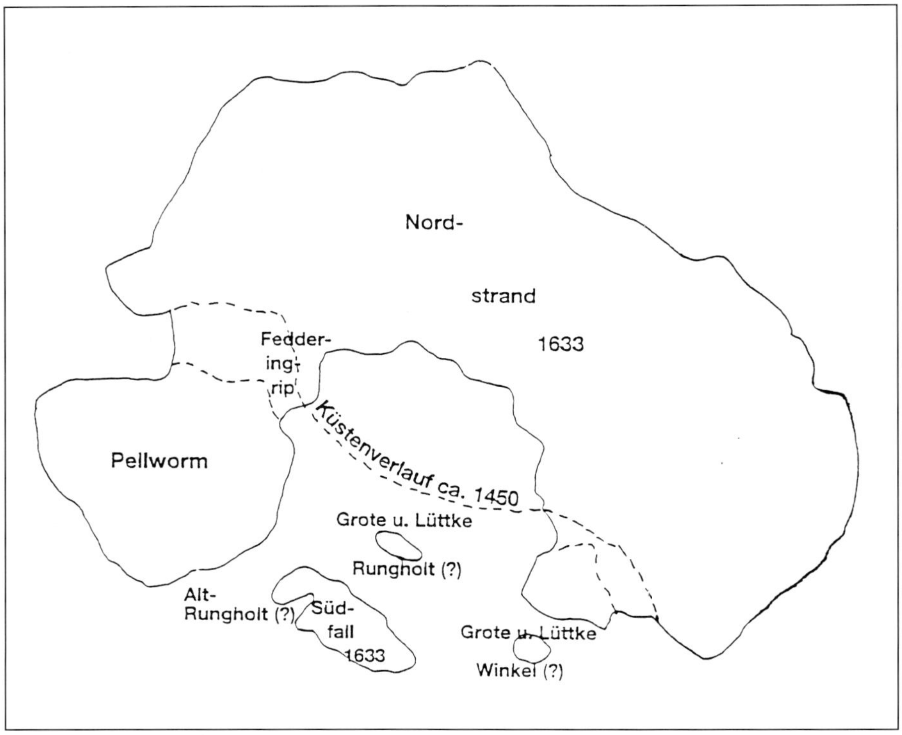


Abb. 96: Die Lokalisation von Grote und Lüttke Rungholt nach Albert A. Panten

*und dar von af kamen also: Grote Rungholt, Lutke Rungholt, Grote Winkel, Lutke Winkel, Flersbull, Eggebull, Deddebull, Stintebull ex paste,"*
übersetzt in die hochdeutsche Sprache:
*Die nachfolgenden Kirchspiele sind durch Versäumnis unserer Vorfahren vergangen und davon abgekommen: als Grote Rungholt, Lüttke Rungholt, Grote Winkel, Lüttke Winkel, Flersbull, Eggebull, Deddebull, Stintebull zum Teil."*

Verständlich, dass von der Rungholt-Forschung nach diesen Orten Groß- und Klein-Rungholt gesucht wurde und dass sie in dem 1362 untergegangenen Rungholt gesehen wurden. So hat Andreas Busch die Siedlung des Acht-Warften-Gebietes mit Groß-Rungholt und die Siedlung am und um den Niedam-Deich und die Rungholt-Schleuse mit Klein-Rungholt identifiziert [vgl. Abb. 62]. Busch hat dabei den geschichtlichen Vorgang nicht dynamisch gesehen, sondern alle Erkenntnisse auf eine einzige Zeit projiziert, nämlich das Jahr 1362. Diese statische Betrachtungsweise führt aber zu Fehlschlüssen.

Der Hintergrund der Beschuldigung, durch Versäumnis den Untergang der genannten Orte verschuldet zu haben, ist in einer Anklage gegen den Staller des Strandes Laurens Leve zu sehen[386], der mehr als 50 Jahre lang ein herrisches und eigennütziges Regiment geführt hatte. Unter anderem wurde ihm vorgeworfen, dass große Teile des vormals bewohnten Landes wegen seiner Versäumnis ausgedeicht, also verloren gegeben werden mussten. Er hatte sich z. B. pflichtwidrig geweigert, auf seinem Land Erdreich zur Deichverstärkung ausheben zu lassen. 1495 wurde er abgesetzt.

Das also geschah am Ende des 15. Jhdts. Mit dem Untergang von Rungholt 1362 hängt dies alles nicht zusammen. Joachim Leve, der diesen Bericht 1551 aufgezeichnet hat, ist ein Nachfahre des genannten Laurens Leve, dem Versäumnisse vorgeworfen wurden. Die Ortsnamen *Grote und Lüttke Rungholt* sind in keiner der uns bekannten Quellen des 14. Jhdts. über die 1362 untergegangenen Orte genannt worden. Ob sie dann vielleicht Nachfolgesiedlungen von Rungholt waren? Wo mögen dann diese Nachfolgesiedlungen gelegen haben?

Panten vermutet sie nordöstlich von Südfall gelegen [Abb. 96], am „Fule Slot" – dem heutigen Priel „Fuhle Schlot", der Strucklahnungshörn auf Nordstrand mit der Norderhever verbindet. Er bedient sich zweifacher Begründung: erstens sind Nachfolgesiedlungen stets wegen der Meereseinflüsse landeinwärts, also nach Osten, gewachsen oder dorthin verlegt, und zweitens gehörten die südlich von Rungholt gelegenen Siedlungen – auch nach 1362 – zu Niedam, lagen an dem – mindestens noch rudimentär bestehenden – Niedam-Deich. Zweifel seien aber auch an dieser vermuteten Ortslage angebracht, denn es gibt bisher keine Anhaltspunkte dafür, dass in dieser Gegend im 15. und 16. Jhdt. siedlungsreifes Land gewesen ist. Andreas Busch hat die Ortschaften *Grote* und *Lüttke Rungholt* als Ortsteile des 1362 untergegangenen Rungholt angesehen, die er mit einer Verlagerung des Hafens zu erklären versuchte.

Die Ortslage von *Grote* und *Lüttke Rungholt* ist noch ungewisser als die des Hauptkirchen- und Handelsortes Rungholt selbst.

Die **zweite *Grote Mandrànke* von 1634** hat die Insel Alt-Nordstrand in vier Inseln oder Halligen auseinander gerissen – Pellworm, Nordstrand, Nordstrandischmoor und die Hamburger Hallig. Aber die inzwischen angewachsene Hallig Südfall blieb, obgleich arg zerzaust, bestehen.

Die Sturmflut von 1634 raffte auf Südfall viele Menschenleben dahin, 46 Personen ertranken[387]. Der Zustand der Hallig war unbeschreiblich dürftig. Kaum ein Gebäude war unversehrt geblieben. Das Halligland selbst war völlig verwüstet. Südfall hat bei dieser Sturmflut zwei Drittel des Landes eingebüßt.

## Von der 2. *Groten Mandränke* 1634 bis zur erneuten Aufgabe 1825

Auf dieser **Rest-Hallig** blieben Bewohner oder siedelten sich neu an. Die Hallig scheint sich aber bald einigermaßen erholt zu haben. 1711 befand sich dort sogar ein Krug, wie aus einem Haupt-Geldregister hervorgeht. 1781 befanden sich auf Südfall 6 Häuser und ein Haubarg[388], eine große Hofstelle mit einem Innenhofplatz zum Heustapeln[389]. 1807 standen auf der Osterwarft 2 und auf der Süderwarft 5 Häuser. Die Hallig war 493 Demat groß[390], also etwa 233 ha. Da die Bewohner, durch zunehmende Armut getrieben, dazu übergingen, als Nebenerwerb den Strandraub zu betreiben, wurde 1816 ein Strandvogt ernannt, der für Ordnung zu sorgen hatte. Bis 1825 gab es hier drei bewohnte Warften, wie schon beschrieben: die Norder-, Oster- und Süderwarft.

Bereits 1821 wurde Südfall von einer so schweren Sturmflut[391] heimgesucht, dass die Bewohner der dort befindlichen beiden Häuser der Süderwarft flüchten mussten. Bei dem einen wurden zwei Fach aus dem Fachwerkgebäude weggespült, das andere blieb nur auf seinen Ständern stehen, die Wände waren zerschlagen. Boote und viele Mobilien, Heuvorräte und Lebensmittel wurden fortgetrieben, zwei Schafställe gingen ganz verloren. 60 Schafe und Lämmer ertranken. Die drei Häuser der Norderwarft verloren ebenfalls mehrere Fach aus dem aus Fachwerk errichteten Gebäude, der übrige Schaden entsprach etwa dem der Süderwarft.

Die nächste sehr schwere Sturmflut war die von Anfang November 1824. Der Bewohner Peter Hans Christiansen war mit seinem kleinen Boot unterwegs, während seine Frau und vier Kinder auf dem Boden ausharren mussten. Die Flut riss die Fächer des unteren Teiles des Hauses fort. Christiansen und seine Familie begaben sich nunmehr endgültig nach Pellworm. Sein Haus stürzte am 3. November zusammen. Alle bewegliche Habe – bis auf sein Boot, 20 Schafe und etwas Bettzeug – ging verloren. So wie Christiansen haben auch die anderen Bewohner von Südfall unter dieser Sturmflut gelitten: Beim Haus der Witwe Marta Andresen stürzte die Westwand ein, das Heu wurde vertrieben und das Stackwerk beim Hause ruiniert. Das Haus des Mumme Ipsen wurde stark beschädigt, ebenso das Stackwerk des Hauses Peter Hansen. Das Nebenhaus des Claus Andresen brach zusammen, sein Schafstall wurde weggetrieben.

Die Hallig bot einen trostlosen Anblick: Ein Drittel war mit Muscheln und Sand bedeckt, sie bot kaum noch Möglichkeiten für eine Erwerbstätigkeit. 1804 war sie noch 237,7 ha groß gewesen. Der Abbruch an der Südwest-Seite betrug ca. 4 m im Jahr. Dadurch schrumpfte sie auf etwa 57 ha im Jahre 1947.

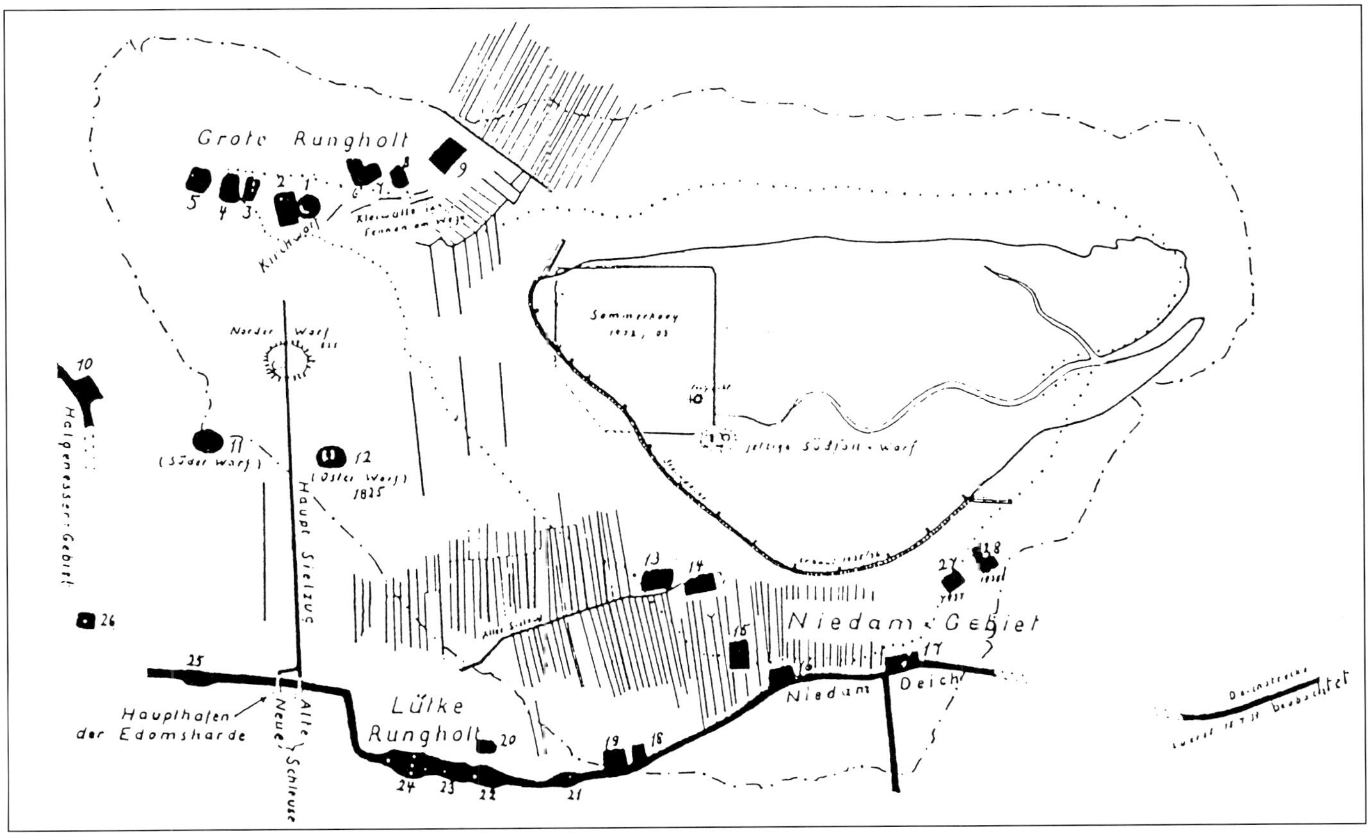


Abb. 97: Die Lokalisation von Grote und Lütke Rungholt nach Andreas Busch

## Von 1825 bis heute

Dann aber kam die **Flut am 3./4. Februar 1825** mit verheerender Wirkung. Da die Familie Christiansen schon 1824 nach Pellworm geflüchtet war, blieb diese Familie vor dem nassen Tod bewahrt. Die letzten vier Familien auf Südfall und ein Schneider, der sich zufällig dort aufgehalten hatte, zusammen 13 Personen, ertranken. Sämtliches Hab und Gut ging verloren. Es war kaum noch eine Spur menschlicher Besiedlung zu sehen. Die Hallig wurde restlos ruiniert und schien für die Zukunft nicht mehr bewohnbar zu sein.

Dennoch hatte der Bauer Christiansen die Absicht, auf der Hallig erneut zu siedeln. Mit Hilfe eines „Privathülfsvereins" wurde ein neues Haus mit bequemer Wohnung errichtet. Auch wurde die Bedeutung der Hallig für die Schiffahrt erkannt, da der Bewohner als Lotse für die Norderhever und das Schmaltief besonders für einlaufende Schiffe unschätzbare Dienste leistete.

Eigentümer und Besitzer der Hallig waren nacheinander mehrere Bauern. Christian Hans Christiansen (geb. 1827), der „Südfallner" genannt wurde, errichtete 1828 die heutige einzige Warft und baute ein Haus darauf. Er war der Faszination der Gezeiten und der Natur erlegen und hat nicht mehr zum Festland zurückgefunden. Er bewirtschaftete Südfall bis 1867. In dieser Zeit wurde Südfall von mehreren schweren Sturmfluten heimgesucht. Die Bedeutendste war am 30. April 1839, bei der 11 Schafe ertranken und die Warft stark beschädigt wurde. Fast ein Drittel der Halligfläche war mit Sand und Muscheln bedeckt und damit für mehrere Jahre unfruchtbar. Christiansen hat die Hallig dann für 6000 Taler verkauft, an wen ist nicht bekannt. Von dieser Zeit an wechselten die Eigentümer häufig: 1876 hat Jacob Friedrich Dührsen die Hallig erworben. Für ihn bewirtschaftete ein Bauer Carstens die Hallig, musste sie aber wegen einer verheerenden Sturmflut vom 14./15. Oktober 1881 verlassen. Seither war die Warft längere Zeit unbewohnt. Von Dührsen ging sie 1895 an Klaus Hinz über, der dort bis 1900 wirtschaftete und sie 1902 an Wilhelm Carstensen verkaufte. Dieser wiederum verkaufte Südfall 1908 weiter an den Landmann Heinrich Möller. Im Jahr darauf bewirtschaftete sie der Landwirt Asmus Vosgraf. Schäfer waren viele Jahre erst Julius Lander und später Bernhard Tetens. Sie alle, die Eigentümer als Bauern und die Schäfer, führten ein recht karges Dasein, war doch außer Viehzucht, insbe-

Abb. 98: Das Hallighaus um 1900

Abb. 99: Das alte Hallighaus und Halligflieder 1953

besondere von Schafen, und ein wenig Fischfang keine Erwerbsmöglichkeit vorhanden. Sie waren Idealisten, der Hallig mit ganzem Herzen so verbunden, dass sie das einfache Leben besseren Erwerbsmöglichkeiten vorzogen.

1873 war die Hallig nach amtlicher Vermesssung 116 ha 69 ar und 88 qm groß, heute nur noch etwa 56 ha.

Als schließlich Diana Gräfin v. Reventlow-Criminil im Jahre 1910 die Hallig Südfall erwarb, trat für lange Zeit Ruhe in den Eigentumsverhältnissen ein. Mit ihr begann ein neues Stück Hallig-Geschichte. Südfall war ein Zufluchtsort vor der hektischen Umwelt geworden.

*„Kein Klang der aufgeregten Zeit drang noch in diese Einsamkeit"* spiegelte Theodor Storm in seinem Gedicht „Abseits" eine solche Stimmung wider. Die Halliggräfin führte ein einsames Leben auf diesem Eiland, ihrer kleinen eigenen Welt.

Zunächst soll über die „Halliggräfin" Diana Gräfin v. Reventlow-Criminil[392] berichtet werden.

1863 auf Gut Emkendorf geboren, hatte **Gräfin Diana v. Reventlow-Criminil** noch einen Bruder Adolf, der unter der mangelnden Fähigkeit litt, mit Geld umgehen zu können. Jahrelang durfte er Emkendorf nicht betreten. Nach dem Ableben des Vaters Carl v. Reventlow-Criminil erbten die beiden Geschwister Emkendorf. Adolf vertrat seinen Anspruch auf das Erbe, Diana ließ den halben Schätzwert als Hypothek eintragen. Sie kaufte die Hallig Südfall, um die Sommermonate wegen eines latenten Lungenleidens dort zu verweilen, jedoch gefiel ihr die Einsamkeit des Halliglebens so gut, dass sie vorzog, mit ihrer Dienerschaft ganz hierher zu ziehen. Sie war hoch gebildet, sehr belesen und hatte in ihrer Jugend das Leben an den Höfen kennen gelernt. Sie war längere Zeit am dänischen Königshof gewesen und hatte weite Reisen durch Europa unternommen.

Gräfin v. Reventlow-Criminil hielt sich 43 Jahre lang in den Sommermonaten, in ihren letzten Lebensjahren auch im Winter hier auf, umgeben von Tieren und ihrem Dienstpersonal. Sie war lungenkrank und wollte wegen ihrer Krankheit die frische Meeresluft aus erster Hand atmen. Der einzige Grund für ihr einsames Halligleben dürfte das aber nicht gewesen sein. Sie sah gerne Besuch auf ihrem schönen einsamen Eiland [Abb. 98]. Für den Naturschutz hat sie sehr viel getan, nämlich die Hallig in einen sehr guten Erhaltungszustand gebracht und sich davor gehütet, das Land zu überweiden.

Die Halliggräfin blieb unverehelicht, obwohl sie nach einhelliger Meinung eine ausgesprochene Schönheit gewesen sein soll. Sie soll viele Heiratsanträge bekommen haben, schlug jedoch alle aus. Dabei zog sie die Gesellschaft von Männern denen von Frauen sogar vor. Sie war sehr schlicht gekleidet, nahm jahraus, jahrein ein Morgenbad mit Seewasser, das sie sich ins Haus tragen ließ. 1953 ist sie im hohen Alter von 91 Jahren auf Südfall verstorben.

Abb. 100: Das Hallighaus 1997

Abb. 101: Hallighaus und Halligflieder 1996

Diana Gräfin v. Reventlow-Criminil war also Eigentümerin, als Andreas Busch seine Forschungen im Wattenmeer betrieb. Sie nahm von seiner Rungholt-Forschung interessiert Notiz, förderte die vielfachen Exkursionen von ihrer Hallig aus und nahm die Wattforscher gelegentlich in ihrem Hause auf.

Das einzige Haus auf Südfall war aber in diesen Jahren unansehnlich geworden. Es war auf Holzplanken errichtet und nur mit Teerpappe gedeckt. Um das obere Stockwerk lief an drei Seiten eine Holzgalerie, die einen traumhaft schönen Blick über das Meer und die Hallig ermöglichte. Es war schließlich schon 125 Jahre alt und ständig den teilweise orkanartigen Stürmen und dem Salzwasserklima ausgesetzt.

Atemberaubend schön war der Anblick der Hallig, wenn der Halligflieder blühte [Abb. 99]. Viele Jahre verschwand er mehr und mehr, aber neuerdings breitet er sich wieder kräftig aus [Abb. 101], nachdem die Beweidung durch Schafe auf ein geringes Maß eingeschränkt wurde.

Nach ihrem Tode verkauften die Erben die Hallig an das Land Schleswig-Holstein für einen Kaufpreis von 20 000,– DM, allerdings waren mehrere Millionen DM erforderlich, um den dringend erforderlichen Küstenschutz auszuführen.

Nach dem Tode der Gräfin v. Reventlow-Criminil trat die **Schutzfunktion** der Hallig als Bollwerk im Küstenschutz mehr und mehr in den Vordergrund. Die Steinmole der besonders gefährdeten Südwest-Seite der Hallig war durch zwei Bombenkrater schwer geschädigt, weite Flächen des Halligbodens waren durch brechende, sich überschlagende Wellen ausgekolkt. Auch musste das Haus dringend erneuert werden. Eine Reparatur lohnte nicht mehr. So wurde 1958 ein neues steinernes Hallighaus aus roten Klinkern mit einem Strohdach errichtet [Abb. 100]. Das Gebäude steht auf 6 m hohen Betonpfählen, die in den gewachsenen Boden getrieben worden sind. Sie reichen bis unter das Strohdach, wo auch ein Betonraum zum Schutze vorhanden ist. Wenn bis dorthin das Wasser steigen sollte, geht auch die Insel Nordstrand unter! 1962/63 kam ein reetgedecktes modernes Stallgebäude hinzu, nachdem das alte bei der verheerenden Sturmflut vom 16./17. Februar 1962 durch den Orkan zusammengebrochen war. Die Steindecke an der Südwestecke wurde um einige Meter zurückverlegt und mit einer höheren Steinschüttung versehen.

Dennoch kann man **Südfall** erreichen, und zwar entweder mit einer geführten Wattwanderung durch einen autorisierten Wattführer oder mit einem Pferdewagen von Nordstrand. Die Abfahrt erfolgt bei dem Deichübergang Fuhle Hörn. Eine Anmeldung ist aber dringend zu empfehlen. Die Personenzahl, die an einigen dafür genehmigten Tagen der Woche auf diese Weise die Hallig betreten darf, ist z. Zt. auf maximal 50 Personen begrenzt. Manche Wattwanderer, die den 7 km weiten Weg von Nordstrand nach Südfall gehen, haben kein Verständnis dafür, dass sie die Hallig nicht betreten dürfen, während die Pferdewagen, auch Kutschen genannt, auf die Hallig fahren und an anderen Tagen geführte Gruppen die Hallig betreten. Eine Ausnahme für einzelne Wattwanderer kann aber nicht gemacht werden, weil bei jeder Störung durch Wanderer die Vögel auffliegen. Das ist ganz besonders für die Zeiten der Brut sehr schädlich. Würde man zu Niedrigwasserzeiten ein Betreten gestatten, würden die Vögel während dieser Zeit immer wieder aufgescheucht werden. Die Wattwanderer mögen deshalb Verständnis dafür haben, dass derartige Störungen der Vogelwelt unterbleiben müssen. Das Nationalparkamt kann im Falle einer Übertretung Bußgelder verhängen, und der Halligverwalter ist angehalten, Verstöße sofort zu melden, notfalls per Funk.

| **Es brüteten hier** [393] | **1984** | **1985** | **1991** | **1992** | **1993** | **1994** | **1995** |
|---|---|---|---|---|---|---|---|
| Küstenseeschwalben | 269 | 256 | 285 | 388 | 348 | 398 | 583 |
| Lachmöwen | 2 | 3 | 581 | 603 | 712 | 688 | 578 |
| Silbermöwen | 28 | 29 | 153 | 185 | 201 | 256 | 263 |
| Austernfischer | 147 | 129 | 163 | 173 | 146 | 172 | 201 |
| Sturmmöwen | 3 | 7 | 29 | 48 | 63 | 136 | 133 |
| Flussseeschwalben | – | 1 | 16 | 22 | 32 | 26 | 41 |
| Zwergseeschwalben | 4 | 8 | 15 | 16 | 19 | 17 | 25 |
| Sandregenpfeifer | 8 | 6 | 18 | 15 | 17 | 12 | 16 |
| Brandgänse | – | 1 | 3 | 4 | 1 | 4 | 8 |
| Stare | – | – | – | – | – | 4 | 6 |
| Rotschenkel | – | – | 4 | 5 | 6 | 6 | 4 |
| Steinwälzer | 1 | – | 2 | – | 2 | 2 | 2 |
| Hänflinge | – | – | 1 | 2 | 1 | 2 | 1 |
| Bachstelzen | | 1 | 1 | 1 | 1 | 1 | 1 |
| Rotkehlchen | – | – | – | – | 2 | 2 | 1 |
| Stockenten | – | – | 2 | 4 | – | – | 3 |
| Seeregenpfeifer | – | 1 | 3 | 3 | 3 | 2 | – |
| Heringsmöwen | – | – | – | – | 1 | 1 | – |
| Kiebitze | – | – | – | – | 1 | – | – |
| Säbelschnäbler | – | – | – | 1 | – | – | – |
| Brandseeschwalben | – | – | – | 5 | – | 14 | – |

Nach dem Tode der Gräfin v. Reventlow-Criminil 1953 behielt bis 1957 deren langjährige Betreuerin Schwester Ingeborg Carstensen Wohnrecht auf Südfall. Auch der ehemalige Kutscher Maschmann blieb bis zum Winter 1957 mit seiner Familie auf der Hallig. 1958 bewirtschaftete die Familie Ketel Nielsen die Hallig und ab 1959 die Familie Anton Brauer, der die Hallig 1966 verließ. Vier Jahre lang bewirtschaftete Henry Brauer die Hallig, dann sechs Jahre Hans Ingwersen und ein Jahr lang Manfred Paulsen.

Seit 1979 wurde Pächter auf 50 Jahre der Nordstrander Bauer Ernst-August Dethleffsen. Als ständiger Halligwart wurde Robert Brauer als Wasserwerker vom Amt für Land- und Wasserwirtschaft eingesetzt, der zusammen mit seiner Frau Edith jährlich 10 Monate auf der Hallig wohnt, für den Nationalpark Wattenmeer dessen Belange vertritt sowie auch die des Pächters Ernst-August Dethleffsen und nunmehr dessen Erben.

Nachdem der Pächter Ernst-August Dethleffsen 1995 verstarb, sind seine Erben in den langfristigen Pachtvertrag mit dem Land Schleswig-Holstein eingetreten.

Südfall ist heute eine **Vogelschutzhallig**. Das Betreten ist deshalb grundsätzlich nicht gestattet. Südfall liegt im Bereich der Zone II des Schutzgebietes des Nationalparks Schleswig-Holsteinisches Wattenmeer, grenzt jedoch im SO und – mit wenig Abstand – im SW an die Zone I, die absolute Ruhezone.

Die Hallig Südfall ist ca. 56 ha groß. Sie ist damit neben Habel (ca. 3 ha), Norderoog (ca. 10 ha ) und Süderoog (ca. 60 ha) eine der **kleinsten Halligen** unseres Nordfriesischen Wattenmeeres. Der Verwalter Robert Brauer bemüht sich mit großem Fleiß und viel Hingabe, die Hallig wieder zu einem Schmuckstück zu machen.

Das interessante Ergebnis: Küstenseeschwalben, Lach- und Silbermöwen und Austernfischer beherrschen zahlenmäßig die Hallig. Die Silbermöwen sind gefährliche Nesträuber, aber andere Vogelarten behaupten sich. Im Jahre 1996 hat der Bestand brütender Seevögel erheblich abgenommen, durch welche Ursachen auch immer.

Im Frühjahr fallen alljährlich Tausende von Ringelgänsen auf die Hallig ein. Sie vernichten die Grasnarbe völlig von Mitte Januar bis Mitte Mai. Nach einem „Kahlfraß", verlassen sie sodann die unwirtliche Hallig wieder und ziehen nach Norden in die Tundra Lapplands und Nordrussland.

Die Vegetation besteht aus salzwasserverträglichen Pflanzen, zum großen Teil aus Schlickgras (*Spartina townsendii*), Andelgras (*Pucinellia maritima*), Wattqueller (*Salicornia stricta*), weiter auf höher gelegenem Gelände aus Rotschwingel (*Festuca rubra*) und Straußgras (*Agrostis alba*). Besonders in diesen Gebieten finden sich auch Blütenpflanzen wie Grasnelke (*Armeria vulgaris*), Salzmiere (*Spergularia salina*) und vor allem die Bondestave (*statice limonium*). In den letzten Jahren ist vermehrt der blau-violett blühende Strandwiderstoß *(limonrium vulgare)*, auch „Strandflieder" genannt, zur größten Freude des Verwalterehepaares und der Besucher aufgetreten. Die Ursache sieht der Halligverwalter in der Reduzierung der Schafherde, kann aber auch mit der Intensität der Drainage zusammenhängen[394]. Dieser Strandflieder beherrschte früher das Halligbild.

Auf Südfall ist eine **Seenotbeobachtungsstelle** eingerichtet, die mit dem Seenotrettungskreuzer in ständiger Verbindung steht.

Die ganz besondere Bedeutung dieser Hallig liegt aber in ihrer **Küstenschutzfunktion**. Sie ist ein „Wellenbrecher" für die anlaufenden groben Seen. Die Uferbefestigung der Westseite ist besonders gefährdet und muss ständig unterhalten und häufig ausgebessert werden. Die Arbeit auf Südfall ist schwer, harte „Knochenarbeit". Nur wenige Hilfskräfte stehen dem Halligwart Robert Brauer zur Verfügung, die vom Amt für Land- und Wasserwirtschaft Husum gestellt werden. Ständig sind die Gräben und Grüppel auszukleien, ständig müssen die Steinmolen und Lahnungen ausgebessert werden, ständig müssen die Umzäunungen für die Schafe erneuert werden, ist doch etwa 20 bis 30 Mal jährlich „Landunter" auf Südfall. Starke Stürme bis Orkanstärke richten große Schäden an der Landoberfläche und den Befestigungseinrichtungen an.

Auch an dieser Stelle soll ein Wort zum **Suchen und Auffinden von Funden** auf dem Watt aus dem Mittelalter gesagt werden:

Das gesamte Gebiet des Nordfriesischen Wattenmeeres – nördlich von Sylt bis Eiderstedt, vom Festlandsufer bis zu den äußeren Inseln – ist ein gesetzlich ausgewiesenes Grabungsschutzgebiet[395]. In der Zone II des Nationalparks[396] sind Ausnahmen vom absoluten Verbot, das Gelände des Nationalparks zu betreten, festgelegt. Nach dem Denkmalschutzgesetz[397] ist das Sammeln, sogar das Suchen von Kulturdenkmalen – und dazu zählen alle mittelalterlichen Fundstücke – genehmigungspflichtig. Eine Genehmigung zum Sammeln und Suchen wird aber nur in ganz besonders gelagerten Fällen erteilt, zum Graben nach derartigen Exponaten nie. Wer ein Fundstück findet und mitnimmt, ist zur Abgabe an die nächste Gemeindebehörde oder Polizeidienststelle verpflichtet[398]. Verstöße werden durch Bußgelder geahndet. Derartige Bußgeldverfahren sind aus jüngster Vergangenheit bekannt. Jeder Fund geht darüber hinaus mit dem Entdecken in das Eigentum des Landes Schleswig-Holstein über[399]. Allen Findern von Fundstücken sei deshalb dringend angeraten, sich für den Fall eines möglicherweise bedeutenden Fundes mit den örtlichen Behörden – Gemeindevertretungen und Polizeistationen – unverzüglich in Verbindung zu setzen.

Wie das Sammeln von mittelalterlichen Fundstücken, so ist auch das Abpflücken von Halligpflanzen strengstens untersagt.

Südfall ist eine besonders einsame, eine außergewöhnlich schöne Hallig. Für Menschen mit einem Gespür für die Schönheiten unserer norddeutschen Heimat ist sie „schöner als jede Südseeinsel".

Für alle, die an der Geschichte des Nordfriesischen Wattenmeeres ein besonderes Interesse haben, liegt aber der besondere Reiz darin, dass man hier auf historischem Boden steht:

**Was einst Rungholt war, ist heute die aufgewachsene Hallig Südfall und ihre Umgebung rundherum.**

Rungholt ging am 16. Januar 1362 unter. Alle seiner Bewohner ertranken in den möderischen Fluten der *„Groten Mandränke"* – bis auf den Priester und die Jungfrauen, die zur Messe nach Bupschlut gegangen waren. Die Häuser wurden restlos zerstört.

Aber in den Jahren davor hat Rungholt als Handelsplatz eine nicht unbedeutende Rolle gespielt, eine immerhin so bedeutende, daß die Erinnerung an Rungholt bis heute wach geblieben ist.

# Anhang

## Die Rungholtsage nach Anton Heimreich[400]

„Unter allen diesen ertrunckenen örtern ist insonderheit benahmet der flecke Rungholt, von dessen verwüstung und untergang, wie auch künfftigem wolstande der gemeine mann beydes in vorigen und auch noch jetzigen zeiten viel wunderdinges erzehlet. Inmassen man berichtet, daß auff eine zeit etliche muthwillige gäste eine saw" (= Sau), „mit verlaub, sollen truncken gemachet und zu bette geleget haben, und darauff den prediger lassen ersuchen, er möchte ihrem krancken das Abendmal reichen, und sich dabey verschworen, daß, wenn er bey seiner ankunfft ihren willen nicht würde erfüllen, sie ihn in den graben stossen wolten. Wie aber der prediger das H. Sacrament nicht so grewlich wollen mißbrauchen, und sie sich untereinander besprochen: ob man nicht solte halten, was man geschworen? Und der prediger daraus leichtlich gemerket, daß sie nichts gutes mit ihm in sinne hätten, hat er sich stillschweigens davon gemacht. In dem er aber wieder heim gehen wollen, und ihm zwo gottlose buben, so im kruge gesessen, gesehen, haben sie sich beredet, daß so er nicht zu ihnen herein gehen würde, sie ihm die Haut wolten voll schlagen. Sein darauff zu ihm hinaus gegangen, haben ihn mit gewalt ins hauß gezogen, und gefraget, wo er gewesen? Und wie ers ihnen geklaget, wie man mit Gott und ihm habe geschimpffet, haben sie ihn gefraget, ob er das H. Sacrament bey sich hätte? und ihn gebeten, daß er sie dasselbe möchte zeigen. Darauff er ihnen die Büchse gegeben, darin das Sacrament gewesen, welche sie voll biers gegossen, und Gotteslästerlich gesprochen, daß so Gott darinnen sey, so müsse er auch mit ihnen sauffen, und wie der prediger auff sein freundliches anhalten die büchse wider bekommen, sey er damit zur kirchen gegangen, und habe GOTT angeruffen, daß er diese gottlose leute wolle straffen. Darauff er in der folgenden nacht sey gewarnet worden, daß er aus dem lande, so Gott verderben wolte, solte gehen, sey auch auffgestanden und davon gegangen, und habe sich alsobald ein ungestümer wind und hohes wasser erhaben, dadurch das gantze land Rungholt (oder wie andere melden, gantze sieben kirchspiele, worunter Rungholt das vornehmste gewesen) sey untergangen, und niemand davongekommen, als gemeldeter prediger und zwo (oder, wie andere setzen, seine magd und drey) jungfrawen, so den abend zuvor von Rungholt aus auff Bobschlut zur kirchmeß sein gegangen........"

## Die Rungholtsage nach den Annales Strandenses[401]

„Anno 1300. Sint im Strande undergegangen 28. Carspeln und ist domahls ock Rungholt versuncken, dar sint die Lude so Gottloß gewesen, dat se groth Auerthat und Mothwillen gedreuen, dat up einmall etliche geste bey einander gesethen, und mit Tuchten Zureden, Ein Soge druncken gemacket, und tho Bedde gelecht, und den prediger baden gesandt, dat dar eine krancke Minsche wehre, de begehrde dat sacramente, do de prediger darhen quam, und solches Sach, wolde he dem Schwine dat sacramente nicht geuen, sunder ging daruon, Alse he auerst tho Huß gingk, Sethen dar etliche in einem Kroge, de sprecken, Sue, dar kompt unse prediger, wo he nicht tho uns in kahmen will, so wille wie ehme in de Schlöthe stothen. Gingen darup henuth, Beden und nodigen ehm henin thokamen,frageden ehn Freundtlich wor he gewesen wehre, und do Idt de prediger ehnen verthellede, frageden se ehme offt he dat sacramente bey sich hedde, welches alse he idt beiagede, Beden Se ehm doch freundtlich, he muchte Idt ehnen sehen Lathen, de prester dede den Schrin up, und tögede ehn de Oblaten: darup frageden se ehn, offt Gott darin wehre, und sprecken, Iß Gott darine, So muth he mit uns drincken, und gothen den Nasch offte Schrin darin de Oblaten wehren voll Beer, do badt de prester umme gadeswillen so scholden ehme de Nasch wedder werden lathen, Auerst se frageden offt men dohn scholde, wente men Gott gelauet, de prediger gedachte bey sich suluest woll, dat se nicht veel gudes gelauet hedden, darumb schwech he stille und gingk daruon, darna auerst alse he tho Huß kompt, geiht he in de Kercke und schluth de dohr achter ehm tho, und bedede tho Gott dem allmechtigen, he wolde doch in diße Nodt sehen, Wat geschach deßuluige folgende Nacht, Ist eine Stemme tho dem prediger gekahmen, und gesecht, Papa stehe up und gehe uth dißem Lande, wente Gott will dith Landt verderuen. Lathen, deßuluigen dages darnah ist de prediger daruon gegangen, wo den ock euen darnah tho derßuluen tidt 4. Ricke Jungfruwen sich upgemacket und nach Bubschluthe tho Kerckemeße gegahn, und hefft sich darup alsoforth ein solch unwedder und Storm erhauen, dat am suluigen orde 7 Carspelln, darunter Rungholt dat Vernehmste gewesen, sint verdruncken und im solten water undergegangen, und sint ehrer nicht mehr mit dem Leuede daruon gekahmen als de gemelte prediger, und de 4. Ricke Jungkfruwen darnah eine geschlechte, alse Backe Boyens, und sinen Eruen von tho Bubschluthe auerlich ist".

## Die Rungholtsage in der „Panurgia Lamiarum" des Samuel Meier[402]

„Will auerst eine mercklike Historye hyrher setten / wo Godt der HEre vorachtinge synes Wordes vnde syner Dener gestraffet / de sick vast vmme den anfanck der gelutterden Euangeleschen warheit hyr im Lande an der Seekante hefft thogedragen. Idt hefft ein ryck Drunckenbolte vnd auermödich Man einen Prediger yegen den inuallenden auendt halen laten / dat he ehme scholde einen krancken im huse berichten / vnd eer de Prediger kümpt / leth he eine Söge int Bedde legen / darhenne wyset he den Prediger / do de quam. Nu geit he hen/

meint ydt sy ein krancke dar / richtet tho / vnde do he thosüth / licht eine Söge im Bedde / geit mit vngedult wech / beuelet den schimp / vnde bewysede auermodt / dem yennen / dem he anginck. Alse Moises ock tho synen halstarrigen Jöden sprack: Wat syn wy? Juwe murrent ys nicht wedder vns / sunder wedder den HEren. Also ys hyr ock gescheen / Wenthe he weth sick meisterliken an synen vyenden vnde verachteren tho wrekende / vnd js nicht allene düsse spötter vnd vorachter Gödtlikes Testamentes / sunder ein gantz klein ort Landes dorch de Floth vndergangen / vnde hefft de schüldige mit den vnschüldigen herholden möthen. Wowol thogelöuende / dewyle an dem orde vülle des Brodes vn aller dinge auerfloth gewesen / welckes denn eine anreitzinge tho der vorachtinge Gades vnd synes heilwerdigen Wordes ys / ydt werden des spotters gelike vele in dem Landeken gewesen syn / Noch hüden in düssen dach kan men seen de rudera vnde warteken der Kercken vnde Hoffstede / dar desüluigen auermödigen lüde gewanet hebben / daruth denn de Töuerschen vnd alle vorachter des hilligen Ministerij seen mögen / wo swär ydt sy / yegen den Prekel vththoslande“.[403]

## Eine Zusammenstellung der bekannten Sturmfluten an der Westküste Scheswig-Holsteins und der Elbe bis 1362[404]

| | | |
|---|---|---|
| ca. 120/115 v. Chr. | | Cimbernflut |
| 57/58 | n.Chr. | Friesland |
| 435 | | Friesland |
| 516 | | |
| 533 | | Friesland |
| 570 | | Friesland |
| 584 | | Friesland |
| 626 | | Friesland |
| 806 | St.Thomas-Flut | Friesland |
| 1008 | od. 1010 | |
| 1020 | | |
| 1066 | | (Butjadingen) |
| 1./2.11. | 1075 | |
| 1094 | | |
| 1102 | | |
| 1114 | od. 1117 | |
| 1158 | | |
| 16. 2. 1164 | | |
| 17. 2. 1164 | Julianenflut | |
| 1.11.1170 | 1. Allerheiligenflut | |
| 1173 | | |
| 1187 | | |
| 1196 | | |
| 1200[405] | | (Oldenburger Küste) |
| **1204**[406] | | |
| **1216**[407] | | |
| 17.11.1218[408] | | |
| 16.1.1219 | 1. Marcellusflut | |
| 1220 | | |
| 1221 | Lambertus-u.Matthiasflut | Friesland |
| 1222 | | Friesland |
| 1223 | | Friesland |
| 1224 | | Friesland |
| 1227 | | Friesland |
| **1230**[409] | | **Friesland** |
| 1233 | | Friesland |
| 1237 | | Friesland |
| 1242 | | Friesland |
| 1246 | | Friesland |
| 1248 | | Friesland |
| 1249 | | Friesland |
| 1250 | | Friesland |
| 1251 | | Friesland |
| 1251 | St.-Gereons-Flut | Friesland |
| 1263 | | Friesland |
| Jan. 1266 | | Friesland |
| 1273 | | Friesland |
| 25.12.1277 | 1.Weihnachtsflut | |
| 14.12.1287[410] | Luciaflut | Friesland |
| 1290 | | Friesland |
| **16.1.1300**[411] | | **Friesland** |
| **4.11.1300**[412] | | |
| **30.4.1313** | | |
| **1316** | | |
| **23.11.1334** | **Clemensflut** | |
| 1336 | St.-Simonsflut | Friesland |
| 1338[413] | | |
| 1341[414] | | |
| 1342 | | |
| **31.12.1354**[415] | | |
| **16. 1.1362** | **1. Grote Mandränke, 2. Marcellusflut** | |

# Anmerkungen

1 In vielen Fassungen des Gedichtes wird von einem Untergang vor 600 Jahren gesprochen, das ist eine „angepasste“ Version, denn es entstand vor 100 Jahren.
2 Woebcken, Das Land der Friesen und seine Geschichte, S. 283.
3 Andreas Busch, Liliencrons Dichtung und die Rungholt-Forschung, Sonderdruck aus „Die Heimat“, 1962, S. I.
4 Opitz, Die unser Schatz sind, S. 212 ff..
5 Hier sind sogar Fernsehaufnahmen im Rahmen einer Rungholt-Sendung gedreht worden. Diese Aufnahmen zeigen nicht das Rungholt-Gebiet. Die Landschaft nördlich von Pellworm ist fotogener – nur können diese Aufnahmen nicht auf Rungholt bezogen werden. Hinzu kommt, dass die Landschaft an dieser Stelle erst 1634 untergegangen ist.
6 A. Busch, Liliencrons Dichtung, 1962, S. III mit Fußnote 2.
7 Mit dem Titel : „Eine Abendfahrt um die Stadt Rungholt, welche zwischen Pellworm und Nordstrand im Meere versunken ist“, 4 Linolschnitte von Georg Lesser – Folkwang-Verlag in Hagen, 1921.
8 Tuul ist die friesische Bezeichnung für Salztorf.
9 Veröffentlicht in den „Uetersener Nachrichten“ vom 19./20. Februar 1994.
10 Die lateinische Niederschrift der Sage ist abgedruckt im Jahrbuch für die Landeskunde der Herzogtümer Schleswig, Holstein und Lauenburg, Bd. IV, Kiel 1861, S. 148 ff., ferner bei A. Busch, Die Rungholtsage und die Lagebestimmung, 1938, S. 21 f., Fußn. 1.
11 Matthias Boetius, *De cataclysmo Nordstrandico.* Herausgegeben von Otto Hartz, Neumünster 1940.
12 Boetius, S. 66 ff. ( Im Original Randnote 88 ff.).
13 Muuß, Rudolf, Rungholt, S. 43.
14 Busch, Die Rungholtsage und die Lagebestimmung nach Matz Paysen, 1938, S. 27 f..
15 Matz Paysen hat seine Vita selbst geschrieben, abgedruckt bei Leverkus, übersetzt von Schultze-Hasselmann, Biographie des Rektors und Kantors Matz Paysen zu Oldesloe 1659, Jahrb. d. Nordfr. Vereins 1938, S. 31.
16 Anton Heimreich ließ die „Nordfresische Chronik“ 1666 in Schleswig drucken. Zwei Jahre später folgte die vermehrte 2. Auflage „Ernewerte Nordfresische Chronik“, gedruckt in Tondern.
17 Die vollständige Fassung von Heimreich ist als Anhang I wiedergegeben.
18 So Otto Hartz, Die Rungholtsage, S. 80.
19 Albert A. Panten, 1000 Jahre Deichbau in Nordfriesland? S. 111.
20 Petersen / Rohde, Sturmflut, S. 59.
21 Die Karte von Franz Geerz „Alt-Nordstrand“ ist eine Illustration zu der Schrift „Geschichte der geographischen Vermessungen und der Landkarten Nordalbingiens vom Ende des 15. Jahrhunderts bis zum Jahre 1859“, Berlin 1859. Sie ist eine Rekonstruktion der historischen Topographie, jedoch erst 1887 angefertigt.
22 *Cod. ms. hist. 102,* S. 107, in der Staats- und Universitätsbibliothek Hamburg, Handschriftenabteilung. Von Busch u. a. in: Die Entdeckung der letzten Spuren Rungholts, 1923, S. 12, fälschlich als *Codex historiae Germaniae* bezeichnet. Auch die Bezeichnung des Fundortes als „Hamburger Bibliothek“ ist ungenau.
23 vgl. Skizze von Johannes Mejer um 1637, wiedergegeben bei Müller-Fischer, Alt-Nordstrand, Abb. 5, S. 72/73.
24 Der Wortlaut der *Panurgia Lamiarum* des Samuel Mejer – gedruckt 1587 in Hamburg – befindet sich bei Sax/Panten, Werke zur Geschichte Nordfrieslands, Band III, Einleitung S. XI.
25 Quellenangabe bei Busch, Die Rungholtsage und die Lagebestimmung nach Matz Paysen, 1938, S. 27.
26 Die *Annales Strandenses*: Universitätsbibliothek Kiel, Handschrift 222 A. Die jüngere Handschrift 222 f. bei Reimer Hansen, Quellensammlung der Ges. f. Gesch. v. Schl.-H., Bd.5, S. 32 ff., im Abdruck nach O. Hartz, wiedergegeben bei Busch, Die Rungholtsage und die Lagebestimmung, 1938, S. 28 f..
27 Die Jahreszahl 1300 findet sich mehrfach in der Literatur für die *1. Grote Mandränke.* Es dürfte sich dabei um eine vereinfachte Schreibweise handeln, etwa vergleichbar mit „13. Jahrhundert“. Die Jahreszahl 1362 als diejenige der *1. Groten Mandränke* dürfte nach fundierten Erkenntnissen authentisch sein.
28 Hartz, Rungholtsage, S. 85 rechts.
29 Knut Lorenzen ist 1634 gestorben.
30 Johannes Petreus (um 1540 bis 1603) war Pastor in Odenbüll auf Nordstrand. Er hat die beste Chronik über Nordstrand geschrieben: *„Ein korte Beschriving des Lendlins Nordstrand“,* gedruckt in „Johannes Petreus' Schriften über Nordstrand“, herausgegeben von Reimer Hansen, Kiel 1901.
31 Laurens Adsen, Pastor in Witzwort in Eiderstedt, schrieb die „Annalen von Eiderstedt, Everschop und Utholm“. Adsens Werk war eine lateinische Bearbeitung und Fortsetzung des *„Chronicon Eiderostadense vulgare“*, die älteste, niederdeutsch geschriebene Chronik Eiderstedts, die auf das 15. Jhdt. zurückgeht und durch den Dithmarscher Johann Russe von 1103 bis 1547 reicht. Sie ist insbesondere im 16. und 17 Jhdt. vielfach abgeschrieben und dabei bearbeitet worden.
32 Die Handschrift befindet sich in Kopenhagen. Reimer Hansen benutzte für seine Herausgabe die Abschrift der Kieler Universitätsbibliothek, S. H. 218.
33 So auch Albert A. Panten in der Einleitung zu den Schriften des Peter Sax, Werke zur Geschichte Nordfrieslands und Dithmarschens, S. X ff..
34 Panten, a.a.O., S. XII.
35 Panten, Deiche und Sturmfluten in der geschichtlichen Darstellung Nordfrieslands, S. 19.
36 Über den Kartographen Peter Sax wird noch ausführlich berichtet werden. Er hat mehrere historisierende Landkarten über die Rungholtgegend aus der Zeit vor 1362 gezeichnet.
37 Peter Sax, Werke zur Geschichte, Bd. VI, S. XIII.
38 Der hier kopierte Stammbaum stammt von einer direkten Nachfahrin und endet z. Zt. mit den Geburtseintragungen ihrer Kinder zwischen 1952 und 1959.
39 vgl. Sax, a.a.O., die Stammtafel – mit Kommentierung – befindet sich unter Nr. 53.
40 Sax, a.a.O., S. XIII.
41 Penningsmeister bedeutet Geldverwalter.
42 Sax, a.a.O., Bd. 6, S. 53.
43 Sax, a.a.O., S. XXIX.
44 Heimreich, Ernewerte Chronik, S. 143.
45 Panten in Peter Sax, Werke zur Geschichte, Bd. 6 S. XXIX.
46 deshalb der Wechsel des Nachnamens von Backe Boysen auf Friedrich Backsen, auf Backe Friedrichsen, auf Joh. Backsen. Das ging so lange, bis der Nachname kraft Dekret beibehalten werden musste. – Übrigens kann der Autor Henningsen seine Vorfahren bis zu einem Urahn mit dem Vornamen Henning zurückverfolgen.
47 Hansen, Chronik, S. 154/155 und 156.
48 Näheres hierzu bei Hansen, a.a.O., S. 155.
49 Hansen, a.a.O., S. 170.
50 Der Sohn des Fedder Jensen, nämlich Detlev Feddersen, führte ein Lilien-Stern-Wappen, das auf seinem Grabstein – Todesjahr 1684 – abgebildet ist, ein gleiches Wappen wie Tete Feddersen, was nach Karff, Nordstrand, S. 116f., auf seinen Ahnvater Broder Mumsen hinweist.

51 Panten, 1000 Jahre Deichbau?, S. 103 li.
52 vgl. die Schnittzeichnung der Geologischen Übersichtskarte der Bundesanstalt für Geowissenschaften und Rohstoffe 1 : 200 000 aus dem Jahre 1980, zu beziehen bei dem GeoCenter IHL Internationales Kartenhaus, Postf. 800830, 70508 Stuttgart.
53 Bantelmann, Geschichte Nordfrieslands, S. 15 ; ferner Meier, Frühe Deiche in Eiderstedt, S.20.
54 Schmidtke, Auf den Spuren der Eiszeit, S. 90 f.; ferner Hoffmann, Die erdgeschichtliche Entwicklung des Küstengebietes, S. 25.
55 Hoffmann, Kühn und Higelke, Siedlungsforschung, Archäologie-Geschichte Geographie 2, 1984, S. 165 – 185; ferner ausführlich: Higelke, Hoffmann und Müller-Wille, Das Norderhever-projekt.
56 Hoffmann, Die erdgeschichtliche Entwicklung des Küstengebietes, S. 25.
57 Berechnung bei Veenstra, Struktur und Dynamik des Wattenmeeres, In: Abrahamse u. a., Wattenmeer, S. 34.
58 eustatisch: durch Tektonik – den Bau der Erdkruste – räumlich verändert.
59 Dolder, Nordseeküste und Wattenmeer, S. 28 f.
60 Tauchert, Morphodynamik, S. 32; Müller-Fischer, Wasserwesen Band 7, Hydrographie, S. 253 ff, insbes. S. 255 u. 260: sicher sind 11 cm, S. 264: im Atlantik 90 cm; Petersen-Rohde, Sturmflut, S. 30; Petersen, Halligen, S. 36; Sönnichsen, Trutz, Blanke Hans, S. 19; Busch, Alte und neue Deichprofile, 1939, S. 8; Veenstra, Struktur und Dynamik, in Abrahamse u.a., Wattenmeer, S. 34 : 13 cm in den nördlichen Niederlanden.
61 Petersen-Rohde, a.a.O., S. 31; Sönnichsen, a.a.O., S. 19.
62 Fischer, a.a.O., S. 264.
63 Laskar, Jacques, Der Mond und die Stabilität der Erde, Spektrum der Wissenschaft, September 1993, 48ff., inbes. 50, beruhend auf Klimaforschungen durch den jugoslawischen Astronomen Milutin Milanković, vgl. Darstellung der drei Perioden auch bei Tilmans, Die „WELT“ vom 27. 8. 1997.
64 Dolder, Nordseeküste und Wattenmeer, S. 29 li.
65 Scherenberg, Rudolf, in: Historischer Küstenschutz, Deichbau, Inselschutz und Binnenentwässerung an Nord- und Ostsee, Deutscher Verband für Wasserwirtschaft und Kulturbau e. V., 1992, S. 405.
66 Jacob, Klaus, Erleichterung für die Alpen, S. 124.
67 Veenstra, Struktur und Dynamik, in: Abrahamse u. a., Wattenmeer, S. 32 re..
68 Kühn, Deiche des Mittelalters, S. 12; Leinfelder-Seyfried, Im Spiegel des Meeres, Bild der Wissenschaft, April 1993, S. 79; Petersen-Rohde, Sturmflut, S. 30; Menke, Viele Befunde und Überlegungen zum nacheiszeitlichen Meeresspiegelanstieg. In: Probleme der Küstenforschung, Band 11, S. 149; Hoffmann, Die erdgeschichtliche Entwicklung des Küstengebietes, S. 28.
69 Petersen-Rohde, Sturmflut, S. 30.
70 Schmidtke, Die Entstehung Schleswig-Holsteins, S. 125.
71 Ein maßstabgerechtes Modell des Unterelberaumes befindet sich in Wedel-Schulau. Es ist der Öffentlichkeit nicht zugänglich.
72 Nachricht in der Zeitschrift Focus vom 5. 8. 1996 Nr. 32/96, S. 12: „Meeresspiegelanstieg. Präzise Messungen, falsche Formel“.
73 Zitiert aus der Tageszeitung „WELT“, Nike Schwarz, „Computer errechnet die mögliche Sturmflut“, vom 19. 1. 1991.
74 Die „WELT“, Axel Tillemans, Ein Spiegelbild des heutigen Klimas, 27. 8. 1997.
75 Diatomeen sind Kieselalgen, einzellige braune Algen, häufig zu Kolonien vereinigt, mit über 10 000 Arten, vorhanden im Süßwasser, im Boden und auch als Schwebstoffe im Meer.
76 Detlefsen, Detlev, Geschichte der Elbmarschen, S. 26 f.
77 Heydemann-Müller-Karch, Biologischer Atlas, S. 71; ferner Joenje u. a., Flora der Vorländer und Dünen. In: Abrahamse u.a., Wattenmeer, S. 184 ff..
78 Joenje, a.a.O., S. 187, und Heydemann-Müller-Karch, a.a.O.
79 Joenje, a.a.O.
80 Hoffmann, Dietrich, Geolog. Untersuchungen S. 168, und Hans Joachim Kühn, Archäolog. Untersuchungen, S. 178. Beide in: Siedlungsforschung, Landschafts- und Siedlungsgeschichte.
81 Hoffmann, Dietrich, Landschafts- und Siedlungsgeschichte, Warum ging Rungholt unter? In: Der Vergangenheit auf der Spur, S. 48.
82 Heydemann-Müller-Karch, a. a. O.
83 Auf Sylt gibt es Dünen nach einem Bericht von Kielholt, der um 1436 in Leipzig studiert hat, erst seit etwa 500 Jahren – vor seinem Studium, vgl. Busch, Nachlass, S. 42.
84 Karff, Nordstrand, S. 10 f.
85 Karff, a.a.O., S. 10.
86 Karff, a.a.O.
87 Bantelmann, Geschichte Nordfrieslands, S. 19 re.
88 Vom Autor und seiner Frau im Jahre 1995 gesehen und ausgewertet.
89 Bantelmann, Geschichte Nordfrieslands, S. 22 re..
90 Bantelmann, a. a. O., S. 24; eine Skizze der Gräber aus der mittleren Steinzeit befindet sich auf Seite 25.
91 Bantelmann, a.a.O., S. 17.
92 Karff, a.a.O., S. 13.
93 Karff, a.a.O., S. 19; ferner Drenkhahn, Archäologische Forschungen zur Besiedlung der Marschen, S. 9.
94 Klose, Nordseegeschichte, S. 21.
95 Klose, Nordseegeschichte, S. 14; eine Beschreibung bei Bantelmann, Gesch. Nordfrieslands, S. 36 f.
96 Bantelmann, Geschichte Nordfrieslands, S. 44.
97 Bantelmann, a.a.O., S. 44.
98 Bantelmann, a.a.O.
99 Panten, Geschichte Nordfrieslands, S. 59.
100 so blumig und reißerisch ausgeschmückt bei Klose, Nordseegeschichte, S. 29 ff.; genauer über die Vernichtung von Dorestad durch die Wikinger bei Bantelmann, Vorgeschichte. In: Geschichte Nordfrieslands, S. 47.
101 Kramer, Johann, Kein Deich, kein Land, kein Leben, Geschichte des Küstenschutzes an der Nordsee, S. 27.
102 Kramer, a.a.O., S. 28.
103 Kühn, Landschafts- und Siedlungsgeschichte, 1984, S. 173.
104 Hinz, Hermann, Vorgeschichte des nordfriesischen Festlandes, 1954, S. 71.
105 Panten, a.a.O..
106 B. Sjölin, Friesen, Die Besiedlungsgeschichte Nordfrieslands. In: Reallexikon der Germanischen Altertumskunde, Band 10, S. 53.
107 Sjölin, a.a.O.
108 Sjölin, a.a.O.
109 Sjölin, a.a.O.
110 Kühn, Friesen, Frühmittelalterliche Besiedlung Nordfrieslands. In: Reallexikon der Germanischen Altertumskunde, Band 10, S. 54.
111 Kühn, a.a.O., S. 55 li.
112 Hinz, a.a.O., S. 74.
113 Hinz, a.a.O.
114 Lauridsen, P., *Historisk Tidskrift*, 6. Reihe, 4. Bd., S. 318 ff., zitiert bei Hinz, a.a.O.
115 La Baume, Zur Herkunft und Einwanderung der Nordfriesen, S. 12.
116 Panten, Albert, Die Geschichte Nordfrieslands, S. 60.
117 Panten, a.a.O., S. 62.
118 Kühn, Archäolog. Untersuchungen. In: Landschafts- und Siedlungsgeschichte, S.173 f.
119 Der Postbote Liermann aus Pellworm versorgte die Hallig Süderoog von Pellworm aus mit Postsendungen mit fast täglichen Fußmärschen. Seine Funde befinden sich in einer Privatsammlung im „Liermann-Museum“ auf Pellworm.
120 La Baume, a.a.O. S. 10ff.
121 Panten, Geschichte Nordfrieslands, S. 60 f.; sehr ausführlich auch bei Woebcken, Das Land der Friesen und seine Geschichte, S. 2 – 9.
122 Panten, a.a.O., S. 39.

123 Woebcken, a.a.O., S. 12.
124 Panten, a.a.O.
125 Müller, Wasserwesen, 1. Teil, Die Halligen, Band I, S. 157.
126 Bantelmann, Albert, Die Landschaftsentwicklung an der schleswig-holsteinischen Westküste, dargestellt am Beispiel Nordfrieslands, S. 40 f.
127 Bantelmann, a.a.O., vgl. seine Untersuchungen in Nordfriesland, insbes. Tofting und Elisenhof, beide bei Tönning gelegen.
128 Bantelmann, a.a.O., S. 41.
129 zitiert bei Bantelmann, a.a.O., S. 41 unter Hinweis auf Saxo Grammaticus 1839 und 1858.
130 Knudsen, Iven, Eiderstedter Chronik, 1588, kgl. Bibliothek Kopenhagen, Handschriftensammlung; ferner: Reimer Hansen, Iven Knudsens Karten von der Marsch, S. 134.
131 Sax, Peter, Werke zur Geschichte Nordfrieslands, Bd. III, S. 169 – 171.
132 Es ist allerdings die Zone 1 des Nationalparks zu beachten, in der das Betreten verboten ist.
133 Archäologisches Landesamt Schleswig-Holstein, Brockdorff-Rantzau-Straße 70, Schloss Annettenhöh, 24837 Schleswig, Telefon 06421-3870 (früher: Landesamt für Vor- und Frühgeschichte Schleswig-Holstein).
134 Natürlich gibt es wichtige Ausnahmen. Das zu beurteilen ist aber ausschließlich Angelegenheit des o. g. Landesamtes.
135 Müller-Wille, Michael, Bodo Higelke, Dietrich Hoffmann, Burkhard Menke, Klaus Bokelmann und Hans Joachim Kühn, Das Norderhever-Projekt; ferner (Auszug): Higelke, Hoffmann und Kühn, Landschafts- und Siedlungsgeschichte, S. 165 – 185.
136 Holozän ist die Nacheiszeit.
137 Pleistozän heißt die Periode aller Eiszeiten.
138 Die Berechnung nach den Eismengen auf der Nordhalbkugel unserer Erde aus den gebundenen Wassermassen ist eine Hochrechnung. Funde auf dem Grund der Nordsee, wie aus der Endperiode der – letzten – Weichseleiszeit, sind nicht vorhanden.
139 NN = Normalnull gibt die Wasserlinie zur Zeit des mittleren Spring-Niedrigwassers an. Ein Pegel, der diese Höhe anzeigt, steht in Amsterdam.
140 Seegaten sind breite, tiefe Wasserrinnen durch das Wattenmeer, die Hauptströme aus der offenen See in das Wattgebiet. Sie haben Tiefen bis zu 25 m, so auch die Norderhever in Richtung vom offenen Meer an Pellworm, Nordstrandischmoor und der Hamburger Hallig vorbei in Richtung auf das Festland bei Ockholm, so auch die Hever aus dem offenen Meer, an Eiderstedt, Südfall und Nordstrand vorbei nach Husum.
141 Es gibt mehrere *„Grote Mandränken"*, so z. B. 1362 und 1634. Sie werden noch ausführlich behandelt werden. Aber auch andere schwere Sturmfluten haben starke Landverluste verursacht.
142 Dittmer, Das nordfriesische Eem – Ein Beitrag zur Geschichte der junginterglazialen Nordsee, 1941. In: Kieler Meeresforschungen 5, S. 169 – 199. Ferner Dittmer, Die nacheiszeitliche Entwicklung der schl.-holst. Westküste, 1952, Meyniana 1, S. 141.
143 Simon, Der voralluviale Untergrund des nordfriesischen Wattenmeeres. Kieler Meeresforschungen 5, 1941, S. 146 – 168.
144 Ernst, Der Schichtenaufbau und die Entwicklungsgeschichte des Wattgebietes zwischen dem nordfriesischen Festland bei Bongsiel und der Insel Pellworm, unveröffentlicht, Husum. Zitat bei Hoffmann, Landschafts- und Siedlungsgeschichte, Geolog. Untersuchungen, S. 166.
145 Hoffmann, Dietrich, Landschafts- und Siedlungsgeschichte. In: Der Vergangenheit auf der Spur, S. 56.
146 Hoffmann, Dietrich, Landschafts- und Siedlungsgeschichte, Geolog. Untersuchungen, S. 171.
147 Hoffmann, a.a.O.
148 Klei ist ein fetter, tonhaltiger Marschboden.
149 Seekarte Nr. 3013 Blatt 12.
150 Ebbe ist die Zeit zwischen Hoch- und Niedrigwasser, es ist ablaufendes Wasser. Flut ist die Zeit zwischen Niedrig- und Hochwasser. Tide ist die Zeit von einem bis zum nächsten Niedrigwasser.
151 In der Seekarte ist der Sand mit „–2 m" bezeichnet, also einem Minuszeichen vor der Zahl. Seekarten geben die Tiefe des Meeresgrundes bei mittlerem Spring-Niedrigwasser ohne ein Vorzeichen an. Je höher die Zahlen, je tiefer der Untergrund. Ist der Grund aber höher als NN, ist er mit einem Minuszeichen versehen, weil Minus mal Minus ein Plus ergibt.
152 Springzeit ist die Zeit, in der Mond und Sonne in Konjunktion stehen, wodurch die Anziehungskraft des Mondes auf das Wasser durch die der Sonne verstärkt wird. Es tritt dann ein etwa 30 cm höherer Wasserstand ein. Sie dauert etwa drei Tage, beginnend unmittelbar nach Vollmond und nach Neumond. Nippzeit ist die Zeit, in der die Anziehungskraft des Mondes und die der Sonne nicht kumulieren. Der Wasserstand zur Hochwasserzeit ist entsprechend niedriger.
153 Die Bezeichnung „Watvögel" kommt von Waten, langsam schreiten, nicht von „Watt".
154 Taubert, Morphologie, S. 166.
155 Taubert, S. 167.
156 Mrozek 1980, Quellenangabe bei Taubert, S. 170.
157 Taubert, S. 171.
158 Taubert, S. 171 und 186.
159 Taubert, S. 169, Abb. 63, und S. 167.
160 Laur, Wolfgang, Historisches Ortsnamenlexikon von Schl.- Holst., Arbeitsgemeinschaft für Landes- und Volkstumsforschung Schleswig, 1967.
161 Panten/Sax, Werke der Geschichte Nordfrieslands und Dithmarschens, Band IV, S. 40 f. (bei Sax im Original: XXII, S. 25).
162 Heimreich, Nordfresische Chronik, Ausgabe Falck, Tondern 1819, S. 79.
163 Königliche Bibliothek Kopenhagen, Ny kgl. Saml. 875 c.
164 Lauridsen, Der Kartograph Johannes Mejer, S. 98, wo die Liste von Bockholt *„Praepositura Eyderstede in Nordfreszlandt"* abgedruckt ist. Johannes II. Bockholt war von 1309 bis 1322 Bischof in Schleswig, vgl. S. 96. Auch die Schreibweisen „Heuerschoff" und „Euerschop" sind bekannt, vgl. Hansen, Beiträge zur Geschichte pp., S. 73.
165 Panten, 1000 Jahre Deichbau in Nordfriesland?, S. 100 li. Sp.
166 Panten, a.a.O.,
167 Eine Bittschrift um Steuererlass wurde 1638 erstellt, vgl. Reinhardt u.a., Die erschreckliche Wasser-Fluth 1634, S. 86 ff.. Dort werden die Ausmaße der Flutkatastrophe anhand von Kirchentaxationen von Panten ausführlich geschildert, vgl. das Vorwort von Schmidt-Eppendorf, S. 63 f.
168 Müller-Fischer, Wasserwesen, Alt-Nordstrand, S. 68, Abb.4.
169 auch Heverdam geschrieben.
170 So auf den Karten von Jan Berentz von 1633 – vgl. Müller-Fischer, Wasserwesen, Alt-Nordstrand, Abb. 4, S. 68/69 – und 1637 – vgl. Kuenz, Nordstrand nach 1634, S.110.
171 So auf der Karte von Geerz, abgedruckt u.a. bei Petersen-Rohde, Sturmflut, S. 42.
172 Der Schleswiger Bischof Nicolaus Brun war von 1350 bis 1367 im Amt. Die Liste diente zum Nachweis für Mindereinnahmen aus den Kirchspielen gegenüber der kirchlichen Obrigkeit.
173 Carl Woebcken, Deiche und Sturmfluten an der deutschen Nordseeküste, Friesen-Verlag A.G., Bremen-Wilhelmshaven, 1924, abgedruckt in großen Auszügen bei Busch, Neue Gesichtspunkte zur Kartographie des mittelalterlichen Nordfriesland, 1936, S. 12 ff.
174 Busch, Neue Gesichtspunkte zur Kartographie, siehe vorige Fußnote.
175 aufgezeigt bei Reimer Hansen, Die Chronisten vor Peter Sax, S. 177, wo er

auf das Zitat bei Adsen Nr. 37 verweist. Laurentius Adsen ist 1550 geboren und 1603 gestorben.

176 Müller-Fischer, Alt-Nordstrand, S. 35.

177 Die Abbildung befindet sich auch bei Reinhardt, Die erschreckliche Wasser-Fluth 1634, S. 29.

178 zitiert bei Reimer Hansen, a.a.O., aus der Chronik von Iver Ivens von 1620, S. 207. Er lebte Ende des 16. u. Anfang des 17. Jhdts. Seine Chronik ist auf die Aufzeichnungen von Laurentius Adsen zurückzuführen. Adsen hat eine (ungedruckte) Schrift über die Geschichte Eiderstedts hinterlassen, von der keine Abschrift erhalten zu sein scheint, die *Annales Eiderostadenses*, vgl. Reimer Hansen, Die eiderstedtischen Chronisten vor Peter Sax, Zeitschr. f. Schl.-Holst Gesch. Bd. 25, S.174 u. 207.

179 gemeint ist offenbar 1362, ein Irrtum in der Jahreszahl, der sich mehrfach bei den Chronisten eingeschlichen hat.

180 Reimer Hansen, a.a.O., zitiert Iver Ivens auf S. 207.

181 Reimer Hansen zitiert die Anekdote auf lateinisch und zwar aus den *Annales* von Laurentius Adsen, a.a.O., S. 177, bei jenem die Nr. 20; vgl. auch Heimreich, Nordfresische Chronik, Ausgabe Falck, Tondern 1819, S. 79.

182 Ein Weberbaum ist eine dicke hölzerne Walze des Webstuhles. Die Hever war so schmal, dass sie mit einem Weberbaum überquert werden konnte.

183 Carl Woebcken, zitiert bei A. Busch, Neue Gesichtspunkte zur Kartographie, 1939, S. 13.

184 Sax, Werke zur Geschichte Nordfrieslands, Bd 1, S. 64 f., Stichwort „Hever".

185 Sax, a.a.O., S. 65.

186 Sax, a.a.O., S. 69.

187 Sax, a.a.O., S. 70. Es war allerdings das Jahr 1362 gemeint. Über diese Unkorrektheit in der Jahresdatierung wird im Band II ausführlich berichtet werden.

188 Sax, a.a.O., S. 71.

189 Deuqua '92 vom 12. – 21. September 1992 in Kiel, nicht veröffentlicher Exkursionsführer der Deutschen Quartärvereinigung

190 Panten, Albert, 1000 Jahre Deichbau in Nordfriesland?, S. 63 ff..

191 Deuqua '92, a.a.O.,S. 73.

192 Dieser südliche Teil des Fallstiefs wird auch „Süderhever" genannt, vgl. Dirk Meier, Frühe Deiche, S. 23. Die Bezeichnung „Süderhever" ist nicht glücklich, weil ein heutiger Mündungsarm des Heverstromes etwa in Höhe von St. Peter-Ording als Süderhever bezeichnet wird. Es soll hier bei der Bezeichnung „Alte Hever" auch im Bereich des heutigen Eiderstedt verbleiben.

193 Dirk Meier, Frühe Deiche, S. 25 und S. 30; ferner ders., Archäologie in den Nordseemarschen, S. 75.

194 vgl. die umfangreichen Darstellungen bei Albert Panten, 1000 Jahre Deichbau in Nordfriesland?, S. 63 ff.

195 eine ausführliche Aufzählung der bekannten Sturmfluten bei Petersen/ Rohde, Sturmflut, S. 141–144.

196 Higelke, Hoffmann, Müller-Wille, Norderhever-Projekt, S. 247; so schon ansatzweise Bantelmann, Landschaftsentwicklung, S. 8.

197 Peter Sax „Eine historische Beschreibung der Landen Eyderstett, Everschop, und Utholm". In: Sax, Werke z. Gesch., Bd. 2, S. 76 ff.; vgl. Panten, 1000 Jahre Deichbau in Nordfriesland?, S. 63 f.

198 zitiert bei Panten, 1000 Jahre Deichbau in Nordfriesland?, S. 70 ff.

199 zitiert bei Panten, a.a.O., S. 66 ff.

200 Panten, a.a.O., S. 63.

201 Panten, a.a.O.; Prange, Die Bedeichungsgeschichte, S. 24 f.

202 Prange, Die Bedeichungsgeschichte, S. 25.

203 Dies alles ausführlich durch die Arbeitsgemeinschaft Deuqua '92, Grube u.a., S. 73; ferner genauso ausführlich bei Albert Panten, 1000 Jahre Deichbau in Nordfriesland?, S. 63 ff.

204 Prange, a.a.O., und Deuqua, a.a.O.

205 Prange, a.a.O., S. 24.

206 Dirk Meier, Frühe Deiche, S. 23; Prange, S. 24.

207 Meier, a.a.O., S. 27.

208 Meier, a.a.O., S. 28.

209 Das Wort „Steert" kommt aus dem Niederdeutschen und bedeutet Schwanz, Fortsatz, Steiß.

210 Im Staatsarchiv zu Kiel ist unter A XX Nr. 3605, Beilagen zur Gottorfer Rentenkammer- Rechnungen von 1635, eine ausführliche Rechnung zu finden, worin er schreibt: „anno 1633 den Schlick undt Anwaß von Rungholt gemessen, davon die Carte und Register I F.G. ich angeliefert, daran verdient 750 Mark, Johan Berendts".

211 Müller-Fischer, Wasserwesen, 1. Teil: Die Halligen, Band 1, S. 218.

212 Kuenz, Nordstrand nach 1634, S. 109.

213 Littus = Strand, Meeresufer.

214 Busch, Neue Gesichtspunkte der Kartographie, 1936, S. 32.

215 Möglicherweise bricht das Dwarsloch hier später einmal zur Fuhlen Schlot durch, vgl. Taubert, Morphodynamik, Eventualfall 1, S. 239.

216 Im Plattdeutschen = Niederdeutschen ist z. B. der Name „Dwarslöper" – also Querläufer – die Bezeichnung für die Krebse, und Krebse laufen bekanntlich seitlich.

217 vgl. Rummelloch, eine Rinne westlich und nördlich bis östlich um Pellworm herum, ferner Mühlenberger Loch und Kartoffelloch, beide bezeichnen Rinnen in der Unterelbe.

218 Hoffmann, Die erdgeschichtliche Entwicklung des Küstengebietes, S. 31.

219 Prof. Dr. Hans Peter Duerr, ord. Prof. an der Universität Bremen für Ethnologie und Kulturgeschichte.

220 Duerr: „Das Material stammt aus der Zeit von 1700 plus/minus 20 Jahre" (Spiegel 1994 Nr. 51, S. 184), das habe die Leitung des Husumer Nissenhauses gekannt, aber versucht zu verschleiern. Nachdem Duerr eine C-14-Bestimmung im Kieler Universitäts-Institut für Kernphysik hatte durchführen lassen, hat er seinen Irrtum zugegeben in einer Pressemitteilung: „. . . stammt mit großer Wahrscheinlichkeit aus dem 12. oder 13. Jahrhundert. Somit ist es auch nicht unwahrscheinlich, dass die Schleuse selber vor 1362 in den Deich eingefügt wurde" (in mehreren Tageszeitungen zitiert) und „Es bedeutet nichts weniger als die Rehabilitierung der ältesten Karten des Rungholtgebietes, vor allem der Handzeichnungen des Kgl. Geographen Johannes Mejer vom Jahre 1636" („Husumer Nachrichten" vom 17. 3. 1995, S. 13). Duerr hat in einem ausführlichen Interview in Bezug zu seinen Behauptungen über Rungholt erklärt, es sei durchaus normal, dass Wissenschaftler sich irren könnten (Facts, März 1996 S. 104).

221 C-14-Untersuchungen nach der Radio-Karbon-Methode sind ein Verfahren zur Altersbestimmung geologischer und historischer Gegenstände aus ehemals organischem Stoff – Holz, Kohle u. dergl. – durch Ermittlung ihres Gehaltes an radioaktivem Kohlenstoff (Kohlenstoffmethode). Dieser stammt aus dem Kohlendioxyd der Luft und verringert sich im Laufe der Zeit gesetzmäßig durch radioaktiven Zerfall.

222 im nördlichen Nordfriesland war Alt-List ein bedeutender Handelshafen.

223 Weitere Literatur zu Idrisi: Erich Caspar, Roger II und die Gründung der normannisch-sizilischen Monarchie, Darmstadt, Wissenschaftliche Buchgesellschaft, S. 448 ff.

224 Ludwig Andresen, Der arabische Geograph Idrisi und die kimbrische Halbinsel. In: „Die Heimat" 1934, Jahrgang 44, S. 288 ff.

225 Konrad Miller, *Mappae Arabicae*, S. 61; vgl. auch über Idrisi die Quellenangaben bei Andresen, a.a.O.

226 Sie wurde laut R. Ekblom, Idrisi und die Ortsnamen der Ostseeländer. In: *Namn och Bygd, Tydskrift för nordisk ortsnamnforskning*, Jahrgang 19, Lund 1931, S. 11 und 85, umgezeichnet, nämlich wurde die Himmelsrichtung um-

gedreht – auf dem Original liegt der Norden unten – und wurde die arabische Beschriftung ersetzt.

227 Ekblom, a.a.O., S. 27; ferner Tallgreen, Idrisi, *La Finlande et les autres pays baltiques orientaux*, Helsingfors 1930, S. 111.

228 Nach anderen Abschriften auch Ulsyla, Ulbsylh, Unsylh, Ulslh oder auch Adasila, adbasia, sila geschrieben.

229 Die Übersetzung bei Andresen, a.a.O., ist falsch, mindestens nicht exakt. Andresen übersetzt: „eine unbedeutende, aber volkreiche Stadt mit Markt und Gebäuden".

230 Andresen, S. 291.

231 so Duerr, Universität Bremen, in seinen Seminaren über „Die untergegangenen Kirchspiele der Edomsharde".

232 abgedruckt bei Peter Sax, Werke zur Geschichte Nordfrieslands, herausgegeben von Albert Panten, Band IV, Seite 52 f., und u. a. bei Busch, Rungholtkarten, 1969, S. 5.

233 Emil Bruhn, Der Stammbaum des Chronisten Peter Sax auf Drandersum, S. 186. Ausführlicher wird berichtet bei Opitz, Die unser Schatz und Reichtum sind, S. 32 ff., und bei Emil Bruhn in dem Vorwort des Herausgebers zu Peter Sax, Werke zur Geschichte, Band III, S. I ff..

234 Ratmänner gab es in Eiderstedt zwölf. Sie hatten bei Gerichtsentscheidungen neben dem Staller die Entscheidungen zu fällen und mussten deshalb im Landrecht und im Rechnungswesen geübt sein.

235 Reimer Hansen in der Einleitung zu Sax, Werke zur Geschichte Nordfrieslands Bd III, S. VII.

236 Busch, Rungholtkarten, 1969, S. 4, Fußnote 3.

237 Laur, Wolfgang, Historisches Ortsnamenlexikon, Stichwort „Rungholt", S. 559.

238 Busch, Über *Clades Rungholtina*, 1952, S. 7 irrt, wenn er statt *agger* = Deich das Wort *agge* liest und es mit den Worten Sielzug und Wattenstrombetten übersetzt.

239 so Busch, Rungholtkarten, 1969, S. 4

240 vermutlich nicht in einem Jahr, sondern um jenes Jahr oder sogar in jenem Jahrhundert.

241 Die Größenangaben sind in den einzelnen Regionen unterschiedlich. Im Amt Tondern ist 1 Demat nur ca. 0,49264 ha groß, im Amt Husum ca. 0,49363, in Eiderstedt ca. 0,49252 und auf den Halligen 0,96700 ha, vgl. Lorenzen-Schmidt, Lexikon alter schleswig-holsteinischer Gewichte, Maße und Währungseinheiten, S.14 f.

242 Selbst wenn man die Umrechnungsart von Tondern, Husum oder Eiderstedt zugrunde legen würde, ergäben sich 5000 ha, also ca. 7,5 km in jeder Richtung.

243 Peter Sax, herausgegeben von Albert Panten, Werke zur Geschichte Nordfrieslands, Band IV, S. 54 f.

244 Sax-Panten, a.a.O., S. 64 f.

245 Husumer Nachrichten am 19. Juni 1996 über Aussprüche damit befasster Wissenschaftler.

246 Diese Steuerlisten werden im Abschnitt über den Untergang von Rungholt ausführlich behandelt.

247 Müller, Wasserwesen, 1. Teil: Die Halligen, Band I, S. 176.

248 Petersen-Rohde, Sturmflut, S. 34 re.

249 P. Lauridsen, Der Kartograph Johannes Mejer, S. 21 bis 125. Übersetzt wurde diese Abhandlung ins Deutsche von Amtsgerichtsrat Jürgensen.

250 Reimer Witt, Die Anfänge der Kartographie, S. 82 bis 92.

251 Der Meister Joh. Melchior Kraft schreibt in „Zweihundertjähriges Gedächtniß", Hamburg 1723, dass J. M. im Oktober 1606 geboren sei. Mejer selbst schreibt in einem Gesuch an Christian V. im Jahre 1672, er sei im „hohen Alter von 64 Jahren" – danach müsste er 1608 geboren sein.

252 Es sind Mutmaßungen angestellt worden, wer dieser vorbeireisende, angesehene Däne gewesen sein könnte, vgl. Lauridsen, a.a.O., S, 23, Fußnote 1.

253 Lauridsen, a.a.O., S. 40.

254 Lauridsen, a.a.O., S. 39 f.

255 Lauridsen, a.a.O., S. 92.

256 Beim Kupferstich werden mit einem Grabstichel oder einer kalten Nadel in die glatt polierte Oberfläche des Kupfers Furchen eingegraben, die beim Abdruck der mit Druckerschwärze eingeriebenen Platten je nach Tiefe und Breite der Furchen kräftigere oder zartere Linien ergeben.

257 Rotguss ist eine Kupferlegierung mit nicht über 20 % Zink und Zinn.

258 Ein Neudruck erschien 1963 in Hamburg.

259 Witt, Die Anfänge der Kartographie, S. 92.

260 Danckwerthsche Chronik, 1666, Landesbeschreibung S. 93.

261 so auch Lauridsen, Der Kartograph J. Mejer, S. 108; ferner Geerz, Geschichte der Vermessungen,
1859, S. 40.

262 Panten, 1000 Jahre Deichbau?, S. 74 li.

263 Panten, a.a.O., S. 75 li.

264 Busch, Nachlass, S. 62 f.

265 Higelke, Bodo. In: Dietrich Hoffmann, Landschafts- und Siedlungsgeschichte. In Der Vergangenheit auf der Spur, S. 55.

266 H. H. bedeutet *„Homo Husumensis"*. Er bezeichnet sich also als einen „echten" Husumer.

267 Wegen der unmittelbar darauf 1634 erfolgten Sturmflut mit verheerenden Folgen unterblieb die Ausführung dieser Bedeichungspläne.

268 Albert A. Panten in seinen Vorträgen über Rungholt. So auch Busch, Rungholtkarten, 1969, S. 4.

269 1 Rute = 16 Fuß, das entspricht (in Eiderstedt und Husum) etwa 4,7 m.

270 Es war modern, sich einen latinisierten Namen zu geben. Wir würden schlicht sagen: Johannes Peters.

271 Kieler Universitätsbibliothek, S.H. 222 A, Nachzeichnung 1620 – 1633.

272 Reimer Witt, Die Anfänge der Kartographie, S. 72.

273 abgedruckt bei Reimer Hansen, Beiträge zur Geschichte und Geographie Nordfrieslands im Mittelalter, S. 82 ff..

274 z. T. auch Wittmaak geschrieben oder Wittemark.

275 Andreas Busch, Was alles vor der Entdeckung des Rungholt-Watts bei der Hallig Südfall gesehen worden ist, 1938, S. 16.

276 Franz Geerz, Geschichte der geographischen Vermessungen, S. 40.

277 Boetius ist die latinisierte Fassung des norddeutschen Namens Boy, also heißt er schlicht Matz Boysen.

278 Boetius, *„De Cataclysmo Nordstrandico"*, S. 66.

279 Boetius, Drei Bücher über Denkwürdigkeiten, Übersetzung von Schmidt-Petersen, S. 22.

280 Boetius, a.a.O., S. 23.

281 Boetius, a.a.O., S. 24.

282 Boetius, a.a.O.

283 Boetius, a.a.O.

284 Gemeint ist die von 1362, wie aus dem davorstehenden Text hervorgeht.

285 Sax, Peter, *Descriptio Insulae Nordstrandiae.* In: Werke z. Gesch., Bd. III, S. 6.

286 Peter Sax, Werke zur Geschichte Nordfrieslands, Band II, S. 151 f.

287 Bereits mehrfach erfolgte schon der Hinweis, dass es sich bei der Jahreszahl um einen Fehler handeln muss, der entweder aus Unkenntnis oder falscher Überlieferung oder durch ein entstellendes Kürzel entstanden ist und sich immer weiter in der Literatur durch Verwerten älterer Chroniken erhält.

288 Peter Sax, a.a.O., S. 155 f.

289 Peter Sax, a.a.O.

290 Reimer Hansen führt sie in seiner Schrift „Die Eiderstedter Chronisten vor Peter Sax" auf, S.174.

291 Anton Heimreich, Nordfresische Chronik, S. 240.

292 Anton Heimreich, a.a.O., S. 247 ff.

293 Schmidt-Petersen, Nordfriesland, Auszug aus Danckwarths Chronik, S. 103.

294 Müller-Fischer, Wasserwesen, Atlas Tafel XXIII.

295 Busch, Was alles vor der Entdeckung des Rungholt-Watts bei der Hallig Südfall gesehen worden ist, 1938, S. 13.
296 Busch, a.a.O.
297 Busch, a.a.O., S 14.
298 Busch, a.a.O., S. 15.
299 Für „Quiddjes" – Hochdeutsche – übersetzt: „Das alte Zeug taugt nichts".
300 Grüppel sind schmale Entwässerungsgräben, auch Grüppen genannt.
301 Schwengel = Pumpenhebel.
302 Natürlich ist aus diesen spärlichen Angaben keine zeitliche Einordnung des Fundes möglich. Die Hallig Südfall war seit mehreren Jahrhunderten bewohnt. Holz kann, wenn es im Salzwasser liegt, über Jahrhunderte konserviert und damit erhalten bleiben. Die Beschreibung, dass das Holz so mürbe war, dass es zerrieben werden konnte, spricht für schlechte Konservierung oder ein hohes Alter.
303 Es gibt die Schreibweisen „Warft", „Werft", „Warf" und „Werf". Hier soll einheitlich von „Warft" gesprochen werden, wie es wohl der moderneren, heutzutage gängigen Schreibweise entspricht.
304 Busch, a.a.O., S. 15.
305 Busch, a.a.O., S. 16.
306 Busch, Wie es bei der Entdeckung des Rungholt-Watts in Wirklichkeit herging, 1934, S. 287.
307 Auf Nordstrand gibt es den Ort „England", der mit der britischen Insel nichts zu tun hat. Es ist das „enge Land", d. h. schmale Felder.
308 „Aus dem Nachlaß von Andreas Busch", herausgegeben von seinen sechs Kindern, dort seine „Autobiographie bis 1918", S. 13 f.
309 Seine Tochter Else Schultze-Hasselmann in Schobüll verwahrt noch eine Vielzahl von handschriftlichen Aufsätzen und Notizen, die noch unveröffentlicht sind.
310 Busch, Wie es bei der Entdeckung des Rungholt-Watts in Wirklichkeit herging, 1934, S. 287.
311 etwas ausführlicher: Else Schultze-Hasselmann, Heimatkalender Zwischen Eider und Wiedau 1997, Vor 75 Jahren hat der Heimatforscher Andreas Busch die Spuren von Rungholt entdeckt, S. 132 ff.
312 Busch, a.a.O.
313 Sodringe sind Brunnenringe, die aus Grassoden gebaut sind.
314 Piepgrüppel sind kleine, schmale Entwässerungsgräben.
315 Busch, Die Entdeckung der letzten Spuren Rungholts, 1923, S. 16 ff.
316 Korrekt handelt es sich hier um Torf, der in Gräben eingebracht worden ist. Darüber wird später noch ausführlich berichtet.
317 Busch, a.a.O., S. 18.
318 Theodor Möller, Eine Fahrt nach Rungholt, S. 413.
319 Gredesoden sind Grassoden aus einem bisher ungepflügten Land.
320 Dauben sind die Seitenbretter eines Fasses.
321 „Graft" (holländisch besser bekannt als „Gracht") ist ein breiter Graben.
322 Busch, a.a.O., S. 20.
323 *Emissarium* = Abzugskanal.
324 *Agger* = Damm, Deich, Uferböschung, Ufer.
325 Hierin steckt die Ortsbezeichnung Rip, also der Weg oder das Ufer nach Fedderingman Capell vel Rip.
326 Ein Hinweis auf den Ort Halgenes.
327 Das Große Siel wird identisch sein mit dem 1493 gebauten Siel, hat dann also mit dem auf der *Clades Rungholtina* nichts zu tun. Mejer hat dort für die Zeit vor 1362 schon ein Siel eingezeichnet, wo später ein solches gebaut wurde.
328 Aufbewahrt im Archäologischen Landesamt, ein schwarz-weiß Diapositiv aus einer Privatsammlung.
329 Dendrochronologie ist die wissenschaftliche Jahresbestimmung nach Auszählung und Auswertung der Jahresringe in vorgefundenen Holzteilen, eine erstaunlich genaue, exakte Methode, die allerdings voraussetzt, dass Holzteile aus der zu prüfenden – recht weit zu fassenden – Region zum Vergleich zur Verfügung stehen.
330 Radiokarbonmethode, auch C 14-Methode genannt, ist ein Verfahren zur Altersbestimmung ehemals organischer Stoffe durch Ermittlung ihres Gehaltes an radioaktivem Kohlenstoff, der nach einer mathematischen Formel zerfällt.
331 Thermolumineszenz ist eine Methode der Altersbestimmung, bei der durch Erwärmen bestimmter Stoffe, z. B. Keramik, am Aufleuchten einer charakteristischen Farbe das Alter des Bearbeitungsvorganges ermittelt werden kann. Die Zuverlässigkeit ist umstritten.
332 Busch, a.a.O., S. 25 ff.
333 Busch, Neue Beobachtungen, 1936, S. 1.
334 Busch, Ein Rückblick, 1966, S. 357.
335 Fennen sind lang gestreckte Felder zwischen Grüppeln oder Gräben.
336 *Codex manuscriptus historiae 102,* S. 107, vgl. Fußn. 22.
337 bisher – soweit bekannt – nicht veröffentlicht, sondern nur in Vorträgen dargelegt.
338 Busch, a.a.O.
339 Busch, Die heutige Hallig Südfall und die letzten Spuren Rungholts, 1957, S. 4.
340 Eine exakte Untersuchung der im Nissenhaus verwahrten Scherben dieser Warften mit den heute möglichen technischen Datierungsmöglichkeiten würde diese Frage klären. Hans Joachim Kühn hält nach einer visuellen Betrachtung eine Datierung auf das 15. und 17. Jhdt. für nicht sicher.
341 Hansen, Die Halliggräfin von Südfall, S. 16 ff.
342 Busch, Die heutige Hallig und die letzten Spuren, 1957, S. 5; ferner Busch, Über *Clades Rungholtina*, 1952, S. 8, Fußn 2.
343 Danckwerthsche Chronik, 1666, Landesbeschreibung S. 105.
344 Duerr, Hans Peter, Räuber, Gräber und Gelehrte. In: Frühstück im Grünen, S. 86 ff.
345 Brandt, Klaus, Die Höhenlagen ur- und frühgeschichtlicher Wohnniveaus in nordwestdeutschen Marschgebieten als Höhenmarken ehemaliger Wasserstände. In: Eiszeitalter und Gegenwart, Hannover 1980, S. 161 ff.
346 Der Archäologe und Spezialist für Wattenmeerforschung im Archäologischen Landesamt Hans Joachim Kühn berichtet dies in einem privaten Schreiben vom 11. 2. 1997 an den Verfasser.
347 „Spiegel"-Artikel „Wallfahrt ins Watt" vom 21. 11. 1994, Nr. 47/1994, S. 214 ff., und Duerr, Räuber, Gräber und Gelehrte, a.a.O.
348 Nach Aussagen der Archäologen des Landesamtes Schleswig-Holstein ist diese Methode allerdings nicht so sicher wie sie auf den ersten Blick erscheint. Wichtig für die Altersbestimmung ist die Aufnahme und Datierung des Umfeldes. Eine eingehende Untersuchung über die Zuverlässigkeit dieser Datierungsmethode folgt in Band II.
349 Nach Karff, S. 102, soll sie etwa Anfang bis Mitte des 12. Jhdts. schon bestanden haben.
350 Ein GPS-Gerät ist ein elektronisches Gerät, das z. B. in der Luft beim Flugbetrieb und auf See in der Schiffahrt über Satellitenpeilung die exakte Position anzeigt, aber natürlich auch auf der Erde eine auf ca. 10 m genaue Angabe über den Standort ermöglicht.
351 Eine – allerdings recht unscharfe – Fotografie ist in Duerr, Die versunkene Stadt, a.a.O., S. 157 abgebildet.
352 Henningsen hat im Frühjahr 1995 eine Reihe von Luftaufnahmen vom Wattgebiet um Südfall z. T. sogar aus geringer Höhe gemacht, die merkwürdige Punkte zeigten. Diese wurden von Duerr und dem Autor als Pfahlreste gedeutet, erwiesen sich aber später bei der Ortsbesichtigung als Steine, vgl. Duerr, Die versunkene Stadt. In: Frühstück im Grünen, S. 151 f.
353 Sonderdruck aus dem Heimatkalender „Zwischen Eider und Wiedau 1970".

354 Muuß, Rudolf, Rungholt, 1928, Anhang S. 7, ferner: ders., Eine bisher unbekannte Rungholt-Urkunde, Nordfriisk Instituut Bredstedt, Zeitungsausschnitte.
355 Muuß, Rudolf, Rungholt, S. 54.
356 Hagemeister, Rungholt, S. 45.
357 Sönnichsen-Moseberg, Wenn die Deiche brechen, S. 13.
358 Boetius, Matthias, *De Cataclysmo Nordstrandico*, Ausgabe von O. Hartz, zweisprachig, 1940, S. 67 (lateinisch) und 66 (deutsche Übersetzung).
359 Boetius, Matthias, Drei Bücher von Denkwürdigkeiten von Sturmfluten, welche Nordstrand betroffen haben, 1623, in der Übersetzung von Schmidt-Petersen, 1933, S. 23 und 92.
360 Heimreich, Anton, Nordfresische Chronik, 1819, S. 243.
361 Muuß, Rudolf, Rungholt, S. 50.
362 Boetius, Matthias, *De Cataclysmo Nordstrandico*, Randnote 87 f.; ferner O. Hartz, Die Rungholtsage, Jahrbuch des Nordfr. Vereins Nr. 33, S. 80 f.: *„oppidum Rungeholtum, cuius nomen, mirum est, quam apud maiores fuerit celebratum et etiamnum ad vulgus decantetur.*
363 Heimreich, a.a.O., S. 240.
364 Heimreich, a.a.O., S. 250.
365 Danckwerth, Caspar, Newe Landesbeschreibung, 1652, Bearbeitung von Schmidt-Petersen, S. 103.
366 *Annales Strandenses,* Universitätsbibl. Kiel, SH 222.
367 Über die Herkunft der *designatio* und die Prüfung einer etwaigen Fälschung, schließlich ihre Authentizität, vgl. Müller, Das Wasserwesen, 1. Teil: Die Halligen, Band I, 1917, S. 178 ff., insbes. 181 ff.
368 Sach, das Herzogtum Schleswig, 1896, S. 187.
369 Muuß, Rudolf, Rungholt, S. 54.
370 Muuß, a.a.O., S. 58.
371 Panten, Geschichte Nordfrieslands, S. 98.
372 Panten, a.a.O., S. 70.
373 Alles ausführlich beschrieben bei Panten, a.a.O..
374 Mitgeteilt u. a. bei Reimer Hansen, Beiträge zur Geschichte, S. 72 ff., zitiert aus Heimreichs Nordfresischer Chronik 17, I, S. 248 f..
375 Dieser Auffassung ist A. Panten in seinen Vorträgen.
376 So Duerr, Räuber, Gräber und Gelehrte. In: Frühstück im Grünen, S. 89.
377 Hansen, Reimer, *Registrum capituli Slesvicensis.* In: Quellen zur Geschichte des Bistums Schleswig, S. 100: *Modo XXIII ecclesie et capelle cum uno collegitur, videlicet Rungeholt, sunt submerse.*
378 Müller-Fischer, Wasserwesen, 2. Teil: Die Inseln, 2. Alt-Nordstrand, S. 27 f..
379 Müller-Fischer, a.a.O., S. 32.
380 Müller-Fischer, a.a.O. mit Zitaten.
381 Hansisches Urkundenbuch Band 5, Nr. 240, S. 213.
382 Busch, Andreas, Flurnamen und Flururtersuchungen, 1954, S. 110.
383 Hartmann, Peter, Keramik des Mittelalters und der frühen Neuzeit aus Nordfriesland, Offa-Bücher Band 32, 1975, S. 18.
384 eine Aufzählung bei Müller-Fischer, Wasserwesen, 2. Teil, 2. Alt-Nordstrand, S. 41 bis 101.
385 *Cod. ms. hist. 102*, S. 107; vgl. Fußn. 22.
386 Panten, Albert, Rungholt – Rätsel im Wattenmeer, S. 13.
387 Heimreich, Nordfresische Chronik, 1666, Ausgabe Falck, Tondern 1819, Teil II, S. 150; ferner Müller-Fischer, Wasserwesen, 1. Teil: Die Halligen, Bd. II, S. 369 f.
388 Schwarthoff, Hallig Südfall, S. 11.
389 Die Haubarge Frieslands gelten als die größten Bauernhäuser der Welt.
390 Müller, Das Wasserwesen, 1.Teil: Die Halligen, Band I, S. 289.
391 Müller, a.a.O., 1. Teil: Die Halligen, Bd. II. S. 371 ff.
392 Erdmann-Degenhardt, Die Halliggräfin, in Schleswig-Holstein 4/87, S. 12 ff.; ferner Willi Hansen, S. 8 ff..
393 Für 1984 und 1985: Dreismann, S. 17, für 1991 – 1995: Zählung des Vereins „Jordsand", Haus der Natur, Wulfdorf, 22952 Ahrensburg, in früheren Jahren durch deren Mitglieder, nunmehr jedoch durch den Halligwart Robert Brauer.
394 Dreismann, S. 46 und 54.
395 Landesverordnung vom 23. 8. 1973, GVOBl Schl.H. 19673, Nr. 18.
396 Nationalparkgesetz vom 22. 7. 1985, GVOBl Schl.H. 1985 Nr. 14.
397 Denkmalschutzgesetz vom 9. Dezember 1974, GVOBl Schl.H. 1974 Nr.27, mit zahlreichen Ergänzungen.
398 § 18 des Denkmalschutzgesetzes.
399 § 19 a des Denkmalschutzgesetzes, Änderungen vom 30. 11. 1994 und 31. 1. 1996, GVOBl Schl.-H. 1996 Nr. 11.
400 zitiert bei Reimer Hansen, Quellensammlung der Gesellschaft für Geschichte, Band 5, S. 32 ff.; vgl auch Knud Melf Hansen, Detroit, Chronikblätter der Nachkommen im Mannesstamm des Broder Mumsen zu Bobslut im Nordstrande, 1908 – 1913.
401 zitiert nach Reimer Hansen, Quellensammlung der Gesellschaft für Geschichte, Band 5, S. 32 ff.
402 zitiert bei Peter Sax, Die Geschichte Nordfrieslands und Dithmarschens, Bd. III, Einleitung, Die Beschreibung der Insel Nordstrand, S. XI f.
403 Die Umlaute ä, ö und ü wurden mit einem kleinen „e" über dem Vokal geschrieben.
404 nach Petersen/Rohde, Sturmflut, S. 141 in Verbindung mit Müller-Fischer, Alt-Nordstrand, S. 26 ff.
405 Diese Flut dürfte mit der von 1362 identisch sein. Manche Chronisten schreiben auch 1300; Müller-Fischer, Wasserwesen, 2. Teil: Die Inseln, 2. Alt-Nordstrand, S. 32.
406 Nach den *Annales Strandenses* die *„Allerhöchste Fluth nach der Sünthfluth"*, alle *„Nederlande"* seien untergegangen; Müller-Fischer, a.a.O.
407 Widersprüchliche Angaben. Während die *Strandensia* angibt, es seien 30600 Menschen ertrunken, beziffern die *Annales Strandenses* und Hoyer den Menschenverlust auf etwa 10000.
408 Nach Heimreich soll die Zahl von 30600 Menschenopfern für die drei Fluten von 1204, 1216 und 1218 zusammen zu verstehen sein. Heimreich nimmt ferner an, dass bei dieser Flut Nordstrand von der Lundbullingharde abgerissen sei und mehrere Kirchspiele untergegangen seien; Müller-Fischer, Alt-Nordstrand, S. 32 f..
409 Nach Heimreich sei ganz Friesland überschwemmt gewesen; Müller-Fischer, a.a.O., S. 33.
410 Auch zu dieser Flut berichtet Heimreich nur, dass ganz Friesland überschwemmt gewesen sei; Müller-Fischer, a.a.O.
411 Offenbar identisch mit der 1. *Groten Mandränke* vom 16. 1. 1362.
412 Nach der *Strandensia* seien 28 Kirchspiele auf Nordstrand untergegangen. Besonders betont wurde dabei, dass damals auch Rungholt untergegangen sei. Auch hier liegt offenbar eine Identität mit der Flut vom 16. 1. 1362 vor. Nach Hoyer beziehe sich die Zahl von 28 Kirchspielen auf die gesamte Küste von Hamburg bis Ripen; Müller-Fischer, a.a.O., S. 33.
413 Nach dem *Chronicon Eiderostadense* seien die Uthlande 1338 erstmalig auseinandergebrochen. Dies wird von Petreus bezweifelt; Müller-Fischer, a.a.O., S. 34.
414 Die Fluten von 1341 und 1342 seien nach Heimreich durch andauernden Regen verschlimmert worden.
415 Nach Heimreich seien etwa 2000 Menschen ertrunken. Angaben über 50- bis 100-fache Zahlen hält er für übertrieben. Es seien ferner große Schäden an den Deichen eingetreten.

## Literaturverzeichnis


Abrahamse, Jan, Wouter Joenje und Noortje van Leeuwen-Seelt, deutsche Übersetzung von Uwe Muuß, Wattenmeer, Ein Naturraum der Niederlande, Deutschlands und Dänemarks. Karl Wachholtz Verlag, Neumünster, 1976.

Andresen, Ludwig, Der arabische Geograph Idrisi und die kimbrische Halbinsel. In: Die Heimat, Jahrg. 44, 1934, S. 288 – 292.

Archäologisches Landesmuseum der Christian-Albrechts-Universität, Kiel, Schleswig-Holstein in 150 archäologischen Funden. Karl Wachholtz Verlag, Neumünster, 1986.

Arnold, Volker, Die vorchristliche Westküste – Besiedlung und Nutzung. In: Frühe Siedler an der Küste. Westholst. Verlagsanst. Boyens & Co., Heide, 1991, S. 47 ff.

Augustiny, Waldemar, Die große Flut, Chronik der Insel Nordstrand. Husum Druck- und Verlagsges., Husum, 1981.

Bantelmann, Albert, Archäologische und naturwissenschaftliche Untersuchungen an Siedlungen im deutschen Küstengebiet. Sonderdruck *acta humanior* des Verlages Chemie GmbH, Weinheim, 1984.

Bantelmann, Albert, Die Landschaftsentwicklung an der schleswig-holsteinischen Westküste, dargestellt am Beispiel Nordfrieslands, Eine Funktionschronik durch fünf Jahrtausende. In: Die Küste 1966, S. 5 ff.

Bantelmann, Albert, Die Entwicklung des nordfriesischen Küstenraumes unter besonderer Berücksichtigung des Wattenmeeres. In: Nordfr. Jahrb. 1973, S. 31 ff.

Bantelmann, Landschaft und Besiedlung Nordfrieslands in vorgeschichtlicher Zeit, Husum Druck- und Verlagsges., Husum, 1992.

Bantelmann, Albert, Landschaft und Besiedlung Nordfrieslands in vorgeschichtlicher Zeit. In: Geschichte Nordfrieslands, Verlag Boyens & Co, Heide, 1995.

Bantelmann, Albert, Ergebnisse der Marschenarchäologie in Schleswig-Holstein. Offa-Bücher Heft 8, Karl Wachholtz Verlag, Neumünster, 1949, S. 75 ff.

Bantelmann, Albert, Forschungsergebnisse der Marschenarchäologie zur Frage der Niveauveränderung an der schleswig-holsteinischen Westküste. In: Die Küste, Heft 8, 1960, S. 45 ff.

Bantelmann, Albert, Die Landschaftsentwicklung an der schleswig-holsteinischen Westküste. In: Die Küste, Heft 14, 1966, S. 5 ff..

Baume, Peter la, Zur Herkunft und Einwanderung der Nordfriesen. In: Die Heimat 1951, S. 9 ff.

Boetius, Matthias, *De cataclysmo Nordstrandico,* herausgegeben von Otto Hartz. Karl Wachholtz Verlag, Neumünster, 1940.

Boetius, Matthias, Drei Bücher über Denkwürdigkeiten von Sturmfluten, welche Nordstrand betroffen haben. Übersetzt von Schmidt-Petersen. Sonderdruck a. d. Jahrb. d. Nordfr. Vereins, Band 18 – 20, Verlag C. F. Delff, Husum, 1933.

Brandt, Klaus. Höhenlage ur- und frühgeschichtlicher Wohnniveaus nordwestdeutscher Marschengebiete als Höhenmarken ehemaliger Wasserstände. In: Eiszeitalter und Gegenwart, Hannover, 1980, S. 161 ff.

Brauer, Robert, und Georg Kullik, Südfall, Die Geschichte einer Hallig. Eigenverlag, 1984.

Bruhn, E., Der Stammbaum des Chronisten Peter Sax auf Drandersum. Veröffentlichungen des Nordfr. Vereins f. Heimatkunde u. Heimatliebe, 1904/05, S. 185 ff.

Bührke, Thomas, Chaos im Planetensystem. In: Bild d. Wissenschaft, Juli 1993, S. 90 f.

Busch, Andreas, Die Entdeckung der letzten Spuren Rungholts. Sonderdruck des Jahrb. d. Nordfr. Vereins für Heimatkunde und Heimatliebe, aus Jg. 10, S. 3–32 nebst 8 Abb.

Busch, Andreas, Auf Rungholt-Sand. In: Jahrb. d. Nordfr. Vereins, Jg. 15, S. 104 –106.

Busch, Andreas, Meine Wanderung im Rungholtwatt am 3. Juni 1933. In: Die Heimat, Sept. 1933, 43. Jg., S. 215–217.

Busch, Andreas, Wie es bei der Entdeckung des Rungholtswatts in Wirklichkeit zuging. In: Die Heimat, 44. Jg., S. 287–288.

Busch, Andreas, Was erinnert auf Nordstrand und Pellworm noch an die große Sturmflut? In: Husumer Nachrichten, 11. 10. 1934.

Busch, Andreas, Neue Beobachtungen im Rungholt-Watt im Jahre 1935. Sonderdruck, In: Die Heimat, 46. Jg., S. 71–79.

Busch, Andreas. Neue Gesichtspunkte zur Kartographie des mittelalterlichen Nordfriesland. In: Heimatbd. Nordfriesland, Bd. 23, 1936, S. 11–71.

Busch, Andreas, Rungholt im Volksglauben unserer Zeit. In: Husumer Nachrichten 1937 (Besprechung über Nordelbe-Aufsatz).

Busch, Andreas, Was alles vor der Entdeckung des Rungholt-Watts bei der Hallig Südfall gesehen worden ist. In: Die Heimat, 48. Jg., 1938, S. 13–16.

Busch, Andreas, Die Rungholtsage und die Lagebestimmung nach Matz Paysen. In: Jahrb. d. Nordfr. Vereins, 25. Jg., 1938, S. 25–32.

Busch, Andreas, Der gegenwärtige Stand der Rungholtforschung. In: Natur und Volk, Frankfurt 1940, S. 223–232.

Busch, Andreas, Ein Versuch, vor 60 Jahren Rungholt zu entdecken. In: Die Heimat, 58. Jg., 1951, S. 79 – 80.

Busch, Andreas, Über *Claaes Rungholtina.* In: Die Heimat, 59. Jg , 1952, S. 270- 271.

Busch, Andreas, Flurnamen und Fluruntersuchungen in der Gemarkung Hallig Südfall. In: Nordelbingen, Bd. 22, S. 108–116.

Busch, Andreas, Die heutige Hallig Südfall und die letzten Spuren Rungholts. In: Die Heimat, 64. Jg., 1957, S. 212.

Busch, Andreas, Auf Kulturspuren im Watt. In: Husumer Nachrichten, 29. 7. 1958.

Busch, Andreas, Eine alte Landoberfläche und Kulturspuren im Nordstrander Watt. In: Die Küste, Jg. 8, 1960, S. 124– 130.

Busch, Andreas, Reste der Rungholter Schleusen sind schon seit 80 Jahren beobachtet, In: Die Heimat, 68. Jg., 1961, S. 118–121.

Busch, Andreas, Neue Siedlungsspuren im Watt. In: Husumer Nachrichten, 13. 5. 1961.

Busch, Andreas, Liliencrons Dichtung und die Rungholtforschung. In: Die Heimat, 69. Jg., 1962, S. 8–10.

Busch, Andreas, Viel Marschland ging unter vor 600 Jahren. In: Husumer Nachrichten, 6. 1. 1962.

Busch, Andreas, Die große Mandrenke. In: Bauernblatt, 20. 1. 1962.

Busch, Andreas, Die Sturmfluten an der Westküste seit 1362. In: Dithmarscher Landeszeitung, 4. 4. 1962 .

Busch, Andreas, Über die Kirchwarf im Rungholtwatt. In: Die Heimat, 70. Jg., 1963, S. 168.

Busch, Andreas, Viele neue Siedlungsspuren im Rungholtwatt. In: Die Heimat, Jg. 70, 1963, S. 171.

Busch, Andreas, Alte und neue Deichprofile von Strucklahnungshörn. In: Die Heimat, 70. Jg., 1963, S. 156.

Busch, Andreas, Nachtrag – vorläufiger Abschluß meiner Rungholtforschung. In: Die Heimat, 70. Jg, 1963, S. 179.

Busch, Andreas, Das Südfallgebiet um 1633 (nach Berentz), darin eingetragen Ergebnisse der Rungholtforschung. In: Die Heimat, 70. Jg., 1963, S. 209.

Busch, Andreas, Ein Rückblick auf meine Rungholtforschung. In: Die Heimat 73. Jg., 1966, S. 354 ff.

Busch, Andreas, Wie konnte im heutigen Wattenmeer die Hafensiedlung Rungholt entstehen? In: Die Heimat 1969, S. 153 ff.

Busch, Andreas, Eine bisher unbekannte Rungholtkarte von Johannes Mejer. In: Die Heimat, 1969, S. 353 ff.

Busch, Andreas, 50 Jahre Rungholtforschung. In: Die Heimat 1971, S. 153 ff.

Busch, Andreas, Die ersten Erlebnisse bei meiner Rungholtforschung. In: Zwischen Eider und Wiedau 1972, S. 47ff.

Busch, Andreas, Von der Amtszeit Liliencrons auf Pellworm. In: Zwischen Eider und Wiedau, 1973, S. 164–165.

Busch, Andreas, Die Gräfin und der Schiffer. In: Zwischen Eider und Wiedau 1973, S. 166.

Busch, Andreas, Zur Kritik in der Niveauverschiebungsfrage. Aus dem Nachlaß von Andreas Busch, Sonderdruck, Husum Druck- und Verlagsges.

Busch, Reimer, Enna Busch, Else Schultze-Hasselmann geb. Busch, Erika Timm geb. Busch, Ottilie Lund geb. Busch, Bany Thormählen geb. Busch, Aus dem Nachlaß von Andreas Busch, Husum Druck- u. Verlagsges., Husum, nach 1972.

Clement, K. J., Die Lebens- und Leidensgeschichte der Frisen, insbes. der Frisen nördlich der Elbe. Verlag Schuster, Leer, 1845.

*Cod. ms. hist. 102* (= *Codex manusriptus historiae 102*), Handschriftenabteilung der Universitäts- und Staatsbibliothek Hamburg.

Cypraeo, Johann Adolph, *Annales Episcoporum Slesvicensium*, Köln 1634.

Danckwerth, Caspar, und Johannes Mejer, Newe Landesbeschreibung der zwey Herzogthümer Schleßwich und Holstein, 1652. Bearb. von Schmidt-Petersen.

Degn, Christian, und Uwe Muuß, Topographischer Atlas Schleswig-Holstein und Hamburg, Landesvermessungsamt Schleswig-Holstein. Karl Wachholtz Verlag, Neumünster, 1979.

Delff, Woher stammt der neuauflandende Boden im Wattenmeer? In: Jahrb. d. Nordfr. Vereins f. Heimatkunde u. Heimatliebe, 1933, Bd. 20, S. 120 ff.

Dethleffsen, Ernst August, Funde im Rungholtwatt. In: Zwischen Eider und Wiedau, 1961, S. 86–88.

Dethleffsen, Ernst August, Die Hallig Südfall und die Bedeutung in unserer Zeit. Sonderdruck, Aus: Zwischen Eider und Wiedau, 1970.

Detleffsen, Detlev, Geschichte der holsteinischen Elbmarschen. Selbstverlag. Glückstadt 1891/92, 2 Bände.

Detlefsen, Nicolaus, Dem Rungholtforscher Andreas Busch zum 80. Geburtstag. Sonderdruck, Aus: Die Heimat, 70. Jahrg. Heft 6, Juni 1963.

Deuqua '92, Exkursionsführer 12.–21. 9. 1992, Federführung F. Grube, G. Mattheß und O. Fränzle (n. veröffentl.).

Dittmer, Ernst, Neue Beobachtungen und kritische Bemerkungen zur Frage der „Küstensenkung". In: Die Küste Heft 8, 1960, S. 29 ff.

Dittmer, Ernst, Die nacheiszeitliche Entwicklung der schleswig-holsteinischen Westküste, Meyniana 1, Veröffentlichungen aus dem Geologischen Institut der Universität Kiel. Karl Wachholtz Verlag, Neumünster, 1952.

Dittmer, Ernst, Das nordfriesische Eem – Ein Beitrag zur Geschichte der junginterglazialen Nordsee. In: Kieler Meeresforschungen Nr. 54, 1941.

Dolder, Willi und Ursula, Nordseeküste und Wattenmeer, Naturparadiese 2, Lingen Verlag Köln, 1988.

Dressmann, Götz, Naturschutz und Nutzungen eines Salzwiesen-Ökosystems, dargestellt am Beispiel der Hallig Südfall, Hannover 1987. Dissertation (nicht veröffentlicht).

Drenkhahn, Ulrich, Archäologische Forschungen zur Besiedlung der Marschen. In: Frühe Siedler an der Küste. Westholst. Verlagsanstalt Boyens & Co, Heide, 1991, S. 9 ff.

Duerr, Hans Peter, Die versunkene Stadt. 1994. In: Frühstück im Grünen, S. 144 ff.. Suhrkamp-Verlag, Frankf. a. M., 1995.

Duerr, Hans Peter, Räuber, Gräber und Gelehrte. 1994. In: Frühstück im Grünen, S. 86 ff.. Suhrkamp-Verlag, Frankf. a.M., 1995.

Duerr, Hans Peter, Etwas Kosmetik ist immer dabei. Eine Presseerklärung in der Zeitschrift „Facts", März 1996, Heft 9/1996.

Engler, Michael, Auf der Suche nach der Welt von gestern. In: GEO Nr. 8, August 1994.

Erdmann-Degenhardt, Antje, Die „Halliggräfin" Diana Gräfin von Reventlow-Criminil. In: Reihe „Frauen in Schleswig-Holstein", Schleswig-Holstein 4/87, S. 12 f.

Fiedler, Walter, Nationalpark Schleswig-Holsteinisches Wattenmeer. Westholst. Verlagsanstalt Boyens & Co, Heide, 1992.

Fischer, O., Die nordfriesischen Inseln vor und nach der Sturmflut vom 11. Oktober 1634. Verlag Mittler u. Sohn, Berlin, 1934.

Geerz, Franz, Geschichte der geographischen Vermessungen und der Landkarten Nordalbingiens vom Ende des 15. Jahrhunderts bis zum Jahre 1859. Berlin, 1859.

Gersbach, Egon, Ausgrabungen heute, Methoden und Techniken der Feldgrabung, Wissenschaftl. Buchgesellschaft Darmstadt, 1989.

Grube, G., G. Mattheß und O. Fränzle, Deutsche Quartärvereinigung e. V., Exkursionsführer „Deuqua '92" (nicht veröffentlicht).

Grunsky-Peper, Konrad, Rudolf-Eugen Kelch und Rolf Kuschert, Nordfriesland, Porträt einer Landschaft. Husum Druck- u. Verlagsges., Husum, 1985.

Haas, Hippolyt, Hermann Krumm und Fritz Stoltenberg, Schleswig-Holstein meerumschlungen in Wort und Bild. Mohnkopf Reprints, Verlag Wolfgang Weidlich, Frankf. a. M., 1896 und 1979.

Hagemeister, Jörn, Rungholt, Sage und Wirklichkeit. Verlag H. Lührs & Dircks, St. Peter-Ording, 1980.

Haller, Kurt, Und die Fluten folgten wie immer dem Mond, Eine Halligerzählung, Husum Druck- und Verlagsges., Husum, 1991.

Hansen, C. P., Chronik der friesischen Uthlande. Verlag Adolph Lange, Altona, 1856.

Hansen, Knud Melf, Chronikblätter der Nachkommen im Mannesstamm des Broder Mumsen zu Bobslut im Nordstrande. Detroit 1908–1913.

Hansen, Reimer, Beiträge zur Geschichte und Geographie Nordfrieslands im Mittelalter. In: Zeitschr. f. Schlesw.-Holst.-Lauenburgische Geschichte, Kiel, 1894, S. 1–92.

Hansen, Reimer, Die eiderstedtischen Chronisten vor Peter Sax. In: Zeitschr. f. schlesw.-holst. Geschichte, Band 25, 1875, S. 161–216.

Hansen, Reimer, Iven Knutzens Karten von der Marsch zwischen Husum und der Eider. In: Zeitschr. f. Schl.-Holst. Geschichte Band 26, S. 131 ff.

Hansen, Reimer, Die Rungholtsage nach den *Annales Strandenses.* In: Quellensammlung der Gesellschaft für Geschichte Schleswig-Holsteins, Bd. 5, S. 29ff.

Hansen, Reimer, und Willers Jessen, Quellen zur Geschichte des Bistums Schleswig. Kommissions-Verlag der Universitätsbuchhandlung, Kiel, 1904, Nachdruck Walluf 1974.

Hansen, Willi, Die Halliggräfin von Südfall. Eigenverlag Willi Hansen, Nordstrand, 1984.

Hansen, Willi, Die nordfriesische Sintflut, Untergang der Insel Nordstrand Anno 1634, Verlag Bernd Tetens, Husum, 1984.

Hansisches Urkundenbuch Bd. 5, Nr. 240, Staats- und Universitätsbibliothek Hamburg.

Harth, Ulli, Untergang der Halligen, Über untergegangene Halligen und Untergegangenes auf den Halligen. Christians Verlag, Hamburg, 1992.

Hartmann, Peter, Keramik des Mittelalters und der frühen Neuzeit aus Nordfriesland, Karl Wachholtz Verlag, Neumünster, 1975.

Hartz, Otto, Die Rungholtsage bei den nordfriesischen Chronisten. In: Jahrb. d. Nordfr. Vereins f. Heimatkunde u. Heimatliebe, 1933, Bd. 20, S. 80–86.

Hartz, Otto, Unkenbul, Buphever, Ilegrof und Brunock, In: Jahrb. d. Heimatbundes Nordfriesland, Bd. 24, S. 49 ff.

Heimreich, Anton, Nordfresische Chronick. Schleswig 1666, Neudruck von Falck, Tondern 1819, weiterer Neudruck 1929.

Heimreich, Ernewerte Nordfresische Chronik, Schleswig 1668.

Hendinger, Helmtraut, Küstenland – Gewinnung, Gefährdung und Sicherung. In: Frank Grube und Gerhard Richter, Die Deutsche Küste, Umschau Verlag, Frankf. a. M., 1979.

Hendinger, Helmtraut, *De nich will dieken, mut wieken,* In: Peter Pedersen und Helmtraut Hendinger, Sturmflut, Ellert & Richter Verlag, Hamburg, 1984.

Heydebreck v. Eriksborg, Günther, Die ersten Norddeutschen, Vorzeitmenschen zwischen den Meeren – Holsten und Hamburger –. Kurt Viebranz Verlag, Schwarzenbek, 1984.

Heydemann, Berndt, und Jutta Müller-Karch, Biologischer Atlas Schleswig-Holstein, Lebensgemeinschaft des Landes. Karl Wachholtz Verlag, Neumünster, 1980.

Higelke, Bodo, Dietrich Hoffmann und Michael Müller-Wille, Das Norderhever-Projekt, Beiträge zur Landschafts- und Siedlungsgeschichte der Nordfriesischen Marschen und Watten. In: Offa-Bücher Heft 39, Karl Wachholtz Verlag, Neumünster, 1982, S. 245 ff.

Higelke, Bodo. Geländeuntersuchungen im nordfriesischen Wattenmeer, Zur Korrektur einer historischen Karte von Johannes Mejer aus dem Jahre 1649. In: Offa-Bücher Heft 43, Karl Wachholtz Verlag, Neumünster, 1986, S. 337 ff.

Higelke, Bodo, Dietrich Hoffmann und Hans Joachim Kühn, Der Schutt der frühen Jahre, Archäologie am Nordseestrand, Landschaftsentwicklung und Siedlungsgeschichte der Küste. In: Forschung – Mitteilungen der Deutschen Forschungsgemeinschaft 1/91.

Hinz, Hermann, Vorgeschichte des nordfriesischen Festlandes. Karl Wachholtz Verlag, 1954.

Höpfner, Gerhard, Wale und Haie – aus der Urzeit aufgetaucht. In: Die Heimat, 1991, S. 245 ff.

Hoffmann, Dietrich, Landschafts- und Siedlungsgeschichte im Bereich der heutigen Marscheninseln und Watten Nordfrieslands (1966–1972), Geologische Untersuchungen. In: Siedlungsforschung, Archäologie-Geschichte-Geographie 2.

Hoffmann, Dietrich, Landschafts- und Siedlungsgeschichte im südlichen nordfriesischen Marschengebiet und Wattenmeer, Warum ging Rungholt unter? In: Der Vergangenheit auf der Spur. Karl Wachholtz Verlag, Neumünster, 1992.

Hoffmann, Dietrich, Die erdgeschichtliche Entwicklung des Küstengebietes, In: Frühe Siedler an der Küste, Westholst. Verlagsanstalt Boyens & Co, Heide, 1991, S. 24 ff.

Hoffmann, Dietrich, Das Norderhever-Projekt – ein geowissenschaftlich-archäologisches Forschungsvorhaben. In: Nordfries. Jahrb., Bd. 17, 1981, S. 15 ff.

Jacob, Klaus, Frostige Überraschungen. In: Bild d. Wissenschaft, Dez. 1993, S. 97 f.

Jacob, Klaus, Erleichterung für die Alpen. In: Bild d. Wissenschaft, Januar 1994, S. 124.

Karff, Fritz, Nordstrand, Geschichte einer nordfriesischen Insel. Christians-Verlag, Hamburg, 1978.

Klose, Werner, Nordseegeschichte, Küsten – Menschen – Schiffe. Westholst. Verlagsanst. Boyens & Co, Heide, 1987.

Knottnerus, Otto S., Deicharbeit und Unternehmertätigkeit in den Nordseemarschen um 1600. In: Deichbau und Sturmfluten in den Frieslanden, Verlag Nordfriisk Instituut, Bredstedt, 1992, S. 60 ff.

Knudsen, Iven, Eiderstedter Chronik, 1588, Bibliothek Kopenhagen, Handschriftensammlung, zitiert bei Reimer Hansen, Iven Knudsens Karten von der Marsch, S. 134.

Köster, Kari, Die letzten Tage von Rungholt. Ein Roman. Paul List Verlag, München, 1997.

Kramer, Johann, Kein Deich, kein Land, kein Leben, Geschichte des Küstenschutzes an der Nordsee. Verlag Gerhard Rautenberg, Leer, 1989.

Kramer, Johann, und Hans Rohde, Historischer Küstenschutz – Deichbau, Inselschutz und Binnenentwässerung an Nord- und Ostsee. Verlag Konrad Wittwer, Stuttgart, 1992.

Kühn, Hans Joachim, Deiche des Mittelalters und der frühen Neuzeit in Nordfriesland, In: Kühn und Panten, Der frühe Deichbau in Nordfriesland, Archäologisch-historische Untersuchungen. Verlag Nordfriisk Instituut, Bredstedt, 1989.

Kühn, Hans Joachim, Das sagenumwobene Rungholt, Wattenmeerarchäologie. In: Gisela Graichen und Hans Helmut Hillrichs, C 14, Die Gebeine des Papstes, Neue archäologische Entdeckungen in Deutschland. C. Bertelsmann Verlag GmbH, München 1993.

Kühn, Hans Joachim, Die Anfänge des Deichbaus in Schleswig-Holstein. Westholst. Verlagsanstalt Boyens & Co., Heide, 1992.

Kühn, Hans Joachim, Sieben Thesen zur Frühgeschichte des Deichbaus in Nordfriesland. In: Deiche und Sturmfluten in den Frieslanden. Verlag Nordfriisk Instituut, Bredstedt, 1992, S. 9 ff.

Kühn, Hans Joachim, Siedlungsarchäologische Untersuchungen auf den nordfriesischen Marscheninseln. In: Die Heimat, Heft 85, 1978, S. 383 ff.

Kühn, Hans Joachim, Friesen, Frühmittelalterliche Besiedlung Nordfrieslands. In: Reallexikon der Germanischen Altertumskunde, Band 10, Sonderdruck, Walter de Gruyter, Berlin u. New York, 1996.

Kuenz, Karl, Nordstrand nach 1634, Die wiedereingedeichte nordfriesische Insel. Selbstverlag, 1978.

Kullik, Georg, und Robert Brauer, Südfall, Die Geschichte einer Hallig. Eigenverlag.

Kullik, Georg, und Hans Harro Hansen, Das Gesetz wider den Willen – Über den Nationalpark Schleswig-Holsteinisches Wattenmeer – Seine Entwicklung und seine Bedeutung. Eigenverlag, 1987.

Kuß, Christian, Jahrbuch denkwürdiger Naturereignisse in den Herzogthümern Schleswig und Holstein vom 11. bis zum 19. Jahrhundert, Verlag Busch, Altona, 1826.

Laskar, Jacques, Der Mond und die Stabilität der Erde, Spektrum der Wissenschaft, Sept. 1993, S. 50.

Laur, Wolfgang, Historisches Ortsnamenlexikon von Schleswig-Holstein. Arbeitsgemeinschaft f. Landes- und Volkstumsforschung, Schleswig, 1967.

Lauridsen, P., Der Kartograph Johannes Mejer, aus dem Dänischen übersetzt von Jürgensen. In: Veröffentlichungen d. Nordfries. Vereins f. Heimatkunde u. Heimatliebe, 1903/04, S. 21 ff.

Leinfeld, Reinhold, und Hartmut Seyfried, Im Spiegel des Meeres. In: Bild d. Wissenschaft, April 1993, S. 78 f.

Meier, Dirk, Frühe Deiche in Eiderstedt. In: Deichbau und Sturmfluten in den Frieslanden, Verlag Nordfriisk Instituut, Bredstedt, 1992, S. 20 ff.

Meier, Dirk, Archäologie in den Nordseemarschen, Untersuchungen an Warften und Deichen in Norderdithmarschen und Eiderstedt. In: Der Vergangenheit auf der Spur, S. 63 ff. Karl Wachholtz Verlag, Neumünster, 1992.

Meier, Dirk, Küstenarchäologie in Dithmarschen. In: Frühe Siedler an der Küste, Westholst. Verlagsanst. Boyens & Co., Heide, 1991, S. 130 ff.

Meier, Dirk, Dietrich Hoffmann und Michael Müller-Wille, Zum mittelalterlichen Landesausbau Eiderstedts. In: Offa-Bücher Heft 46. Karl Wachholtz Verlag, Neumünster, 1989, S. 285 ff.

Menke, Burkhard, Viele Befunde und Überlegungen zum nacheiszeitlichen Meeresspiegelanstieg. In: Probleme der Küstenforschung im südlichen Nordseegebiet, Band 11, Hildesheim 1976, S. 158 ff.

Menke, Burkhard, J. A. Piotrowski, F. Grube, G. Mattheß und O. Fränzle, Exkursionsführer der Deutschen Quartärvereinigung e. V., – Deuqua '92, Kiel, 1992.

Milanković, Milutin, Spektrum der Wissenschaft, September 1993, S. 48.

Möller, Theodor, Die Welt der Halligen, In: Eiderstedter Nachrichten, 1931, Nachdruck 1980, Allgem. Zeitungssammlung im Nordfriisk Instituut, Bredstedt, Stichwort: Rungholt.

Möller, Theodor, Eine Fahrt nach Rungholt. In: Nordelbingen Band 5, 1926, S. 407 ff.

Müller, Friedrich und O. Fischer, Das Wasserwesen an der schleswig-holsteinischen Nordseeküste. Verlag Dietrich Reimer, Berlin, 1955 – 1958,

Teil I: Sonderprobleme und Einzelfragen des Küstenraumes

Teil II: Die Inseln, 1. Folge: Allgemeines

Teil II: Die Inseln, 2. Folge: Alt-Nordstrand

Teil III: Das Festland, Band 7: Hydrographie des Küstengebietes.

Müller-Wille, Michael, und Dietrich Hoffmann, Der Vergangenheit auf der Spur, Archäologische Siedlungsforschung in Schleswig-Holstein. Karl Wachholtz Verlag, Neumünster, 1992.

Muuß, Rudolf, Rungholt. Gottfried Martin Verlag, Itzehoe und Berlin, 1928.

Muuß, Rudolf, Rungholt – Ruinen unter der Friesenhallig. Westphal-Verlag, Lübeck, 1929.

Muuß, Rudolf, Eine bisher unbekannte Rungholt-Urkunde, Ein Handelsvertrag zwischen Rungholt und Hamburg aufgefunden. Nordfriisk Instituut, Bredstedt, Allgem. Zeitungsabschnitte, Stichwort: Rungholt, o. J.

Muuß, Rudolf, Hat Rungholt existiert? In: Eiderstedter Nachrichten, Nordfriisk Instituut, Bredstedt, Allgem. Zeitungsabschnitte, Stichwort: Rungholt, o. J.

Muuß, Rudolf, Im Flugzeug über Rungholt. In: Jahrb. d. Nordfries. Vereins für Heimatkunde u. Heimatliebe, Bd. 19, 1932, S. 111f.

Muuß, Rudolf, Nordfriesische Sagen. In: Heimatkundliche Schriften des Nordfriesischen Vereins f. Heimatkunde u. Heimatliebe, Heft 11, Husum Druck- u. Verlagsges., Husum, Nachdruck 1992.

Muuß, Uwe, und Marcus Petersen, Die Küsten Schleswig-Holsteins. Karl Wachholtz Verlag, Neumünster, 1971.

Nickelsen, Hans Christian, Das alte Nordfriesland – Die Benennung des Wohngebiets der Nordfriesen von den ältesten urkundlichen Quellen bis in die erste Hälfte des 15. Jahrhunderts. In: Nordfries. Jahrb., 1966, S. 172 ff.

Opitz, Eckardt, Die unser Schatz und Reichtum sind, 60 Portraits aus Schleswig-Holstein. Christians Verlag, Hamburg, 1990.

Panten, Albert A., 1000 Jahre Deichbau in Nordfriesland? In: Kühn und Panten, Der frühe Deichbau in Nordfriesland. Verlag Nordfriisk Instituut, Bredstedt, 1989.

Panten, Albert A., Die große Flut von 1634 in zeitgenössischen Berichten, In: Andreas Reinhardt, Die erschreckliche Wasser-Fluth 1634, Heimatkundliche Schriften des Nordfries. Verein f. Heimatkunde u. Heimatliebe, Heft 9, 1984.

Panten, Albert A., Deiche und Sturmfluten in der geschichtlichen Darstellung Nordfrieslands. In: Deichbau und Sturmfluten in den Frieslanden. Verlag Nordfriisk Instituut, Bredstedt, 1992, S. 9 ff.

Panten, Albert A., Die Nordfriesen im Mittelalter. In: Geschichte Nordfrieslands. Westholst. Verlagsanst. Boyens & Co, Heide, 1995.

Panten, Albert, A., Rungholt – Rätsel im Wattenmeer, Erkenntnisse zu einem legendären nordfriesischen Thema. In: Zeitschrift Nordfriesland, Nordfriisk Instituut, Bredstedt, Dezember-Heft 1996, S. 10 ff.

Paysen, Matz, Ein kleines Geschichtchen aus einer Nordstrander Handschrift friesischer Zunge, (lateinisch), Jahrb. f. d. Landeskunde der Herzogthümer Schleswig, Holstein und Lauenburg, Bd. IV, Kiel, 1861, S. 148, abgedruckt nach O. Hartz. In: Andreas Busch, Die Rungholtsage und die Lagebestimmung nach Matz Paysen, Nordfries. Jahrbuch 1938, S. 25 ff.

Pedersen, Peter, Trutz blanke Hans. In: Pedersen und Hendinger, Sturmflut, Ellert & Richter Verlag, Hamburg, 1984.

Petersen, Marcus, und Hans Rohde, Sturmflut, Die großen Fluten an den Küsten Schleswig-Holsteins und in der Elbe. Karl Wachholtz Verlag, Neumünster, 1977.

Petersen, Marcus, Die Halligen – Küstenschutz – Sanierung – Naturschutz. Karl Wachholtz Verlag, Neumünster, 1981.

Petersen, Marcus, Der Heverstrom – Schicksalsstrom Nordfrieslands. In: Nordfriesisches Jahrbuch, Bd. 14, 1978, S. 13 ff.

Peters, L. C., Ist die Rungholtentdeckung ein Irrtum? In: Eiderstedter Nachrichten, Nordfriisk Instituut, Bredstedt, Allgem. Zeitungsausschnitte, Stichwort: Rungholt, o. J.

Prange, Werner, Die Bedeichungsgeschichte der Marschen in Schleswig-Holstein. In: Probleme der Küstenforschung im südlichen Nordseegebiet, Bd. 16, 1986, S. 1 ff.

Prange, Werner, Geologisch-historische Untersuchungen an Deichbrüchen des 15. bis 17. Jahrhunderts in Nordfriesland. In: Fries. Jahrbuch 1968/69, S. 262 ff.

Püttger-Conradt, Armin, Elbmarsch in Holstein. Hans Christians Verlag, Hamburg, 1987.

Quedens, Georg, Die Halligen, Breklumer Verlag, 1983.

Quedens, Georg, Amrum – Aus alter Zeit. Verlag Hansen & Hansen, Münsterdorf, o. J.

Quedens, Georg, Orkanfluten. Ellert & Richter-Verlag, Hamburg, 1995.

Riederer, Josef, Archäologie und Chemie – Einblicke in die Vergangenheit, Staatliche Museen Preußischer Kulturbesitz, Ausstellung des Rathgen-Forschungslabors, Berlin 1887.

Rust, Alfred, Vor 20 000 Jahren, Rentierjäger der Eiszeit. Karl Wachholtz Verlag, Neumünster, 1978.

Sach, August, Das Herzogthum Schleswig in seiner ethnographischen und nationalen Entwicklung, Verlag der Buchhandlungen des Waisenhauses, Halle a. d. Saale, 1896.

Sandelmann, Heinz, Aus dem Lebenslauf und vom Schaffen des Petrus Petrejus (Peter Petersen). In: Von der Stadt und dem Amt Tondern und vom Deichwesen, Nordfriisk Instituut, Bredstedt, 1993.

Sax, Peter, Werke zur Geschichte Nordfrieslands und Dithmarschens. 7 Bände, St. Peter-Ording, 1983 – 1988, herausgegeben von Albert A. Panten u. a.

Bd. 1: Eine neue Beschreibung der sämtlichen im ganzen Nordfriesland am Cimbrischen Meer gelegenen Landen, Inseln und Oogen,

Bd. 2: *Annales Eyderstadiensium* – Ein kurzes Verzeichnis etlicher Geschichten, so sich in den Landen Eyderstett, Everschop und Uthholm in den gesetten Jahren zugetragen,

Bd. 3: *Descriptio Insulae Nordstrandiae* – Eine Beschreibung der Insel und des Landes Nordstrand,

Bd. 4: *Frisia Minor.* Tafeln der größeren und kleineren Inseln und Halbinseln, neben dem Herzogthum Schleswig im Britannischen oder Cimbrischen Ozean gelegen. 76 Tafeln zur Topographie Nordfrieslands,

Bd. 7: Stam Bäume Etlicher Friesischen Eiderstettischen Geschlechte.

Sax, Peter, *Descriptio Hardae Widiae,* Eine Beschreibung der Widingsharde. In: Mitteilungen des Nordfries. Vereins f. Heimatkunde u. Heimatliebe, 1909/10, S. 137 ff.

Sax, Peter, Nordstrand. In: Mitteilungen des Nordfries. Vereins f. Heimatkunde u. Heimatliebe, Jahrg.1909/10.

Sax, Peter, Eine historische Beschreibung der Landen Eyderstett, Everschop und Utholm, zitiert bei Albert Panten, 1000 Jahre Deichbau in Nordfriesland?, S. 63 f.

Sax, Peter, *Descriptio Insulae Nordstrandiae.* In: Jahrb. d. Nordfr. Vereins VI, S. 6 ff.

Scharff, Alexander, Schleswig-Holsteinische Geschichte, Neuausgabe von Manfred Jessen-Klingenberg, Verlag Ploetz, Freiburg/Würzburg, 1982.

Scherenberg, Rudolf, Historischer Küstenschutz – Deichbau, Inselschutz und Binnenentwässerung an der Nord- und Ostsee. Deutscher Verband für Wasserwirtschaft und Kulturbau e.V., 1992.

Schmidt-Eppendorf, Peter, Die Nordstrander Kirchen nach der Flut, Ein Bericht aus dem Jahre 1641. In: Andreas Reinhardt, Die erschreckliche Wasser-Fluth 1634, Nordfries. Verein f. Heimatkunde u. Heimatliebe, 1984, S. 63 ff.

Schmidt-Petersen, J. Nordfriesland, Ein Auszug aus der „Newen Landesbeschreibung der zwey Herzogthümer Schleßwich und Holstein von Johannes Mejer und Caspar Danckwerth anno 1652“. In: Jahrb. d. Nordfries. Vereins f. Heimatkunde u. Heimatliebe, 1929, S. 78 ff.

Schmidtke, Kurt-Dietmar, Die Entstehung Schleswig-Holsteins. Karl Wachholtz Verlag, Neumünster, 1992.

Schmidtke, Kurt-Dietmar, Auf den Spuren der Eiszeit, Die glaziale Landschaftsgeschichte Schleswig-Holsteins. Husum Druck- u. Verlagsges., Husum, 1985.

Schultze-Hasselmann, Biographie des Rektors und Kantors Matz Paysen zu Oldesloe 1659, Übersetzung nach Leverkus. In: Jahrb. d. Nordfries. Vereins f. Heimatkunde u. Heimatliebe, 1938, S. 31 ff.

Schwarthoff, Heribert, Hallig Südfall, Jordsand-Schutzgebiet im historischen Rungholt-Watt. Eigenverlag, Hamburg, 1968.

Simon, Der voralluviale Untergrund des nordfriesischen Wattenmeeres. In: Kieler Meeresforschungen Nr. 5, 1941.

Sönnichsen, Uwe, und Hans-Werner Staritz, Trutz blanke Hans, Bilddokumentation der Flutkatastrophen 1962 und 1976 in Schleswig-Holstein und Hamburg. Husum Druck- u. Verlagsges., Husum, 1978.

Sönnichsen, Uwe, und Jochen Moseberg, Wenn die Deiche brechen, Sturmfluten und Küstenschutz an der schleswig-holsteinischen Westküste und Hamburg. Husum Druck-und Verlagsges., Husum, 1994.

Sjölin, B., Friesen, Besiedlungsgeschichte Nordfrieslands. In: Reallexikon der Germanischen Altertumskunde, Band 10, Sonderdruck, Walter de Gruyter, Berlin u. New York, 1996, S. 6 ff.

Tacke, Bruno, und Bernhard Lehmann, Die Nordseemarschen. Verlag Velhagen & Klasing, Bielefeld und Leipzig, 1924.

Taubert, Achim, Morphodynamik und Morphogenese des Nordfriesischen Wattenmeeres. Hamburger Geographische Studien, Heft 42, Verlag Ferdinand Schöningh, Hamburg, 1986.

Weckmann-Wittenburg, P. F., Der Grabstein des Chronisten Peter Sax, Sonderdruck in: Andreas Busch, Deicherhöhungen u.a., In: Die Heimat, 1963.

Weckmann-Wittenburg, P. F., Siegel und Urkunden der Edomsharde vor und nach der Sturmflut 1362, Sonderdruck aus: Andreas Busch, Liliencrons Dichtung, u. a., Die Heimat, 1962, S. VII f.

Wingert, Erdmann, Watt – Schleswig-Holsteins letzte Kulturlandschaft: Ein Pflegefall. In: Merian Schleswig-Holstein, 1985, S. 136 ff.

Witt, Reimer, Die Anfänge von Kartographie und Topographie Schleswig-Holsteins 1475 – 1652. Westholst. Verlagsanst. Boyens & Co., Heide, herausgegeb. v. d. Provinzialversicherungen, 1982.

Woebcken, Carl, Das Land der Friesen und seine Geschichte. Schulzesche Verlagsbuchhandlung Rudolf Schwart, Oldenburg i. O., 1932.

Woebcken, Carl, Deiche und Sturmfluten an der deutschen Nordseeküste. Friesen-Verlag AG, Bremen-Wilhelmshaven, 1924.

Wohlenberg, Erich, Die Nordfriesischen Inseln. Verlag M. DuMont Schauberg, Köln, 1970.

Wohlenberg, Erich, Sodenbrunnen im Wattenmeer, Dem Rungholtforscher Andreas Busch zum 80. Geburtstag, Sonderdruck aus: Andreas Busch, Rungholtkarten u. a., In: Die Heimat, 1971.

Wohlenberg, Erich, und H. Snuis, Anwachs, Landgewinnung und Deichbau in Nordfriesland. In: Fries. Jahrb. 1955, Jahrbuch des Nordfries. Vereins für Heimatkunde und Heimatliebe, Band 30, 1955.

Zitscher, Fritz-Ferdinand, Der Einfluß der Sturmfluten auf die historische Entwicklung des nordfriesischen Lebensraumes. In: Andreas Reinhardt, Die erschreckliche Wasser-Fluth 1634, Nordfriesischer Verein für Heimatkunde und Heimatliebe, 1984, S. 149 ff.

## Abbildungsnachweis

Soweit nichts anderes angegeben ist, sind die Fotos und Zeichungen von Waltraut und Hans-Herbert Henningsen hergestellt.

1 Der südliche Teil des nordfriesischen Wattenmeeres. Vorlage: Radtourenkarte Haupka & Co, stark verändert
2 Detlev v. Liliencron. Aus: Opitz, Die unser Schatz u. Reichtum sind, S. 213
3 Andreas Busch. Aus: Busch Erben, Aus dem Nachlaß von Busch, S. 7
4 Die Fährroute von Husum nach Pellworm zu Liliencrons Zeiten
5 Ein Versuch, Rungholt im Modell darzustellen, hier: Ein Schwein wird zur Gastwirtschaft getrieben
6 Alt-Nordstrand vor 1634, eine Rekonstruktion von Franz Geerz. Aus: Müller-Fischer, Wasserwesen Alt-Nordstrand, Tafel II, wie auch Petersen/Rohde, Sturmfluten, S. 42
7a Der Stammbaum der Familie Cornils in einer aus Privatbesitz der Familie Frese, Uetersen, stammenden Fassung, stark verkleinert
7b Ausschnitt daraus. Nachgebessert
8 Übersicht über geologische Formationen
9 Geologischer Querschnitt durch Eiderstedt. Frei nach der Geologischen Übersichtskarte der Bundesanstalt für Geowissenschaften, farbig ausgelegt
10 Übersicht über das Quartär-Zeitalter
11 Der Meeresspiegelanstieg, eine stark vereinfachte Darstellung. Nach Kühn, Der frühe Deichbau, S, 12, und Petersen/Rohde, Sturmfluten, S. 30
12 Das durch Berechnungen rekonstruierte Ufer der Westküste des heutigen Schleswig-Holstein vor 12000 Jahren. Aus: Abrahamse u.a., Wattenmeer, S. 40. Zeichnerisch verdeutlicht
13 Queller ist die erste Pflanze im Wattgebiet
14 Halligflieder auf Südfall 1966
15 Weite Sandflächen bei Niedrigwasser
16 Erste Sandwälle mit Strandhaferbewuchs
17 Dünenabbruchkante mit Schichtungsaufbau
18 Abbruchkante direkt am Wasser
19 Schematische Darstellung der Entwicklung von Inseln, Watt und Marsch seit etwa 10000 v. Chr. Aus: Kramer, Kein Deich, kein Land, kein Leben, S. 15
20 Friesische Landschaft mit Krüppelwald („runget holt")
21 Modell einer friesischen Warftlandschaft um etwa 1300 n. Chr.
22 Ausschnitt aus der Kartenskizze zum Norderhever-Projekt. Aus: Hoffmann u. a., Siedlungsgeschichte. In: Der Vergangenheit auf der Spur, stark verändert, insbes. farbig ausgelegt
23 Die Umgrenzung von Südfall 1633, 1807, 1878, 1936 und 1963. Aus: Busch, Über *Clades Rungholtina,* S. 8. Nachgebessert
24 Die Lage vom heutigen Rungholtsand. Vorlage: Radtourenkarte Haupka & Co, stark verändert
25 Luftaufnahme vom Rungholtsand
26 Seekarte von 1841 aus Kopenhagen. Aus: Marcus Petersen, Die Halligen, S. 116
27 Luftaufnahme vom Flussverlauf der „Alten Hever" im heutigen Eiderstedt
28 Luftaufnahme vom Flussverlauf der „Alten Hever", hier: das spätere Fallstief. Aus: Dirk Meier, Archäologie in den Nordseemarschen. In: Der Vergangenheit auf der Spur, S. 77
29 Ausschnitt aus einer Deichkarte von Alt-Nordstrand, zusammengesetzt aus 3 Karten von Jan Berentz, nach Peter Sax. Aus: Fischer, Alt-Nordstrand, Abb. 4. Im Text erwähnte Ortsnamen unterstrichen
30 Der vermutete Flusslauf der Alten Hever nach Carl Woebcken und die Meereseinbrüche. Aus: Busch, Neue Gesichtspunkte zur Kartographie, nach S. 38. Hinzugefügt: Meereseinbrüche. Ortsname unterstrichen
31 Die Husumer Au auf einer Karte von Johannes Mejer, 1642. Aus: Andreas Reinhardt, Die erschreckliche Wasser-Fluth, S. 29. Nachgebessert
32 Die Bedeichung der Alten Hever und des Fallstiefs. Aus: Exkursionsführer der Deuqua '92, S.73. Zeichnerisch verdeutlicht
33 Die Rungholtbucht nach Jan Berentz Westerdijk, ursprüngliche Fassung. Aus: Karl Kuenz, Nordstrand nach 1634, S. 110
34 Ein Ausschnitt aus der Karte Littus Rungholtinum nach Peter Sax. Aus: Peter Sax/Albert Panten, Werke zur Geschichte Nordfrieslands und Dithmarschens, Bd. 4, S. 51
35 Dänemark, Ausschnitt aus der Weltkarte von Idrisi. Aus: Ludwig Andresen, Der arabische Geograph Idrisi, S. 29
36 *Clades Rungholtina* von Johannes Mejer, bearbeitet von Peter Sax. Aus: Peter Sax/Albert Panten, a.a.O., S. 53. Nachgebessert
37 *Littus Rungholtinum* von Peter Sax. Aus: Sax/Panten, a.a.O., S. 51. Nachgebessert
38 *Ruina aliquot Paroeciarum* nach Peter Sax. Aus: Sax/Panten, a.a.O., S. 55. Nachgebessert
39 *Descriptio Insularum aliquot Minorum* von Peter Sax. Aus: Sax/Panten, a.a.O., S. 65. Nachgebessert
40 Der Anblick der Insel Nordstrand vor der Ankunft der Friesen, von Peter Sax. Aus: Sax/Panten, a.a.O., S. 67. Nachgebessert
41 Landtcarte Von dem Alten Nordfrieslande Anno 1240, Frisia Cimbrica Antiqua von Johannes Mejer, 1652 (abgedruckt in der Danckwerthschen Chronik). Ein Werbeprospekt über Nordfriesland
42 Landtcarte von der Nordergoesharce, Ambt Husum, Lundenberg undt dem Nordstrande, von Johannes Mejer 1649. Aus: Theodor Möller, Die Welt der Halligen, S. 26
43a Abriß von Rungholte von Johannes Mejer, ausgeschmückt, 1636, Aus: Busch, Rungholtkarten, Abb.1
43b dieselbe Karte, 1652, (abgedruckt in der Danckwerthschen Chronik). Aus: Busch, Rungholtkarten, Abb. 3
44a Nordstrand um 1597 von Johannes Petreus, gezeichnet von Joh. Mejer Aus: Reimer Witt, Die Anfänge der Karthographie und Topographie, S. 75
44b dieselbe Karte, bearbeitet durch Reimer Hansen. Aus: Fritz Karff, Nordstrand, S. 154
45 Frisia Minor von Johann Wittemack, 1640. Aus: Müller-Fischer, Alt-Nordstrand, Tafel III
46 „Das zerstörte Nordstrand" von Quirinius Indervelden. Aus: Müller-Fischer, 1. Teil: Die Halligen Band I, S. 228
47 Eine kritische – berichtigende – Karte von Alt-Nordstrand, 1240, von J. N. Schmidt, 1851. Aus: Müller-Fischer,

Die Halligen, S. 177. Ortsname unterstrichen

48 „Südwest-Schleswig um 1240“ nach Reimer Hansen, 1893. Aus: Müller-Fischer, Alt-Nordstrand, S. 30. Nachgebessert

49 „Alt-Nordstrand“ von Franz Geerz, 1859. Aus: Müller-Fischer, Alt-Nordstrand, Tafel II, – vgl. Abb. 6

50 Die vermutete Lage von Rungholt nach historisierenden Karten, Vorlage: Eine Radtourenkarte von Haupke & Co

51 Südfall 1804 von F. Harcksen. Aus: Busch, Flurnamen, S. 108

52 Andreas Busch nach Verleihung der Universitätsmedaille. Dia- Serie von Else Schultze-Hasselmann geb. Busch

53 Mit der Pferdekutsche zur Hallig Südfall, Aufnahme 1996

54 Andreas Busch „watet“ durch flaches Wasser zu Fundorten, Dia-Serie von Else Schultze-Hasselmann geb. Busch

55 Helfer von Andreas Busch bei der Bergung von Fundgut. Dia-Serie von Else Schultze-Hasselmann

56 Erste Kartenskizze vom Rungholtgebiet von cand. ing. Johann Lorenzen. Aus: Busch, 50 Jahre Rungholtforschung, S. 7

57 Gegenüberstellung der Karte „Wahrnehmungen und Feststellungen im Gebiet von Hallig Südfall“ von Andreas Busch mit der *„Clades Rungholtina“* von Johannes Mejer/Peter Sax. Aus: Busch, *Clades Rungholtina,* S. 8

58 Ein Sodenbrunnen im Kulturland von vor 1362, Aufnahme ca. 1938. Aus: Muuß, Rungholt, Abb.13

59 Reste des Niedam-Deiches. Aus: Muuß, Rungholt, Abb. 7, ca. 1938

60 Reste der Rungholtschleusen. Aus: Muuß, Rungholt, Abb.14, ca. 1938

61 Pflugspuren im Kulturland von vor 1362. Aus: Busch, Die heutige Hallig Südfall und die letzten Spuren von Rungholt, 1971, S. 15

62 Die Hallig Südfall mit den Kulturspuren von 1921 bis 1941 von Andreas Busch. Aus: Busch, Rungholtkarten, 1969, S. 2. Nachgebessert

63 Kulturspuren nördlich Südfall, Fedderingman Capell vel Rip, nach Graf v. Reventlow-Criminil, vermessen von der Forschungsstelle Husum 1951 mit ergänzenden Angaben von Busch und Bantelmann. Aus: Busch, Privatbesitz Else Schultze-Hasselmann

64 Höhenlagen ur- und frühgeschichtlicher Wohnniveaus in nordwestdeutschen Marschengebieten als Höhenmarken ehemaliger Wasserstände. Aus: Brandt, Eiszeitalter und Gegenwart, S. 162

65a Das hölzerne Fass an der Fundstelle. Aus: Duerr, Frühstück im Grünen, S. 92

65b Rekonstruktionszeichnung durch Bremer Studenten

66 Der Mühlstein im Archäologischen Landesamt

67 Ein Überblick über die Warft 13, im Hintergrund Südfall

68 Der Sodenbrunnen I auf der Warft 13

69 Keramikscherben einer Fundstelle werden in der Plicht des Bootes sortiert

70 Ein Krug entsteht aus einzelnen Scherben

71 Ein dünnwandige Tonschale wird zusammengesetzt

72 Der Sodenbrunnen I der Warft 13 bei der Untersuchung

73 Tierknochen von einer Fundstelle

74 Zusammengehörende Einzelteile eines Lederschuhs

75 Aus der Warftoberfläche ragt ein Hauspfosten

76 Reste des Niedam-Deiches 1993

77 Dalben der Rungholtschleuse ragen aus der Wasseroberfläche 1984

78 dto. farbig

79 Scherben neben Scherben liegen über- und nebeneinander

80 Im Winterhalbjahr werden die Scherben einer jeden Fundstelle „zusammengepuzzelt“

81 Der „gelbe Topf“ wird Stück für Stück wiederhergestellt

82 Er besteht aus 48 Einzelteilen

83 Ausstellung der Rungholtfunde von Henningsens in Uetersen 1989

84 dto.

85 Ein Holzfund von der Warft 13: Ein hölzerner Pflock ($^{2}/_{3}$ der Originalgröße),

86 Ein weiterer Holzfund von der Warft 13: Eine Rinne (Regenrinne, Wasserlauf?) in $^{2}/_{3}$ der Originalgröße

87a Ein bearbeitetes Brett mit Loch, ein Holzfund von der Warft 13, um 50 % verkleinert

87b Ein Webstuhl (nordamerikanischer Indianer). Aus: John Seymour, Vergessene Künste, Bilder vom alten Handwerk, S. 152

88 Übersichtskarte über Siedlungsstellen von Menke/Bantelmann. Aus: Menke, Viele Funde und Überlegungen

89 Übersichtskarte über Keramikfunde von Menke/Hartmann. Aus: Menke, a.a.O.

90 Ein Tonkrug von der Warft 9, geborgen von Helge Bothfeld

91 dto.

92 Archäologische Kulturspuren um Südfall. Aus: Privatbesitz Robert Brauer

93 Skizze von Rudolf Muuß in seinem Büchlein „Rungholt“

94 Luftaufnahme von Spuren einer Warft am Kopf der 3. Lahnung

95 Handzeichnung von den Warftresten südlich von Südfall 1982 bis 1990

96 Die Lokalisation von Grote und Lüttke Rungholt nach Albert A. Panten. Aus: Panten, Rungholt – Rätsel im Wattenmeer, Zeitschrift Nordfriesland, Dez. 1996, S. 11

97 Die Lokalisation von Grote und Lüttke Rungholt nach Andreas Busch. Aus: Busch, Rungholtkarten, 1969, S. 2

98 Das Halligaus um 1900. Aus: Marcus Petersen, Die Halligen, Abb. 143

99 Das alte Halligaus und Halligflieder 1953. Dia-Serie von Else Schultze-Hasselmann

100 Das Halligaus 1997

101 Halligaus und Halligflieder